서남부유럽의 금융규제와 그 시사점에 관한 연구

백 정 웅

신 조 사

머 리 말

2007년 하반기부터 시작된 미국발 금융위기로 전 세계가 어려움을 겪었으며 지금도 그 여파가 여전하다. 세계경제의 한 축인 유럽 특히 서남부유럽(PIIGS)이 심각한 재정위기 내지는 금융위기에 처한 상태이다. 이들의 어려움은 방만한 재정운용뿐만 아니라 부실한 금융규제도 한 몫을 하였던 것이다. 우리나라 역시 지금과 같은 재정적자가 몇 년간 지속된다면 이들과 비슷한 운명에 처할 것이라는 보고서도 발표된 바 있다. 그렇다면 우리는 이와 같은 어려움을 제거하든지 완화시켜야 한다. 그러기 위해서는 금융업규제에 대한 금융법제도적인 정비작업이 필요하다. 이를 위해 서남부유럽(PIIGS)의 사례는 우리에게 좋은 타산지석이 될 것이다. 이런 배경에서 본 연구는 이들의 금융업규제를 검토한 후 우리법제를 위한 시사점의 도출을 시도하였다. 본 연구가 서남부유럽(PIIGS) 5개국의 금융업규제를 검토하였기 때문에 개괄적이고 일반적인 연구의 성격을 피할 수 없었으나 국내뿐만 아니라 외국에서도 서남부유럽(PIIGS) 5개국을 같은 주제로 검토한 자료는 본 연구가 처음일 것이다. 앞으로 본 연구의 결과를 토대로 좀 더 개별적이고 보다 심도 있는 연구가 속행되기를 기대해 본다. 본 연구를 지원해 주신 한국연구재단(NRF-2011-327-B00756)과 본 연구를 단행본으로 출간해 주신 신조사의 이 명재 사장님께 깊은 감사의 말씀을 드린다.

2014년 2월

대한민국이 靑馬처럼 또 다시 땅을 박차고 질주하기를 기대하며

배재대학교 21세기관 연구실에서

백 정웅 씀

차 례

제 4 장 서남부유럽의 보험업규제 및 그 시사점

서남부유럽의 금융규제와 그 시사점에 관한 연구*

백 정 웅**

* 이 저서는 2011년 정부(교육부)의 재원으로 한국연구재단의 지원을 받아 수행된 연구임(NRF-2011-327-B00756).
** 배재대학교 법학부 부교수, 법학박사

제1장 서 론

2007년 하반기부터 시작된 미국발 금융위기로 전 세계가 어려움을 겪고 있으며 이 중 특히 서남부유럽(이하 PIIGS[1]라 함)의 국가들이 극심한 위기에 빠져 있다. 우리 역시 PIIGS와 같이 지금과 같은 재정적자[2]가 몇 년간 지속된다면 이들과 같은 재정위기 내지는 금융위기가 발생할 수 있다는 연구보고서[3]가 발표된 바 있다. 현재 PIIGS의 재정위기 또는 금융위기는 미국발 금융위기의 2차 감염지에서 발생했다는 점에서 우리도 PIIGS와 지역적으로는 동일하다. 또한 유럽(European Union: 이하 EU라 함)의 중심국가[4]라 할 수 있는 독일과 프랑스가 PIIGS에 각각 5,127억 달러와 4,102억 달러[5]에 달하는 엄청난 금액을 투자하는 등 이

---

1) 특히 이 시기 유럽에서 금융위기가 발생한 국가를 PIGS로 불리우고 있다. 여기서 P는 포르투갈이고 I는 이태리이며, G는 그리스이고 S는 스페인으로 알려져 있다. 이 후에 아일랜드(Ireland)와 영국(Great Britain)이 추가되어 PIGS는 PIIGS나 PIIGGS로 확대되었다. 이와 관련된 보다 상세한 내용은 Wikipedia, "PIGS (economics)," Wikipedia (2014), *at* http://en.wikipedia.org/wiki/PIGS_(economics) (last visited Mar. 17, 2014) 참조. 이하 논의의 편의상 본 연구에서는 PIIGS라는 용어를 통일해서 사용하기로 한다.

2) 현재 우리나라의 재정수지는 경제협력개발기구(OECD) 중에서 가장 심각하게 악화되었다는 보도가 있다. 예컨대 이대희, "정부 재정 적자, F학점…"빚더미에 올라탄 한국"," Pressian (2010.10.4)k, *at* http://www.pressian.com/article/article.asp?article_num=30101004121947&Section=02 (last visited Mar. 17, 2014) 참조.

3) 김필헌, 「KERI Insight: PIIGS 국가부도 위기의 교훈」(한국경제연구원, 2010.12.24), 4면.

4) 이승현, "PIGS 넘어 伊·佛 등 유럽 중심부까지 덮치나 우려," 한국경제 (2011.1.3), *at* http://economy.hankooki.com/lpage/worldecono/201101/e2011010316445569760.htm (last visited Mar. 17, 2014).

5) 글로벌신용위기 점검반, 「KDIC 금융시장 동향」(예금보험공사, 2010.12.14), 7면. 해당 웹사이트 주소가 너무 길기 때문에 그 인용을 생략하는 대신 예금보험공사 홈페이지 통합검색란에 'PIGS'로 검색하면 이 자료를 확인할 수 있음을 밝

들과 관련되어 있기 때문에 PIIGS의 재정위기 또는 금융위기는 더 이상 이들만의 위기가 아니다.[6] 만약 유럽 전체에 재정위기 또는 금융위기가 확대된다면 이는 또 다시 전 세계가 금융위기의 깊은 수렁에 빠질 수 있다는 점에서 그 심각성은 더 크다고 할 수 있다. 설상가상으로 PIIGS의 재정위기 또는 금융위기는 '부실한 금융규제'로 인하여 그 심각성이 더욱더 악화되었다고 할 수 있다.[7] 이는 결과적으로 우리나라에서도 PIIGS와 같은 위험이 발생될 수도 있기 때문에 사전에 이와 같은 위험을 제거 내지는 최소화할 필요가 강하게 요구된다고 할 것이다. 이에 따라 본 연구의 주된 목적은 서남부유럽의 금융규제를 검토하여 이를 타산지석으로 삼아 우리법제를 위한 시사점으로는 무엇이 있는지를 도출하는 것이다. 부차적으로는 우리나라가 EU와 자유무역협정(Free Trade Agreement: 이하 FTA라 함)을 시행하고 있기 때문에 이를 대비한다는 의미도 있다.

이하 제2장에서는 서남부유럽의 은행업규제 및 그 시사점, 제3장에서는 서남부유럽의 금융투자업규제 및 그 시사점, 제4장에서는 서남부유럽의 보험업규제 및 그 시사점을 각각 검토한다. 끝으로 제5장에서는 본 연구를 정리하면서 마무리한다.

힌다.

6) 이미 미국발 금융위기의 손실이 대략 4조 1천억 달러 정도에 달하고 있다. International Monetary Fund, 「Global Financial Stability Report: Responding to the Financial Crisis and Measuring Systemic Risk」 30 (International Monetary Fund, Apr. 2009).

7) Roberta S. Karmel, "The Controversy over Systemic Risk Regulation," 35 Brook. J. Int'l L. 823, 841-42 (2010).

제2장 서남부유럽의 은행업규제 및 그 시사점

제1절 포르투갈

Ⅰ. 규제의 주요내용

1. 은행업의 개념

포르투갈법상 은행업이라 함은 불특정 다수인을 상대로 예금 기타 요구불 자금을 수취하여 해당 은행 고유의 계정으로 불특정 다수인에게 대출하는 영업을 의미한다.[1] 이에 따라 포르투갈법제상 은행은 (1) 예금 기타 요구불 자금의 인수업 (2) 대출업[2] (3) 자금이체서비스업 (4) 지급수단의 발행 및 관리업 (5) 단기자금시장상품, 외환상품, 선물 및 옵션, 환율 또는 금리상품, 양도성 유가증권을 은행 고유의 계정 또는 고객의 계정으로 거래하는 업 (6) 유가증권의 발행의 참여 및 발행과 관련된

1) Credit Institutions and Financial Companies: Legal Framework(이하 Portuguese Banking Law라 함) §2.1 (2003). 포르투갈법제상 전자화폐를 지급수단으로 하는 업무 역시 은행업에 포함된다. Portuguese Banking Law §2.2. 참고로 Portuguese Banking Law는 1992년에 제정되어 1993년, 1995년과 1996년, 1999년, 2000년 등 수 차례 개정되어 왔으며 이와 관련된 하위 규정(regulations)이 포르투갈중앙은행에 의해서 제정되고 있다. 또한 Portuguese Banking Law는 전체 12장과 부칙으로 구성되어 있다. 제1장은 일반규정으로서 중요한 용어를 설명하고 있으며 제2장은 은행업의 인가에 관해서 규정하고 있으며 제3장과 제4장은 은행의 포르투갈 내외에서의 영업활동에 대해서 규정하고 있고 제5장은 은행의 등록에 관해서 규정하고 있고 제6장은 업무지침에 관하여 제7장은 건전성 규제 및 감독을 규정하고 있으며 제8장은 재무재조정에 관하여 제9장은 예금보호기금에 관하여 규정하고 있고 제10장과 제11장은 은행 이외의 금융회사와 관련된 규정을 두고 있으며 제12장은 벌칙을 규정하고 있다.

2) 다만 포르투갈법제상 금융리스업이나 팩토링업은 대출업에 포함되어 규정되어 있다. Portuguese Banking Law §4.1.b).

서비스제공업 (7) 자금중개업 (8) 포트폴리오 관리 및 자문업, 유가증권의 보관 및 관리업 (9) 기타 자산관리 및 자문업 (10) 자본구조와 산업전략에 관한 인수 및 이와 관련된 자문, 합병 및 인수와 관련된 자문 및 서비스제공업 (11) 귀금속거래업 (12) 지분인수업 (13) 신용평가서비스업 (14) 기타 보호예수업 (15) 유동자산의 리스업 (16) 투자서비스업 (17) 기타 관련업을 할 수 있다.[3]

2. 규제 및 감독의 원칙

포르투갈법제는 은행업에 대한 규제 및 감독의 원칙을 명문으로 규정하고 있지는 않다. 그러나 포르투갈은행법은 건전성규제에 관한 규정[4]과 예금보장기금(Deposit Guarantee Fund)[5]에 관한 규정 등을 두고 있다는 점에서 해당 은행의 안전성과 예금자의 보호 및 국민경제의 발전을 목적으로 하고 있기 때문에 은행업에 대한 규제 및 감독의 목적도 이와 사실상 동일하다고 해석된다.

3. 인가 및 취소

포르투갈법제상 은행은 주식회사(*sociedade anónima*; public limited company)[6]이어야 하며 은행법상에서 인정된 행위만 할 목적이어야 하고 최저자본금[7]은 17,500,000유로(한화로 약 260억) 이상일 것을 요구하고

---

3) Portuguese Banking Law §4.1.

4) 예컨대 Portuguese Banking Law §§91-138 참조.

5) 예컨대 Portuguese Banking Law §§154-173 참조.

6) Wikipedia, "S.A. (Corporation)," Wikipedia (2014), *at* http://en.wikipedia.org/wiki/S.A._(corporation) (last visited Mar. 17, 2014). 우리법제상 은행 역시 주식회사로 설립된다. 은행법 제4조와 제33조.

7) 포르투갈법제상 은행의 최저자본금 17,500,000유로는 포르투갈에서 영업하려는 외국은행의 자회사에게도 동일하게 적용되며 非EC회원국의 은행이 포르투갈에 지점을 설치하려는 경우에도 동일하다. The World Bank, "World Bank Survey Ⅲ - June 2008 (MS Excel file, 768kb)," The World Bank (2013), *at* http://econ.worldbank.org/WBSITE/EXTERNAL/EXTDEC/EXTRESEARCH/0,,contentMDK:20345037~pagePK:64214825~piPK:64214943~theSitePK:469382,

있다.[8] 이외에도 해당 은행의 정관, 발기인의 인적 사항, 주주구성의 적절성 등이 서면으로 증명되어야 한다.[9] 이와 같은 요건이 구비되면 포르투갈중앙은행(*Banco de Protugal*; Bank of Protugal)은 은행업을 인가하는 것이다.[10] 다만 은행업의 인가를 신청한 자가 非EC회원국에 본점을 두고 있는 은행의 자회사인 경우에는 재무장관(Minister of Finance)이 그 인가 여부를 결정한다.[11]

포르투갈중앙은행은 은행업을 신청한 자가 포르투갈은행법에서 요구되는 정보 및 서류를 첨부하지 않거나 부정확하거나 허위의 내용이 있거나 주주의 적격성을 충족시키지 못하거나 포르투갈중앙은행의 효과적인 규제 및 감독을 방해할 우려가 있는 경우에는 은행업의 인가신청을 거부하도록 되어 있다.[12] 또한 은행업의 인가는 받았으나 인가받은 자가 명시적으로 그 인가를 포기하거나 은행업의 인가를 받은 후 12개월이 지난 후에도 아직 은행업을 개시하지 않은 경우에는 그 인가는 효력을 상실하게 된다.[13] 뿐만 아니라 포르투갈중앙은행은 은행업의 인가를 받을 때 그 인가가 허위의 내용이나 불법적인 방법에 의한 것이거나 은행업의 인가 시 요구되었던 조건을 계속해서 충족하지 못하거나 해당 은행의 영업이 인가된 목적에 부합하지 않거나 심각한 불법성이 경영,

---

00. html#Survey_Ⅲ(last visited Mar. 17, 2014)(이하 World Bank Survey라 함). 특히 World Bank Survey. Portugal 1.3.1 참조. 다만 EC회원국의 은행이 그 지점을 포르투갈에 설치하려는 경우에는 별도의 최저자본금은 없다. 그러나 포르투갈법제상 은행의 초기자기자본금은 법정의 최저자본금 이상일 것을 요구하고 있다. Portuguese Banking Law §95.2. 다만 은행의 최저자본금은 포르투갈중앙은행의 제안에 따라 재무장관이 정하도록 되어 있다. Portuguese Banking Law §95.2.

8) Portuguese Banking Law §14.
9) Portuguese Banking Law §17.1.
10) Portuguese Banking Law §16.1.
11) Portuguese Banking Law §16.2.
12) Portuguese Banking Law §20.1. 우리법제도 은행의 파산 또는 예금지급불능의 '우려'가 있는 경우에 일정한 제재조치가 마련되어 있으나 그렇다고 하여 은행업의 인가가 취소된다고 해석하기는 어려울 것이다. 은행법 제46조.
13) Portuguese Banking Law §21.1.

회계절차나 내부통제장치에서 행해지거나 해당 은행에게 위탁된 자산의 안전성이 더 이상 보장되지 않거나 예금보장기금이나 투자보상계획에 참여함으로서 발생하는 의무를 이행하지 않거나 해당 은행이 은행법령과 포르투갈중앙은행의 지시를 준수하지 않는 경우 당초의 인가는 취소될 수 있다.[14] 이외에도 임원이나 감사위원회가 정상적인 활동에 요구되는 법정요건을 계속해서 충족하지 못하는 경우에도 은행업의 인가는 취소될 수 있다.[15]

4. 신용공여 및 출자한도

포르투갈법제상 은행은 자기자본의 15%를 초과해서 금융회사[16] 이외의 회사에 대하여 적격보유를 할 수 없으며 적격보유(qualifying holding)한 주식의 총금액도 해당 은행 자기자본의 60%를 초과할 수 없다.[17] 다만 일시적으로 보유된 주식이거나 보유된 주식이 해당 은행의 자기명의에 의한 것이지만 제3자를 위한 것이라면 기술한 제한을 받지 않는다.[18] 여기서 적격보유라 함은 '상대방' 회사의 경영에 중대한 영향을 줄 수 있는 주식의 보유로서 당해 회사의 자기자본 또는 의결권이 있는 발행주식 총수의 5% 이상의 보유를 의미한다고 해석된다.[19] 다만 5% 미만인 경우에는 적격보유에 해당되지 아니하며 5% 이상 10% 이하의 경우 적격보유에 해당하는지 여부는 포르투갈중앙은행이 정하도록

14) Portuguese Banking Law §22.1.
15) Portuguese Banking Law §32. 은행업의 인가가 취소된 때에는 그 사유가 통지된다. Portuguese Banking Law §23.2.
16) 여기서 금융회사라 함은 주로 은행과 금융회사, 금융투자회사, 보험회사를 의미한다. Portuguese Banking Law §100.6. 개념상으로는 금융회사에 은행 등의 회사가 포함되어야 함에도 불구하고 포르투갈은행법은 금융회사를 은행 등의 회사와 병렬적으로 나열하고 있다. Id.
17) Portuguese Banking Law §100.1-2.
18) Portuguese Banking Law §100.3.a)-b).
19) Portuguese Banking Law §13.7. 이와 함께 '지배'(control)로 인정되기 위해서는 20% 이상을 요구하고 있기 때문에 적격보유의 지주비율(5% 이상)과는 구별된다. Portuguese Banking Law §13.2.a).Ⅴ).

되어 있다.[20] 기술한 바와 같이 은행의 출자한도는 당해 은행의 자기자본의 일정한 제한(15%)을 받는 것 이외에 상대방 회사를 기준으로 그 회사의 의결권이 있는 발행주식 총수의 25% 이상을 보유하는 것이 금지된다.[21] 여기서 상대방 회사는 금융회사 이외의 회사를 의미한다는 점은 은행의 자기자본을 기준으로 그 출자한도를 제한하는 경우와 동일하다.[22] 또한 신용공여의 경우 은행에 대해 적격보유를 한 자에게는 해당 은행의 자기자본의 10%를 초과하는 금액에 해당하는 신용공여가 금지된다.[23] 신용공여의 총금액의 경우로는 해당 회사의 자기자본의 30%를 초과할 수 없도록 규정되어 있다.[24] 다만 이 경우에도 해당 회사의 이사회 및 감사위원회 2/3의 승인을 받아야 한다.[25]

5. 은행주식에 대한 보유한도

포르투갈법제상 은행에 대하여 적격보유를 하려는 자는 먼저 포르투갈중앙은행에게 통지하도록 되어 있다.[26] 은행에 대하여 적격보유를 한 후에도 당해 은행의 자기자본이나 의결권이 있는 발행주식 총수의 5%, 10%, 20%, 33% 또는 50%까지 취득하거나 이 지주비율을 초과하는 경우에도 사전에 포르투갈중앙은행과 의견교환을 해야 한다.[27] 그러나 은행의 적격보유는 아니라 할지라도 2% 이상을 취득한 경우라면 취득일로부터 15일 내에 포르투갈중앙은행에게 통지해야 한다.[28] 또한

---

20) Id.
21) Portuguese Banking Law §101.1.
22) Portuguese Banking Law §101.3.
23) Portuguese Banking Law §109.1.
24) Portuguese Banking Law §109.2.
25) Portuguese Banking Law §109.3.
26) Portuguese Banking Law §102.1. 은행에 대한 적격보유를 하는 자가 자신의 적격보유 전부를 처분하거나 그 지주비율을 5%, 10%, 20%, 33% 또는 50% 이내로 그 지주비율을 축소하는 경우에도 포르투갈중앙은행에게 사전에 통지를 해야 한다. Portuguese Banking Law §107.1.
27) Portuguese Banking Law §102.2.
28) Portuguese Banking Law §102.4. 결국 포르투갈법제에 의하면 은행주식을

3%-4%의 경우에도 취득 전 또는 직후에 포르투갈중앙은행에게 통지하도록 되어 있다.[29] 이상과 같이 은행의 주식 등을 취득한다는 통지를 받은 포르투갈중앙은행은 통지한 자가 당해 은행의 안전하고 건전한 경영의 보장을 충족시키지 못한다고 판단되면 은행의 주식 등의 취득을 거부할 수 있는 것이다.[30] 만약 포르투갈중앙은행이 은행주식의 취득을 거부하지 않는다면 실제로 거래가 이루어질 수 있도록 일정한 기간을 정할 수 있다.[31] 그러나 포르투갈중앙은행은 아무런 통지 없이 은행에 대하여 적격보유를 하거나 일정한 비율의 주식 등을 취득한 경우에는 그 의결권의 행사를 금지할 수 있다.[32]

6. 지배구조

포르투갈법제상 은행의 임원이나 감사위원은 해당 은행을 안전하고 건전하게 운영할 수 있는 자이어야 하며,[33] 금융분야에서 적절한 경험이 있어야 한다.[34] 다만 해당 은행의 임원이나 감사위원이 되려는 자가 국내외의 법원에 의한 파산선고를 받았거나 파산선고된 법인의 임원이나 이사 등인 자이거나 사기적인 파산으로 유죄판결을 받은 자이거나 은행법령의 위반으로 유죄판결을 받은 자인 경우에는 은행의 임원 또는 감사위원이 될 수 없다.[35] 또한 포르투갈중앙은행은 은행의 임원이나 감사위원이 다른 회사의 임원으로 겸직하는 것이 자신의 원래 직무를 수행하는데 장애요인으로 작용하거나 이해관계의 충돌위험을 현저하게

2% 초과해서 취득하면서부터 제재가 부과된다고 할 수 있을 것이다.

29) Portuguese Banking Law §102.6.

30) Portuguese Banking Law §103.1.

31) Portuguese Banking Law §103.5.

32) Portuguese Banking Law §105.1. 우리 은행법도 비금융주력자가 금융위원회의 승인을 받지 않고 의결권이 있는 은행주식 총수의 4%를 초과하여 보유하는 경우에는 그 의결권을 행사할 수 없도록 규정하고 있다. 은행법 제16조 제1항.

33) Portuguese Banking Law §30.1.

34) Portuguese Banking Law §31.1-2.

35) Portuguese Banking Law §30.3.

증가시키거나 자신의 원래 직무에 현저하게 영향을 미칠 것으로 판단되면 겸직을 허용하지 않고 있다.[36] 다만 내부통제장치에 대해 포르투갈 은행법은 별도의 규정을 마련하지는 않고 다른 규제를 설명하면서 소개만 하고 있는 실정이다. 즉 이미 인가된 은행업이라 할지라도 해당 은행의 내부통제장치에 심각한 불법적인 행위가 있는 경우에는 그 인가를 취소할 수 있다는 취소사유로 소개되고 있다는 것이다.[37] 또한 은행은 일정한 정보를 포르투갈중앙은행에게 보고를 해야 하는데 이 보고사항 중의 하나로 내부통제장치의 효율성이 소개되고 있을 뿐이다.[38] 이 외에도 포르투갈중앙은행은 일정한 경우 은행의 임시임원을 선임할 수도 있는데 내부통제장치의 절차가 적절하지 못한 경우도 이에 포함된다.[39]

7. 임점검사

포르투갈법제상 은행은 포르투갈중앙은행의 임점검사를 받도록 되어 있으며 필요한 경우 장부와 모든 관련 자료의 검사에도 응해야 하는 것이다.[40] 뿐만 아니라 포르투갈중앙은행은 모든 관련 서류의 복사 및 등본화할 수 있다.[41] 다만 EC회원국으로부터 은행업의 인가를 받은 은행이 그 지점을 포르투갈에 설치한 경우 그 지점에 대한 임점검사는 해당 은행의 은행업을 인가한 EC회원국의 금융감독당국이 원칙적으로 실행하는 것이지만 해당 은행의 은행업을 인가한 EC회원국의 금융감독당국이 포르투갈중앙은행에게 임점검사를 대신 해 줄 것을 요청하는 경우

36) Portuguese Banking Law §33.1.

37) Portuguese Banking Law §22.1.e). 우리 은행법은 내부통제장치를 이유로 은행업의 인가를 취소한다는 규정을 두고 있지는 않다. 다만 일정한 경우 금융위원회가 그 내용의 변경을 권고할 뿐이다. 은행법 제23조의3 제5항과 동법 시행령 제17조의2 제3항.

38) Portuguese Banking Law §120.1.e).

39) Portuguese Banking Law §143.1.d).

40) Portuguese Banking Law §120.2. 실제로는 2년마다 임점검사가 시행되고 있다. World Bank Survey, Portugal 12.7. 임점검사와 관련된 자료는 5년 이상 보관하도록 되어 있다. Portuguese Banking Law §120.5.

41) Portuguese Banking Law §120.3.

에는 포르투갈중앙은행이 임점검사를 대신 하게 된다.[42] 포르투갈중앙은행은 은행업을 인가받지 않고 은행업을 하는 자에게도 필요한 정보제공의 요구 및 임점검사를 실시할 수 있다.[43]

8. 규제 및 감독의 공조

포르투갈은 은행업에 대한 규제 및 감독 시 자국 내외의 공조를 취하고 있다. 예컨대 포르투갈중앙은행이 EC회원국에서 승인받은 은행의 자회사인 은행의 은행업을 인가할 때에 해당 EC회원국의 금융감독당국과 사전에 협의를 거치도록 하고 있다.[44] 은행업의 인가를 취소하는 경우에도 해당 회원국의 금융감독당국과 협의를 거치도록 함으로써 은행업의 규제 및 감독에 있어서 공조를 강화하고 있다.[45] 은행업의 인가를 취소할 때에도 지방정부와의 협의도 하게 되어 있다.[46] 이를 통해 지방경제의 상황도 고려하는 것으로 판단된다. 해당 은행이 양도성 있는 유가증권의 중개업무를 은행업에 포함시키려고 한다면 포르투갈중앙은행은 포르투갈 증권위원회(Securities Market Commission)에게 주주의 적격성에 관한 정보를 요청하도록 되어 있다.[47] 또한 포르투갈중앙은행은 은행의 임원이나 감사위원의 적격성을 심사하기 위하여 포르투갈 보험감독원(*Instituto de Seguros de Portugal*; Portuguese Insurance Institute) 및 포르투갈 증권위원회와 필요한 정보를 교환하도록 되어 있다.[48] 포르투갈에 본점을 두고 있는 은행이 다른 회원국에 지점을 설치하려는 경

---

42) Portuguese Banking Law §124.

43) Portuguese Banking Law §126.1. 다만 이 경우 포르투갈중앙은행은 은행업의 인가도 받지 않고 은행업을 하는 자를 상대로 청산 및 파산의 소를 제기할 수 있다. Portuguese Banking Law §126.2.

44) Portuguese Banking Law §18.1.

45) Portuguese Banking Law §22.2. 다만 은행업의 인가와는 달리 은행업의 취소의 경우에는 긴급하다면 협의는 통지로 갈음하게 된다는 점에서 차이가 있다. Id.

46) Portuguese Banking Law §23-A.f).

47) Portuguese Banking Law §20-A.1.

48) Portuguese Banking Law §30.4.

우 포르투갈중앙은행이 이를 심사하기 위해 해당 회원국의 금융감독당국과 자기자본 및 지급여력비율 등에 관한 정보를 협의해야 한다.[49] 이상과 같이 포르투갈은 국내외의 감독기관과의 공조를 통해 은행업에 대한 규제 및 감독의 효율성을 강화하려는 것으로 해석된다.[50]

9. 기타 규제

포르투갈중앙은행은 예금자, 투자자 및 기타 채권자의 이익을 보호하고 자금시장, 금융시장 및 외환시장의 통상적인 기능을 보호하기 위하여 포르투갈중앙은행은 포르투갈에 본점을 두고 있는 은행에 대하여 다음과 같은 비상조치를 취할 것을 요구할 수 있다.[51]

첫째 포르투갈중앙은행은 해당 은행에게 일련의 비상개편조치를 요구할 수 있다.[52] 즉 은행의 자기자본이 감소되어 법정의 최저자본금에 미달하거나 지급여력비율을 충족시키지 못하는 등 재정적으로 불안정한 상태인 경우에는 포르투갈중앙은행은 해당 은행에게 재무개편안을 제출해 줄 것을 요구하거나 특정 영업을 제한하도록 요구하거나 특정 자산에 대하여 신용공여 및 출자를 제한하도록 요구하거나 예금의 수취에 대하여 일정한 제한을 하도록 요구하거나 이익배당의 금지 또는 제한하도록 요구하거나 특정 거래나 영업은 포르투갈중앙은행의 사전승인을 받도록 요구하는 조치를 취할 수 있다. 둘째 포르투갈중앙은행은 기술한 일련의 비상개편조치의 실효성을 담보하기 위하여 해당 은행에게 재정회복개편안을 제출하여 승인받도록 요구할 수 있다.[53] 이 때 포르투갈중앙은행은 은행의 재정회복개편안의 조건을 정하게 되는데 특히 자본금의

---

49) Portuguese Banking Law §37.

50) 그 외 포르투갈은행법상 국내외 공조에 관하여는 Portuguese Banking Law §§81-82 & 135-138 참조.

51) Portuguese Banking Law §139.1. 이와 관련해서는 은행법이 우선해서 적용된다. Portuguese Banking Law §139.2.

52) Portuguese Banking Law §141.

53) Portuguese Banking Law §142.1.

증가 또는 감소와 은행에 대한 지분 및 기타 자산의 처분에 관한 조건이 포함되도록 하고 있다.[54] 다만 이와 같은 은행의 재정회복개편안이 주주들의 승인을 받지 못하거나 재정회복개편안의 실행이 당해 은행을 위태롭게 하여 은행에 위탁된 자금의 안정성과 관련된 책무를 이행할 수 없는 중대한 위험이 존재하는 경우에는 포르투갈중앙은행은 중재프로그램을 제안할 수도 있는 것이다.[55] 이 경우에도 포르투갈중앙은행이 제안하는 중재프로그램에는 기술한 일련의 비상개편조치와 해당 은행의 개별 조직들의 개편도 포함되도록 하고 있다.[56] 이에 따라 포르투갈중앙은행은 자신의 중재프로그램을 제안하기 위하여 주주총회를 소집할 수 있다.[57] 그러나 이렇게 소집된 주주총회에서 포르투갈중앙은행의 중재프로그램이 승인되지 않는다면 당해 은행의 은행업 인가는 취소될 수 있다.[58] 셋째 일정한 조건에 해당하는 경우 포르투갈중앙은행이 당해 은행의 임시임원을 선임하는 것과 이와 관련된 조치이다.[59] 즉 포르투갈중앙은행이 임시임원을 선임하는 경우로는 당해 은행이 지불정지의 위험이나 재정적인 어려움이 있거나 당해 은행의 채권자의 이익을 심각하게 침해할 위험이 있거나 은행의 회계구조나 내부통제장치의 절차가 부적절하여 해당 은행의 재무상태를 적절하게 평가하는 것을 불가능하게 할 만큼 심각한 경우가 그것이다.[60] 이에 따라 선임된 임시임원은 해당 은행의 주주총회의 결정을 거부하거나 해당 은행의 주주총회를 소집하거나 해당 은행의 재무상태에 관한 보고서를 작성하여 포르투갈중앙은행에게 제출해야 하는 권한 및 의무가 있다.[61] 이렇게 임시임원이 선임되면 포르투갈중앙은행은 해당 은행의 기존임원 등 이와 유사한 기

54) Portuguese Banking Law §142.2.
55) Portuguese Banking Law §142.3.
56) Portuguese Banking Law §142.4.
57) Portuguese Banking Law §142.6.
58) Portuguese Banking Law §142.7. 사실상 간접강제를 하는 셈이다.
59) Portuguese Banking Law §§143 & 145.
60) Portuguese Banking Law §143.1.
61) Portuguese Banking Law §143.2.

능을 하는 당해 은행의 기타 조직을 정지시킬 수도 있다.[62] 다만 이와 같이 은행의 임시임원이 선임되면 포르투갈중앙은행은 당해 은행에 대한 기존의 건전성규제나 통화정책 등의 적용이 일시적으로 정지시킬 수는 있으나 연대채무자나 보증인에 대한 채권자의 권리는 여전히 보전된다.[63] 임시임원의 재임기간은 포르투갈중앙은행이 정하나 그 기간은 1년을 넘지 못하며 1회에 한해서 연장이 허용된다.[64] 넷째 포르투갈중앙은행은 기술한 일련의 비상개편조치의 발동사유 및 임시임원의 선임사유가 발생한 경우에 감사위원을 선임할 수 있다.[65] 다만 새로 구성된 감사위원회는 포르투갈중앙은행이 지명한 공인회계사와 해당 은행에서 지명된 자 및 포르투갈 회계감독기관(*Ordem dos Revisores Oficiais de Contas*; Portuguese Statutory Auditor Institute)이 선임한 공인회계사가 그 위원이 되나 해당 은행의 주주총회에서 새로 감사위원이 될 자를 지명하지 않는다 하더라도 새로 구성된 감사위원회의 기능에는 아무런 영향을 주지 못한다.[66] 즉 주주총회가 새로운 감사위원을 지명하지 않더라도 새로운 감사위원회는 유효하게 구성된다는 것이다. 이렇게 함으로서 당해 은행의 주주총회로 하여금 자신의 의사를 적극적으로 대변할 자를 선임하도록 간접적으로 강제하는 것이라고 판단된다. 이렇게 선임된 감사위원은 종래의 감사가 행하던 기능을 하며 그 기간은 포르투갈중앙은행에 의해 정해지나 1년을 넘지 못하며 1회에 한해서 그 기간이 연장된다.[67] 그러나 이상과 같은 포르투갈중앙은행의 비상조치들이 채택됨에도 불구하고 당해 은행의 회생이 불가능하다면 해당 은행의 은행업 인가는 취소되며 청산규정이 적용된다.[68]

62) Portuguese Banking Law §143.3.
63) Portuguese Banking Law §145.
64) Portuguese Banking Law §143.4.
65) Portuguese Banking Law §144.1.
66) Portuguese Banking Law §144.2-3.
67) Portuguese Banking Law §144.4-5.
68) Portuguese Banking Law §152.

Ⅱ. 시사점

1. 은행업의 개념과 관련된 시사점

우리나라 은행법상 은행업이라 함은 예금을 받거나 유가증권 또는 그 밖의 채무증서를 발행하여 불특정 다수인으로부터 채무를 부담함으로써 조달한 자금을 대출하는 것을 영업으로 하는 것을 의미한다.[69] 따라서 은행업의 개념에 대해서는 포르투갈과 다르지 않다. 또한 전자화폐와 관련된 업무를 은행업무로 보는 점에서도 우리와 포르투갈이 동일하다. 다만 우리는 전자화폐를 취급하는 금융기관에 따라 인가를 받아야 하는지 아니면 허가를 받아야 하는지 또는 신고를 해야 하는지 각각 다르다. 즉 은행의 경우에는 인가[70] 또는 신고[71]사항이 될 것이나 은행 이외의 금융기관이 전자화폐를 취급하려면 허가[72]를 받아야 하는 것이다. 이에 대해 포르투갈은 아무런 규정이 없는 것으로 봐서 우리와 같은 구분은 없는 것으로 해석된다. 위험에 있어서 은행과 보험회사 또는 증권회사(금융투자회사)에 대한 규제정도가 다르기는 하지만 동일한 전자화폐를 금융기관의 종류에 따라 인가, 신고 또는 허가사항으로 달리 규제한다면 이로 인하여 금융기관 간의 규제차익이 발생할 수도 있을 것이다. 이에 대한 재검토가 필요하다고 본다.

2. 규제 및 감독의 원칙과 관련된 시사점

우리법제나 포르투갈법제는 은행업에 대한 규제 및 감독의 원칙을 명문으로 규정하고 있지는 않다. 그러나 양 법제는 개별 은행의 건전성을 바탕으로 국가경제의 발전에 기여할 것을 그 목적으로 제정되었고 이와 같은 목적은 은행업의 규제 및 감독을 통해서도 실현된다고 해석

69) 은행법 제2조 제1항 제1호와 제27조 및 제28조.
70) 은행법 제8조.
71) 은행법 제27조의2 제2항 및 제28조 제2항.
72) 전자금융거래법 제28조.

된다. 특히 우리 은행법도 은행을 규제 및 감독할 때 은행의 건전성과 자금중개기능의 향상, 예금자의 보호와 신용질서의 유지, 금융시장의 안정 및 국민경제의 발전에 이바지 할 것을 예정하고 있다. 예컨대 은행법 제52조 제4항에 의하여 금융감독당국은 '건전한 금융거래질서를 유지하기 위하여' 해당 은행에게 그 약관의 변경을 권고할 수 있다는 점에서 은행법의 목적이 은행업에 대한 규제 및 감독에 반영되어 있다고 할 수 있을 것이다. 따라서 은행업에 대한 규제 및 감독의 원칙이 명문으로 규정되지 않았다고 하여 그 원칙이 없다고는 할 수 없다. 다만 은행업의 규제 및 감독원칙을 명문으로 규정한다면 은행업의 참여자에게는 예견가능성을 주게 되어 이에 걸맞은 효과적인 의사결정을 할 수 있고 이는 비용절감으로 이어져 궁극적으로는 은행의 경쟁력 향상에도 도움을 줄 수 있다는 생각이 든다. 이런 의미에서 은행업의 규제 및 감독원칙의 명문화도 고려해 볼 만하다고 판단된다.

3. 인가 및 취소와 관련된 시사점

우리 은행법상 인가의 경우에는 (1) 자본금은 1천억 이상(지방은행의 경우는 250억 이상)이어야 하고 (2) 은행업 경영에 필요한 자금조달방안이 적정해야 하며 (3) 주주구성계획이 은행법상 금융주력자 및 비금융주력자 요건에 적합하여야 하고 (4) 대주주가 출자능력이 충분해야 하며 건전한 재무상태 및 사회적 신용이 있어야 하고 (5) 그 사업계획이 타당해야 하며 (6) 은행업을 경영하는데 필요한 인력 및 물적 설비를 구비할 것을 요구하고 있다.[73] 이와 같은 요건을 구비하면 금융위원회가 인가를 하게 된다.[74] 그러나 이에 대해 우리와 포르투갈은 다음과 같은 점에서 차이가 있다. 첫째 우리 은행법상 은행의 최저자본금은 1천억(250억) 이상을 요구하고 있는 반면 포르투갈은 대략 260억 정도만

73) 은행법 제8조 제2항. 이들 요건에 대한 세부요건에 대하여는 대통령령에서 정하고 있다. 동법 제8조 제3항.

74) 은행법 제8조 제1항.

요구하고 있다는 점에서 큰 차이를 보이고 있다. 최저자본금의 유용성을 전면 부인하는 것도 현실적으로는 어렵지만 과도한 최저자본금을 요구하는 것 역시 은행의 대외경쟁력이라는 면에서는 효과적인지는 의문이 든다. 미국발 금융위기가 발생하였지만 최저자본금이 많이 요구한 나라와 그렇지 않은 나라가 다 같이 어려움을 겪고 있다는 것은 최저자본금의 효용성은 그 금액에 비례하지 않는다는 것이 증명되었다고 할 수 있을 것이다. 따라서 우리만의 제도가 아니라 주요국가의 최저자본금제도를 검토하여 이들과 연동된 최저자본금제도가 필요하다고 본다. 둘째 우리 은행법은 은행업의 인가에 앞서 예비인가라는 제도를 두고 있다는 점에서 포르투갈과 차이가 있다. 물론 예비인가라는 제도를 통해 본인가에서 발생할 수 있는 문제점을 사전에 제거한다는 의미는 있겠지만 은행업의 참여자에게는 중복된 부담으로 작용할 수 있을 것이다. 특히 예비인가를 줄 때에 본인가의 요건을 모두 충족할 수 있는지를 확인하도록 되어 있는데 예비인가 단계에서 본인가의 요건을 충족할 수 있는지를 어떻게 확인할 수 있는지 의문이 든다.[75] 이는 은행업의 참여자에게 불필요한 비용을 증가시키는 요인으로 작용해서 우리 은행산업의 대외경쟁력을 약화시키는 하나의 원인이 될 수도 있을 것이다. 따라서 예비인가라는 제도 자체가 이중적인 진입장벽으로 작용할 수 있을 뿐만 아니라 그 규정도 명확하지 못하다는 문제가 있기 때문에 이 규정을 명확하게 규정하든지 아니면 예비인가라는 제도를 폐지하는 것이 타당하다고 판단된다. 셋째 은행업의 인가기관이 우리와 포르투갈은 다르다. 우리 은행법상 은행업의 인가는 우리나라의 중앙은행인 한국은행이 아니라 금융위원회가 행사하나 포르투갈은 포르투갈중앙은행이 행사한다. 또한 우리는 은행업의 인가를 신청한 자가 외국은행인 경우에도 금융위원회가 인가 여부를 결정하나[76] 포르투갈은 非회원국에 본점을 두고 있는 은행의 자회사가 포르투갈에 은행업의 인가를 신청한 경

75) 은행법 제11조의2 제2항.
76) 은행법 제58조 제1항.

우 포르투갈중앙은행이 아니라 그 재무장관이 결정한다는 점에서도 차이가 있다. 은행업의 인가기관을 두고 어느 입법이 나은가를 판단하는 것은 쉽지는 않겠으나 은행업의 규제 및 감독의 효율성과 신속성이라는 측면에서 접근하는 것도 한 방법이 될 수 있을 것이다. 먼저 중앙은행 이외의 별도의 기관에서 인가를 한다면 인가에 대한 독립적인 판단을 할 수 있을 것이나 인가를 포함해서 규제 및 감독권을 행사하면서 통화의 공급은 별도의 기관이 한다면 은행업에 대한 규제 및 감독의 효율성과 신속성은 떨어진다고 생각된다. 반면 통화의 공급과 인가를 포함한 규제 및 감독을 동일한 기관에서 한다면 은행참여자에게 규제 및 감독에 보다 순응하게 하는 유인력이 있다고 판단된다. 이런 의미에서 인가를 포함한 은행업에 대한 규제 및 감독은 중앙은행인 한국은행이 총괄하고 금융위원회가 금융감독원과 통합하여 그 구체적인 집행을 하는 것도 한 방법이 될 수 있다고 생각된다.[77]

4. 신용공여 및 출자한도와 관련된 시사점

포르투갈도 우리와 동일하게 은행의 신용공여나 출자한도에 대하여 규정을 두고 있으나 다음과 같은 점에서 차이가 있다. 첫째 포르투갈법제상 은행의 신용공여는 해당 은행 자기자본의 10%를 초과하거나 총합으로는 30%를 초과하여 다른 회사에 제공할 수 없으며 이 경우에도 해당 은행의 이사회 및 감사위원회 2/3 이상의 찬성을 얻도록 되어 있다. 이에 대하여 우리 은행법상 은행은 신용공여를 하는 대상에 따라 다양한 방법으로 규제되고 있다는 점에서 큰 차이가 있다. (1) 동일차주[78]에

77) 그러나 이에 대해 미시적인 부분과 거시적인 부분에 각각의 감독기관을 두고 이를 총괄하는 최고의 의사결정기구를 별도로 두자는 의견이 있다. 윤석헌 · 고동원 · 빈기범 · 양채열 · 원승연 · 전성인, "금융감독체계 개편, 어떻게 할 것인가?," 「2012년 한국금융학회 정기학술대회 특별 정책심포지엄」 (한국금융학회, 2012.6.8), 100-101면, *at* http://www.kmfa.or.kr/paper/annual/2012/2012_06_08_special_symposium.pdf (last visited Oct. 1, 2013).

78) 우리 은행법상 동일차주라 함은 동일한 개인 · 법인 및 그 개인 · 법인과 대통령

대한 은행의 신용공여는 해당 은행의 자기자본의 25%를 초과하여 제공될 수 없다.[79] (2) 동일한 개인 또는 법인 각각에 대한 은행의 신용공여는 해당 은행의 자기자본의 20%를 초과하여 제공될 수 없으며,[80] 이 경우 은행의 자기자본의 10%를 초과하는 거액의 신용공여는 그 총합계액이 해당 은행의 자기자본의 500%를 초과할 수는 없게 되어 있다.[81] (3) 그 은행에 속한 대주주에 대한 해당 은행의 신용공여는 해당 은행의 자기자본의 25%의 범위 내에서 대통령령으로 정하는 비율에 해당하는 금액과 그 대주주가 해당 은행에 출자한 비율에 해당하는 금액 중 적은 금액을 초과할 수 없도록 규정되어 있다.[82] 또한 이 경우에도 해당 은행이 자신의 은행에 속한 전체 대주주에게 할 수 있는 신용공여의 총금액은 해당 은행의 자기자본의 25% 내에서 대통령령으로 정하는 비율에 해당하는 금액을 초과할 수 없는 것이다.[83] 뿐만 아니라 우리 은행법은 대주주에 대한 해당 은행의 신용공여의 한도를 회피하는 것을 방지하기 위하여 다른 은행과 교차하여 신용공여를 하는 것도 금지하고 있다.[84] 이와 함께 은행은 자기자본의 1% 내에서 대통령령으로 정하는 비율에 해당하는 금액을 초과하여 해당 은행의 대주주가 발행한 지분증권[85]을

령으로 정하는 신용위험을 공유하는 자를 의미한다. 은행법 제35조 제1항.

79) 은행법 제35조 제1항.

80) 은행법 제35조 제3항.

81) 은행법 제35조 제4항.

82) 은행법 제35조의2 제1항. 만약 이 한도를 초과하려면 사전에 이사회의 재적이사의 전원찬성의 의결이 있어야 한다. 동법 동조 제4항. 이에 대해 포르투갈은 2/3의 찬성이 있으면 되는 것과는 큰 차이가 있다. Portuguese Banking Law §109.3. 포르투갈의 경우와도 비교해도 우리 은행법이 재적 이사의 전원 찬성을 요건으로 한 것은 비현실적인 규정이라고 판단된다. 따라서 이에 대한 재검토가 필요하다고 판단된다.

83) 은행법 제35조의2 제2항.

84) 은행법 제35조의2 제3항.

85) 여기서 지분증권이라 함은 자본시장과 금융투자업에 관한 법률 제4조 제4항에 규정된 지분증권을 말한다. 즉 주권, 신주인수권이 표시된 것, 법률에 의하여 직접 설립된 법인이 발행한 출자증권, 상법에 따른 합자회사 · 유한회사 · 익명조합의 출자지분, 민법에 따른 조합의 출자지분, 그 밖에 이와 유사한 것으로서 출자지분이 표시된 것을 의미한다.

취득하는 것도 금지되어 있다.[86] 둘째 포르투갈법제상 적격보유자는 우리 은행법상 대주주에 해당된다고 해석된다. 그 이유는 포르투갈법제상 적격보유자는 우리 은행법상 대주주와 동일하게 해당 회사의 경영에 대하여 중요한 영향력을 행사는 자로 정의되고 있기 때문이다.[87] 다만 지주비율이 5% 이하인 경우 포르투갈은 적격보유자로 보지 않으나 우리 은행법은 지주비율이 4%인 경우에도 대주주로 인정하는 경우가 있다는 점에서 차이가 있다.[88] 즉 은행의 의결권이 있는 발행주식 총수의 10%(지방은행의 경우 15%)를 초과하여 보유한 자를 대주주로 보고 있으나 10%(15%)를 초과하지는 않더라도 그 지주비율이 최소 '4%'이면서 해당 은행의 최대주주이거나 그 은행의 주요경영사항에 대하여 사실상 영향력을 행사한다면 대주주로 보기 때문에 포르투갈과는 차이가 있는 것이다. 또한 우리 은행법상 대주주는 의결권이 있는 발행주식 총수의 '10%'(15%)를 보유하면 확정적으로 대주주가 되는 반면 포르투갈의 경우에는 지주비율이 '10%'가 되어도 적격보유자인지를 포르투갈중앙은행이 재량적으로 결정한다는 점에서 차이가 있는 것이다. 셋째 다른 회사에 대한 은행의 출자한도에 있어서 우리나 포르투갈은 비슷한 규정을 두고 있다. 다만 포르투갈은 그 한도를 자기자본(15%/60%)과 상대방 회사의 발행주식 총수(25%)를 기준으로 출자한도를 규제하고 있으나 우리 은행법은 상대방 회사의 의결권이 있는 지분증권의 지주비율(15%)만으로 출자한도를 규제하고 있다는 점에서 차이가 있다.[89] 은행의 출자한도 역시 해당 은행의 건전성에 영향을 주기 때문에 해당 은행의 자기자본금의 액수가 많고 적음보다는 어떤 형태로든 자기자본을 반영하여 은행의 출자한도를 조정하는 것은 의미가 있다고 본다. 따라서 자기자본에 비해서 과도한 출자한도는 은행의 건전성에 부정적인 영향을 줄 수 있고 자기자본에 비해서 과소한 출자한도는 은행의 수익성에 부정적인 영향

86) 은행법 제35조의3 제1항.
87) Portuguese Banking Law §13.7.
88) 은행법 제2조 제10호 나목.
89) 은행법 제37조 제1항.

을 줄 수 있기 때문에 자기자본을 적절한 수준으로 반영할 필요가 있을 것이다. 이 한도 내에서는 포르투갈법제가 낫다고 할 것이고 이와 관련하여 우리법제는 재검토가 필요할 것이다.[90]

결국 우리는 신용공여의 대상이 동일차주인지, 동일한 개인 또는 법인 각각인지에 따라, 해당 은행의 대주주인지에 따라 그 규제의 정도가 다르나 포르투갈은 이를 구분하지 않는다는 점에서 큰 차이를 보이고 있다. 물론 그 대상에 따라 신용공여의 정도가 다르게 되면 규제차익이 발생할 위험이 있을 수 있으나 신용공여의 대상에 따라 해당 은행의 건전성은 영향을 받을 수 있기 때문에 이 한도 내에서 우리가 보다 나은 입법태도라고 판단된다. 다만 규제차익의 위험을 미연에 방지한다는 측면에서 신용공여 및 출자한도에 관한 내용을 더 단순화할 수 있는지를 좀 더 검토할 필요가 있다고 생각된다.

5. 은행주식에 대한 보유한도와 관련된 시사점

포르투갈법제상 은행주식을 취득하려는 자는 그 지주비율이 2%가 초과되면서부터는 금융감독당국에게 그 사실을 통지해야 하는 의무가 있다. 이에 반해 우리법제는 은행주식을 취득하려는 자에 따라 그 지주비율이 다르다는 점에서 다음과 같은 차이가 있다. 첫째 동일인[91]은 은행의[92] 의결권이 있는 발행주식 총수의 10%(지방은행의 경우 15%)를 초과하여 보유할 수 없는 것이 원칙이나 금융감독당국의 승인이 있다면 10%를 초과하여 보유할 수 있는 예외가 인정되어 있다.[93] 둘째 비금융주력자[94]가 은행주식을 보유하려면 의결권이 있는 발행주식 총수의 4%부터

---

90) 다만 포르투갈과는 다르게 우리 은행법은 은행과 그 자회사 간의 신용공여 등 출자와 관련하여 여러 가지 행위제한 규정을 두고 있다. 은행법 제37조 제3항 및 제8항.

91) 여기서 동일인이라 함은 본인 및 그와 대통령령으로 정하는 특수관계에 있는 자를 의미한다. 은행법 제2조 제1항 제8호.

92) 은행법 제15조 제3항.

93) 은행법 제15조 제1항과 제3항.

94) 우리 은행법상 비금융주력자는 동일인 중 비금융회사의 자본총액의 합계액이

금융감독당국의 승인을 받아야 하며 9%를 초과할 수 없는 것이 원칙이다.[95] 다만 비금융주력자가 금융주력자로 전환하려는 계획이 금융감독당국으로부터 승인을 받는 경우 등과 같은 예외가 인정된다면 기술한 동일인과 같은 지주비율(10%/15%)로 해당 은행의 주식을 취득할 수는 있다.[96] 셋째 투자목적회사를 포함한 사모투자전문회사는 (1) 해당 은행의 최대주주가 되는 경우라면 그 지주비율에 상관없이 금융감독당국의 승인을 받아야 하며 (2) 최대주주는 아닌 경우에도 대통령령으로 정하는 바에 따라 은행의 경영에 관여한다면 해당 은행의 의결권이 있는 발행주식 총수의 4%를 초과하여 보유하는 경우에는 금융감독당국의 승인을 받아야 하는 것이다.[97]

이상에서 살펴본 바와 같이 포르투갈은 2%초과하여 취득할 때부터 금융감독당국에 통지하도록 한 것은 비현실적인 규제로서 실효성이 없는 과도한 규제라고 판단된다. 또한 포르투갈은 2%를 초과하면 그 취득자가 누구인지에 상관없이 금융감독당국에게 통지를 해야 되기 때문에 취득자에 따라서 발생할 수도 있는 규제차익의 위험은 우리법제에 비해 상대적으로 낮다고 할 수 있을 것이다. 그러나 은행의 건전성을 중요시하는 입장에서는 은행주식을 누가 취득하는가는 해당 은행의 건전성에 중요한 영향을 줄 수 있기 때문에 이를 반영한 우리법제가 포르투갈법제보다는 상대적으로 발전된 입법이라고 할 수 있을 것이다. 그러나 우리법제도 은행주식의 취득자를 세분함으로써 발생할 수 있는 규제차익

당해 동일인의 회사 자본총액의 합계액의 25% 이상인 경우 그 동일인을 의미하거나 동일인 중 비금융회사 자산총액의 합계액이 2조 원 이상인 경우 그 동일인을 말하거나 이와 같은 조건을 구비한 동일인이 자본시장과 금융투자업에 관한 법률상 투자회사가 발행한 주식총수의 9%를 초과하여 보유하고 있는 경우 그 동일인을 의미한다. 또한 일정한 요건을 구비한 자본시장과 금융투자업에 관한 법률상 사모투자전문회사도 은행법상 비금융주력자에 해당된다. 은행법 제2조 제1항 제9호.

95) 은행법 제15조의2 제1항과 16조의2 제1항.

96) 은행법 제16조의2 제3항.

97) 은행법 제15조의3 제1항.

의 위험을 줄이기 위해 해당 규정을 좀 더 단순화하거나 명확화할 부분은 없는지 재검토할 필요는 여전히 있다고 판단된다.

6. 지배구조와 관련된 시사점

우리법제상 은행의 이사나 감사위원과 같은 임원은 금융에 대한 경험과 지식을 구비한 자로서 은행의 공익성 및 건전성과 신용질서를 해칠 우려가 없는 자일 것을 요구하고 있으며 일정한 경우 겸직이 금지된다는 점에서는 포르투갈과 다르지 않다.[98] 그러나 다음과 같은 사항에 대해서는 우리와 포르투갈은 차이가 있다. 첫째 내부통제장치라는 제도를 두고 있다는 점에서 우리와 포르투갈은 동일하지만 준법감시인제도는 우리만 있다는 점에서 차이가 있다.[99] 이와 같은 내부통제장치가 제 기능을 발휘하려면 준법감시인이 내부통제장치가 잘 운영되는지 상시적으로 점검해야 하는데 이런 점에서 내부통제장치를 도입하면서 준법감시인을 도입하지 않은 포르투갈은 내부통제장치의 효율성이 반감될 우려가 있다. 이 한도 내에서는 우리법제가 낫다고 할 수 있다. 다만 우리 은행법상 준법감시인은 해당 은행에 의하여 임면되기 때문에 그 역할을 제대로 할 수 있는지는 여전히 의문으로 남는다.[100] 이에 대한 재검토가 필요할 것이다. 둘째 은행의 부실을 예방하고 건전한 경영을 유도하기 위하여 일정한 요건에 의해서 발동되는 적기시정조치가 우리법제에는 있으나 포르투갈법제에는 없다는 점에서 차이가 있다.[101] 적기시

98) 은행법 제18조와 제20조.
99) 은행법 제23조의3 제2항.
100) 은행법 제23조의3 제2항 및 제3항.
101) 은행업감독규정 제34조 및 제37조 참조. 은행지주회사 등 금융지주회사의 경우에는 금융지주회사감독규정 제36조 및 제39조 참조. 포르투갈의 경우에는 중지명령(cease and desist order)이라는 제도도 도입되지 않았다. World Bank Survey, Portugal 11.1. 참고로 중지명령의 핵심은 법정요건에 해당되면 제재가 자동적(의무적 또는 강제적)으로 발동된다는 점이라고 할 수 있고 이 점은 해당 World Bank Survey, 11.1 질문표에 분명히 규정되어 있다. 이런 의미에서 우리법제상 적기시정조치도 넓게는 중지명령에 포함된다고 할 수

정조치는 개별 은행에 대하여 건전한 경영을 유도하기 위해서도 유용한 제도이나 요즘과 같이 은행이 은행지주회사와 같은 그룹 속에서 운영될 때에도 여전히 유용한 제도이다. 특히 적기시정조치는 은행과 그 지주회사는 하나[102]의 단일의 경제조직으로 평가하기 때문에 지주회사는 제재를 피하기 위해서라도 그 자회사 은행 등을 건전하게 운영할 수밖에 없는 유인력을 제공하는 제도라고 할 수 있다. 따라서 은행의 건전성에 기여할 수 있는 적기시정조치를 도입하지 않은 포르투갈법제보다는 이를 도입한 우리법제가 이 한도 내에서는 더 발전된 입법이라고 할 수 있을 것이다. 다만 우리법제가 적기시정조치를 도입하고는 있지만 적기시정조치가 '적시'에 '자동적'(의무적 또는 강제적)으로 발동될 수 있도록 해당 규정을 정비할 필요가 있다. 특히 구체적이지 못한 적기시정조치의 '유예'[103]는 재검토할 필요가 있다고 본다.[104] 끝으로 우리 은행법은 주주와 은행이용자 등의 이익을 보호하기 위하여 해당 은행은 그 은행의 이사회 운영 등에 관하여 지켜야 할 구체적인 원칙과 절차에 해당하는 지배구조내부규범이라는 내용을 명문으로 규정하고 있어 비록 선언

있다. World Bank Survey, South Korea 11.1.

102) 금융지주회사감독규정 제35조.

103) 금융산업의 구조개선에 관한 법률 제10조 제3항; 은행업감독규정 제37조; 금융지주회사감독규정 제39조. 최근 2012년에 영업이 정지된 솔로몬 등 다수의 저축은행에 대하여 이전에 적기시정조치가 유예된 바 있었다. 이재명, "[아하 그렇구나] 적기시정조치," 한겨레(2012.5.13), *at* http://www.hani.co.kr/arti/ economy/economy_general/532642.html (last visited Oct. 18, 2013).

104) 같은 견해로 백정웅, "한국 금융지주회사에 대한 적기시정조치,"「원광법학」 제23권 제2호(원광대학교 법학연구소, 2007.9), 388-389면(이하 '적기시정조치'라 함); 한국개발연구원,「적기시정조치 제도 개선」(한국개발연구원, 2005.11), 56면; 재정경제부 · 한국개발연구원,「금융기관 적기시정조치의 실효성 제고방안 연구」(재정경제부 · 한국개발연구원), 92면 참조. 미국에서도 금융감독당국의 재량권을 제한하자는 견해가 있다. U.S.C.A. §1831o(a)(2); Michael K. O'Neal, "Update on Prompt Corrective Action and Other Regulatory Enforcement Powers," 48 Consumer Fin. L.Q. Rep. 259, 260 (Summer, 1994).

적인 의미가 크더라도 은행에게는 규제로서의 예측가능성을 줄 수 있다는 점에서 긍정적이라고 할 수 있을 것이다.[105] 따라서 이 한도 내에서는 우리법제가 포르투갈법제보다는 낫다고 판단된다. 다만 은행법상 지배구조내부규범이 규제로서의 실효성을 확보하기 위해서는 보다 구체적인 내용을 담고 있어야 할 것이다.

7. 임점검사와 관련된 시사점

포르투갈법제와 같이 우리법제도 임점검사를 은행법에 규정함으로써 은행의 업무와 재산상황을 검사하도록 되어 있다.[106] 이 과정에서 이와 관련된 보고나 관련 자료의 제출 및 관계자의 출석 및 의견의 진술도 요구할 수 있다.[107] 그러나 다음과 같은 두 가지 사항에서 우리와 포르투갈은 차이가 있다. 하나는 우리법제는 은행이 아님에도 불구하고 일정한 경우에는 은행의 대주주 등에 대하여도 대주주 등의 업무와 재산상황을 검사할 수 있다고 명문으로 규정하고 있다는 점에서 이를 두고 있지 않은 포르투갈과는 차이가 있다.[108] 비록 최소한도로만 검사한다고 하지만 대주주는 이미 은행법에서 다음과 같은 규제를 받고 있기 때문에 중복된 규제라고 판단된다. 즉 우리 은행법은 은행이 그 대주주에게 신용공여를 할 때와 그 대주주가 발행한 지분증권을 취득할 때에 이와 관련된 규제를 예정하고 있다.[109] 또한 대주주가 그가 소속된 은행에 대하여 부당한 영향력을 행사하지 못하도록 하는 조치와 일정한 요건을 위반한 경우 관련된 규제를 받게 되어 있다.[110] 따라서 이와 같은 규정을 통하여 은행의 대주주 등에게는 필요한 조치를 할 수 있는데도 불구하고 은행법은 또 다시 별도의 규정을 두어 은행의 업무와 재산상

105) 은행법 제23조의4 및 동법 시행령 제17조의4.
106) 은행법 제48조 제1항.
107) 은행법 제48조 제2항 및 제3항.
108) 은행법 제48조의2 제1항.
109) 은행법 제35조의2 및 제35조의3.
110) 은행법 제35조의4 및 제35조의5.

황을 검사하듯이 은행의 대주주에게도 이와 같은 검사를 한다는 점에서 중복된 규제라고 보는 것이다. 이에 대한 재검토가 필요하다고 본다.

다른 하나는 포르투갈은 EC회원국에서 은행업의 인가를 받은 은행에 의해서 포르투갈에 설치된 그 지점에 대한 임점검사는 원칙적으로는 지점을 설치한 은행의 은행업을 인가한 EC회원국의 금융감독당국이 행사하나 EC회원국의 금융감독당국의 요청에 의해서 포르투갈이 임점검사를 대신 할 수도 있다. 따라서 임점검사에 이와 같은 국제적인 공조가 있으나 우리는 이런 규정을 두고 있지 않다. 비록 포르투갈이 EC회원국이기 때문에 이와 같은 공조를 두고 있다고 해석할 수 있으나 우리 법제도 우리 은행이 외국에서 영업하거나 외국 은행이 우리나라에서 영업하는 경우가 증가할 것이기 때문에 임점검사 역시 외국과의 공조가 필요하다고 판단된다. 이에 대한 법제적인 정비작업이 필요할 것이다.

8. 규제 및 감독의 공조와 관련된 시사점

포르투갈은 은행업의 인가 및 취소, 주주 및 임원의 적격성, 자기자본 및 지급여력비율 등에 관하여 자국 내외의 관련기관과 긴밀한 공조체제를 취하고 있다. 이에 대해 우리법제의 경우 외국은행 등은 일정한 경우 동일인의 범위에서 제외될 수 있는데 그 조건 중의 하나가 우리 금융감독당국이 해당 외국은행의 금융감독당국과 정보교환 등 업무협조의 관계가 있을 것을 전제로 하고 있고 이 규정이 외국의 금융감독기관의 공조에 관한 유일한 규정이라고 할 수 있다.[111] 그러나 이 규정 역시 동일인의 범위를 해석하면서 관련된 규정이기 때문에 엄밀한 의미에 있어서 외국과의 공조를 주된 내용으로 한 것은 아니라고 할 것이다. 우리 은행이 외국에서 영업하거나 외국 은행이 우리나라에서 영업하는 경

111) 은행법 제16조의5 제1항 제3호. 그러나 이 규정 역시 동일인의 범위를 해석하면서 관련된 규정이기 때문에 엄밀한 의미에 있어서 외국과의 공조를 주된 내용으로 한 것은 아니라고 할 것이다. 이렇게 해석한다면 사실상 외국과의 공조는 전무하다고 할 수 있다.

우가 증가할 것이며 우리 역시 외국과의 공조는 해당 금융업에 대한 규제 및 감독의 실효성을 높이는데 큰 역할을 할 것이기 때문에 이에 대한 재검토가 시급하다고 판단되고 이 경우 포르투갈법제는 시사하는 바가 크다고 할 수 있을 것이다. 또한 우리 은행법은 국내의 관련기관과의 공조도 하나의 규정만 두고 있다. 즉 은행이 금융거래와 관련된 약관을 제정 또는 변경하는 경우 사전에 금융위원회에게 보고를 하여야 하고 보고를 받은 금융위원회는 해당 약관을 공정거래위원회에게 통보한 후 특별한 사유가 없는 한 공정거래위원회의 조치에 따라야 한다는 것이다.[112] 물론 우리는 금융위원회가 은행업과 증권업(투자업 포함) 및 보험업을 모두 관장하고 있기 때문에 이들 업종과 관련해서는 국내의 감독기관과의 공조는 있을 수 없는 상황이지만 이렇다고 하여 국내의 관련 기관과의 공조까지 필요하지 않은 것은 아닐 것이다. 예컨대 어느 한 금융업종에 대하여 규제 및 감독권을 발동하게 되면 해당 지역의 경제는 영향을 받을 수밖에 없기 때문에 이를 고려하여 해당 지방자치단체 등과의 협의 등이 필요할 것이다. 따라서 이와 관련해서 재검토가 필요하며 이 때 포르투갈법제가 좋은 자료가 될 것으로 판단된다.

9. 기타 규제와 관련된 시사점

포르투갈법제는 포르투갈중앙은행으로 하여금 은행이 재정적으로 불안정한 경우 해당 은행에게 재무개편안의 제출, 특정영업의 제한, 특정 자산에 대한 신용공여 및 출자의 제한, 예금수취에 있어서 일정한 제한, 이익배당의 금지나 제한, 특정 거래 시 포르투갈중앙은행의 사전승인 등을 요구하거나 해당 은행에게 자본금의 변경 등 재정회복개편안의 제출을 요구하거나 중재프로그램을 제안할 수 있다. 우리 역시 포르투갈과 비슷한 규정을 두고 있다. 예컨대 은행은 대통령령이 정하는 자본적정성과 자산건전성에 관한 사항, 유동성에 관한 사항 및 그 밖에

112) 은행법 제52조 제1항과 제3항.

경영건전성의 확보를 위하여 필요한 사항(이하 '경영지도기준'이라 함)을 지켜 해당 은행의 경영건전성이 확보되도록 하고 있다.[113] 만약 이와 같은 경영지도기준을 충족시키지 못하거나 경영건전성을 크게 해칠 우려가 있는 경우에는 해당 은행에게 자본금의 증액, 이익배당의 제한 등 경영개선에 필요한 조치가 부과된다.[114] 다만 배당의 경우에는 은행법 제50조에 의하여 은행의 경영건전성이 악화되지 않더라도 그 현상 유지를 위하여 해당 은행에 대하여 불건전한 자산을 위한 적립금의 보유 등 대통령령으로 정하는 조치를 취할 수 있기 때문에 이로 인하여 배당이 사실상 '금지'될 수도 있을 것이다.[115] 그러나 포르투갈의 경우 은행이 지불정지의 위험이 있거나 은행채권자의 이익을 크게 해칠 위험이 있거나 은행의 재무상태의 평가가 사실상 불가능할 정도로 심각한 경우에는 포르투갈중앙은행이 임시임원을 선임할 수 있다는 규정을 두고 있으나 우리는 이와 같은 규정을 두고 있지 않다는 점에서 차이가 있다. 물론 우리도 은행의 경영건전성을 크게 해치는 행위를 한 임원에 대해 금융감독당국이 그 업무집행의 정지를 명하거나 주주총회에 그 해임을 권고할 수는 있다.[116] 그러나 임시임원의 선임은 불가능하다.[117] 결국 포르투갈은 임시임원을 선임함으로써 해당 은행에게 강력한 경고의 신호를 줄 수 있는 반면 해당 은행주주의 권리를 침해하는 문제가 발생하기 때문에 과도한 규제라고 판단된다.[118]

113) 은행법 제34조 제1항 및 제2항.

114) 은행법 제34조 제3항.

115) 다만 은행법 제34조 제3항의 배당제한 등의 조치는 경영지도기준을 충족하지 못하거나 해당 은행의 경영건전성을 크게 해칠 우려가 있는 경우에 발동되는 조치임에 반해 은행법 제50조의 적립금 보유 및 손실처리의 요구는 은행의 경영건전성이 좋지 않은 경우에 발동되는 조치가 아니라 경영건전성이 양호한 경우라도 이를 유지하기 위해서 발동된다는 점에서 이들 규정은 차이가 있는 것이다.

116) 은행법 제54조 제1항.

117) 은행의 직원의 경우도 이와 비슷한 규정을 두고 있다. 은행법 제54조 제2항.

118) 다만 포르투갈의 임시임원의 선임은 국영화된 은행의 경우에는 큰 문제가 없을 것으로 판단된다.

제 2 절 아일랜드

Ⅰ. 규제의 주요내용

1. 은행업의 개념

아일랜드법제상 은행업이라 함은 불특정 다수인인 일반대중으로부터 예금 또는 요구불 자금을 수취하고 그것을 은행 고유의 계정으로 통하여 다시 일반대중에게 대출하는 것을 의미한다.[119] 다만 아일랜드법제상 은행업에는 은행의 고유업무인 예대업무뿐만 아니라 은행이 일반적으로 행하는 기타 영업도 포함되나 다음과 같은 업무는 포함되지 아니한다.[120] (1) 통상적인 거래로 인하여 근로자나 고객과 관련된 상인의 기탁금의 수취 (2) 구매조건부임차계약, 리스계약 또는 신용판매계약에 따라 리스나 물품판매에 의한 자금의 수취 (3) 계약이행과 관련된 채권의 담보로서 자금의 수취 (4) 계약의 선수금 또는 일부지급으로서 수령된 자금의 수취 (5) 생명보험증권의 발행 및 갱신과 관련된 보험료로서의 자금의 수취 (6) 아일랜드연금법상 기부금으로서 수령된 자금의 수취 (7) 은행업과 아무런 관련 없이 자금을 수취하거나 자금의 우연한 수취 (8) 아일랜드금융계약의 상계에 관한 법에 따른 자금의 수취가 그것이다. 이와 같이 일반대중을 상대로 예대업무를 하는 금융회사로 아일랜드중앙은행법(Central Bank Act)의 인가[121]를 받은 금융기관을 아일랜드법제에서는 신용기관(credit institution)이라고 하며 우리법제상 은

119) Central Bank Act 1971 §2; Central Bank and Financial Services Authority of Ireland Act 2003 §13.

120) Banc Ceannais na hÉireann Central Bank of Ireland, 「Banking Licence Application under the Central Bank Act, 1971 (as amended); Checklist for completing and submitting bank Licence Applications」 18 APPENDIX 3 (The Central Bank of Ireland, 2004)(이하 Banking Licence Application Checklist라 함).

121) Central Bank Act 1942 §2.

행과 동일하다고 해석된다.

2. 규제 및 감독의 원칙

아일랜드법제상 은행업규제 및 감독의 목적은 아일랜드의 금융시스템의 안정성에 기여하고 지급결제시스템 운영의 효율성을 증진하여 궁극적으로는 아일랜드 전체국민의 복지향상이라고 할 수 있다.[122] 이를 확보하기 위해 아일랜드중앙은행은 금융시장의 기능 및 금융시장에 금융서비스를 제공하는 자를 질서정연하고 건전성규제에 부합하도록 규제 및 감독하고 있다.[123] 이에 따라 아일랜드중앙은행은 아일랜드중앙은행의 총재나 위원회가 발행한 감독지침에 따라 은행업을 규제 및 감독하도록 되어 있으며[124] 이를 통해 감독당국의 자의적인 규제 및 감독을 제거 내지는 최소화하려는 것으로 판단된다.[125]

3. 인가 및 취소

1942년에 제정된 아일랜드중앙은행법에 의해 창설된 아일랜드중앙

---

122) Central Bank and Financial Services Authority of Ireland Act 2003 §7.6A(2); Central Bank Act 1971 §6(1).

123) Central Bank and Financial Services Authority of Ireland Act 2003 §26.33C(3).

124) Central Bank and Financial Services Authority of Ireland Act 2003 §26.33D(1)-(2).

125) 그러나 이와 같은 감독지침을 위반하여 감독한 경우에 대한 후속조치에 대하여는 아무런 규정을 두고 있지 않지만 해당 담당자에 대한 내부적인 징계는 별론으로 하더라도 외부에 대하여 책임은 부담하지 않는 것으로 판단된다. 그 이유는 아일랜드중앙은행의 담당직원이 규제 및 감독업무를 집행하다가 발생된 손실에 대한 책임은 악의가 아닌 이상 원칙적으로 부담하지 않으며 금융감독당국인 아일랜드중앙은행이 승인이나 취소 등을 하였다고 하여 아일랜드중앙은행의 담당직원이 이에 따른 이행을 해야 한다는 것을 감독당국이 보장하는 것은 아니며 금융감독당국이나 국가도 배상책임이 있는 것은 아니라고 규정하고 있기 때문이다. Central Bank and Financial Services Authority of Ireland Act 2003 §26.33AJ(2)-(5). 아일랜드중앙은행법에도 동일한 내용이 규정되어 있다. Central Bank Act 1971 §9(5).

은행이 그 재량으로 은행업의 인가신청에 대한 승인여부를 결정하도록 되어 있다.[126] 이때 약 6,350,000유로[127](한화로는 약 95억)의 최저자본금, 은행업을 하려는 자의 정관, 그 조직도, 주요주주의 금융정보, 이사 및 임원의 경력 등이 법정요건을 충족해야 한다.[128] 하나 지적할 것은 아일랜드중앙은행이 은행업의 인가신청에 대하여 승인했다고 해서 은행업인가의 승인을 받은 자가 지불능력이 있음을 보장하는 것은 아니며 아일랜드중앙은행 역시 은행업의 인가를 받은 자가 채무불이행 등 파산으로 인한 손실에 대하여 배상책임을 부담하는 것도 아니라는 점이다.[129] 또한 아일랜드중앙은행이 은행업을 인가할 때에 은행업의 질서정연하고 건전한 규제를 증진시킬 목적으로 그 인가에 조건을 붙일 수 있으며 이 조건을 수정하거나 취소하거나 부가할 수도 있다.[130] 그러나 아일랜드중앙은행은 은행업의 인가신청에 대한 승인으로 인하여 은행업규제의 질서정연하고 건전한 규제의 이익을 달성하지 못하는 경우가 아니라면 아일랜드재무장관(Minister for Finance)의 동의 없이는 은행업의 인가를 거부하는 것이 금지된다.[131] 만약 아일랜드중앙은행이 은행업의

126) Central Bank Act 1942 §5(1); Central Bank Act 1971 §9(1); Carl O'Sullivan, et al., "IRELAND," in The Banking Regulation Review 398, 399 (Jan Putnis ed., 2012).

127) The World Bank, "World Bank Survey Ⅲ – June 2008 (MS Excel file, 768kb)," The World Bank (2012), *at* http://econ.worldbank.org/WBSITE/EXTERNAL/EXTDEC/EXTRESEARCH/0,,contentMDK:20345037~pagePK:64214825~piPK:64214943~theSitePK:469382,00.html#Survey_Ⅲ(last visited Oct. 15, 2013)(이하 World Bank Survey라 함). 특히 World Bank Survey, Ireland 1.3.1 참조. 이와 같은 최저자본금은 외국은행이 아일랜드에 그 자회사은행을 설립하는 경우에도 동일하다. Id.

128) 이에 관한 보다 상세한 내용은 Banking Licence Application Checklist, 2-21면 참조.

129) Central Bank Act 1971 §9(5).

130) Central Bank Act 1971 §10(1)-(2). 아일랜드중앙은행이 은행업의 인가에 조건을 붙이거나 수정 등을 할 때에는 서면으로 통지하도록 규정되어 있다. Central Bank Act 1971 §10(3)(a).

131) Central Bank Act 1971 §9(2).

인가신청을 거부하는 경우에는 거부사실을 서면으로 통지하도록 되어 있다.[132]

아일랜드중앙은행은 아일랜드재무장관의 동의를 얻어 다음과 같은 경우에는 이미 승인한 은행업을 취소할 수 있다.[133] (1) 은행업의 인가를 받은 자가 그 인가의 취소를 요청한 경우 (2) 인가받은 은행업을 하지 않는 경우 (3) 은행업의 인가를 받은 자가 파산한 경우 (4) 은행업의 인가를 받은 자가 해산 또는 청산된 경우[134] (5) 은행업의 인가를 받은 자가 채권자에 대하여 채무이행을 할 수 없는 경우 (6) 은행업의 인가를 받은 자가 아일랜드중앙은행에 법정예치금을 유지하지 못한 경우 (7) 은행업의 인가를 받은 자가 이 법의 규정위반 또는 신탁의 사기 등의 위반으로 인하여 유죄판결을 받은 경우 (8) 은행업의 인가 후 인가와 관련된 상황이 변경되어 새로 변경된 상황에서는 은행업의 인가가 거부되어야 하는 경우가 그것이다. 이와 같이 은행업의 인가를 취소하는 경우 아일랜드중앙은행은 그 취소사유를 서면으로 통지해야 한다.[135]

이상과 같이 은행업의 인가신청이 승인되거나 취소된 경우 아일랜드중앙은행은 그 사실을 공표해야 한다.[136]

4. 출자한도 및 은행주식에 대한 보유한도

아일랜드법제상 은행은 동일차주에게 자기자본의 25%를 초과하여 신용공여를 할 수 없으며,[137] 1,000,000 유로를 초과하여 신용공여를

132) Central Bank Act 1971 §9(3)(a). 은행업의 인가신청에 대한 거부통지를 받은 자는 아일랜드재무장관을 상대로 거부통지를 받은 날로부터 21일 내로 이의를 신청할 수 있다. Central Bank Act 1971 §9(3)(a)-(b).

133) Central Bank Act 1971 §11(1).

134) Central Bank Act 1971 §11(1)(d)-(e).

135) Central Bank Act 1971 §11(2)(a). 은행업의 인가취소의 통지를 받은 자는 그 통지를 받은 날로부터 21일 내에 아일랜드재무장관에게 취소에 대한 이의를 신청할 수 있다. Central Bank Act 1971 §11(2)(a)-(b).

136) Central Bank Act 1971 §12(1)-(2).

137) World Bank Survey, Ireland 7.1.1.a.

한다면 아일랜드중앙은행의 사전승인을 받아야 한다.[138] 이런 조건 하에서 은행이 신용공여를 하는 경우에도 독립당사자 간의 거래조건으로 거래를 하도록 되어 있다.[139] 또한 은행은 그 은행의 이사, 임원 또는 이들의 배우자나 그 자녀 등의 특수관계인에게 자기자본의 0.5%를 초과하여 신용공여를 할 수 없으며 이들 신용공여의 합계도 해당 은행의 자기자본의 5% 초과할 수 없도록 되어 있다.[140] 그리고 은행은 그 은행의 적격보유주주에게 자기자본의 5%를 초과하여 신용공여를 할 수 없으며 이들 신용공여의 합계는 해당 은행의 자기자본의 15%를 초과할 수 없도록 규정하고 있다.[141] 은행은 자신의 일반고객에게도 자기자본의 5%를 초과하여 신용공여를 할 수 없으며 그 신용공여의 합계도 해당 은행의 자기자본의 15%를 초과할 수 없는 것은 적격보유주주의 경우와 동일하다.[142] 이와 함께 아일랜드법제상 은행은 자산대비 특정한 부채비율을 유지해야 하기 때문에 이 비율의 상한 및 하한을 이탈할 수 없게 되어 있다.[143] 만약 이 비율의 하한을 이탈하게 된다면 아일랜드중앙은행은 해당 은행에게 아일랜드중앙은행에게 추가적인 예치금을 위탁할 것을

138) Banc Ceannais na hÉireann Central Bank of Ireland, 「Code of Practice on Lending to Related Parties」 6.d) (2010) (이하 Code of Practice on Lending이라 함).

139) Code of Practice on Lending, 6.a).

140) Code of Practice on Lending, 6.i).Exposure Category Ⅰ-Ⅱ. 여기서 본인의 특수관계인의 범위에는 본인의 배우자나 그 자녀 등이 포함된다. Code of Practice on Lending, 5.Connected Persons and Clients.

141) Code of Practice on Lending, 6.i).Exposure Category Ⅲ-Ⅳ. 여기서 적격보유주주라 함은 은행의 발행주식 총수 또는 의결권이 있는 주식 총수의 10% 이상을 보유하는 주주를 의미한다. Code of Practice on Lending, Significant Shareholder-Significant Shareholding. 적격보유의 지주비율에는 본인뿐만 아니라 그 배우자 등 본인의 특수관계인도 포함된다. Code of Practice on Lending, 5.Connected Persons and Clients.

142) Code of Practice on Lending, 6.i).Exposure Category Ⅴ-Ⅵ. 일반고객 역시 본인의 지주비율에는 그 배우자 등의 특수관계인이 포함된다. Code of Practice on Lending, 5.Connected Persons and Clients.

143) Central Bank Act 1971 §23(1).

요구할 수 있다.[144] 한편 非금융회사 및 非銀行금융회사는 아일랜드중앙은행의 사전 승인이 있다면 은행주식을 100%까지 소유할 수 있다.[145]

5. 지배구조

아일랜드법제상 은행은 그 자산과 부채의 효과적인 관리에 걸맞게 경영진의 구조와 내부통제장치 및 보고장치를 구비해야 한다. 이에 따라 은행의 임원은 중앙은행개혁법(Central Bank Reform Act 2010)에 따라 아일랜드중앙은행이 제정하는 청렴성 기준(Standards of Fitness and Probity)을 충족시켜야 한다.[146] 여기서 청렴성 기준이라 함은 은행의 임원이 되려는 자는 (1) 유능하고 (2) 정직하며 도덕적이고 청렴하며 (3) 재정적으로 건전할 것을 의미한다.[147] 이와 함께 은행의 임원은 적절한 능력과 은행업에 대한 경력이 있어야 하는 것이다. 또한 아일랜드법제상 은행은 그 임원을 선임할 때에는 아일랜드중앙은행으로부터 사전승인을 받아야 하며 해임 시에도 그 사실을 아일랜드중앙은행에게 통지하도록 되어 있다.[148] 뿐만 아니라 아일랜드중앙은행은 은행 및 보험회사

144) Central Bank Act 1971 §24(1). 원래 예치금은 총 예금의 5%를 의미한다. Central Bank Act 1971 §13(1). 또한 추가적인 예치금에는 이자가 없다. Central Bank Act 1971 §24(1).

145) World Bank Survey, Ireland 2.3.2 & 2.5.

146) Central Bank Reform Act 2010 §§21 & 50.

147) Banc Ceannais na hÉireann Central Bank of Ireland, 「Home 〉 Financial Regulation 〉 Our Business Processes 〉 Fitness and Probity 〉 Regulated Financial Service Providers: Fitness and Probity for Regulated Financial Service Providers other than credit unions」, *at* http://www.centralbank.ie/regulation/processes/fandp/serviceproviders/Pages/default.aspx(last visited Jul. 23, 2013)(이하 Standards of Fitness and Probity라 함). 청렴성 기준에 대한 보다 상세한 내용은 Banc Ceannais na hÉireann Central Bank of Ireland, 「Fitness and Probity Standards (Code issued under Section 50 of the Central Bank Reform Act 2010)」 2-15 (2011).

148) 아일랜드중앙은행으로부터 사전승인을 받아야 하는 은행 임원의 구체적인 범위에 관하여는 Standards of Fitness and Probity, List of Pre-Approval Controlled Functions 참조.

의 지배구조규정(Corporate Governance Code for Credit Institutions and Insurance Undertakings)을 제정하여 보험회사를 포함한 은행의 건전한 경영을 유도하고 있으며 이 규정에는 크게 다음과 같은 내용이 포함되어 있다.[149] (1) 독립된 사외이사의 역할 및 인원에 관한 요건 (2) 이사의 독립성 기준 및 이해의 충돌 시 고려사항 (3) 이사가 자신이 소속된 은행이나 보험회사의 기대에 부응하도록 하기 위하여 금융회사 또는 非금융회사를 보유하고 있는 이사의 인원 제한 (4) 이사회의 의장과 최고경영자(CEO)의 역할의 완전분리 (5) 최근 5년 이내 해당 은행의 CEO, 이사 또는 임원이었던 자의 해당 은행 이사회의 의장 취임의 금지 (6) 매 3년마다 이사회 임원의 심사에 관한 요건 (7) 이사회가 정하는 위험에 관한 요건 (8) 이사회의 위원회에 관한 최소요건 (9) 아일랜드중앙은행에 제출해야 하는 연례확약(annual confirmation)에 관한 요건이 그것이다.[150] 아일랜드법제상 은행의 이사는 이사회의 의안에 대하여 직·간접적인 금전적 이해관계가 있고 이 이해관계가 자신의 이사직무의 수행과 충돌이 될 수 있는 것이라면 해당 이사는 그 사실을 이사회에서 공개해야 하도록 되어 있다.[151] 이에 더하여 아일랜드법제상 은행은 건전한 행정 및 회계원칙에 따라 경영해야 하기 때문에 이를 담보할 수 있는 내부통제장치도 유지해야 하며 이와 같은 제도적 장치는 은행업의 인가 시부터 요구되고 있다.[152]

---

149) Banc Ceannais na hÉireann Central Bank of Ireland, 「Home 〉 Press Area 〉 Press Releases: New Corporate Governance Rules for Banks and Insurers」, *at* http://www.financialregulator.ie/press-area/press-releases/Pages/NewCorporateGovernanceRulesforBanksandInsurers.aspx(last visited Jul. 23, 2013) (이하 New Corporate Governance Rules라 함).

150) 이에 관한 보다 상세한 내용은 Banc Ceannais na hÉireann Central Bank of Ireland, 「Corporate Governance Code for Credit Institutions and Insurance Undertakings」 2-50 (2010) 참조.

151) Central Bank and Financial Services Authority of Ireland Act 2003 §31. 6(1). 이와 같은 아일랜드의 규정은 우리 회사법상 회사기회유용이론 및 이사 등과 회사 간의 거래에 관한 규정과 유사하다. 상법 제397조의2와 제398조 참조.

152) Banking Licence Application Checklist, 7.0 & 8.7.

6. 정보공개

아일랜드법제상 은행은 아일랜드중앙은행이 정한 장부와 서류 등을 아일랜드 내에 소재한 영업소에서 보관하도록 되어 있다.[153] 이 중 아일랜드중앙은행이 규제 및 감독의 목적상 정해 놓은 은행업과 관련된 각종 명세서를 공표해야 하는 경우도 있다.[154] 또한 아일랜드법제상 은행은 은행업을 수행하고 있는 지점 등을 포함한 모든 영업소에 재무제표를 비치해야 하며 채권자의 요구가 있는 경우에는 가장 최근의 재무제표의 사본을 교부해야 한다.[155] 또한 아일랜드법제상 은행은 자신의 은행업의 전부 또는 일부를 양도할 수 있는데 이 경우 양도인 및 양수인은 그 사실을 아일랜드 내에서 발행되는 1종류 이상의 일간지에 공고하도록 되어 있다.[156] 뿐만 아니라 은행은 자신의 이사나 임원 등에게 신용공여를 한 경우 그 사실을 아일랜드중앙은행에게 정기적으로 보고해야 하며 만약 이와 관련해서 과오가 발견되면 그 과오를 정정한다는 서면통지를 과오가 발생한 날로부터 5일 이내에 아일랜드중앙은행에게 해야 하는 것이다.[157]

---

153) Central Bank Act 1971 §17(1). 이와 함께 아일랜드법제상 은행은 이들 장부 등이 보관되어 있는 영업소의 주소를 아일랜드중앙은행에게 통지해야 한다. Id.

154) Central Bank Act 1971 §19(1).

155) Central Bank Act 1971 §20(1).

156) Central Bank Act 1971 §33(1)(b). 다만 은행의 발행주식 총수 또는 의결권이 있는 주식총수의 10% 이상이 거래의 대상이라면 아일랜드중앙은행으로부터 해당 거래에 대한 서면승인을 받거나 아일랜드중앙은행이 해당 거래를 거부하지 않은 채 재무장관의 동의가 필요한 경우에는 아일랜드중앙은행이 해당 거래의 통지를 받은 날로부터 6개월 그 외의 경우에는 3개월을 경과한 경우에만 유효하다. Central Bank Act 1989 §§74 & 76(a)-(b). 만약 이 요건을 구비하지 않은 채 해당 거래를 하면 그 거래는 무효일 뿐만 아니라 해당 거래로 인한 주식의 소유권도 이전되지 않으며 이와 관련된 기타의 권리행사 역시 무효가 된다. Central Bank Act 1989 §76(i)-(ii).

157) Code of Practice on Lending, 7.

7. 임점검사

아일랜드중앙은행은 은행업에 대한 규제 및 감독의 목적을 수행하기 위하여 해당 은행에서 다음과 같이 현장조사를 할 수 있다.[158] 즉 (1) 아일랜드중앙은행은 은행업이나 은행업과 관련이 있는 영업을 하고 있거나 한 적이 있는 현장 또는 은행업과 관련이 있는 장부, 기록이나 기타 서류가 보관되어 있는 현장 및 그 현장에 있는 장부 등을 조사 할 수 있다.[159] (2) 아일랜드중앙은행은 차후에 임점검사를 하기 위해 은행업과 관련된 장부, 기록이나 기타 서류가 보관되어 있는 현장을 확보할 수 있다. (3) 아일랜드중앙은행은 현장조사 중에 발견한 자료를 조사, 복사 또는 발췌하거나 이들 자료를 좀 더 검사하기 위하여 법원의 영장을 발부받아 일정한 기간 동안 이들 자료를 압수할 수 있다. (4) 아일랜드중앙은행은 은행업을 수행하거나 은행업과 관련되어 고용된 자에게 장부, 기록이나 기타 서류의 기입과 관련된 정보의 제공을 요구할 수 있다. (5) 아일랜드중앙은행은 은행업을 수행하는 자 또는 은행업과 관련해서 고용된 자에게 은행업에 관한 정보[160]의 제공을 요구할 수 있다. (6) 아일랜드중앙은행은 기타 은행업과 관련된 정보장치의 운영자에게도 현장조사에 협조해 줄 것을 요구할 수 있다.

8. 규제 및 감독의 공조

아일랜드중앙은행은 은행업의 규제 및 감독의 효율성을 강화하기

---

158) Central Bank Act 1997 §75(2). 아일랜드법제상 임점검사의 대상에는 해당 은행의 영업소에 해당하는 부동산뿐만 아니라 차량, 항공기 및 오토바이도 포함된다. Central Bank Act 1997 §75(8)(ii).

159) 다만 임점검사의 대상에는 은행업 또는 이와 관련된 영업을 하는 경우라면 당연히 포함된다. 뿐만 아니라 은행업을 하고 있다고 믿는데 합리적인 이유(reasonable grounds)만 있어도 임점검사의 대상이 된다. 예컨대 Central Bank Act 1997 §75(2)(a) & (b).

160) 이때의 정보에는 은행업에 관한 정보뿐만 아니라 이와 관련이 있다면 어떤 정보라도 포함된다. Central Bank Act 1997 §75(2)(e) & (f).

위해 아일랜드중앙은행 내 여러 부서와의 공조를 우선적으로 강조하고 있으며 여기에서의 공조는 그 활동 및 정보교환이 중심이 된다.[161] 또한 아일랜드중앙은행은 통화감독당국과의 직 · 간접적인 공조체제를 마련하여 이를 유지하고 있으며 필요한 경우 정부, 외국의 감독당국 및 관련 금융기관에게 자문 기타 필요한 협력을 통하여 공조의 강화를 시도하고 있다.[162] 이와 함께 아일랜드중앙은행은 자신의 규제 및 감독기능을 행사하는 것과 관련하여 필요하다면 재무장관과 협의를 할 수 있으며 이를 통해 자국 내의 감독기관 간의 공조도 강화하고 있다.[163] 예컨대 아일랜드중앙은행은 잉여수익이 발생하면 이 잉여수익을 유보할지 감가상각을 할지 다른 방법으로 처리할지를 재무장관과 협의한 후 재무장관이 제정하는 규정에 따르도록 되어 있다.[164]

9. 기타 규제

아일랜드중앙은행은 은행이 그 채권자에 대하여 의무를 이행하지 않거나 이행할 수 없다고 판단되면 해당 은행에 대하여 자신의 승인이 없는 한 예금 등의 수취를 정지한다는 서면명령서를 발부할 수 있다.[165] 또한 아일랜드중앙은행은 은행이 채무를 이행하지 않거나 채무가 이행되지 못할 개연성이 큰 경우 법원에 은행감독관의 선임을 신청할 수 있으며 이 신청에는 독립된 회계사에 의하여 작성된 보고서, 해당 은행의

161) Central Bank and Financial Services Authority of Ireland Act 2003 §5.5A(a).

162) Central Bank and Financial Services Authority of Ireland Act 2003 §5.5A(d)-(e).

163) Central Bank and Financial Services Authority of Ireland Act 2003 §7.6A(3).

164) Central Bank and Financial Services Authority of Ireland Act 2003 §7.6G(6)(a).

165) Central Bank Act 1971 §21(1). 이와 같은 예금수취의 정지를 명령하는 아일랜드중앙은행의 서면명령서에 대하여는 법원에 제소할 수 있다. Central Bank Act 1971 §21(2)-(8).

자산과 채무에 대한 명세서 및 해당 은행 전체 또는 그 일부를 존속시키는 것에 대한 합리적인 기대가능성이 있는지와 해당 은행을 청산하는 것보다는 존속시키는 것이 채권자에게 보다 유리한지에 대한 독립된 회계사의 의견서가 반드시 첨부되어야 한다.[166] 이와 같은 은행감독관은 청산절차가 더 이상 진행되지 않거나 파산관재인이 선임되지 않은 경우에만 한시적으로 선임된다. 따라서 은행이 파산하면 채권자는 해당 은행의 청산을 위해 청산인의 선임을 신청할 수 있으며 이에 따라 법원이 청산인을 선임하나 해당 은행을 청산하기 위하여 주주총회가 소집된 경우에는 해당 은행의 채권자가 청산인을 선임하게 된다는 점에서 차이가 있다.[167] 하나 특이한 점은 아일랜드법제는 금융서비스옴부즈만(Financial Services Ombudsman)제도를 도입하고 있다는 점이다. 이에 따라 금융서비스옴부즈만은 독립된 국가기관[168]으로서 아일랜드법제상 규제대상인 금융서비스제공자가 제공한 서비스를 이용하는 금융소비자[169]가 금융서비스와 관련하여 제기한 이의를 조사하거나 중재 및 재정을 전담하게 된다.[170]

Ⅱ. 시사점

1. 은행업의 개념과 관련된 시사점

우리나라의 은행법상 은행업은 불특정 다수인을 상대로 한 예대업무를 업으로 하는 것을 의미하고 있고[171] 이 점에 있어서 아일랜드와

166) Carl O'Sullivan, et al., "IRELAND," in The Banking Regulation Review 398, 402 (Jan Putnis ed., 2012).

167) Id.

168) Central Bank Act 1942 Revised Updated to 22 February 2013 §§57BA, 'Bureau' & 57BB(a).

169) Central Bank Act 1942 Revised Updated to 22 February 2013 §57BA.

170) Central Bank Act 1942 Revised Updated to 22 February 2013 §57BB.

171) 은행법 제2조 제1항 제1호.

다르지 않다. 다만 우리나라의 은행법상 은행은 해당 은행의 주식을 담보로 하는 대출이나 해당 은행의 주식을 매입하도록 하기 위한 대출은 절대적으로 금지되어 있다.[172] 물론 우리 은행법에도 이와는 별도로 은행의 행위제한으로는 대주주나 동일차주 등에 대한 신용공여 등에서 규정을 두고 있다. 예컨대 은행법 제35조(동일차주 등에 대한 신용공여의 한도), 동법 제35조의2(은행의 대주주에 대한 신용공여한도 등), 동법 제35조의3(대주주가 발행한 지분증권의 취득한도 등), 동법 제35조의4(대주주의 부당한 영향력 행사의 금지), 동법 제37조(다른 회사 등에 대한 출자제한 등), 제52조의2(불공정영업행위의 금지 등) 등을 들 수 있다. 그러나 이들 규정은 대부분이 일정한 조건이 붙은 행위제한 규정이고 기술한 바와 같은 은행의 절대적인 금지업무가 아니라는 점에서는 차이가 있는 것이다. 이에 반해 아일랜드법제상 은행이 할 수 없는 절대적인 금지업무로는 8개가 명문으로 규정되어 있다는 점에서 은행의 절대적인 금지업무가 우리법제보다 더 확장되어 있다는 점에서 큰 차이가 있다. 다만 하나 지적할 것은 금지업무가 많이 규정되어 있다고 해서 어떤 문제점이 있다고 할 수는 없겠으나 해당 금지업무의 규정이 명확하지 못하다는 점[173]

172) 은행법 제38조 제4호 및 제5호.

173) 기술한 바와 같이 아일랜드법제상 명문으로 규정된 금지업무는 (1) 통상적인 거래로 인하여 근로자나 고객과 관련된 상인의 기탁금의 수취 (2) 구매조건부임차계약, 리스계약 또는 신용판매계약에 따라 리스나 물품판매에 의한 자금의 수취 (3) 계약이행과 관련된 채권의 담보로서 자금의 수취 (4) 계약의 선수금 또는 일부지급으로서 수령된 자금의 수취 (5) 생명보험증권의 발행 및 갱신과 관련된 보험료로서의 자금의 수취 (6) 아일랜드연금법상 기부금으로서 수령된 자금의 수취 (7) 은행업과 아무런 관련 없이 자금을 수취하거나 자금의 우연한 수취 (8) 아일랜드금융계약의 상계에 관한 법에 따른 자금의 수취가 그것이다. 이 규정들은 다음과 같은 이유로 구체적이지 못하다고 본다. 첫째 통상적인 거래가 정확이 무엇을 의미하는지, 둘째 기탁금의 범위를 어디까지로 해야 하는지, 셋째 특정 계약이 구매조건부임차계약인지 리스계약인지 신용판매계약인지 어떻게 확인할 수 있는지, 넷째 수취된 자금이 계약의 선수금 또는 일부지급인지 어떻게 알 수 있으며, 다섯째 수취된 자금이 보험료인지 어떻게 할 수 있으며, 여섯째 수취된 자금이 은행업과 관련성이 있는지를 어떻게 알 수 있는지 등이다.

은 문제가 될 것으로 판단된다. 그 이유는 은행이 금지업무를 하지 않으려고 해도 이에 해당하는지 여부를 잘 알 수가 없다면 이와 관련된 의사결정은 아무런 효율성이 없을 뿐만 아니라 불필요한 비용만 증가되어 은행의 경쟁력은 떨어질 수밖에 없기 때문이다. 이런 문제가 있기 때문에 불필요한 금지업무 특히 구체적으로 규정되지 못한 금지업무는 문제가 된다는 것이다. 이 한도 내에서는 은행의 절대적인 금지업무를 사실상 2개로 한정하였고 또한 그 금지업무도 구체적인 내용으로 규정한 우리의 은행법이 더 낫다고 할 수 있을 것이다.

2. 규제 및 감독의 원칙과 관련된 시사점

은행업의 규제 및 감독원칙에 대한 명문의 규정을 두고 있는 아일랜드와는 달리 우리나라는 이에 관한 명문의 규정을 두고 있지 않다. 그러나 우리법제가 은행업의 규제 및 감독원칙에 대한 명문의 규정이 없다고 하여 자의적인 규제 및 감독을 하는 것이 아님은 너무나도 당연하다. 비록 명문의 규정은 없더라도 개별적인 규정[174]을 통해서 은행업의 규제 및 감독에는 미시적인 개별은행의 건전성을 기반으로 거시적인 국민경제의 발전에 기여한다는 은행법의 목적[175]을 반영하고 있다. 따라서 우리 은행법상 은행업의 규제 및 감독의 목적은 은행법의 목적과 다르지 않다고 할 것이다. 다만 우리법제도 은행업의 규제 및 감독원칙을 명문으로 규정하여 은행업에 참여하고 있거나 앞으로 참여하려는 자에게 예견가능성을 확보해 줄 필요가 있다고 본다. 그 이유는 명문의 규정을 둠으로서 은행업의 참여자는 은행업의 규제 및 감독원칙에 맞게 의사결정을 하여 불필요한 의사결정에 소요되는 비용을 절감하여 은행의 경쟁력 향상에 도움을 줄 수 있기 때문이다.

---

174) 예컨대 은행법 제52조 제4항 참조.
175) 은행법 제1조.

3. 인가 및 취소와 관련된 시사점

은행업의 인가 및 취소에 관하여는 우리나라와 아일랜드가 유사한 규제를 두고 있다. 즉 우리의 은행법상 은행업의 인가를 받으려는 자는 최저자본금(1,000억/250억), 자금조달방법, 주주구성계획, 출자능력 등 대주주에 관한 사항, 사업계획, 은행업의 인적 및 물적 설비를 법정요건에 맞게 구비해야 하며,[176] 이에 대해 금융위원회가 그 가부를 결정하게 되는 것이다.[177] 또한 은행법상 은행업의 취소는 은행업의 인가를 받을 때에 거짓 등 부정한 방법으로 받거나 인가의 내용이나 조건을 위반하거나 영업정지 기간에 영업을 하거나 특정의 위반행위에 대한 시정명령을 이행하지 아니 한 경우 또는 은행법이나 은행법에 따른 명령이나 처분을 위반하여 예금자나 투자자의 이익을 크게 해칠 우려가 있는 경우에 발동된다.[178] 그러나 다음과 같은 점에서 우리와 아일랜드는 차이가 있다. 첫째 우리는 인가요건 중 최저자본금이 1천억 이상(지방은행은 250억 이상)일 것을 요구하나 아일랜드는 우리의 25%에 해당하는 한화로 약 95억을 최저자본금으로 하고 있다는 점에서 액수 면에서 큰 차이가 있다. 최저자본금이 많아서 나쁠 것이 없다고 생각할 수 있으나 불필요하게 많은 액수의 최저자본금을 요구하는 것은 은행업에 대한 과도한 진입장벽이 된다고 할 수 있다. 특히 이번 미국발 금융위기 때에도 최저자본금의 액수가 많다고 하여 지금의 금융위기를 피해가지는 못했다는 점에서 주요국가의 최저자본금을 검토하여 적절한 수준의 최저자본금의 액수를 정할 필요가 있다고 본다. 둘째 우리는 은행법 제11조의 2에서 본인가에 앞서 예비인가라는 제도를 두고 있다는 점에서 아일랜드와 차이가 있다. 물론 예비인가의 순기능도 있겠으나 은행업의 참여자에게는 중복된 규제로 인식될 수 있다. 또한 예비인가 여부의 결정은

176) 은행법 제8조 제2항; 동법 시행령 제8조 제3항.

177) 은행법 제8조 제1항.

178) 은행법 제53조. 물론 이 경우 은행업의 취소대신에 영업의 전부정지를 명할 수도 있다. 동법 제53조 제2항.

본인가의 요건을 모두 충족할 수 있는지에 달려 있다는 점이다.[179] 어떻게 예비인가의 단계에서 본인가의 요건을 모두 충족할 수 있는지를 확인할 수 있는지 의문이 있기 때문이다. 셋째 은행업의 인가를 거부하거나 취소할 때에도 기술한 바와 같이 우리나라는 금융위원회가 단독으로 결정하나 아일랜드는 아일랜드중앙은행이 재무장관의 동의를 얻은 경우에만 가능하다는 점에서 다르다. 은행업의 인가를 준 기관이 그 취소도 하는 것이 순리라는 점에서 아일랜드의 입법에는 문제가 있다고 본다. 또한 은행업의 인가기관인 아일랜드중앙은행이 인가를 거부하거나 이미 준 인가를 취소할 때에 재무장관의 동의를 받도록 한다면 금융감독당국의 규제 및 감독의 신속성은 확보되기 어려울 것으로 판단된다. 이런 이유로 동일한 기관이 은행업의 인가 및 취소 여부를 결정하고 있는 우리나라가 보다 나은 입법이라고 판단된다. 끝으로 우리의 은행법제와는 다르게 또 하나 특이한 점은 아일랜드의 은행법제는 아일랜드중앙은행이 은행업을 인가하거나 취소하였다고 하여 아일랜드중앙은행이나 그 직원이 고의가 아닌 이상 그 인가나 취소에 따른 특정의 이행책임 등이 없다는 점을 명문화한 점이다. 그러나 우리 은행법규정에는 아일랜드와 같은 규정은 없고 국가배상법 제2조 제1항에 공무원은 고의뿐만 아니라 과실의 경우까지도 배상책임을 인정하고 있다는 점에서 차이가 있다. 아일랜드와 같이 과실의 경우에는 책임을 면제한다는 규정은 근대 시민법의 대원칙인 과실책임의 원칙에 정면으로 충돌되는 것으로 허용될 수 없을 것이다.

4. 출자한도 및 은행주식에 대한 보유한도와 관련된 시사점

우리법제와 아일랜드법제상 은행은 자기자본의 25%를 초과하여 동일차주[180]에게 신용공여를 할 수 없다는 점에서 동일하다.[181] 그러나 다

179) 은행법 제11조의2 제2항.

180) 우리 은행법에서는 동일차주를 동일한 개인 · 법인 및 그 개인 · 법인과 대통령령으로 정하는 신용위험을 공유하는 자로 규정하고 있다. 은행법 제35조 제1항.

181) 은행법 제35조 제1항.

음과 같은 점에서는 차이가 있다. 첫째 백만 유로를 초과한 신용공여는 금융감독당국인 아일랜드중앙은행의 사전승인을 받도록 한 점은 우리와 다르다. 즉 우리는 은행의 자기자본이란 기준으로 동일차주에 대하여 신용공여를 제한하고 있다.[182] 아일랜드와 같이 신용공여의 절대적인 금액으로 규제하는 것은 은행마다 자기자본비율이 다르기 때문에 그 효과는 상대적이며 또한 백만 유로는 한화로는 약 15억 정도인데 이 금액마다 금융감독당국의 사전승인을 받도록 하는 것은 은행의 영업행위를 과도하게 규제하는 것이라고 판단된다. 따라서 이 한도 내에서는 우리법제가 더 나은 입법이라 할 수 있을 것이다. 둘째 아일랜드는 우리법제와는 다르게 적격보유주주라는 용어를 사용하고 있으며 이 적격보유주주에 대한 신용공여는 은행의 자기자본의 5%(15%)를 초과할 수 없다는 규정을 두고 있다. 이에 대해 우리법제는 대주주라는 용어를 사용하고 있으며 이 대주주에 대한 은행의 신용공여는 해당 은행의 자기자본의 25%라는 범위 내에서 대통령령으로 정하는 비율에 해당하는 금액과 그 대주주가 해당 은행에 출자한 비율에 해당하는 금액 중 적은 금액을 초과할 수 없다고 규정하고 있다.[183] 이에 대한 가장 큰 차이점은 아일랜드는 은행의 자기자본만을 기준으로 해서 규제하고 있으나 우리는 은행의 자기자본과 함께 대주주가 그가 소속된 은행에 출자한 것도 한 기준으로 해서 규제한다는 점이다. 이는 결국 은행의 자기자본비율을 낮게 하는 대신에 다른 사유로 인한 변동을 허용하지 않는 방법과 은행의 자기자본비율을 높게 한 대신에 다른 사유로 인한 변동을 허용한 방법이라고 할 수 있다. 그러나 전자의 아일랜드방식의 규제는 은행의 자기자본비율만으로 규제하기 때문에 예견가능성을 줄 수 있으나 그 수치가 5%라는 것은 오늘의 금융현실에는 부합되기는 어려울 것이다. 후자에

182) 은행법 제35조.

183) 은행법 제35조의2 제1항. 다만 사전에 이사회의 재적이사 전원의 찬성 의결이 있으면 이 한도를 초과할 수 있다. 그러나 재적이사의 전원 찬성을 요건으로 한 것은 비현실적인 규정이기 때문에 재검토가 필요하다고 본다.

해당하는 우리법제는 은행의 자기자본비율 이외의 변동적인 사유(은행에 대한 대주주의 출자비율에 해당하는 금액)로 해당 은행의 신용공여가 규제받을 수는 있으나 그 자기자본 이외의 기준이 명확할 뿐만 아니라 그 비율도 오늘의 금융현실을 반영할 수 있는 수치라는 점에서는 우리법제가 보다 실효성이 있는 입법이라고 할 수 있을 것이다.[184] 특히 신용공여를 받을 아일랜드의 적격보유주주나 우리의 대주주가 해당 은행에 대하여 이미 한 출자금액은 이들과 은행 간의 관계에 중요한 요소로 작용할 수 있기 때문에 단순히 자기자본비율로만으로 신용공여를 규제하는 아일랜드법제는 규제로서의 실효성에는 의문이 있을 수 있는 것이다. 셋째 아일랜드법제상 은행은 금융감독당국의 승인이 있으면 은행주식을 100%까지 소유할 수 있는데 이 때 이 주식을 취득할 자가 누구인가에 따른 구분 없이 획일적으로 적용되나 우리는 은행주식의 취득자가 누군가에 따라 허용되는 지주비율에 차이가 있다는 점에서 다르다. 즉 (1) 동일인[185]은 의결권이 있는 은행주식의 발행 총수의 10%를 초과하여 보유할 수 없는 것이 원칙이나 금융감독당국의 승인을 받으면 25%나 33%를 초과할 수 있다.[186] (2) 비금융주력자[187]는 의결권이 있는 은행주식

---

184) 이와는 별도로 우리 은행법은 대주주에 대한 다른 은행의 교차적인 신용공여를 금지하고 있고(은행법 제35조의2 제3항) 대주주가 발행한 지분증권에 대하여 은행의 자기자본의 1%를 초과해서 취득할 수 없도록 하고 있다(동법 제35조의3 제1항).

185) 우리 은행법상 동일인은 본인 및 그와 대통령령으로 정하는 특수관계에 있는 자로 규정되어 있다. 은행법 제2조 제1항 제8호.

186) 은행법 제15조 제1항과 제3항.

187) 우리 은행법에서 비금융주력자는 (1) 동일인 중 비금융회사인 자의 자본총액의 합계액이 동일인 중 회사인 자의 자본총액의 합계액의 25% 이상인 경우의 그 동일인 (2) 동일인 중 비금융회사인 자의 자산총액의 합계액이 2조 원 이상으로서 대통령령으로 정하는 금액 이상인 경우의 그 동일인 (3) 자본시장과 금융투자업에 관한 법률에 따른 투자회사로서 기술한 (1) 또는 (2)의 자가 그 발행주식 총수의 9%를 초과하여 주식을 보유하는 경우의 그 투자회사 (4) 자본시장과 금융투자업에 관한 법률에 따른 사모투자전문회사가 기술한 (1)-(3)의 어느 하나에 해당하면서 사모투자전문회사 출자총액의 18% 이상 지분을 보유하는 유한책임사원 또는 사모투자전문회사의 무한책임사원이거나 독점규제 및

의 발행 총수의 4%를 초과하여 보유할 수 없으나 초과된 주식에 대하여는 의결권을 행사하지 않는 등의 요건 등이 금융감독당국으로부터 승인을 받거나 금융주력자로 전환한다는 전환계획을 제출하여 금융감독당국으로부터 승인을 받은 경우에는 이 한도를 초과하여 보유할 수 있는 예외가 인정되어 있다.[188] (3) 투자목적회사를 포함한 사모투자전문회사가 전국적으로 영업하는 은행의 최대주주가 되는 경우에는 그 지주비율에 상관없이 금융감독당국으로부터 승인을 받아야 하며 은행의 최대주주는 아니라 하더라도 대통령령으로 정하는 방법으로 은행의 임원을 임면하는 등으로 해당 은행의 경영에 관여하는 경우에는 4%를 초과하는 경우에도 금융감독당국의 승인을 받아야 한다.[189] 결국 아일랜드는 취득자가 누군가와는 상관없이 지주비율을 획일적으로 적용한다는 점에서 규제차익의 위험은 우리법제에 비하여 상대적으로 적을 것으로 판단된다. 그러나 그 주식을 누가 취득하는가는 해당 은행의 건전성에 큰 영향을 줄 것이므로 이를 반영하지 못한 아일랜드는 규제로서 실효성이 있을지는 의문이 있을 수 있고 이 한도 내에서는 우리법제가 낫다고 판단된다. 다만 우리법제는 주식의 취득자별로 지주비율을 달리하고 있어 그 내용이 다소 복잡한 면이 있기 때문에 좀 더 명확화하고 불필요한 내용이나 중복된 내용은 없는지 재검토할 필요가 있을 것이다. 이렇게 함으로써 규제차익의 위험도 줄일 수 있을 것이다.

공정거래에 관한 법률상 다른 상호출자제한기업집단에 속하는 각각의 계열회사가 취득한 사모투자전문회사의 지분의 합이 사모투자전문회사 출자총액의 36% 이상인 경우 (5) 기술한 (4)에 해당하는 사모투자전문회사가 투자목적회사의 주식 또는 지분의 9%를 초과하여 취득·보유하거나 임원의 임면 등 주요 경영사항에 대하여 사실상의 영향력을 행사하는 경우의 해당 투자목적회사로 규정되어 있다. 은행법 제2조 제1항 제9호. 투자목적회사의 경우에는 자본시장과 금융투자업에 관한 법률 제271조 참조.

188) 은행법 제15조의2 제1항과 제16조의2 제1항 및 제3항.

189) 은행법 제15조의3 제1항.

5. 지배구조와 관련된 시사점

아래와 같은 부분에서 우리의 시사점으로 논의될 수 있을 것이다. 첫째 우리 역시 아일랜드와 동일하게 내부통제장치를 규정하고 있다는 점에서는 다르지 않으나 준법감시인제도는 우리만 도입하고 있다는 점에서 차이가 있다.[190] 물론 아일랜드는 인가 시부터 내부통제장치가 구비될 것을 요구하고 있다는 점에서 이를 감독한다고는 할 수 있으나 그 구체적인 방법이라고 할 수 있는 준법감시인제도는 도입되지 않아 내부통제장치의 효율성이 반감될 수 있다고 판단된다. 이 한도 내에서는 우리법제가 낫다고 할 수 있을 것이다. 그러나 우리 은행법은 내부통제장치가 제대로 작동하는지를 감시하는 준법감시인을 해당 은행이 임면하기 때문에 자신을 선임한 그 은행을 준법감시인이 제대로 감독할 수 있는지의 의문은 남아 있다.[191] 이에 대해서는 지속적인 검토가 있어야 할 것이다. 둘째 우리 은행법 역시 아일랜드와 유사한 규정을 두어 임원[192]의 자격을 규제하고 있다.[193] 즉 은행의 임원으로는 미성년자, 피한정후견인(종전의 한정치산자) 또는 피성년후견인(종전의 금치산자)는 될 수 없으며 파산선고를 받은 자로서 아직 복권되지 않은 자 역시 될 수 없는 것과 같이 일반적인 결격사유[194]를 규정하고 있다. 만약 은행의 임원으로 선임될 당시에는 이와 같은 결격사유에는 해당되지 않았으나 선임된 이후에 결격사유에 해당되면 그 직이 상실된다.[195] 이와 함께 은행의 임원은 금융에 대한 경험과 지식을 갖춘 자로서 은행의 공익성 및 건전경영과 신용질서를 해칠 우려가 없는 자일 것을 요구하고 있

---

190) 은행법 제23조의3 제2항.

191) 은행법 제23조의3 제3항.

192) 우리 은행법상 임원이라 함은 이사가 아니면서 명예회장 · 회장 · 부회장 · 사장 · 부사장 · 행장 · 부행장 · 부행장보 · 전무 · 상무 · 이사, 그 밖에 업무를 집행할 권한이 있는 것으로 인정될 만한 명칭을 사용하여 은행의 업무를 집행하는 자를 의미한다. 은행법 시행령 제12조.

193) 은행법 제18조.

194) 임원자격 요건에 관한 보다 상세한 내용은 은행법 시행령 제13조 참조.

195) 은행법 제18조 제1항.

다.[196] 그러나 아일랜드는 은행의 임원을 선임할 때 금융감독당국으로부터 사전승인을 받도록 하고 있으나 우리법제에는 이런 규정을 두고 있지 않다는 점에서 차이가 있다. 물론 우리 은행법도 은행이사에는 최소한 사외이사가 3명 이상 되어야 할 것을 요구하고 있으나 그렇다고 하여 금융감독당국으로부터 사전승인은 받지 않는다.[197] 아일랜드와 같이 금융감독당국으로부터 사전승인을 받을 수 있는 경우는 사실상 아일랜드 정부가 해당 은행을 지배하고 있는 경우 이외에는 용인되기 어려운 규제라고 판단된다. 따라서 아일랜드의 이와 같은 규제는 과도한 규제이고 이 한도 내에서는 우리법제가 낫다고 할 수 있다. 셋째 아일랜드도 우리법제의 회사기회의 유용금지[198]와 유사한 규정을 두고 있다는 점에서는 동일하나 다음과 같은 점에서는 우리와 다르다. (1) 우리법제는 은행법에는 없고 상법에 규정되어 있으나 아일랜드는 그 은행법제에 규정되어 있다는 점에서 차이가 있다. 입법편제의 형식만 두고서 그 우

196) 은행법 제18조 제2항.

197) 은행법 제22조 제2항. 감사위원회의 경우에는 사외이사가 총 위원 중 2/3 이상이어야 한다. 은행법 제23조의2 제2항 제1호.

198) 상법 제397조의2. 일반적으로 회사기회의 유용금지라 함은 회사에 소속된 이사 등은 회사기회를 자신 등의 사적 기회로 유용할 수 없다는 것을 의미한다. 이에 대한 국내문헌으로는 장재영 · 정준혁, “개정상법상 회사기회유용의 금지,” 「BLF」 제51권(서울대학교 금융법센터, 2012.1), 31면 이하; 천경훈, “개정상법상 회사기회유용금지규정의 해석론 연구,” 「상사법연구」 제30권 제2호(한국상사법학회, 2011), 143면 이하; 백정웅, “회사기회유용이론의 적용기준과 항변사유,” 「비교사법」 제16권 제2호(한국비교사법학회, 2009.6), 419면 이하; 백정웅, “회사기회유용이론 - 밀러 사건의 2단계 기준을 중심으로 -,” 「상사판례연구」 제21집 제3권(한국상사판례학회, 2008.9), 91면 이하; 김원기 · 박선종, “회사기회유용금지의 법리—미국 법원들의 중요고려요건과 그 적용가능성,” 「기업법연구」 제21권 제3호(한국기업법학회, 2007.9), 83면 이하; 김정호, “회사기회유용금지의 법리,” 「경영법률」 제17권 제2호(한국경영법률학회, 2007), 129면 이하; 백정웅, “미국의 회사기회유용이론과 우리 상법 - 델라웨어주의 구스 사건을 중심으로 -,” 「상사법연구」 제25권 제3호(한국상사법학회, 2006.11), 361면 이하; 백정웅, “더피사건 - 회사기회유용이론의 정당성 기준 -,” 「기업법연구」 제20권 제3호(한국기업법학회, 2006.9), 235면 이하 참조.

열을 가리는 것은 무리일 것이다. 다만 회사기회의 유용문제는 은행뿐만 아니라 상행위를 하는 대부분의 회사에서 발생할 수 있다는 점에서 회사관련 법제에서 규정하는 것이 보다 합리적이라고 생각된다. (2) 아일랜드의 회사기회의 유용금지는 이사회의 의안에 대해서만 적용되나 우리법제는 현재나 장래 회사의 이익이 되는 회사의 사업기회로 그 범위가 확대되어 있다는 점에서 차이가 있다.[199] 그러나 우리나 아일랜드는 회사기회유용의 금지가 이사의 경우에만 적용된다는 점에서 공통적이나 이로 인해 규정의 실효성에는 의문이 있다. 그 이유는 예컨대 이사가 아니더라도 지배주주가 회사기회를 유용하는 경우가 있을 수 있기 때문에 이를 해당 규정에 반영할 필요가 있을 것이다.[200] 넷째 아일랜드는 은행의 건전한 경영을 위하여 이사회의 의장과 최고경영자(CEO) 간의 역할을 분리하는 규정을 두고 있으나 우리는 아직 이런 규정이 없다는 점에서 차이가 있다.[201] 그러나 의사결정의 신속성이라는 측면에서 본다면 과연 양 자를 분리하는 것이 효과적인지 의문이 든다. 물론 경영의 건전성을 위하여 양 자의 분리를 목적으로 한다고는 하지만 해당 은행이 급변하는 정세에 적시에 대처하지 못한다면 해당 은행의 건전성 역시 확보하기 어려울 것이라는 점을 늘 상기해야 할 것이다.[202] 또한

199) 상법 제397조의2 제1항.

200) 물론 미국에서도 회사기회유용의 금지가 적용되는 대상자의 범위에 관해 논란이 있다. 이사뿐만 아니라 임원 및 근로자를 포함하는 대표적인 견해로는 Bryan A. Garner, 「Black's Law Dictionary」 147 (West Group: 2d Pocket ed. 2001) 참조. 여기에 지배주주까지 포함하는 대표적인 견해로는 American Law Institute, 「Principles of Corporate Governance: Analysis and Recommendations」 §5.12 (1994) 참조.

201) 최근 우리 법무부도 아일랜드와 동일하게 이사회의 의장과 CEO를 분리한다는 개정안을 발표한 바 있다. 김정호, "이사회의장과 대표집행임원 강제분리의 문제점," 법률신문(2013.10.10), *at* http://www.lawtimes.co.kr/LawPnnn/Pnnyn/PnnynContent.aspx?serial=2154&m=pnnyn (last visited Nov. 2, 2013).

202) 이런 이유에서인지 미국의 경우에도 상위 20개의 기업 중 67%가 양 자를 겸직하고 있다. 오동희, "잘나가는 포천 20大기업, 70% 이사회 의장·CEO 겸직," 머니투데이(2013.8.14), *at* http://news.mt.co.kr/mtview.php?no=2013081316063144330&type=1 (last visited Nov. 2, 2013).

양 자의 분리나 겸직을 법규로 강제하기 이전에 그 선택은 기업의 몫이기 때문에 아일랜드와 같이 양 자의 분리를 법정하는 것은 기업의 선택기회를 원천봉쇄한다는 점에서 바람직한 입법은 아니라고 판단된다. 끝으로 우리는 적기시정조치[203]라는 제도를 도입하고 있으나 아일랜드는 그렇지 않다는 점에서 차이가 있다. 세계적인 추세가 금융기관은 지주회사와 같은 금융그룹의 형태로 운영되고 있기 때문에 이들을 통합적으로 규제 및 감독할 필요가 있다. 이와 같은 목적을 달성하기 위해 지주회사로 하여금 그 자회사 은행의 부실로 인한 경우에 그 책임을 지게 한다면 지주회사는 자회사 은행으로 인한 책임을 회피하기 위해서라도 자회사 은행을 건전하게 운영할 유인력이 있게 되는 것이다. 따라서 이 한도 내에서는 적기시정조치를 도입한 우리법제가 보다 낫다고 할 수 있을 것이다. 다만 우리법제는 적기시정조치의 '유예'[204]로 인하여 적기시정조치의 적시성을 확보하지 못할 우려가 있다.[205] 특히 유예의 조건

---

203) 우리법제상 적기시정조치는 경영실태평가 및 자본비율에 의하여 해당 금융기관에게 부과되는 경영개선권고, 경영개선요구 및 경영개선명령으로 해석된다. 금융산업의 구조개선에 관한 법률 제10조. 보다 상세한 규정은 은행의 경우 은행업감독규정 제34조 및 제37조 참조. 금융지주회사의 경우 금융지주회사감독규정 제36조 및 제39조 참조.

204) 금융산업의 구조개선에 관한 법률 제10조 제3항(금융위원회는 제2항의 규정에 의한 기준에 '일시적으로 미달한 금융기관이 단기간 내에 그 기준을 충족시킬 수 있다고 판단되거나 이에 준하는 사유가 있다고 인정되는 때에는' 기간을 정하여 적기시정조치를 유예할 수 있다). 이의 하위규정으로는 예컨대 은행업감독규정 제37조; 금융지주회사감독규정 제39조 참조.

205) 백정웅, "한국 금융지주회사에 대한 적기시정조치," 「원광법학」 제23권 제2호(원광대학교 법학연구소, 2007.9), 388-389면(이하 적기시정조치라 함); 한국개발연구원, 「적기시정조치 제도 개선」 (한국개발연구원, 2005.11), 56면; 재정경제부 · 한국개발연구원, 「금융기관 적기시정조치의 실효성 제고방안 연구」(재정경제부 · 한국개발연구원, 2004.11), 92면. 미국도 우리와 비슷하게 감독기관의 재량권에 대해 의문을 제기하고 있다. U.S.C.A. §1831o(a)(2); Michael K. O'Neal, "Update on Prompt Corrective Action and Other Regulatory Enforcement Powers," 48 Consumer Fin. L.Q. Rep. 259, 260 (Summer, 1994). 적기시정조치가 유예된 후에 개선된 사례는 거의 없다. 이재명, "[아하 그렇구나] 적기시정조치," 한겨레(2012.5.13), *at* http://www.

으로 (1) 기준 미달이 일시적인 경우에 유예를 할 수 있다고 했는데 어느 정도가 이에 해당되는지 의문이 있고 (2) 단기간 내에 이 기준을 충족시킬 수 있다고 판단할 수 있는 경우에 유예를 할 수 있는데 그 단기간은 어느 정도의 기간인지 의문이 들고 (3) 위 (1)-(2)에 준하는 사유가 있는 경우에도 유예를 할 수 있는데 그 준하는 사유가 무엇인지 역시 의문이 들기 때문이다. 따라서 적기시정조치의 유예는 구체적이지 못하여 규제로서의 예견가능성을 줄 수 없다는 문제점이 있기 때문에 재검토가 필요하다고 판단된다.

6. 정보공개와 관련된 시사점

아일랜드는 은행업과 관련된 장부 등 각종 서류 등을 영업소에 보관, 비치, 공표 및 금융감독당국에게 보고되게 함으로서 은행업의 투명성을 확보하고 이에 대한 금융감독당국의 규제 및 감독의 효율성을 향상시키고 있으며 우리 역시 이와 유사한 규정을 두고 있다.[206] 그러나 아일랜드는 은행이 자신의 이사 등 임원에게 신용공여를 할 때에는 그 사실을 금융감독당국에게 보고해야 하나 우리법제상 은행은 자신의 임원에게 금융위원회가 정하는 소액대출 이외의 대출은 예초에 금지된다

hani.co.kr/arti/economy/economy_general/532642.html(last visited Nov. 2, 2013).

206) 예컨대 은행법 제12조(은행업의 인가 또는 취소의 공고), 제15조 제8항(동일인 및 동일인이 보유하는 주식의 범위를 확인하기 위하여 금융감독당국에 대한 서류제출), 제15조의3 제3항(투자목적회사를 포함한 사모투자전문회사의 주식 보유한도 초과 시 관련 서류 제출), 제16조의3 제2항(승인된 비금융주력자의 전환계획에 대한 이행상황의 점검결과 공시), 제23조의4 제3항(지배구조내부규범의 공지), 제27조의2 제5항(부수업무의 공고), 제35조의2 제5항 및 제6항과 제35조의3 제5항 및 제6항(대주주에 대한 신용공여 및 대주주가 발행한 지분증권의 취득 등과 관련된 공개 또는 공시), 제52조 제2항(약관의 제정 또는 변경의 공시), 제35조의5(은행의 경영건전성을 해칠 현저한 위험이 있는 일정한 경우 은행 또는 그 대주주의 관련 자료의 제출), 제41조 및 제42조와 제43조의2 및 제43조의3(대차대조표 등의 공고 또는 제출, 매월업무보고서의 제출, 기타 경영공시), 제47조(정관이나 상호변경 및 임원의 임면 등의 보고), 제48조(임점검사 시 관련 자료의 보고 및 제출) 등이 있다.

는 점에서 차이가 있다.[207] 다만 우리법제와 같이 은행이 그 임원에게 대출하는 것을 획일적으로 제한할 필요가 있는지는 다음과 같은 이유로 의문이 있다. 즉 우리 은행법은 동일인이나 대주주 등에서 신용공여 등 그 출자한도를 제한하는 규정을 두고 있는데 이와는 별도로 은행의 임원에게 일정한 소액대출을 제외한 대출 자체를 금지하는 것은 중복되고 과도한 규제라는 생각이 들기 때문이다. 오히려 아일랜드법제와 같이 은행의 임원에게 대출하는 경우에는 해당 은행은 금융감독당국에게 보고하고 금융감독당국은 해당 은행의 경영건전성에 따라 적절한 후속조치를 취하게 하는 방법이 보다 효과적이라고 생각된다. 또한 아일랜드는 은행업의 일부나 전부를 양도하는 경우 그 사실을 아일랜드 내에서 발행되는 일간지에 공고해야 하나 우리는 이런 규정을 두고 있지 않다는 점에서 차이가 있다. 그러나 은행업의 양도 시에 일간지에 공고하는 것이 과연 실익이 있는지 의문이다. 그 이유는 우리법제는 은행업을 양도한 후 양수인이 종전의 상호를 속용하는 경우에는 양수인은 종전 영업상 채권 및 채무에 대하여 양도인의 권리 및 의무를 승계하는 것이 원칙[208]이기 때문이다. 결국 우리와 아일랜드는 정보공개에 있어서는 큰 차이는 없다. 다만 은행은 일반에 공개도 해야 하고 일정한 경우 금융감독당국에게 보고 또는 제출도 해야 하기 때문에 중복된 절차는 없는지 재검토할 필요는 있을 것이다. 중복된 규제는 경쟁력을 약화시킬 수 있기 때문이다.

7. 임점검사와 관련된 시사점

우리법제도 아일랜드와 동일하게 임점검사를 다음과 같이 규정하고 있다. 즉 우리 금융감독당국은 은행의 업무와 재산상황을 검사하기 위하여 은행을 검사할 수 있으며 이에 따라 해당 은행에게 업무나 재산에 관하여 보고를 요구하거나 자료의 제출 또는 관계자의 출석을 요구하거

207) 은행법 제38조 제6호.
208) 상법 제42조 및 제43조.

나 의견의 진술도 요구할 수 있는 것이다.[209] 또한 우리 금융감독당국은 은행을 감사한 외부감사인에게도 감사결과 알게 된 정보나 이와 관련된 자료의 제출을 요구할 수 있다.[210] 그러나 우리법제는 은행 이외의 자에게도 확대하여 임점검사를 실시하고 있다는 점에서 아일랜드와는 큰 차이가 있다. 즉 일정한 경우 비금융주력자와 은행의 대주주의 업무 및 재산상황을 검사할 수 있는 것이다.[211] 그러나 은행 이외의 자에게 임점검사를 하고 있는 우리법제는 비록 최소한도로만 규제한다고 규정한다고는 하지만 비금융주력자와 은행의 대주주에 대해서는 이미 은행법의 다른 규정을 통하여 규제받고 있기 때문에 중복된 규제에 해당된다고 본다.[212] 따라서 이에 대한 재검토가 있어야 할 것이다.

8. 규제 및 감독의 공조와 관련된 시사점

국내외의 여러 감독기관과의 긴밀한 공조체제를 취하고 있는 아일랜드와 달리 우리법제는 공조가 중심이 된 규정은 없고 다른 절차나 요건에 부수해서 설명되고 있으며 그것도 통틀어 2개의 조문이 전부다. 하나는 동일인의 자본총액에서 비금융회사가 25%이상을 차지한다면 이 동일인은 비금융주력자에 해당되나,[213] 동일인이 외국은행인 경우에는 일정한 요건을 구비한다면 동일인의 범위에서 외국법인 등이 제외될 수 있다. 이에 따라 우리 금융감독당국이 해당 외국의 금융감독당국과 정보교환 등 업무협조관계가 있으면 즉 공조가 있으면 동일인의 범위에서 외국법인 등이 제외되는 것이다.[214] 이 규정이 외국의 금융감독당국과의 공조를 규정한 유일한 규정이라고 할 수 있다. 그러나 이 규정 역시 외

209) 은행법 제48조 제1항 및 제2항.
210) 은행법 제48조 제3항.
211) 은행법 제48조의2 제1항.
212) 예컨대 전환대상자를 포함한 비금융주력자에 대해서는 은행법 제15조의2와 제16조의2 및 제16조의4에서 규제하고 있으며 은행의 대주주에 대해서는 동법 제35조의2 및 제35조의3과 제35조의4 및 제35조의5에서 규제하고 있다.
213) 은행법 제2조 제1항 제9호 가목.
214) 은행법 제16조의5 제1항 제3호.

국과의 공조를 중심으로 규정한 것이 아니라 동일인의 범위를 조정하기 위한 요건 중의 하나로 공조가 소개되고 있다는 점에서 사실상 공조에 관한 규정이라고 할 수는 없을 것이다. 또 다른 하나는 은행은 약관을 제정하거나 변경하는 경우에는 미리 금융감독당국에게 보고를 해야 하며 보고를 받은 금융감독당국은 공정거래위원회에게 그 사실을 통보해야 하고 해당 약관에 대해 공정거래위원회가 일정한 조치를 요청하는 경우에 특별한 사유가 없는 한 이에 따르도록 되어 있다.[215] 이 규정이 금융감독당국의 국내공조에 관한 유일한 규정이라고 할 수 있다. 그러나 이런 경우에만 국내공조가 필요한 것은 아닐 것이다. 예컨대 전국 또는 한 지역에 금융업에 대한 규제 및 감독을 하게 되면 특정 지역의 경제에 많은 영향을 줄 수 있어 이 경우에는 미리 해당 지방자치단체나 관련 기관과의 협의가 필요할 수도 있기 때문이다. 다만 우리 금융감독당국은 금융위원회가 은행업, 증권업 및 보험업을 모두 관장하기 때문에 증권업이나 보험업의 감독기관과의 공조는 있을 수 없으나 그 외의 다른 감독기관 등과의 공조는 여전히 필요하며 특히 FTA가 시행 중에 있기 때문에 외국과의 공조는 시급하다고 판단된다.

9. 기타 규제와 관련된 시사점

이와 관련된 시사점으로는 다음과 같다. 첫째 일정한 경우 아일랜드와 같이 우리도 은행은 예금을 수취할 수 없는 경우가 있다. 즉 은행의 파산 또는 예금지급불능의 우려 등 예금자의 이익을 크게 해칠 우려가 있는 경우가 그것이다.[216] 다만 이 규정만 두고 본다면 우리 은행법은 예금수취가 금지되는 것은 '예금자'의 이익을 크게 해칠 우려가 있는 경우로 한정되는데 반해 아일랜드는 예금자를 포함하는 광의의 개념인 채권자 및 채무자란 용어를 사용하여 은행이 '채무자'로서의 의무를 이행하지 않거나 이행할 수 없다고 판단되면 예금의 수취가 금지된다는 점

215) 은행법 제52조 제1항과 제3항.

216) 은행법 제46조.

에서 차이가 있다고 해석할 수도 있을 것이다. 그러나 우리 은행법도 은행법령에 따른 명령이나 처분을 위반하여 예금자나 '투자자'의 이익을 크게 해칠 우려가 있다면 6개월 이하의 영업의 전부정지를 명하거나 은행업의 인가를 취소할 수 있다고 규정하고 있기 때문에[217] 예금의 수취가 금지되는 경우로 예금자 이외의 채권자도 포함하게 되어 있어 아일랜드와 동일한 규제를 하고 있는 것이다. 그러나 우리도 은행의 예금자를 포함한 일반 채권자의 이익을 크게 해칠 우려가 있는 경우에 예금의 수취가 금지되고 있기 때문에 현재와 같이 예금의 수취가 금지되는 규정을 분산하여 규정할 것이 아니라 아일랜드와 같이 하나의 규정이나 한 절에 집중해서 규정하는 것이 타당할 것으로 판단된다. 이에 대한 재검토가 필요할 것이다. 둘째 아일랜드법제는 은행의 청산절차가 진행되지 않거나 파산관재인이 선임되지 않는 경우에 한하여 은행감독관이 임시로 선임될 수 있으며 우리도 이와 유사한 규정을 두고 있다. 즉 우리 금융감독당국은 적기시정조치의 대상이 되는 은행에 대하여는 그 제재로서 해당 은행의 임원을 대신하는 관리인을 선임할 수 있으며,[218] 일반적으로 예금보험공사의 임직원이 관리인으로 선임되나 정부 등에 의한 지원이나 예금보험공사에 의한 예금 등 채권이 없는 경우에는 예금보험공사의 임직원이 아닌 자를 관리인으로 선임할 수도 있다.[219] 그러나 기존 경영진을 그대로 둔 상태에서 임시적으로 관리인만 새로 선임하는 것이 해당 금융기관에 긍정적인 효과를 줄지는 의문이다.[220] 셋째 아일랜드도 은행이 파산하면 법원이 청산인을 선임한다는 점에서 우리와 동일하나 은행을 청산하기 위하여 주주총회가 소집된 경우에는 해당

217) 은행법 제53조 제2항 제5호.

218) 금융산업의 구조개선에 관한 법률 제10조 제1항 제4호와 제14조의3.

219) 금융산업의 구조개선에 관한 법률 제14조의6.

220) 이와 유사한 경우로 최근 문제가 된 동양그룹 사태에서도 현 경영진의 퇴진 여부가 문제된 바 있다. 유환구, "동양 법정관리인 선임 갈등," 한국일보(2013. 10.11), *at* http://news.hankooki.com/lpage/economy/201310/h2013101121183421500.htm(last visited Nov. 26, 2013).

은행의 채권자가 청산인을 선임한다는 점에서는 우리와 차이가 있다. 우리법제는 이 경우에도 법원만이 청산인을 선임하도록 되어 있다.[221] 이 점은 외국은행의 지점 또는 대리점이 청산되는 경우에도 동일하다.[222] 이에 대해 청산 시에는 은행의 채권자와 주주의 이해관계는 다르다는 점에서 제3자인 법원이 청산인을 선임하는 것이 타당하다고 보기 때문에 이 한도 내에서는 우리법제가 낫다고 본다. 다만 외국은행의 경우에는 은행업의 인가가 취소된 경우에만 청산을 하게 되는 것이 아니라 취소된 것으로 보게 되는 경우에도 청산한다는 점에서 논란의 소지가 있다고 본다.[223] 그 이유는 취소된 경우와 취소된 것으로 보게 되는 경우의 구별기준 및 취소된 것으로 보게 되는 경우로는 어떤 것이 있는지 명확하지 못하기 때문이다. 이에 대한 재검토가 필요할 것이다. 끝으로 아일랜드는 금융소비자의 보호를 전담할 독립된 기관인 금융서비스옴부즈만제도를 도입하고 있으나 우리는 아직 공식적으로 독립된 정부기관을 출범시키지는 못한 상태이다. 다만 현재 우리의 경우에는 금융소비자의 보호를 전담할 기관을 금융위원회의 산하에 둔다는 전제하에 논의가 진행되고 있으나,[224] 업무의 독립성이 얼마나 확보될 수 있을지는 여전히 의문으로 남는다. 오히려 이런 논의가 있는 지금 아일랜드와 동일하게 독립된 기관으로 출범시키는 것이 업무의 독립성을 확보하는데 보다 나을 것으로 판단된다.

---

221) 은행법 제56조 제3항. 금융산업의 구조개선에 관한 법률도 동일하다. 동법 제15조 제1항. 다만 그 청산인 또는 파산관재인은 금융감독원장이나 그 직원이 된다. 은행법 제57조 제1항.

222) 은행법 제61조 제2항.

223) 은행법 제61조 제1항.

224) 김경환, "與野 '금융감독-소비자보호' 분리 속도낸다," 머니투데이(2013.11.3), *at* http://news.mt.co.kr/mtview.php?no=2013110313511180006&type=1&VML(last visited Nov. 22, 2013). 이와 관련해서 이미 시민단체로서 활동하는 단체가 있다. 금융소비자보호원, "금융소비자원 보도자료 1호: 새로운 금융소비자 단체 금융소비자원 설립, 활동 시작," 금융소비자보호원(2012.7.23), *at* http://www.fica.kr/bodo/Default.asp?Dir=bodo10&Type=view&no=65&tab=기타민원(last visited Nov. 22, 2013).

제 3 절 이태리

Ⅰ. 규제의 주요내용

1. 의 의

이태리의 은행업은 1993년에 제정된 법규정[225]에 의하여 주로[226] 규제받고 있기 때문에 이를 중심으로 이태리의 은행업규제를 살펴보기로 한다.[227] 다만 하나 지적할 것은 이태리의 경우에는 은행업은 이태리중앙은행(The Bank of Italy[228])이 감독하며 증권업(투자업 포함함)과 보험업은 별개[229]

---

225) Legislative Decree no.385 of 1st September 1993(이하 Banking Law라 함). 특히 이 법규정에 의하여 겸업은행(universal bank)이 다시 도입되면서 상업은행과 투자은행의 분리를 철폐한 것이라고 할 수 있다. Leonardo Giani & Riccardo Vannini, "Toward an Evolutionary Theory of Banking Regulation: The United States and Italy in Comparison," 29 Rev. Banking & Fin. L. 405, 435(Spring 2010). 참고로 이태리은행업규제의 변천사에 대해서는 Luigi Guiso, Paola Sapienza & Luigi Zingales, 「The Cost of Banking Regulation」 3-6(CRSP Working Paper No. 611, August 2006) 참조.

226) Giani & Vannini, *supra* note 225, at 434.

227) Banca d'Italia, "Supervision: The legal framework for supervision," Banca d'Italia, *at* http://www.bancaditalia.it/vigilanza/normativa(last visited Aug. 16, 2012).

228) 원래는 이태리법제상 은행업은 (1) 이태리의 금융관련부처연합위원회(The Interministerial Committee for Credit and Savings: 이하 ICCS라 함), (2) 이태리금융경제장관(The Minister for the Economy and Finance: 이하 MEF라 함) 및 (3) 이태리중앙은행(The Bank of Italy)에 의해 규제 및 감독을 받고 있다. Banking Law §§2-4. 그러나 실제로는 이들 중에서 이태리중앙은행이 은행업을 주도적으로 규제 및 감독하고 있다. Banking Law §§2.4 & 4.1; Banca d'Italia, "Supervision," Banca d'Italia, *at* http://www.bancaditalia.it/vigilanza (last visited Aug. 16, 2012). 비록 은행업에 대한 주된 감독기관이 이태리중앙은행이라 하더라도 관련 감독기관은 이태리중앙은행의 조치에 대해 ICCS에 이의제기를 할 수 있고 ICCS가 그 결론을 내리게 되어 있다. Banking Law §9.

229) 이태리의 경우 증권업(투자업 포함함)은 The Commissione nazionale per le

의 감독기관에 의하여 규제 및 감독을 받는다는 점에서 우리법제와는 근본적으로 다르다는 점이다.

2. 은행업의 개념

이태리법제상 은행업이라 함은 불특정 다수인을 상대로 자금을 조달하거나 신용공여를 하는 행위와 이와 관련되거나 수단적인 성격이 있는 기타의 금융행위를 포함한 행위로서 은행만이 할 수 있는 영업행위를 말한다.[230] 이와 같은 은행업에는 (1) 일반대중으로부터의 예금 및 기타 요구불자금의 인수업 (2) 대출업 (3) 금융리스업 (4) 자금이체서비스업 (5) 결제수단의 발행 및 관리업 (6) 보증업 (7) 단기자금시장상품, 외환상품, 선물 및 옵션, 환율 및 금리복합상품, 주식을 은행의 고유계정 또는 고객의 계정으로 하는 거래업 (8) 증권발행의 참여 및 발행과 관련된 서비스제공업 (9) 자본구조, 합병 및 산업전략 등에 대한 자문 및 서비스제공업 (10) 통화중개업 (11) 포트폴리오관리 및 자문업 (12) 유가증권의 보관 및 관리업 (13) 신용평가서비스업 (14) 보호예수업 (15) 기타 관련업이 포함된다.[231]

---

societa e la borsa(Consob)에 의해 규제 및 감독을 받고 보험업은 The Instituto per la vigilanza sulle assicurazioni private e di interesse collettivo(ISVAP)에 의하여 규제 및 감독을 받는다. Legislative Decree no.58 of 24 February 1998 §19.1; Legislative Decree no.209 of 7 September 2005 §5.1; Di Antonio Golino, "Liability issues for securities markets regulators in italy and the u.s.: a comparative analysis," Studio Legale Tidona e Associati(1998-2009), *at* http://www.tidona.com/ pubblicazioni /aprile02_1.htm(last visited May 28, 2013).

230) Banking Law §10. 여기서 이태리법제상 자금조달이라 함은 불특정 다수인으로부터 요구불예금을 인수하는 것을 의미한다. Banking Law §11.1. 따라서 고용관계로 인한 특정 집단으로부터 자금을 조달하는 것은 여기에 포함되지 아니한다. Banking Law §11.3. 또한 전자화폐의 발행과 관련된 자금의 수취도 자금조달에는 포함되지 않는다. Banking Law §11.2-bis.

231) Banking Law §1.2.f).

3. 규제 및 감독의 원칙

이태리중앙은행은 은행시스템의 전체적인 안정성, 효율성 및 경쟁력을 확보하기 위하여 해당 은행의 경영이 건전하게 운영될 수 있도록 하는 것이 은행업의 규제 및 감독의 목적이라고 밝히고 있다.[232] 그리고 이와 같은 규제 및 감독의 원칙뿐만 아니라 그 방법에 대해서도 미리 공개하도록 되어 있다.[233] 또한 이태리중앙은행은 은행업에 대한 이태리중앙은행의 규제 및 감독의 결과에 대해 매년 보고서를 발간하고 있다.[234] 이렇게 함으로서 은행업을 영위하는 자에게 예견가능성을 주려는 것으로 판단된다.

4. 인가 및 취소

이태리법제상 은행업을 하려는 자는 다음과 같은 요건을 구비해서 이태리중앙은행의 인가를 받아야 한다.[235] (1) 은행업은 주식회사(*società per azioni*)나 유한회사(*a società cooperativa per azioni a responsabilità limitata*)에 의해서 운영되어야 한다. (2) 해당 은행의 등록사무소나 본점이 이태리 내에 소재해야 한다. (3) 해당 은행의 자본금[236]은 이태리

232) Banking Law §5.1. 이태리중앙은행 역시 신용감독기관이기 때문에 이와 같은 해석이 가능하다. 신용감독기관에는 금융관련부처연합위원회(ICCS)와 이태리 금융경제장관(MEF) 및 이태리중앙은행이 포함되기 때문이다. Banking Law §1.1.a).

233) Banking Law §4.2.

234) Banking Law §4.4.

235) Banking Law §14.

236) 그 자본금은 6,300,000유로이다. 단 지방은행(mutual banks)은 2,000,000유로로 차이가 있다. The World Bank, "World Bank Survey Ⅲ - June 2008 (MS Excel file, 768kb)," The World Bank (2012), *at* http://econ.worldbank.org/WBSITE/EXTERNAL/EXTDEC/EXTRESEARCH/0,,contentMDK:20345037~pagePK:64214825~piPK:64214943~theSitePK:469382,00.html#Survey_Ⅲ (last visited May 28, 2013)(이하 World Bank Survey라 함); Massimo Libertucci and Francesco Piersante, 「Temi di Discussione: Start-up Banks'Default and Role of Capital」 7(Banca d'Italia, Working

중앙은행이 정한 금액 이상이어야 한다. (4) 은행업에 대한 영업계획서가 해당 은행의 정관 등과 함께 제출되어야 한다. (5) 해당 은행주식의 적격보유자[237]는 진실성요건 등의 법정요건을 충족해야 한다. (6) 해당 은행에 대해 관리, 행정 또는 지배기능을 하는 자는 경력, 진실성 및 해당 은행에 대한 독립성요건을 충족해야 한다. (7) 은행 또는 은행그룹인 경우 해당 그룹에 소속된 회사들과 이들에 대한 규제 및 감독의 기능을 방해할 수 있는 자 간에 밀접한 관련성[238]이 없어야 한다. 따라서 기술한 (1)-(7)의 요건을 구비하지 못하면 승인이 거부되는 것이다.[239] 다만 非EC회원국의 은행이 이태리에 첫 번째 지점을 설치하는 경우 이태리중앙은행은 이태리외무부(Ministry of Foreign Affairs)와 협의한 후 기술한 요건 중 (3) 및 (4)와 (6)을 충족한 후에 상호주의에 따라 승인

Paper No. 890, November 2012), *at* http://www.bancaditalia.it/ pubblicazioni/econo/temidi/td12/td890_12/en_td890/en_tema_890.pdf(last visited Jun. 8, 2013). 그러나 이와 같은 최저자본금을 두는 것이 채권자보호에 얼마나 효과적인 장치인지는 여전히 의문이 있다. Luca Enriques & Jonathan R. Macey, "Creditors Versus Capital Formation: The Case Against the European Legal Capital Rules," 86 Cornell L. Rev. 1165, 1184-89 (2001). 참고로 이태리법제상 Mutual Bank는 상호(저축)은행이 아니라 지방은행이라고 서술하고 있는 문헌으로는 Juan Sergio Lopez et al., 「ITALIAN MUTUAL BANKS: Performance, Efficiency and Mergers and Acquisitions」 Foreward (Société Universitaire Européenne de Recherches Financières, Vienna 2002) 참조.

237) 여기서 적격보유라 함은 해당 은행을 지배하거나 이와 동일한 효과를 줄 수 있도록 해당 은행의 주식, 출자 또는 기타의 권리를 보유하는 것을 의미한다. Banking Law §1.2.h).h-quinquies). 또한 적격보유의 대상은 주식에만 한정되지는 않고 기술한 바와 같이 주식을 포함해서 해당 은행을 지배할 수 있는 것이라면 자본금에 대한 출자 등 기타의 권리까지 포함된다. Banking Law §1.2.h).h-quater).

238) 여기서 밀접한 관련성이라 함은 (1)-(2) 은행을 지배하거나 은행의 지배를 받는 자와 은행 간의 관계 (3) 은행에 의해서 지배받고 있는 자에 의하여 지배받는 자와 은행 간의 관계 (4)-(5) 은행의 의결권이 있는 자본의 20% 이상을 소유하거나 은행이 소유하는 경우 그 자와 은행 간의 관계를 의미한다. Banking Law §1.2.h).

239) Banking Law §14.2.

여부를 결정한다.[240] 만약 해당 은행이 증권업(투자업 포함함)도 같이 영업할 경우 이태리중앙은행은 Consob에 그 사실을 통지하여 협의한 후 그 인가 여부를 결정하게 된다.[241]

기술한 요건을 구비하여 은행업을 인가를 받았다 할지라도 해당 은행이 경영의 안정 및 건전성을 보장하지 못한다면 이태리중앙은행은 그 인가를 취소할 수 있으며 인가 전이라면 그 인가절차를 중단할 수 있다.[242] 또한 비금융주력자[243]로 하여금 당해 은행의 안전하고 건전한 경영에 위험이 되는 결과를 유발시킬 수 있는 당해 은행의 이사 또는 감사의 다수를 임면할 수 있는 계약이 존재하는 경우 이태리중앙은행은 해당 은행의 은행업의 인가를 취소하든지 인가 전이라면 그 인가를 거부하도록 되어 있다.[244]

5. 출자한도

이태리법제상 은행은 자본금의 15% 내에서 상장된 회사에 출자할 수 있으며 비상장된 회사에 대하여는 7.5% 내에서 출자할 수 있고 개별 은행의 특성에 따라 은행의 출자한도는 다음과 같이 조정이 된다.[245] 즉 일반적인 은행의 경우 총출자액은 해당 은행의 자본금의 50%한도로 출자할 수 있으며 개별 특화된 은행의 경우 총출자액은 해당 은행의 자본금의 60%까지 출자할 수 있도록 되어 있다. 이렇게 은행이 한 출자의

---

240) Banking Law §14.4.

241) Banking Law §§15.5 & 16.4-5.

242) Banking Law §19.5.

243) 우리법제상의 용어와 동일하게 '비금융주력자'로 번역한 이유는 해당 조문에 은행업 및 금융업 이외의 부문에서 주요한 사업을 영위하는 자로 규정하고 있기 때문이다. Banking Law §19.6; 은행법 제2조 제1항 제9호.

244) Banking Law §19.7.

245) João A.C. Santos, "Banking and Commerce: How Does the United States Compare to Other Countries?," Econ. Rev. 1997 Q4, 14, 19 (1998), *at* http://www.clevelandfed.org/Research/Review/1998/98-q4-santos.pdf (last visited May 28, 2013); 이병윤, "금산분리 관련 제도의 현황과 논점," 「금융연구」 제20권 별책(한국금융학회, 2006.8), 18면.

회수를 확보하기 위하여 이태리법제는 다음과 같은 장치도 마련하고 있다. 즉 이태리법제상 은행은 자신의 중장기신용공여의 안전성을 확보하기 위하여 일정한 동산 위에 특정한 담보를 설정할 수 있도록 하였고,[246] 특정한 담보를 설정할 수 있는 동산으로 다음과 같다. 첫째 현존 또는 장래의 이동식 공장이나 작업장, 특허나 자본재,[247] 둘째 원자재, 생산 중의 미완성품, 재고품, 완제품, 농작물, 가축이나 기타 상품,[248] 셋째 신용공여의 이익으로 취득한 물건,[249] 넷째 장래의 채권을 포함한 물품거래에서 발생한 채권이 이에 해당된다.[250]

6. 은행주식에 대한 보유한도

은행주식을 적격보유[251]하려는 적격보유자는 해당 은행의 의결권이 있는 자본금의 5%를 초과하는 금액에 해당하는 주식을 취득하기 전에 이태리중앙은행의 승인을 받도록 되어 있다.[252] 또한 기술한 해당 은행의 의결권이 있는 자본금의 5%를 초과하여 보유하는 적격보유자가 법인인 경우 이 법인을 지배하려는 경우에도 이태리중앙은행으로부터 사

246) Banking Law §46.1.

247) Banking Law §46.1.a).

248) Banking Law §46.1.b).

249) Banking Law §46.1.c).

250) Banking Law §46.1.d).

251) 여기서 적격보유라 함은 해당 은행을 지배하거나 이와 동일한 효과를 줄 수 있도록 해당 은행의 주식, 출자 또는 기타의 권리를 보유하는 것을 의미한다. Banking Law §1.2.h).h-quinquies). 또한 적격보유의 대상은 주식에만 한정되지는 않고 기술한 바와 같이 주식을 포함해서 해당 은행을 지배할 수 있는 것이라면 자본금에 대한 출자 등 기타의 권리까지 포함된다. Banking Law §1.2.h).h-quater). 적격보유에 관하여 지주회사나 모회사의 경우인 은행그룹의 경우도 은행의 경우와 동일하다. Banking Law §63.1.

252) Banking Law §19.1. 이태리중앙은행은 적격보유자뿐만 아니라 실제로 적격보유에 따른 권리를 행사할 자도 특정될 것을 요구하고 있다. Banking Law §19.4. 이와 같은 적격보유자는 이태리금융경제장관(MEF)이 정해 놓은 진실성요건을 충족해야 하며 이를 충족하지 못하면 MEF가 정한 보유한도비율을 초과한 주식에 대해서는 의결권을 행사하지 못할 뿐만 아니라 일정기간 내에 그 초과된 주식을 처분하도록 되어 있다. Banking Law §25.1-4.

전승인을 받아야 하는 것이다.[253] 뿐만 아니라 이태리중앙은행이 정한 비율을 초과하는 적격보유의 경우나 이와 같은 지정된 비율과는 상관없이 해당 은행을 지배하는 결과를 생기게 하는 경우에도 이태리중앙은행으로부터 사전승인을 받아야 한다.[254] 다만 상호주의가 보장되지 않은 非회원국의 국민이 기술한 해당 은행의 의결권이 있는 자본금의 5%를 초과하는 금액에 해당하는 적격보유를 하거나 이와 같은 요건을 구비한 적격보유자가 법인인 경우 이 법인을 지배하려는 경우에는 이들에 대한 승인여부를 이태리중앙은행이 하는 것이 아니라 이태리금융경제장관(MEF)이 그 가부를 결정한다.[255] 어떤 형태로든 적격보유자가 되면 해당 적격보유자는 이태리중앙은행과 해당 은행에 대해 그 사실을 통지해야 하는 것이다.[256] 비록 해당 은행주식에 대한 적격보유는 아니라하더라도 계약을 통하여 해당 은행이나 그 지주회사를 지배하는 경우 그와 같은 계약 역시 이태리중앙은행에게 통지되어야 하며,[257] 이와 같은 계약이 해당 은행의 경영건전성에 위험을 주는 경우 계약상 행사할 수 있는 의결권을 정지시킬 수도 있는 것이다.[258] 비금융주력자의 경우도 기술한 적격보유와 동일하게 해당 은행의 의결권이 있는 자본금의 5%를 초과하는 주식을 취득하려면 취득 전에 이태리중앙은행으로부터 승인을 받아야 한다.[259]

---

253) Banking Law §19.3.
254) Banking Law §19.2.
255) Banking Law §19.8.
256) Banking Law §20.1.
257) Banking Law §20.2. 제1문.
258) Banking Law §20.2. 제2문.
259) 2008년까지 이태리법제상 비금융주력자는 해당 은행의 의결권이 있는 발행주식 총수의 15%까지를 소유하거나 해당 은행의 지배권을 획득할 수 있도록 되어 있었다. Banking Law §19.6 & 7. 그러나 비금융주력자의 이와 같은 제한이 2008년 11월에 폐지되었다. 그 결과 일반 적격보유자의 5%규정(Banking Law §19.1)이 비금융주력자에게도 동일하게 적용되는 것이다. 사실상 금산분리가 강화된 결과라고 할 수 있을 것이다. Cleary Gottlieb, "News: Italy Repeals 15% Cap on Bank Equity Ownership by Non-Financial Companies," Cleary Gottlieb (December 3, 2008), *at* http://www.cgsh.com/

7. 지배구조

이태리법제상 은행의 경영, 관리 또는 지배적인 역할을 하는 자에게 일정한 경력, 진실성 및 당해 은행에 대한 독립성을 요구하고 있다.[260] 통상 이와 같은 요건은 이태리금융경제장관(MEF)이 이태리중앙은행과 협의한 후 그 기준을 정하게 되고 이 기준을 충족하지 못하면 그 직이 정지된다.[261] 만약 기술한 자가 이와 같은 요건을 구비하지 못하였음에도 불구하고 당해 은행의 이사회나 감사위원회 등이 여전히 그 직을 정지시키지 않는 경우에는 이태리중앙은행이 이를 대신해서 그 직의 정지를 선언하게 되는 것이다.[262] 지주회사나 모회사가 있는 은행그룹의 경우에도 기술한 바와 같이 동일하게 적용된다.[263] 또한 은행에 대하여 경영, 관리 또는 지배적인 역할을 하는 자는 그가 소속된 은행의 관리조직이나 지배조직의 만장일치에 의한 사전 동의 없이는 그가 소속된 은행과 직·간접적인 거래나 계약을 할 수 없다.[264] 즉 회사기회유용이론[265]을 도입한 것이다. 이와 같은 회사기회유용이론이 은행그룹의 경우

---

italy_repeals_15_percent_cap_on_bank_equity_ownership_by_non_financial_companies/ (last visited May 28, 2013).

260) 예컨대 Banking Law §§14.1 & 26 참조.

261) Banking Law §26.1 & 2. 다만 이태리법제상 은행에 대해 경영, 관리 또는 지배적인 역할을 하는 자에 대한 본 문에서 기술한 요건 중 해당 은행에 대한 독립성요건을 좀 더 중시여기는 것으로 판단된다. 그 이유는 다른 요건과는 달리 별도의 항에서 규정하고 있기 때문이다. Banking Law §26.2-bis.

262) Banking Law §26.2.

263) Banking Law §62. 이태리은행법상 은행그룹이라 함은 모회사나 지주회사가 이태리국적은행이고 그 자회사는 은행과 금융 및 이들과 관련된 회사로써 자회사 중에 은행은 최소한 1개 이상이어야 하며 은행업과 금융업을 하는 회사가 해당그룹에서 핵심적인 역할을 하는 경우를 말한다. Banking Law §60.

264) Banking Law §136.1.

265) 통상 회사기회유용이론이라 함은 이사, 임원, 근로자 또는 지배주주가 그가 소속된 회사의 이익에 배치되는 행위를 할 수 없다고 간략하게 정의할 수 있을 것이다. 백정웅, "회사기회유용이론의 적용기준과 항변사유," 「비교사법」 제16권 제2호(한국비교사법학회, 2009.6), 420면(이하 '회사기회유용이론의 적용기준과 항변사유'라 함). 다만 이태리법제상 회사기회유용이론은 해당 은행의 관

에도 동일하게 적용된다.[266] 다만 은행그룹의 경우에는 기술한 자가 은행과의 거래뿐만 아니라 은행그룹 내 은행 이외의 회사와의 거래에도 회사기회유용이론이 적용된다.[267] 또한 이태리중앙은행은 은행업규제와 관련된 다양한 일반적인 규정[268]을 발표[269]해야 하는데 이 일반적인 규정 중에 내부통제장치에 관한 규정도 포함되어 있다.[270] 은행그룹의 경우도 기술한 은행의 경우와 동일한 입법방식으로 내부통제창치를 마련하고 있다.[271]

8. 자본적정성

이태리법제상 저축은행은 2,000,000유로를 그 외 모든 은행은 6,300,000유로의 자본금을 보유해야 하며, 외국은행의 자회사나 그 지점의 자본금 역시 6,300,000유로로 이태리법제상 일반은행과 동일하다.[272] 또한 이태리법제상 은행들은 이태리중앙은행의 인가를 받을 당시의 자본금 이상을 항상 유지하도록 되어 있다.[273] 이와 관련하여 해당 은행은 자신의 자본요건을 산출하기 위하여 이태리중앙은행으로부터 승

리, 경영 또는 지배기능을 담당하는 자에게 적용되나 우리 현행 상법은 이사에게만 적용된다는 점에서 큰 차이가 있다. 상법 제397조의2.

266) Banking Law §136.2 & 2-bis.

267) Banking Law §136.2. 따라서 은행그룹이라 할지라도 그룹에 소속된 회사 간의 거래 또는 은행간 단기자금시장(interbank market)에서의 거래에는 회사기회유용이론의 적용이 배제된다. Banking Law §136.2-bis.

268) 이태리중앙은행이 ICCS의 결정에 따라 발표할 수 있는 대표적인 규정으로는 자본적정성에 관한 규정, 위험의 제한에 관한 규정, 보유가능한 주식 등에 관한 규정, 관리 등 회계절차 및 내부통제장치에 관한 규정과 이들 규정과 관련된 공개에 관한 규정이라고 할 수 있다. Banking Law §53.1.

269) Banking Law §53.1. 이태리중앙은행은 본문에서 기술된 규정을 독자적으로는 제정할 수는 없고 이태리의 금융관련 부처로 구성된 위원회(ICCS)의 결정에 따라 해당 규정을 발표하게 되는 것이다.

270) Banking Law §53.1.d).

271) Banking Law §67.1.d).

272) World Bank Survey.

273) Banking Law §14.1.b).

인을 받은 은행내부위험측정시스템을 구비하고 있는 외부회사로부터 신용위험평가를 받아야 하며,[274] 은행그룹의 경우에도 동일하다.[275]

9. 정보공개

이태리법제상 은행은 이태리중앙은행이 요구하면 이와 관련된 모든 수치와 문서 및 재정상태를 보고하도록 되어 있다.[276] 또한 해당 은행의 감사 역시 자신의 직무를 수행하면서 알게 된 해당 은행의 불법적인 경영사실이나 은행업규정의 위반사실이 있으면 즉시 이태리중앙은행에게 보고해야 하는 것이다.[277] 만약 해당 은행의 감사가 그 기능을 할 수 없는 경우 해당 은행의 회계를 검사 및 확인하기 위하여 선임된 자 역시 기술한 사실을 발견하면 즉시 이태리중앙은행에게 보고해야 하는 것이다.[278] 기술한 보고는 해당 은행에 의해 지배를 받는 자나 그 반대로 해당 은행을 지배하는 자에게도 동일하게 적용된다.[279] 이와 관련하여 은행그룹의 경우 해당 그룹은 자신이 은행그룹이라는 사실과 그 소속회사의 변동사항을 이태리중앙은행에게 보고를 하도록 되어 있다.[280] 그러나

---

274) Banking Law §53.1 & 2-bis. 은행의 자본적정성과 관련해서 이태리중앙은행은 ICCS의 결정에 따라 관련 규정을 발표하도록 되어 있다. Banking Law §53.1.

275) Banking Law §67.1 & 2-bis.

276) Banking Law §51.

277) Banking Law §52.1. 제1문. 이와 같은 은행의 불법적인 경영사실과 은행업규정의 위반사실이 있는 경우에는 해당 은행의 내규를 통하여 이를 해결할 수 있는 권한 및 의무를 지배기구에게 부여해야 한다고 규정하고 있다. Banking Law §52.1. 제2문. 그러나 그 권한 및 의무가 명확히 규정되어 있지 않고 이 권한 및 의무가 부여되는 지배기구 역시 구체적으로 명시되어 있지 않다.

278) Banking Law §52.2. 다만 해당 은행의 법정감사 이외 해당 은행의 회계를 검사하기 위하여 선임된 자의 경우에는 해당 은행의 불법적인 경영사실과 은행업규정의 위반사실 이외에도 현 사업의 계속성을 침해하거나 정기회계검사의 지배적인 의견과 반대되는 결과를 초래하는 것을 발견한 경우에도 이태리중앙은행에게 즉시 보고해야 한다는 점에서 차이가 있다. Id.

279) Banking Law §§52.3 & 61.5.

280) Banking Law §64.2. 은행그룹이라는 사실을 이태리중앙은행에게 보고해야 하는 이유는 이태리중앙은행이 보관하고 있는 대장에 등록해야 하기 때문이

해당 그룹이 은행그룹이라는 사실을 이태리중앙은행에게 통지를 하지 않으면 이태리중앙은행은 직권으로 은행그룹이라는 사실을 확인하고 관련 대장에 등록할 수 있다.[281] 물론 이와 같은 보고와 관련된 절차나 시기는 이태리중앙은행이 정하도록 되어 있다.[282]

10. 임점검사

이태리법제상 이태리중앙은행은 해당 은행을 검사할 수 있고 관련 서류 및 기록의 제시를 요구할 수 있다.[283] 또한 이태리중앙은행은 이태리은행이 회원국에 그 지점을 설치한 경우 해당 회원국의 감독기관에게 임점검사를 해 줄 것을 요구하든지 이태리중앙은행이 직접 임점검사를 하든지 기타 합의된 방법에 의하여 임점검사를 할 수 있다.[284] 반대로 회원국의 감독기관은 이태리중앙은행에게 통지한 후에 자신이 승인한 은행이 이태리에서 설치한 지점에 대하여 직접 임점검사를 하거나 이태리중앙은행이 대신 임점검사를 하는 등 기타 합의된 방법에 의하여 임점검사를 실시할 수 있는 것은 동일하다.[285] 非회원국에서 은행업의 인가를 받은 은행이 그 지점을 이태리에 설치하는 경우 그 반대로 이태리에서 은행업의 인가를 받은 은행이 非회원국에 그 지점을 설치하는 경우에는 상호주의의 원칙에 따라 이태리중앙은행은 해당 국가의 감독기관과 임점검사에 대한 협정을 체결할 수 있고 이에 따라 임점검사가 진행되는 것이다.[286] 은행그룹에 대한 임점검사도 위와 동일하게 진행된다.[287] 다만 은행그룹은 그룹이라는 특성상 은행뿐만 아니라 은행 이외의

다. Banking Law §64.1. 다만 은행그룹이 등록될 대장의 구체적인 명칭은 규정하고 있지 않다.

281) Banking Law §64.3.
282) Banking Law §52.4.
283) Banking Law §54.1.
284) Banking Law §54.2.
285) Banking Law §54.3.
286) Banking Law §54.4.
287) Banking Law §68.

금융회사 및 이들 금융업과 관련된 회사도 임점검사의 대상이 된다.[288] 이렇게 함으로써 규제 및 감독의 효율성을 확보하려는 것으로 판단된다.

11. 규제 및 감독의 공조

규제 및 감독의 공조에는 크게 이태리의 국내공조와 이태리의 국외공조로 대별할 수 있다.[289] 먼저 이태리의 국내공조를 살펴보면 다음과 같다. 첫째 이태리중앙은행은 관련 법률에 따라 해당 정부감독기관과 공공기관에 대하여 필요한 정보의 제공 및 기타의 방법에 의한 협조를 요구할 수 있으며 해당 기관들은 이에 따르도록 되어 있다.[290] 둘째 이태리중앙은행은 규제 및 감독기능을 촉진하기 위하여 이태리 국내의 다른 감독기관과 정보교환 등의 방법을 통하여 공조하도록 되어 있다.[291] 그 반대로 다른 감독기관도 자신의 감독기능을 촉진하기 위해 이태리중앙은행을 포함한 다른 감독기관과의 정보교환 등의 방법을 통하여 공조해야 한다는 점은 동일하다. 셋째 이태리중앙은행은 자국은행, 자국은행의 외국지점, 회원국 및 非회원국 은행의 이태리지점, 기타 통합규제 및 감독의 대상자가 이태리 내에서 청산이나 파산절차의 진행 중에 있는 경우 이 범위 내에서 행정감독기관 또는 사법기관과 필요한 정보를 교환할 수 있는 것이다.[292]

---

288) Banking Law §68.1.

289) Banking Law §7.1. 하나 지적할 것은 어느 형태의 공조이든지 이태리중앙은행은 그 규제 및 감독상 취득한 모든 정보와 수치는 기밀성이 유지되도록 하고 있다는 점이다.

290) Banking Law §7.4.

291) Banking Law §7.5. 여기서 이태리중앙은행과 정보교환 등의 방법으로 공조해야 하는 이태리 국내의 감독기관은 증권거래감독기관인 Consob, 이태리 연금기금감독기관인 Commissione de vigilanza sui fondi pensione(이하 COVIP라 함), 이태리 보험업감독기관인 ISVAP 및 외환관리감독기관인 Ufficio italiano dei cambi(이하 UIC라 함)를 의미한다. Id; Banking Law §1.1.

292) Banking Law §7.8. 그러나 하나 지적할 것은 본 문에서 기술한 바와 같이 이태리 자국은행 등의 자가 청산이나 파산절차 중에 있는 경우 이태리중앙은행이 관련 감독기관과 필요한 정보를 교환할 수 있는데 이것은 청산이나 파산절

이어 이태리의 국외공조는 다음과 같다. 첫째 이태리중앙은행은 규제 및 감독의 목적을 달성하기 위하여 회원국의 감독기관과 필요한 정보를 의무적으로 교환하도록 되어 있으며 해당 회원국으로부터 받은 정보를 당해 회원국의 반대가 없는 한 이태리중앙은행은 이태리 내의 감독기관으로 하여금 이용할 수 있도록 그 정보를 공유할 수 있는 것이다.[293] 둘째 이태리중앙은행은 공조협정과 해당 정보의 기밀성을 보장할 수 있는 범위 내에서 非회원국의 감독기관과 규제 및 감독기능의 수행과 관련된 정보를 교환할 수 있다.[294] 다만 이 경우 이태리중앙은행은 회원국의 감독기관으로부터 제공받은 정보를 당해 회원국의 명시적인 동의가 없는 한 非회원국의 감독기관에게 제공할 수는 없도록 되어 있다.[295] 셋째 이태리중앙은행은 자국은행, 자국은행의 외국지점, 회원국 및 非회원국 은행의 이태리지점, 기타 통합규제 및 감독의 대상자가 이태리 외에서 청산이나 파산절차의 진행 중에 있는 경우 이 범위 내에서 해당국가의 행정감독기관 또는 사법기관과 필요한 정보를 교환할 수 있는 것이다.[296] 넷째 이태리중앙은행은 여러 나라에 걸쳐서 은행업을 하는 그룹을 통합해서 규제 및 감독하기 위해 공조의 형식과 특정한 경우의 역할분담 등에 관한 사항을 해당 회원국의 감독기관과 협정 등의 방법을 통하여 마련하고 있다.[297] 이에 따라 이태리중앙은행이 해당 은행

차가 이태리의 자국 내에서 진행되는 경우에만 적용되는 것은 아니고 이태리의 자국 외에서 진행되는 경우에도 동일하게 적용된다는 점이다. 따라서 기술한 공조는 이태리의 국내공조뿐만 아니라 이태리의 국외공조에도 해당되는 것이다.

293) Banking Law §7.6.

294) Banking Law §7.7. 제1문.

295) Banking Law §7.7. 제2문.

296) Banking Law §7.8. 이태리 국내의 경우에도 동일하게 적용됨은 기술한 바와 같다. 즉 이태리 자국은행 등의 자가 청산이나 파산절차 중에 있는 경우 이태리중앙은행이 관련 감독기관과 필요한 정보를 교환할 수 있는데 이것은 청산이나 파산절차가 이태리의 자국 내에서 진행되는 경우에만 적용되는 것은 아니고 이태리의 자국 외에서 진행되는 경우에도 동일하게 적용된다는 점이다. 따라서 기술한 공조는 이태리의 국내공조뿐만 아니라 이태리의 국외공조에도 해당되는 것이다.

297) Banking Law §69.1.

그룹을 규제 및 감독 중 이태리 또는 당해 회원국의 금융시스템의 안정성을 침해할 우려가 있다고 판단한 경우에는 그 즉시 이태리 자국 내에서는 이태리 금융경제장관(MEF)에게 이태리 자국 외에서는 해당 회원국의 감독당국에게 그 사실을 통지하도록 되어 있다.[298] 다섯째 이태리중앙은행은 이태리 자국은행이 관련된 경우 특별관리, 일시관리 및 강제적인 청산절차를 개시할 수 있는데 이 경우 해당 절차를 개시하기 전에 해당 회원국의 감독기관에게 각 절차에서 발생할 수 있는 구체적인 법적효과를 명시하여 그 사실을 통지하도록 되어 있다.[299] 회원국 은행의 경우 이태리중앙은행은 이태리 내에 소재한 회원국의 은행에 대해서도 필요하다면 해당 은행에 대한 구조조정에 기술한 특별관리 등의 절차를 적용할 수 있으며 이 경우 해당 회원국의 감독기관에게 그 승인을 요청하도록 되어 있다.[300] 非회원국의 은행이 그 지점을 이태리에 설치한 경우 이태리중앙은행은 이에 대해 특별관리를 실시할 수 있는데 다만 이와 같은 특별관리절차를 개시하기 전에 해당 非회원국의 감독기관에게 먼저 통지해야 한다.[301]

---

298) Banking Law §69-ter.

299) Banking Law §95-quater.1.

300) Banking Law §95-quater.2. 이 외에도 EC회원국의 은행이 이태리에 그 지점을 설치한 경우 해당 은행이 이태리에 소재한 지점과 관련된 법규정을 위반하거나 해당 은행이 이태리 내에 제공한 서비스가 관련 법규정을 위반한 경우 이태리중앙은행은 그 시정을 명령할 수 있다. 이 과정에서 이태리중앙은행은 해당 은행의 감독당국도 이에 대해 적절한 조치를 취할 수 있도록 하기 위해 해당 은행의 감독당국에 그 위반사실을 통지하도록 되어 있다. 이와 같이 이태리중앙은행은 이러한 방법을 통해서도 관련 회원국의 감독당국과 공조를 취하고 있는 것이다. Banking Law §79.1. 물론 이런 통지를 받고도 해당 회원국의 감독당국이 아무런 조치도 취하지 않거나 그 조치가 적절하지 못한 경우에는 이태리중앙은행은 해당 회원국의 감독당국에게 자신이 직접 새로운 거래의 중지 또는 지점폐쇄 등의 제재조치를 취한다는 통지를 한 후 해당 조치를 발동하게 되는 것이다. Banking Law §79.2.

301) Banking Law §77.1-bis. 또한 기술한 바와 같이 이태리중앙은행이 일정한 절차를 거쳐 이태리소재 非EC회원국은행의 지점을 특별관리를 하게 된 결과 해당 지점에 대하여 母은행을 대신해서 모든 권한을 행사해야만 하는데 그 구체적인 관리 및 통제권자를 입법적으로 명백히 함으로써 만일에 있을 수 있는

이와 같이 이태리는 금융업종별로 감독기관이 별도로 있고 또한 회원국이기 때문에 이태리 내외로 공조를 강화하고 있다고 판단된다. 그러나 더 중요한 이유는 금융시스템이 국제적으로 연동되어 가고 있기 때문에 공조의 중요성은 더욱 부각될 것으로 판단된다. 다만 공조의 효율성을 어떻게 담보할 수 있는가에 대해서는 계속된 연구가 필요할 것으로 판단된다.

12. 기타 규제

은행업에 대한 이태리중앙은행의 기타 규제로는 크게 기타 규제의 일반과 청산 및 관리부분으로 나누어 살펴보기로 한다.

12.1. 일반

이태리중앙은행이 취할 수 있는 기타 규제로는 첫째 이태리에서 승인받은 은행이 법규정을 위반하거나 불법적인 경영행위를 하는 경우 이태리중앙은행은 해당 은행에게 새로운 거래를 금지시킬 수 있다.[302] 둘째 은행 이외의 자는 대중을 상대로 예대업무를 할 수 없으며 이를 위반하게 되면 징역 및 벌금의 제재를 받게 된다.[303] 셋째 전자화폐의 경우에도 전자화폐를 발행할 수 있는 기관으로 이태리중앙은행에 등록한 기관만이 전자화폐를 발행할 수 있다. 따라서 이 외의 자가 전자화폐를 발행하면 역시 징역 및 벌금의 제재를 받게 된다.[304] 넷째 외환관리감독기관(UIC)에 등록되지 않은 자는 자금이체 및 외환업무를 할 수 없으며 이를 위반하면 징역 등의 제재를 받게 된다.[305] 끝으로 은행이라는 상호

분쟁 즉 특별관리인 등이 아무런 법적인 권한도 없이 해당 지점을 관리 및 통제를 한다는 분쟁의 소지를 입법적으로 해결하고 있다. Banking Law §77.1.

302) Banking Law §78.1.

303) Banking Law §§130 & 131.

304) Banking Law §§131-bis & 114-bis.2.

305) Banking Law §132. 다만 이 경우 일반대중을 상대로 위반하면 징역뿐만 아니라 벌금의 제재도 받게 되나(동조 제1항) 대중을 상대로 하지 않고 특정의 자를 상대로 위반하면 징역이란 제재만 받게 된다(동조 제2항)는 점에서 약간

는 은행만이 사용할 수 있으며 이를 위반하면 역시 징역 등의 제재를 받게 된다.[306]

12.2. 청산 및 관리

12.2.1. 청산

12.2.1.1. 강제적인 청산

이태리법제상 은행에 대한 강제적인 청산이란 제재는 아주 예외적인 경우로 불법적인 경영행위가 있거나 법규정 및 정관을 위반하거나 예상되는 자본손실이 아주 심각한 경우 이태리중앙은행의 권고에 따라 이태리금융경제장관(MEF)이 해당 은행업의 인가를 취소하고 해당 은행을 강제적으로 청산하라는 명령에 의해 진행되는 청산을 의미한다.[307] 이와 같은 강제적인 청산이란 제재가 있으면 해당 은행의 관리 및 지배조직, 주주총회 등 기타 조직의 기능은 정지되는 것이다.[308] 강제적인 청산의 대상이 되는 은행의 지배조직 등을 대신하기 위해 이태리중앙은행은 1인 이상의 청산인을 선임하고 3인에서 5인 사이의 위원으로 구성되는 감독위원회를 설치하여 이들의 기능을 하게 하는 것이다.[309] 이와 같이 강제적인 청산명령에 의해 새로이 선임된 청산인은 해당 은행을 법적으로 대표하고 해당 은행과 관련된 업무를 수행하며 청산절차를 진행하게 된다.[310] 또한 강제적인 청산절차에 의하여 새로이 구성된 감독위원회는 청산인을 보조하거나 조언을 함과 동시에 이들 청산인의 감독도 아울러 하게 된다.[311] 최종적으로는 청산인과 감독위원회는 강제적인 청산과 관련된 보고서를 제출해서 이태리중앙은행과 법원으로부터 승인

의 차이가 있다.

306) Banking Law §133.

307) Banking Law §80.1.

308) Banking Law §80.5.

309) Banking Law §81.1.

310) Banking Law §84.1.

311) Banking Law §84.2.

을 받게 되면 강제적인 청산의 모든 절차가 종료되는 것이다.[312]

12.2.1.2. 일반적인 청산

해당 은행은 해산사유가 발생하면 이태리중앙은행에게 즉시 통지[313] 해야 하고 이 통지를 받은 이태리중앙은행은 해당 은행의 해산사유가 실제로 존재하는지 확인하도록 되어 있다.[314] 이렇게 해서 해산사유의 존재가 확인되면 일반적인 청산이란 제재가 부과되는 것이다. 만약 일반적인 청산이 제대로 진행되지 않는다면 이태리중앙은행은 청산인 및 그 감독기구의 구성원을 변경해서 청산이 잘 진행되도록 하고 있다.[315]

12.2.2. 관리

12.2.2.1. 특별관리

여기서 특별관리라 함은 해당 은행이 ① 경영상 중대한 불법행위를 하거나 법규정을 위반한 경우 ② 심각한 자본손실이 예상되는 경우 ③ 해당 은행의 임시총회 등에서 당해 은행의 관리 및 지배조직을 해산하기로 한 경우에 이태리중앙은행의 권고에 따라 이태리금융경제장관(MEF)의 행정명령에 의해 해당 은행의 관리 및 지배조직이 해산되는 것을 의미한다.[316] 이렇게 해서 개시된 특별관리는 당해 행정명령에 특별한 규정이 없는 이상 1년 동안 지속되며 예외적인 경우 6개월을 한도로 연장된다.[317] 이와 같이 특별관리를 위한 행정명령에 의해 당해 은행의 관리 및 지배조직이 해산되는 대신에 이태리중앙은행은 1인 이상의 특별관리인과 3인 이상 5인 이하의 위원으로 구성되는 감독위원회를 새로

312) Banking Law §92. 이 외에도 이태리은행법은 은행그룹(Banking Law §99)과 일반그룹(Banking Law §101)의 강제적인 청산절차도 규정하고 있다.

313) 해당 은행이 해산사유를 자발적으로 감독기관에게 통지하는 것이기 때문에 일반적인 청산을 자발적인 청산이라고도 한다. Banking Law §Title Ⅳ. Chapter I. Section V "Voluntary" Liquidation.

314) Banking Law §96-quinquies.1.

315) Banking Law §97.1.

316) Banking Law § 70.1 & 2. 이 외에도 이태리은행법은 은행그룹(Banking Law §98)과 일반그룹(Banking Law §100)의 특별관리에 관한 규정도 각각 두고 있다.

317) Banking Law §70.5.

이 설치하게 된다.[318] 이렇게 새로이 선임된 특별관리인은 해당 은행의 관리기능을 주로 담당하고 감독위원회는 해당 은행의 지배기능 및 특별관리인에 대한 조언자 역할을 주로 하게 된다.[319] 예외적인 경우이지만 특별관리인은 은행채권자의 이익을 보호하기 위하여 해당 은행의 채무이행을 1개월에서 최장 3개월까지 정지시킬 수도 있다.[320] 이와 같은 특별관리는 특별관리인과 감독위원회가 그 역할을 다 한 후 이태리중앙은행에게 관련 보고서와 재무제표를 제출해서 승인을 받으면 특별관리의 모든 절차는 종료된다.[321]

12.2.2.2. 일시관리

긴급한 경우 이태리중앙은행은 1인 이상의 관리인을 선임하여 해당 은행의 관리 및 지배조직이 행사하던 기능을 대신하고 이로 인하여 종전 당해 은행의 관리 및 지배조직의 기능은 정지된다.[322] 이와 같은 일시관리는 최장 2개월을 넘지 못하도록 되어 있다.[323] 다만 기술한 특별관리는 은행업의 인가를 취소함이 없이 해당 은행의 지배조직 등을 해산하는 규제인데 강제적인 청산은 은행업의 인가를 취소하면서 가해지는 규제라는 점에서 다르며 일시관리는 은행업의 인가를 취소하지 않을 뿐더러 기존의 조직 등을 해산하지 않고 그 기능을 일시적으로 정지시킨다는 점에서 이들 3자 간에는 차이가 있는 것이다.

---

318) Banking Law §71.1.

319) Banking Law §72.1 & 2.

320) Banking Law §74.1.

321) Banking Law §75.1 & 2. 이와 같은 특별관리인은 자신의 역할을 이어 받을 수 있을 수 있는 은행의 종전 지배조직과 같은 조직을 재구성해야 하기 때문에 모든 절차가 끝나기 전에 이 임무도 이행해야 한다. Banking Law §75.3.

322) Banking Law §76.1.

323) Banking Law §76.2.

Ⅱ. 시사점

1. 의 의

이상에서 은행업에 대한 이태리법제상 주요한 규제를 검토하였고 이하에서는 이를 바탕으로 우리법제를 위한 시사점으로는 어떤 것이 있는지 그 도출을 시도하고자 한다.

2. 은행업의 개념과 관련된 시사점

우리법제상 은행도 예금을 받거나 유가증권 또는 그 밖의 채무증서를 발행하여 불특정 다수인으로부터 채무를 부담함으로써 조달한 자금을 대출하는 것을 업(業)으로 하는 금융기관을 의미한다.[324] 이태리법제와 크게 다르지 않다. 그러나 이태리법제는 전자화폐의 발행과 관련된 자금수취를 자금조달로 보지 않으나,[325] 우리법제는 전자화폐를 예금과 동일하게 취급하고 있다는 점에서 차이가 있다.[326] 다만 우리법제에서는 전자화폐를 취급하는 금융기관에 따라 인가사항, 신고사항 또는 허가사항으로 그 허용하는 기준이 다르다.[327] 따라서 은행의 경우는 인가 또는 신고사항이 되나[328] 그 외의 금융기관은 허가사항이 된다.[329] 따라서 전자화폐 역시 자금조달과 동일하게 취급하는 우리법제가 이태리법제보다는 전향적인 입법이라고 판단된다. 다만 동일한 전자화폐를 그 취급하는 금융기관에 따라 인가사항, 신고사항 또는 허가사항으로 달리 구분하는 점은 규제차익을 발생시킬 위험이 있다는 점에서 재검토가 필요하다고 본다.

---

324) 은행법 제2조 제1항 제1호.

325) Banking Law §11.2-bis.

326) 은행법 제27조 및 제28조와 전자금융거래법 제2조 제15호 및 제16조.

327) 이태리는 전자화폐의 발행업에 대한 승인도 이태리중앙은행이 하고 그 승인의 조건도 단일한 조건을 두고 있다. Banking Law §114-ter.1.

328) 은행법 제8조와 제27조의2 제2항 및 제28조 제2항.

329) 전자금융거래법 제28조.

3. 규제 및 감독의 원칙과 관련된 시사점

이태리중앙은행은 은행업의 규제 및 감독의 목적을 명문으로 인정하여 선언적인 규정을 두고 있으나[330] 우리법제에는 이를 선언적으로 규정하고 있지는 않다. 그러나 우리 은행법도 은행의 건정한 경영을 추구하고 있으며 자금중개기능이 제 역할을 다 하게 하고 예금자 및 신용질서를 보호하여 작게는 금융시장의 안정을 크게는 국민경제의 발전을 위해 제정되었다.[331] 따라서 은행업의 감독 및 규제에 대한 세부규정을 둔 현행 은행법 제7장을 운영할 때에도 은행법의 제정목적에 따라 개별은행 및 은행시스템 전체의 안정성을 확보하여 금융시장과 국민경제의 발전에 견인차가 될 수 있도록 하는 것이 은행업의 규제 및 감독의 원칙이자 목적이 되어야 할 것이다. 따라서 은행업의 규제 및 감독의 원칙이나 목적이 명문규정에 선언되어 있지는 않더라도 그 의미는 이태리법제와 다르지 않다고 생각된다. 다만 우리법제도 은행업을 운영하는 자에게 예견가능성을 주기 위해서는 이태리법제와 같이 규제 및 감독의 원칙을 명문으로 규정하는 것도 고려해 볼 만하다고 판단된다.

4. 인가 및 취소와 관련된 시사점

은행업의 인가 및 취소와 관련해서 우리와 이태리법제는 별반 차이가 없으나 다음 세 가지의 경우는 우리에게 시사하는 바가 있다고 판단된다. 첫째, 은행업의 인가 시 요구되는 은행의 최저자본금에 대해서 우리법제와 이태리법제가 다르다. 즉 이태리의 경우 은행업을 하려면 약 28억 6,000만 원에서 90억 정도(1유로를 1430원으로 환산한 경우)가 필요하나 우리법제의 경우에는 250억에서 1,000억이 필요하다는 점에

---

330) Banking Law §5.

331) 은행법 제1조. 이외에도 은행업의 규제 및 감독의 원칙 또는 목적의 일반적인 명문규정은 아니지만 현행 은행법의 개별규정을 통해서도 이태리법제와 유사하게 규제 및 감독에 의하여 금융거래질서를 확보하는 것이 은행업의 규제 및 감독의 목적이 됨을 추론할 수 있다. 예컨대 은행법 제52조 제4항.

서 대략 10배 정도의 큰 차이가 있다.[332] 최저자본금의 유용성을 무시할 수는 없겠지만[333] 최근에 발생된 금융위기에서는 최저자본금액의 크기와는 상관없이 대부분의 은행이 어려움을 겪고 있다는 점에서 너무 과도한 최저자본금은 오히려 은행업의 경쟁을 촉진하기보다는 과도한 진입장벽으로 작용한다는 점에서 재검토가 필요하다고 판단된다. 더욱이 FTA로 인하여 금융시장의 경우에도 EU 및 미국과도 경쟁을 해야 하기 때문에 이들의 최저자본금제도를 검토해서 우리법제에 반영할 필요가 있을 것이다.[334] 둘째, 은행업의 예비인가에 대해 우리법제는 규정을 두고 있으나[335] 이태리법제에는 이런 규정이 없다는 점에서 차이가 있다. 물론 우리법제가 은행업에 대한 예비인가를 둔 이유야 많이 있겠으나 은행업을 신청하려는 자에게는 불필요한 규제가 될 수 있다는 의문이 든다. 그 이유는 예비인가를 결정할 때에 금융위원회의 자의적인 판단의 위험이 내재되어 있기 때문이다. 즉 예비인가의 여부를 결정할 때에 금융위원회는 예비인가를 신청한 자가 본인가의 요건을 충족할 수 있는지를 확인해야 한다고 규정하고 있기 때문이다.[336] 어떻게 예비인가를 신청한 시점에서 앞으로 본인가의 요건을 충족할지를 판단할 수 있는지 의문이 들기 때문이다. 끝으로 이태리법제상 은행업의 인가조건에는 해당 은행에 대한 적격보유자의 진실성요건을 충족해야 한다는 규정을 두고 있으나 우리법제에는 이런 규정이 없다는 점에서 차이가 있다. 그러나 기술한 바와 같이 이태리법제상 적격보유자라 함은 해당 은행의 주

332) 은행법 제8조 제2항 제1호.

333) 물론 러시아와 같이 최저자본금을 강화하려는 나라도 있다. 세계법제정보센터, "세계법제정보: 동유럽: 러시아: 최신동향: 은행 최저 자본금 증액 논의," 법제처(2012.3.15.), *at* http://world.moleg.go.kr/World/EasternEurope/RU/trend/24469?pageIndex=16 (last visited May 28, 2013).

334) 최근 EU 및 미국은 자기자본비율 등을 강화하고 있다. 장정모 ,"글로벌 금융위기 이후 유럽의 자기자본규제," 「유럽금융시장포커스」(자본시장연구원, 2012 가을호), 1면 이하 참조; 노희진, "국제 금융위기 이후 자본시장의 발전 방안," 「자본시장Weekly」(자본시장연구원, 2009.7.7 ~ 7.13), 1면 이하 참조.

335) 은행법 제11조의2.

336) 은행법 제11조의2 제2항.

식 등을 보유하여 그 은행을 지배하는 자를 의미하기 때문에 이태리법제상 적격보유자는 우리법제의 대주주[337]와 유사하다고 할 수 있을 것이다. 그 이유는 현행 은행법상 대주주는 은행법 제2조 제1항 제10호 나목에 따라 해당 은행의 임원을 임면하는 등의 방법으로 그 은행의 주요 경영사항에 대하여 사실상 영향력을 행사하거나 경영에 관여하는 자를 의미하기 때문이다. 또한 이태리법제상 적격보유자에게 요구되는 진실성 역시 우리법제상 대주주에게 요구되는 사회적 신용[338]과 유사하다고 판단된다. 다만 이태리법제상 적격보유자의 진실성요건과 우리법제상 대주주의 사회적 신용이라는 용어는 너무 추상적이기 때문에 은행업의 인가 시 금융감독기관의 자의적인 해석의 위험이 내재되어 있다고 본다. 따라서 차후 이에 대한 보다 구체적인 내용을 반영할 수 있도록 입법적인 정비작업이 필요하다고 생각된다.

5. 출자한도와 관련된 시사점

은행의 출자한도에 관한 이태리법제와 우리법제의 가장 큰 차이는 전자에 비해 후자가 보다 상세한 규정을 두고 있다는 점이다. 이로 인해 이태리법제는 규제로서의 구체적 타당성에는 의문이 있으나 대신에 규제차익의 위험은 상대적으로 적다. 이에 반해 우리법제는 보다 상세한 규정을 두고 있기 때문에 규제로서의 구체적인 타당성은 확보할 수 있으나 대상 등에 따라 규제정도가 다르기 때문에 규제차익의 발생위험은 상대적으로 높다고 할 수 있을 것이다. 즉 이태리법제상 은행은 자본금의 7.5%에서 60%까지 출자할 수 있다. 이에 반해 우리법제상 은행은 다음과 같이 출자할 수 있다. 첫째 우리법제상 은행은 동일한 개인·법인 및 그 개인·법인과 대통령령으로 정하는 신용위험을 공유하는 자인 동일차주에게 해당 은행의 자기자본의 25%를 한도로 신용공여

337) 은행법 제2조 제1항 제10호.
338) 은행법 제8조 제2항 제4호.

를 할 수 있는 것이 원칙이다.[339] 이 경우에도 해당 은행은 동일한 개인이나 법인 각각에 대하여 은행의 자기자본의 20%를 초과하여 신용공여를 할 수 없다는 제한이 따른다.[340] 뿐만 아니라 은행이 동일한 개인이나 법인 또는 동일차주 각각에 대하여 자기자본의 10%를 초과하여 신용공여를 하는 경우에도 그 신용공여의 합계액은 해당 은행의 자기자본의 500%를 초과할 수 없는 것이 원칙이다.[341] 둘째 은행은 자기자본의 25%에 해당하는 금액과 해당 은행의 대주주가 그 은행에 한 출자비율에 해당하는 금액 중 적은 금액을 한도로 그 대주주에게 신용공여를 할 수 있는 게 원칙이다.[342] 다만 해당 은행이 그 은행의 대주주에게 위 한도를 초과하여 신용공여를 하려면 사전에 이사회 재적이사의 전원 찬성이 있어야 하며 그 사실을 금융위원회에 즉시 보고하고 인터넷 홈페이지 등에 공시하도록 되어 있다.[343] 한편 대주주가 발행한 지분증권에 대한 은행의 출자에는 약간의 차이가 있다. 즉 은행은 그 은행의 대주주가 발행한 지분증권[344]을 자기자본의 1% 내에서만 취득할 수 있는 것이

---

339) 은행법 제35조 제1항. 다만 예외적으로 해당 은행은 국민경제 등의 이유로 자기자본의 25%를 초과하여 신용공여를 할 수 있다. 동법 동조 동항 제1호 및 제2호. 여기서 대통령령으로 정하는 신용위험을 공유하는 자라 함은 독점규제 및 공정거래에 관한 법률 제2조 제2호에 따른 기업집단에 속하는 회사를 말한다. 은행법 시행령 제20조의2.

340) 은행법 제35조 제3항. 물론 이에 대한 예외도 인정되어 있다. 동법 동조 동항 단서.

341) 은행법 제35조 제4항. 물론 이에 대한 예외도 인정되어 있다. 동법 동조 동항 단서.

342) 은행법 제35조의2 제1항. 해당 은행은 다른 은행과 함께 이와 같은 신용공여 한도를 회피하기 위하여 서로 교차하여 신용공여를 하는 것 또한 금지된다. 동법 동조 제3항. 기타 해당 은행에 불리한 결과를 발생하게 하는 대주주와의 거래 역시 금지된다. 동법 동조 제8항.

343) 은행법 제35조의2 제4항 및 제5항.

344) 여기서 지분증권이라 함은 주권, 신주인수권이 표시된 것, 법률에 의하여 직접 설립된 법인이 발행한 출자증권, 상법에 따른 합자회사·유한회사·익명조합의 출자지분, 민법에 따른 조합의 출자지분, 그 밖에 이와 유사한 것으로서 출자지분이 표시된 것을 의미한다. 자본시장과 금융투자업에 관한 법률 제4조 제4항.

원칙이다.[345] 다만 이 한도를 초과해서 출자하려면 이사회 재적이사의 전원찬성이 있어야 하며 그 사실을 금융위원회에 즉시 보고하고 인터넷 홈페이지 등에 공시가 있어야 한다.[346] 셋째 은행은 그 은행의 대주주가 아니라 다른 회사가 발행하는 지분증권의 경우에는 해당 은행은 자신의 자기자본이 아니라 다른 회사가 발행하는 의결권이 있는 지분증권의 15% 내에서만 그 지분증권을 취득할 수 있는 것이 원칙이라는 점에서 대주주가 발행하는 지분증권의 경우와는 차이가 있다.[347]

결과적으로 은행의 출자한도와 관련해서는 우리법제가 이태리법제보다 상세한 규정을 두어서 규제로서의 구체적 타당성은 확보한 것으로 보여지나 규제대상에 따라 규제의 정도가 다르기 때문에 규제차익의 발생위험이 있을 수 있다. 따라서 우리법제상 관련 규정을 검토하여 더 이상 구체화하고 명확히 할 수 있는 규정은 더 없는지 재검토할 필요가 있을 것이다.

6. 은행주식에 대한 보유한도와 관련된 시사점

기술한 바와 같이 이태리법제상 은행주식에 대한 보유한도의 규제는 은행의 의결권이 있는 자본금의 5%를 초과하는 경우 그 취득 전에 이태리중앙은행으로부터 승인을 받아야 한다는 것이 원칙이다. 특히 이태리은행주식의 보유자가 적격보유자이든지 비금융주력자이든지 이를 구별하지 않는다는 점에서 다음에서 살펴보는 바와 같이 우리법제와는 차이가 있다. 즉 우리법제는 은행주식의 보유자가 동일인[348]과 비금융주력자[349]

---

345) 은행법 제35조의3 제1항.

346) 은행법 제35조의3 제4항 및 제5항.

347) 은행법 제37조 제1항. 물론 일정한 경우 이에 대한 예외를 허용하고 있다. 동법 동조 제2항.

348) 우리 은행법상 동일인이라 함은 본인 및 그와 대통령령으로 정하는 특수관계에 있는 자를 의미한다. 은행법 제2조 제1항 제8호.

349) 우리 은행법상 비금융주력자라 함은 (1) 동일인 중 비금융회사인 자의 자본총액의 합계액이 동일인 중 회사인 자의 자본총액의 합계액의 25% 이상인 경우의 그 동일인 (2) 동일인 중 비금융회사인 자의 자산총액의 합계액이 2조 원

및 사모투자전문회사[350]인 경우에 서로 다른 보유한도로 규제하고 있다.[351] 먼저 동일인은 은행의 의결권이 있는 발행주식 총수의 10%(지방은행의 경우는 15%)를 초과하여 보유할 수 없는 것이 원칙이나,[352] 일정한 경우 25%나 33%의 단계별로 금융위원회의 승인을 받아 취득할 수 있는 예외가 있다.[353] 다만 어느 경우에나 은행의 의결권이 있는 발행주식 총수의 4%를 초과하여 보유하는 경우에는 금융위원회에 보고하도록 되어 있다.[354] 다음으로 비금융주력자는 은행의 의결권이 있는 발행주식 총수의 4%(지방은행의 경우는 15%)를 초과하여 보유할 수 없는 것이 원칙이나,[355] 일정한 경우 의결권을 행사하지 않는다는 조건으로 금융위원회

이상으로서 대통령령으로 정하는 금액 이상인 경우의 그 동일인 (3) 자본시장과 금융투자업에 관한 법률에 따른 투자회사로서 기술한 (1) 또는 (2)의 자가 그 발행주식 총수의 9%를 초과하여 주식을 보유하는 경우의 그 투자회사 (4) 자본시장과 금융투자업에 관한 법률에 따른 사모투자전문회사가 기술한 (1)-(3)의 어느 하나에 해당하면서 사모투자전문회사 출자총액의 18% 이상 지분을 보유하는 유한책임사원 또는 사모투자전문회사의 무한책임사원이거나 독점규제 및 공정거래에 관한 법률상 다른 상호출자제한기업집단에 속하는 각각의 계열회사가 취득한 사모투자전문회사의 지분의 합이 사모투자전문회사 출자총액의 36% 이상인 경우 (5) 기술한 (4)에 해당하는 사모투자전문회사가 투자목적회사의 주식 또는 지분의 9%를 초과하여 취득·보유하거나 임원의 임면 등 주요 경영사항에 대하여 사실상의 영향력을 행사하는 경우의 해당 투자목적회사를 의미한다. 은행법 제2조 제1항 제9호. 투자목적회사에 관하여는 자본시장과 금융투자업에 관한 법률 제271조 참조.

350) 우리 은행법에서는 사모투자전문회사와 투자목적회사를 합하여 사모투자전문회사 등이라고 규정하고 있다. 은행법 제15조의3 제1항. 사모투자전문회사에 대한 보다 상세한 내용은 자본시장과 금융투자업에 관한 법률 제10장 참조. 다만 여기서 사모라 함은 새로 발행되는 증권의 취득의 청약을 권유하는 것으로서 모집에는 해당하지 아니하는 것을 의미한다. 동법 제9조 제8항.

351) 은행법 제15조 및 제15조의3과 제16조의2.

352) 은행법 제15조 제1항.

353) 은행법 제15조 제3항.

354) 은행법 제15조 제2항 제1호. 이외에도 별도의 보고사항이 규정되어 있다. 동법 동조 동항 제2호 및 제5호 참조.

355) 은행법 제16조의2 제1항. 그러나 기술한 동일인의 경우 4%를 초과해서 취득하는 경우에는 금융위원회의 승인사항이 아니라 보고사항이라는 점에서 구별된다.

의 승인을 받아 이를 초과하여 보유할 수 있는 예외가 있다.[356] 다만 기술한 동일인이 10%(15%)를 초과하여 보유하는 은행주식에는 의결권이 있으나 비금융주력자가 4%(15%)를 초과하여 보유하는 은행주식에는 의결권이 없다는 점에서 구별된다. 그러나 비금융주력자라 할지라도 2년 이내에 비금융주력자가 아닌 자로 전환하기 위한 계획을 금융위원회에 제출하여 승인을 받거나 외국인투자촉진법에 따른 외국인의 은행에 대한 주식보유비율 이내에서 주식을 보유하거나 국가재정법 제5조에 따른 기금 또는 그 기금을 관리·운용하는 법인으로서 일정한 요건을 구비하여 금융위원회의 승인을 받은 경우에는 기술한 동일인과 동일하게 25%나 33%를 초과하여 은행주식을 보유할 수 있는 경우가 별도로 마련되어 있다.[357] 이런 요건을 구비한 비금융주력자는 이미 비금융주력자가 아니기 때문에 사실상 동일인과 같이 취급하는 것이다. 끝으로 사모투자전문회사는 일정한 요건을 구비하여 은행의 최대주주가 되거나 대통령령으로 정하는 바에 따라 은행의 임원을 임면하는 등의 방법으로 해당 은행의 경영에 관여하는 경우로서 은행의 의결권이 있는 발행주식 총수의 4%를 초과하여 취득하려면 금융위원회의 승인을 받아야 하는 것이 원칙이다.[358]

결과적으로 이태리법제상 은행주식의 보유에 대한 규제는 보유자의 구분 없이 획일적으로 규제하나 우리법제는 보유자에 따라 상이한 규제를 하고 있다는 점에서 큰 차이가 있다. 보유자의 구분 없이 은행주식의 보유를 규제하는 것은 규제의 획일성이라는 법적 안정성에는 의의가 있으나 은행주식의 보유자가 누군가에 따라 해당 은행에 미치는 영향은 다르다는 점은 간과하고 있다는 점에서 문제가 있다고 판단된다. 따라서 규제로서의 구체적 타당성은 우리법제가 이태리법제보다 우수하다고 판단된다. 다만 우리법제는 보유자에 따라 상이한 규제를 하고 있어 규

356) 은행법 제16조의2 제2항.
357) 은행법 제16조의2 제3항.
358) 은행법 제15조의3 제1항.

제차익의 문제가 발생할 수도 있기 때문에 이에 대한 법제적인 정비작업은 필요할 것으로 판단된다.

7. 지배구조와 관련된 시사점

기술한 바와 같이 이태리법제는 내부통제장치에 관하여 선언적 규정만 두고 있고 그 구체적인 내용은 해당 은행이 정하고 차후에 이태리 중앙은행이 승인하는 것으로 해석된다. 이에 대해 우리 은행법 역시 내부통제장치에 관한 규정을 두고 있다는 점에서는 이태리법제와 동일하나[359] 그 내용은 이태리법제보다 상세한 규정을 두고 있다는 점에서는 구별된다.[360] 뿐만 아니라 이태리법제는 내부통제장치를 규정하면서도 준법감시인에 대하여는 아무런 규정을 두고 있지 않다는 점에서 우리법제와는 차이가 있는 것이다.[361] 특히 준법감시인은 내부통제장치가 제대로 작동하는가를 점검하는 역할을 하기 때문에 그 역할이 중요하다. 따라서 내부통제장치의 상승효과(synergy effect)를 확보하기 위해서는 준법감시인이라는 제도도 규정될 필요가 있는 것이다. 이 한도 내에서 우리법제가 이태리법제보다 낫다고 할 수 있을 것이다. 다만 우리 은행법상 준법감시인은 해당 은행이 임면하기 때문에[362] 자신을 임명한 은행을 제대로 감시할 수 있을지는 의문으로 남는다. 이에 대한 제도적인 보완장치가 필요하다고 생각된다.

다음으로 이태리법제에는 적기시정조치[363]에 관한 규정이 없다는 점

359) 은행법 제23조의3 제1항.

360) 은행법 시행령 제17조의2.

361) 은행법 제23조의3 제2항 및 제5항.

362) 은행법 제23조의3 제2항 및 제3항.

363) 여기서 적기시정조치라 함은 금융기관의 경영실태평가 및 자본비율에 의하여 해당 금융기관의 부실을 예방하고 건전한 경영을 목적으로 발동하는 경영개선권고, 경영개선요구 및 경영개선명령을 의미한다. 금융산업의 구조개선에 관한 법률 제10조. 적기시정조치에 관한 보다 상세한 규정은 은행의 경우 은행업감독규정 제34조 및 제37조 참조. 금융지주회사의 경우 금융지주회사감독규정 제36조 및 제39조 참조.

이다. 이와 같은 적기시정조치는 개별 은행뿐만 아니라 은행그룹(금융지주회사를 포함함)의 경우에도 적용된다는 점에서 유용한 제도라고 할 수 있다. 특히 은행지주회사를 포함한 금융지주회사의 경우 지주회사뿐만 아니라 그 자회사 전체[364]를 함께 평가해서 해당 적기시정조치를 발동하게 된다는 점에서 지주회사로 하여금 지주회사 전체를 건전하게 경영하려는 유인력이 있는 것이다. 그러나 우리법제와는 달리 이태리법제는 적기시정조치에 관한 규정을 두고 있지 않다는 점에서 큰 차이가 있다. 이 한도 내에서는 우리법제가 이태리법제보다 낫다고 생각된다. 다만 우리법제상 인정되고 있는 적기시정조치에는 유예[365]가 허용되어 있는데 그 인정사유가 구체적이지 못해서 적기시정조치의 적시성에 지장을 줄 염려가 있다.[366] 이에 대한 입법적인 보완작업이 필요하다고 판단된다.[367]

---

364) 예컨대 금융지주회사감독규정 제35조 참조.

365) 금융산업의 구조개선에 관한 법률 제10조 제3항; 은행업감독규정 제37조; 금융지주회사감독규정 제39조. 이들 규정의 적기시정조치의 유예사유가 유사하다. 2012년에 영업이 정지된 솔로몬 · 한국 · 미래 · 한주저축은행 역시 이전에 적기시정조치가 유예된 바 있었다. 이재명, "[아하 그렇구나] 적기시정조치," 한겨레(2012.5.13), *at* http://www.hani.co.kr/arti/economy/economy_general/532642.html (last visited May 28, 2013).

366) 백정웅, "한국 금융지주회사에 대한 적기시정조치,"「원광법학」제23권 제2호(원광대학교 법학연구소, 2007.9), 388-389면(이하 적기시정조치라 함); 한국개발연구원,「적기시정조치 제도 개선」(한국개발연구원, 2005.11), 56면; 재정경제부 · 한국개발연구원,「금융기관 적기시정조치의 실효성 제고방안 연구」(재정경제부 · 한국개발연구원), 92면. 기술한 바와 같이 우리 법제상 적기시정조치의 유예제도에 문제가 있다는 비판이 제기되어 온 것과 같은 맥락에서 미국에서도 감독기관의 재량권을 제한할 필요가 있다는 견해가 제시되고 있다. U.S.C.A. §1831o(a)(2); Michael K. O'Neal, "Update on Prompt Corrective Action and Other Regulatory Enforcement Powers," 48 Consumer Fin. L.Q. Rep. 259, 260 (Summer, 1994).

367) 하나 지적할 것은 금융지주회사의 경우에도 적기시정조치가 적용되기 때문에 이에 대한 적기시정조치의 입법편제상 문제점을 들 수 있다. 즉 현행 금융지주회사법에는 금융지주회사에 대한 적기시정조치에 대한 규정이 없고 그 시행령에도 없으며 그 하위규정인 금융지주회사감독규정에 적기시정조치에 관한 규정을 두고 있을 뿐이다. 그러나 적기시정조치와 같은 중요한 규정을 상위규정인 금융지주회사법과 그 시행령에는 두지 않고 하위규정인 금융지주회사감

또한 이태리의 경우 은행법에서 회사기회유용이론이 명문으로 규정되어 있으나[368] 우리의 경우에는 은행법에는 없고 상법에만 규정되어 있다는 점에서 차이가 있다.[369] 그러나 더 큰 차이는 회사기회유용이론의 적용대상의 다르다는 점이다. 즉 이태리법제상 회사기회유용이론은 행정기능과 경영기능 및 지배기능을 담당하는 자에게까지 적용되나 우리법제에서는 이사에게만 적용된다는 점에서 큰 차이가 있는 것이다. 일반적으로 회사기회유용이론을 도입하는 가장 큰 이유는 회사의 구성원으로 하여금 회사의 이익을 위해 행동하도록 유도하려는 것이라고 볼 수 있을 것이다. 물론 회사의 구성원을 어디까지로 보아 회사기회유용이론을 적용하는가는 논란이 있을 수 있다.[370] 그러나 이태리법제에 비

독규정에 두는 것은 적기시정조치의 중요성에 비해 감독기관의 자의성이 개입될 가능성이 있기 때문에 다음과 같은 제안을 해 본다. 먼저 금융지주회사에 대한 적기시정조치에 관한 규정을 금융지주회사법에서 두되 금융산업의 구조개선에 관한 법률의 해당 규정을 준용한다는 선언적인 규정을 둔 후 금융지주회사법 시행령에서 경영개선권고와 요구 및 명령이 있다는 것을 규정한 다음 최종적으로는 지금과 같이 금융지주회사감독규정에서 그 구체적인 규정을 두는 방법이다. 이와 같은 맥락으로는 백정웅, 적기시정조치, 395면; 백정웅, "퍼스트 링컨우드 지주(First Lincolnwood Corp.)사건 등에 나타난 힘의 원천이론의 비교법적 고찰,"「상사법연구」 제24권 제4호(한국상사법학회, 2006.2), 107면 참조.

368) Banking Law §136.

369) 상법 제397조의2. 이에 대한 국내의 논의로는 천경훈, "개정상법상 회사기회유용금지규정의 해석론 연구,"「상사법연구」 제30권 제2호(한국상사법학회, 2011), 143면 이하; 백정웅, 회사기회유용이론의 적용기준과 항변사유, 419면 이하; 백정웅, "회사기회유용이론 - 밀러 사건의 2단계 기준을 중심으로 -,"「상사판례연구」 제21집 제3권(한국상사판례학회, 2008.9), 91면 이하; 김원기 · 박선종, "회사기회유용금지의 법리—미국 법원들의 중요고려요건과 그 적용가능성,"「기업법연구」 제21권 제3호(한국기업법학회, 2007.9), 83면 이하; ; 김정호, "회사기회유용금지의 법리,"「경영법률」 제17권 제2호(한국경영법률학회, 2007), 129면 이하; 백정웅, "미국의 회사기회유용이론과 우리 상법 - 델라웨어주의 구스 사건을 중심으로 -,"「상사법연구」 제25권 제3호(한국상사법학회, 2006.11), 361면 이하; 백정웅, "더피사건 - 회사기회유용이론의 정당성 기준 -,"「기업법연구」 제20권 제3호(한국기업법학회, 2006.9), 235면 이하 참조.

370) 이와 같은 개념상의 논란은 미국에도 존재하고 있다. 예컨대 지배주주를 제외한 상태에서 회사기회유용이론의 개념을 정의한 문헌으로는 Bryan A.

해 우리법제상의 회사기회유용이론은 이사에게만 적용되어 사실상 회사를 지배하고 있는 지배주주나 경영자는 그 적용대상에서 제외되고 있기 때문에 회사기회유용이론의 실효성에는 의문이 있다고 판단된다. 이런 이유로 회사기회유용이론에 대하여는 이태리법제가 우리법제보다 낫다고 생각된다. 차후 우리법제는 회사기회유용이론에 대한 외국입법례를 검토하여 그 실효성을 반영하여야 할 것이다.

끝으로 하나 부연하자면 이태리법제에는 명문의 규정이 없는 지배구조내부규범을 우리 은행법제에는 명문으로 규정되어 있다는 점이다.[371] 즉 우리법제상 은행은 그 주주와 해당 은행의 이용자 등을 보호하기 위하여 은행의 이사회 운영 등에 관하여 지켜야 할 구체적인 원칙과 절차인 지배구조내부규범을 정하도록 되어 있다. 이에 따라 은행은 대통령령에 따라 이사회의 구성과 운영, 이사회 내 위원회의 설치 및 임원에 관한 사항을 마련해야 하는 것이다. 이 규정이 비록 선언적인 의미가 강할 것이나 은행을 운영하거나 감독하는 자에게는 어느 정도의 지침으로는 작용할 것으로 판단된다. 이 한도 내에서는 우리법제가 이태리법제보다 낫다고 판단된다.

8. 정보공개와 관련된 시사점

기술한 바와 같이 이태리법제도 은행의 투명성을 확보하기 위하여 중요한 정보를 공개하도록 하고 있다. 우리법제 역시 이와 유사한 규정을 두고 있고 그 내용은 다음과 같다.[372] 다만 논의의 편의상 공개되는

Garner, 「Black's Law Dictionary」 147 (West Group: 2d Pocket ed. 2001) 참조. 한편 지배주주를 포함한 문헌으로는 American Law Institute, 「Principles of Corporate Governance: Analysis and Recommendations」 §5.12 (1994) 참조.

371) 은행법 제23조의4 및 동법 시행령 제17조의4 참조.

372) 다만 본 논문에서는 은행이 해당 정보를 금융감독기관에게 제출하든지 일반대중에게 공개하든지 아니면 금융감독기관이 은행의 특정 정보를 공개하든지 그것이 정보공개와 관련이 있다면 이를 구분하지 않고 정보공개로 취급하였다. 그 이유는 어떤 형태로든 일반대중에게 해당 은행의 특정 정보가 전달되

정보가 해당 은행의 인터넷홈페이지 등을 통해 공개되는 경우와 그렇지 않은 경우로 구별하기로 한다.

먼저 은행의 특정정보가 해당 은행의 인터넷홈페이지 등을 통해 공개되는 경우로는 첫째 금융위원회가 은행업을 인가하거나 취소할 때에는 그 사실을 관보에 공고도하지만 인터넷홈페이지 등을 통해 그 사실을 일반대중에게 알리게 되어 있다.[373] 둘째 비금융주력자는 은행의 의결권이 있는 발행주식 총수의 9%를 초과하여 주식을 취득할 수 없으나,[374] 2년 이내에 비금융주력자가 아닌 자로 전환하기 위한 계획(이하 '전환계획'이라 함)을 금융위원회로부터 승인을 받으면 10%까지 보유할 수 있다.[375] 이 때 전환계획을 승인받은 비금융주력자는 그 이행상황을 정기적으로 금융위원회의 점검을 받아야 하고 그 결과를 인터넷홈페이지 등을 통해 공시하도록 되어 있다.[376] 셋째 은행은 그 지배구조내부규범을 정해야 하고 그 관련된 내용을 인터넷홈페이지 등을 통해 공지해야 한다.[377] 넷째 은행은 은행업무에 부수하는 업무는 금융위원회에 신고를 해야 하는데 이 때 금융위원회는 신고받은 부수업무 등을 일정한 절차를 거쳐 인터넷홈페이지 등에 공고하도록 되어 있다.[378] 다섯째 은행은 자신의 대주주에게 신용공여를 한 사실 또는 그 대주주가 발행한 지분증권을 취득한 경우 이를 인터넷홈페이지 등에 공개해야 하고 만약 그 대주주에게 할 수 있는 신용공여의 금액이 대통령령으로 정한 금액을 초과한 경우 또는 그 대주주가 발행한 지분증권을 대통령령으로 정한 금액을 초과해서 취득하는 경우에는 금융위원회에 보고하고 인터넷홈페이지 등에도 공시해야 한다.[379] 끝으로 은행은 약관을 제정하거나

기 때문이다.

373) 은행법 제12조.

374) 은행법 제16조의2 제1항.

375) 은행법 제16조의2 제3항 제1호.

376) 은행법 제16조의3 제2항.

377) 은행법 제23조의4 제3항.

378) 은행법 제27조의2 제5항.

379) 은행법 제35조의2 제5항 및 제6항과 제35조의3 제5항 및 제6항.

변경하는 경우 인터넷홈페이지 등을 통해 이를 공시해야 한다.[380]

다음으로 공개되는 정보가 해당 은행의 인터넷홈페이지 등을 제외한 방법으로 공개되는 경우로 첫째 특정 법인이 은행에 해당하는지 그 여부는 금융위원회가 결정하는데 이 때 금융위원회는 해당 법인이 제출하는 장부와 그 밖의 서류 등의 정보를 통해 이를 결정하게 된다.[381] 둘째 금융위원회는 해당 은행의 주식을 보유하고 있는 동일인과 그가 보유하고 있는 주식의 범위를 확인하기 위하여 해당 은행의 주주로부터 관련 자료의 제출을 요구하게 된다.[382] 셋째 사모투자전문회사 또는 투자목적회사(이하 '사모투자전문회사등'이라 함)가 전국적으로 영업하는 은행의 최대주주가 되거나 해당 은행의 경영에 관여하기 위하여 그 은행의 의결권이 있는 발행주식 총수의 4%를 초과하여 보유하려면 금융위원회의 승인을 받아야 하는데 이 승인 등의 심사를 받기 위해 해당 사모투자전문회사등 또는 그 재산운용 등을 담당하는 업무집행사원은 해당 사모투자전문회사등의 정관, 그 밖에 그 주주 또는 사원 사이에 체결된 계약내용 등 대통령령으로 정하는 정보 또는 자료를 금융위원회에 제공하도록 되어 있다.[383] 넷째 금융위원회는 (1) 은행이 그 대주주에 대한 신용공여의 한도에 관한 규정을 위반한 혐의가 있거나 (2) 은행이 그 대주주가 발행한 지분증권의 취득한도에 관한 규정을 위반한 혐의가 있거나 (3) 은행에 대한 대주주의 부당한 영향력의 행사에 관한 규정을 위반한 혐의가 있거나 (4) 은행 대주주(회사만 해당함)의 부채가 자산을 초과하는 등 재무구조의 부실화로 인하여 은행의 경영건전성을 현저히 해칠 우려가 있는 일정한 경우에는 해당 은행이나 그 대주주에게 관련 자료의 제출을 요구할 수 있다.[384] 다섯째 은행은 (1) 대차대조표와 손

380) 은행법 제52조 제2항. 다만 약관을 제정하거나 변경하려는 은행은 사전에 금융위원회에 보고해야 한다. 동법 동조 제1항.
381) 은행법 제7조.
382) 은행법 제15조 제8항.
383) 은행법 제15조의3 제3항.
384) 은행법 제35조의5.

익계산서 및 연결재무제표를 공고해야 하며 (2) 대차대조표와 한국은행의 업무수행에 필요한 정기적 통계자료 또는 정보를 한국은행에 제출해야 하고 (3) 매월의 업무내용을 기술한 보고서를 금융감독원장에게 제출해야 하며 금융감독원장의 요구가 있다면 관련 자료도 제출하도록 되어 있다.[385] 그 외 은행은 예금자와 투자자를 보호하기 위하여 경영공시도 요구된다.[386] 여섯째 은행은 정관이나 상호의 변경 또는 임원의 임면 등의 경우에 금융위원회에 보고해야 한다.[387] 끝으로 금융감독원장은 (1) 은행의 업무와 재산상황을 검사할 수 있는데 이 때 검사에 필요하다면 해당 '은행'에게 그 업무나 재산에 대한 보고 및 자료의 제출을 요구할 수 있고 (2) 주식회사의 외부감사에 관한 법률에 따라 은행이 선임한 '외부감사인'에게 해당 은행을 감사한 결과 알게 된 정보나 그 밖에 경영의 건전성에 관련되는 자료의 제출을 요구할 수도 있다.[388]

결과적으로 정보공개와 관련해서는 우리법제와 이태리법제 간에는 큰 차이는 없었다. 특히 은행정보의 공개는 많은 부분이 금융감독기관의 규제 및 감독과 밀접한 관련이 있기 때문에 중요하다. 다만 정보공개와 관련해서 은행으로서는 일반대중에게 정보공개도 해야 하고 또한 감독기관에게도 은행의 특정한 정보를 보고하거나 제출해야 하기 때문에 은행에게는 중복된 규제로 작용할 수도 있을 것이다. 따라서 이에 대한 재검토가 필요하다고 생각된다.

9. 임점검사와 관련된 시사점

기술한 바와 같이 이태리중앙은행은 은행업을 규제 및 감독하기 위해 해당 은행을 검사할 수 있다. 이 점에 있어서는 우리법제와 동일하

385) 은행법 제41조 및 제42조와 제43조의2. 다만 은행은 은행이용자의 권익을 심하게 해칠 염려가 있을 때에는 자료의 공개를 거부할 수 있는 경우가 있다. 은행법 제43조.

386) 은행법 제43조의3.

387) 은행법 제47조.

388) 은행법 제48조.

다. 즉 우리법제상 금융감독원장은 은행에 대하여 그 업무와 재산상황을 일반적으로 검사할 수 있는 것이다.[389] 이를 근거로 금융감독원장은 은행업무나 재산에 관한 보고나 자료의 제출을 요구할 수 있으며 관련자를 출석시켜 그 의견의 진술을 요구할 수 있게 된다.[390] 또한 금융감독원장은 일정한 요건에 해당되는 비금융주력자나 은행의 대주주 등의 업무 및 재산상황도 검사할 수 있어 임점검사의 범위를 확대하고 있다.[391] 다만 우리법제와는 달리 이태리법제는 임점검사를 할 때에 자국 내 다른 감독기관 및 다른 국가의 감독기관과의 공조를 통한 임점검사를 한다는 점에서 차이가 있다. 이런 방식만을 두고 이태리법제가 우리보다 우수하다고 단정지울 수는 없으나 금융이 전 세계적으로 연동되어 있다는 점에서 금융규제 및 감독의 한 수단인 임점검사 역시 감독기관 간의 공조 특히 외국의 감독기관과의 공조는 FTA시대를 맞이하고 있는 우리에게 시사하는 바가 많다고 생각된다.

10. 규제 및 감독의 공조와 관련된 시사점

기술한 바와 같이 이태리법제상 은행업의 규제 및 감독상의 공조는 이태리 자국 내의 감독기관간의 공조와 외국의 감독기관 간의 공조로 진행되고 있다. 반면 우리 은행법은 은행업의 규제 및 감독의 공조에 대하여 2개의 규정만 두고 있을 뿐이다. 하나[392]는 우리 은행법상 동일인으로서 외국에서 은행업을 하는 금융기관은 일정한 요건을 구비하는 경우 동일인의 범위에서 제외될 수 있다. 이 일정한 요건 중의 하나는 우리 금융위원회가 해당 외국의 금융감독당국과 정보교환 등 업무협조

389) 은행법 제48조 제1항.

390) 은행법 제48조 제2항. 주식회사의 외부감사에 관한 법률에 따라 선임된 외부감사인 역시 해당 은행을 감사하면서 취득한 정보 등과 관련된 자료를 금융감독원장이 요구하면 이에 응하도록 되어 있다. 동법 동조 제3항.

391) 은행법 제48조의2. 다만 이 경우 금융감독원장의 검사는 감독의 목적상 필요한 최소한의 범위로 한정된다. 동법 동조 제1항 본문.

392) 은행법 제16조의5 제1항 제3호.

관계가 있을 것을 규정하고 있고 이것이 우리 금융감독기관과 외국의 금융감독기관 간의 공조에 해당한다고 할 수 있을 것이다.[393] 다른 하나[394]는 은행은 그 약관을 제정하거나 변경하는 경우에는 사전에 금융위원회에 보고를 해야 하고 이와 같은 보고를 받은 금융위원회는 해당 약관을 공정거래위원회에게 통지해야 한다. 이어 공정거래위원회는 통지를 받은 해당 은행의 약관이 약관규제에 관한 법률상의 위반사항이 있으면 그 사실과 필요하다면 시정조치도 금융위원회에 요청할 수 있다. 이 경우 금융위원회는 특별한 사유가 없는 한 공정거래위원회의 요청에 따르도록 되어 있다. 즉 금융위원회와 공정거래위원회의 공조를 의미한다고 할 수 있을 것이다.

이와 같이 규제 및 감독의 공조에 관해 우리는 사실상 규정이 없다고 할 수 있을 것이다. 물론 우리나라는 증권업과 보험업을 감독하는 동일한 금융감독기관이 은행업도 규제 및 감독하기 때문에 국내의 감독기관 간의 공조는 기대할 수 없는 상황이라고도 볼 수 있을 것이다. 그러나 우리 은행법은 외국의 감독기관 간의 공조에도 별도의 구체적인 규정을 사실상 마련하지 못하고 있다는 것은 자칫 규제 및 감독의 공백으로 이어질 위험이 있다고 할 수 있다. 즉 그 이유는 FTA 등을 이유로 우리나라의 은행이 EU 등 외국에서 영업하거나 EU회원국 등 외국의 은행이 우리나라에서 영업하는 것이 크게 증가할 것인데 지금과 같이 외국의 금융감독기관과의 공조 없이 우리만의 규제 및 감독으로는 제대로 된 규제 및 감독이 되기는 어려울 것으로 판단하기 때문인 것이다. 이런 이유로 은행업의 규제 및 감독의 공조에 관한 이태리법제는 우리에게 시사하는 바가 크다고 할 것이다. 이를 검토하여 우리 은행법에 반영해야 할 것이다.

393) 이와 관련된 구체적인 내용은 금융위원회의 고시에서 정하도록 되어 있다. 은행법 제16조의5 제2항.

394) 은행법 제52조.

11. 청산 및 관리와 관련된 시사점

기술한 바와 같이 이태리의 경우 은행업을 하는 금융기관의 청산은 은행업의 인가가 취소됨으로 진행되는 강제적인 청산과 은행업을 하는 금융기관이 이미 발생된 해산사유를 이태리중앙은행에게 자발적으로 통지함으로서 진행되는 자발적인 청산 또는 일반적인 청산으로 구분된다. 이에 대해 우리 은행법도 이와 유사한 규정을 두고 있어 큰 차이는 없는 것으로 해석된다. 먼저 강제적인 청산의 경우 우리 은행법은 이태리 법제와 같이 강제적인 청산이라고 명시적으로 규정하고 있지는 않다. 그러나 현행 은행법 제56조에 의하면 은행업의 인가가 취소되면 해당 은행은 해산해야 하기 때문에 결과적으로는 이태리법제상 강제적인 청산과는 별반 차이는 없다고 판단된다.[395] 다음으로 자발적인 청산의 경우에도 우리 은행법은 이를 명문으로 규정하고 있지는 않다. 그러나 은행은 해산하거나 그 은행업을 폐업할 때에는 대통령령으로 정하는 바에 따라 금융위원회로부터 인가를 받아야 하기 때문에 결과적으로 이태리의 자발적인 청산과 그 효과는 동일하다고 판단된다.[396]

기술한 바와 같이 이태리법제상 일시관리는 긴급한 경우 금융기관의 은행업의 인가를 취소하지 않고서 은행업을 하는 해당 금융기관의 지배조직의 기능을 일시적으로 정지시키는 것이다. 이에 반해 우리 은

---

395) 우리 은행법상 은행업의 인가를 취소하는 구체적인 사유로는 (1) 거짓이나 그 밖의 부정한 방법으로 은행업의 인가를 받은 경우 (2) 은행업의 인가 내용 또는 인가 조건을 위반한 경우 (3) 은행업의 영업정지 기간에 그 영업을 한 경우 (4) 은행업을 하는 은행이 은행법 또는 이 법에 따른 규정·명령 또는 지시를 위반하여 은행의 건전한 경영을 해칠 우려가 있다고 인정되어 금융위원회(금융감독원)가 그 위반행위에 대하여 해당 은행에게 시정명령을 내렸음에도 불구하고 이를 이행하지 아니한 경우 (5) 기타 은행법 또는 이 법에 따른 명령이나 처분을 위반하여 예금자 또는 투자자의 이익을 크게 해칠 우려가 있는 경우가 이에 해당된다. 은행법 제53조 제1항과 제2항.

396) 은행법 제55조 제1항 제2호. 다만 우리 현행 은행법 제55조 및 제57조와 제61조에는 청산에 관하여 일반적인 규정만 두고 있고 보다 구체적인 내용은 금융산업의 구조개선에 관한 법률 제15조 및 제23조와 상법 제620조 제2항에 두고 있다.

행법은 이에 대하여 아무런 규정을 두고 있지 않다는 점에서 차이가 있다.[397] 은행업은 대부분 국가에서 금융업의 기본이 되고 이를 이용하는 국민의 비중이 타 금융업종에 비하여 높아 은행업에 대한 불안은 해당 국가 전체의 금융불안으로 이어질 위험이 있다. 이런 의미에서 은행업의 정지 대신에 은행업을 하는 해당 금융기관의 지배조직의 기능을 단기간 동안만 정지하는 일시관리는 은행업을 영위하는 금융기관의 규제로서의 기능은 긍정적이라고 할 수 있다.

결과적으로 청산에 관해서는 우리와 이태리가 별 차이가 없다. 그러나 일시관리에 관해서는 우리 은행법에는 이를 규정하고 있지 않으나 이태리법제에서는 이에 대한 규정을 두고 있다는 점에서 차이가 있다. 특히 금융불안을 유발시킬 수 있는 은행업의 정지라는 방법 대신에 그 지배조직의 기능만 일시 정지시키는 이태리법제의 일시관리는 우리법제에도 시사하는 바가 많다고 생각된다. 차후 이에 대한 검토가 필요할 것이다.

제 4 절 그리스

Ⅰ. 규제의 주요내용

1. 의 의

그리스에서는 은행을 신용기관(credit institution)[398]이라고 하기 때

397) 그러나 우리 현행 은행법도 이태리의 일시관리와 같이 은행업을 하는 해당 금융기관의 지배조직의 기능을 정지하는 것은 아니지만 일정한 요건에 해당되면 은행업의 일부나 전부를 정지하는 규정을 두고 있다. 은행법 제53조 제1항 제2호와 제2항 본문.

398) 그리스법제에서 은행이라는 용어는 신용기관에만 사용할 수 있기 때문에 본

문에 그리스에서 은행업규제를 검토하기 위해서는 신용기관을 고찰해야 할 것이다. 다만 그리스는 은행업과 증권업을 겸영하는 겸업은행의 구조라는 점과 이와 같은 세 가지 종류의 금융업에 대한 감독기관이 별도로 존재한다는 점은 주의할 필요가 있을 것이다. 이하 논의의 편의상 그리스 은행업의 주요내용과 그 규제 및 감독으로 구분하여 고찰하기로 한다.

2. 은행업의 개념

기술한 바와 같이 그리스에서 은행은 신용기관으로 분류되며 여기서 신용기관이라 함은 불특정 다수인에 대하여 여수신하거나 전자화폐와 관련된 업무 등을 하는 금융회사를 의미하며,[399] 그 예로는 다음과 같다.[400] 즉 (1) 예금 기타 요구불 자금의 인수업 (2) 팩토링거래를 포함한 대출업 (3) 금융리스업 (4) 자금이체를 포함한 지급결제업 (5) 신용카드, 데빗카드,[401] 여행자수표 등의 발행업 (6) 보증업 (7) 단기자금시

논문에서도 신용기관과 은행을 동일하게 취급한다. LAW Number 3601 §6.1.

399) Taking up and pursuit of the business of credit institutions, capital adequacy of credit institutions and investment firms, and other provisions(LAW Number 3601)(이하 LAW Number 3601이라 함) §2.1.a)-b) (GOVERNMENT GAZETTE OF THE HELLENIC REPUBLIC ISSUE A, No.178, Aug. 1, 2007). EU 은행지침도 신용기관을 이와 동일하고 규정하고 있다. Article 1(1), Directive 2000/12/EC of the European Parliament and of the Council of 20 March 2000 relating to the taking up and pursuit of the business of the credit institutions, O.J.L. 126, 26/05/2000 1-59(2000)(이하 Banking Directive라 함). 참고로 그리스법제에서도 신용기관이란 용어 외에도 금융기관(financial institution)이란 용어를 사용하고 있는데 이 기관은 은행으로 대표되는 신용기관이 하고 있는 요구불예금이나 자금의 수신업무를 제외한 상태에서 법정된 금융업무를 하는 금융회사를 의미한다. LAW Number 3601 §§2.11 & 11.1.b-1. 결국 예금을 수신하는 할 수 있는 것은 오로지 신용기관이라는 점에서 금융기관과 근본적으로 차이가 있다. Christos Staikouras & Geoffrey Wood, COMPETITION AND BANKING STABILITY IN THE EURO AREA: THE CASES FOR GREECE AND SPAIN 2 n.2(Cass Bus. Sch. Research Paper, Oct. 2000).

400) LAW Number 3601 §11.1.

401) 데빗카드(debit card)에는 직불카드(은행만 발행함)와 체크카드(은행과 카드사

장상품, 환, 선물 및 옵션, 양도성 증권 등에 은행 고유계정 또는 고객의 계정으로 하는 매매업 (8) 증권발행의 참여 및 관련 서비스제공업 (9) 자본구조와 산업전략 등에 관한 자문, 합병 등과 관련된 자문 (10) 통화중개업 (11) 포트폴리오 관리 및 자문업 (12) 유가증권의 보관 및 관리업 (13) 고객의 신용등급을 포함한 신용평가서비스업 (14) 보호예수업 (15) 전자화폐의 발행 (16) 기타 관련업을 들 수 있다. 이외에도 그리스법제상 은행업을 하는 신용기관은 위와 같은 업무가 아니라 하더라도 위험을 차단할 수 있다면 위에서 열거된 은행업무가 아니라 하더라도 은행업과 관련된 금융업무나 부수업무도 할 수 있는 것이다.[402]

3. 인가 및 취소

이와 같은 은행업을 하는 신용기관은 그리스중앙은행(Bank of Greece)의 감독을 받게 된다.[403] 이 때문에 그리스에서 은행업을 영위하려면 그 감독기관인 그리스중앙은행으로부터 인가를 받아야 한다.[404] 이

가 발행함) 2 종류가 있기 때문에 양 자를 포함한다는 의미에서 데빗카드라는 용어를 그대로 옮겼음을 밝힌다. 데빗카드에 대한 보다 상세한 내용으로는 이재연, "직불카드 활성화 필요성 및 방안," 「주간 금융브리프」 제20권 제5호(한국금융연구원, 2011.1.29), 10-11면 참조.

402) LAW Number 3601 §11.2.

403) The Statute of the Bank of Greece(이하 SBG라 함), §2(2000). 그리스중앙은행의 공식홈페이지에서도 그리스중앙은행법 2000년판을 공시하고 있다는 점에서 2000년에 개정된 그리스중앙은행법이 결코 낡은 규정이 아님을 알 수 있을 것이다. Bank of Greece, "Home | The Bank | Legal Framework | Statute: Statute of the Bank," 2008 Bank of Greece, *at* http://www.bankofgreece.gr/Pages/en/Bank/LegalF/statute.aspx(last visited Apr. 19, 2011). 뿐만 아니라 2009년까지 그리스중앙은행법의 개정된 내용도 함께 공시하고 있다. 다만 개정된 내용은 그리 많지 않은 것으로 판단된다. Bank of Greece, "Home | The Bank | Legal Framework | Statute: Amendments to the 9th Edition (2000) of the Statute of the Bank of Greece until May 2009," 2008 Bank of Greece, *at* http:// www.bankofgreece.gr/Pages/en/Bank/LegalF/statute.aspx(last visited Apr. 19, 2011).

404) LAW Number 3601 §5.

에 따라 은행업을 영위하기 위하여 필요한 설립 당시 납입자본금은 18,000,000유로가 필요하나[405] 일정한 경우 그리스중앙은행의 결정으로 최소한 5,000,000유로 이상의 범위 내에서 조정될 수는 있다.[406] 다만 해당 신용기관의 현재 자기자본은 설립 당시 납입자본금보다는 많을 것을 요구하고 있다.[407] 뿐만 아니라 그리스중앙은행으로부터 은행업의 인가를 받기 위해 주주나 투자자 및 임직원과 관련된 내용의 통지가 필요하다. 먼저 주주의 경우는 다음과 같다.[408] 첫째 당해 신용기관의 의결권주식 총수 또는 자본금의 5%[409] 이상을 직·간접적으로 보유하고 있는 주주(법인주주를 포함함)와 그 비율을 감독기관인 그리스중앙은행에게 통지해야 한다. 둘째 당해 신용기관의 10대주주와 그 비율 또한 통지하도록 되어 있다. 셋째 위 첫째와 둘째의 경우를 제외한 자연인으로서 계약상 또는 사실상 당해 신용기관을 지배하는 자 역시 통지되어야 하는 것이다. 이어 임직원의 경우도 아래와 같이 그리스중앙은행에게 통지되어야 한다.[410] 즉 당해 은행업무의 책임자와 이사 및 당해 신용기관의 내부통제장치의 책임자가 누구인지도 통지되도록 규정하고 있는 것이다. 이 외에도 신용기관은 당해 신용기관의 내부감사, 위험관리 및 준법감시기능을 포함한 일정한 사항에 관련된 정보를 감독기관인 그리스중앙은행에게 제공하도록 되어 있다.[411] 이런 과정을 거쳐 은행업을 인가할 때에도 그리스중앙은행은 당해 신용기관이 그리스 이외 EU회원

405) LAW Number 3601 §5.4.a).

406) LAW Number 3601 §5.4.c).

407) LAW Number 3601 §7.

408) LAW Number 3601 §5.10.b. 해당 조문의 표기방법에 혼선이 있는지 의문이다. 그 이유는 다른 조문에서 알파벳의 표기는 a)의 형태이나 여기에서는 단순히 a.로만 표기되기 때문이다.

409) 그 비율이 5%가 아닌 경우라 할지라도 그리스중앙은행은 건전성 규제 및 투명성 규제를 위해 당해 신용기관의 자본금 또는 의결권 총수의 1% 이상을 직·간접적으로 보유하는 자연인과 법인에 대한 상세한 내용을 추가적으로 요구할 수도 있다. LAW Number 3601 §5.11.a).i).

410) LAW Number 3601 §5.10.c.

411) LAW Number 3601 §5.11.d).

국의 은행, 증권 또는 보험회사의 자회사인 경우에는 당해 신용기관의 지주회사인 은행, 증권 또는 보험회사의 감독기관과 협의를 먼저 하도록 규정하고 있다.[412)]

이와 같은 은행업의 인가는 그리스중앙은행의 승인으로 이루어지지만 다음과 같은 경우에는 이미 취득한 은행업의 인가는 취소된다.[413)] 첫째 별도의 기간을 정하지 않은 이상 은행업에 대한 그리스중앙은행으로부터 승인을 받은 후 12개월 이내에 해당 신용기관은 이 승인을 이용하지 않는 경우에 그 승인은 취소된다. 둘째 해당 신용기관이 그리스중앙은행의 승인을 명시적으로 포기한 경우에도 그 승인은 취소된다. 셋째 해당 신용기관이 승인을 받은 후 6개월 이상 영업을 하지 않은 경우에도 그 승인은 취소된다. 넷째 해당 신용기관은 자기자본이 설립 당시 납입자본금보다 적은 경우 그 증액을 하지 못하거나 이를 거부한 경우에도 그 승인이 취소된다. 다섯째 해당 신용기관이 그리스중앙은행의 감독을 방해한 경우에도 은행업의 인가에 대한 승인이 취소된다. 여섯째 은행업 또는 이에 대한 감독과 관련된 법규나 그리스중앙은행의 결정을 위반한 결과 해당 신용기관의 지불여력에 위험을 발생시키거나 그리스중앙은행의 감독목적을 달성할 수 없게 되는 경우에도 그 승인은 취소된다. 일곱째 은행업의 인가에 대한 그리스중앙은행의 승인이 허위나 부정확한 정보에 기초한 경우에도 그 승인은 취소된다. 여덟째 해당 신용기관이 더 이상 충분한 자기자본을 보유하지 않거나 반환의무가 있는 자산에 대한 안전조치를 취하지 않는 등 채권자에 대한 의무를 더 이상 이행하지 않는 경우에도 그 승인은 취소된다. 아홉째 해당 신용기관이 은행업의 인가를 승인받을 때에 붙여진 조건을 더 이상 이행하지 않는 경우에도 승인은 취소된다. 끝으로 해당 신용기관이 그 조직구조를 변경하여 그리스중앙은행의 감독상 효율성을 차단한 경우에도 그 승

412) LAW Number 3601 §5.13.a. 그리스중앙은행은 은행업의 인가에 대한 신청을 받은 후 6개월 내에 가부를 결정해야 한다. LAW Number 3601 §7.2.

413) LAW Number 3601 §8.

인은 취소된다. 또한 그리스중앙은행이 위와 같은 이유로 은행업의 인가를 취소하는 경우에는 그 이유를 해당 신용기관과 관련 감독기관이 있다면 이들 관련 감독기관에게도 통지하도록 되어 있다.[414]

4. 출자한도

신용기관의 개별출자금액은 자기자본의 15%를 초과할 수 없으며 개별출자금액의 총 합계액은 자기자본의 60%를 초과할 수 없도록 규정되어 있다.[415] 다만 신용기관이 다른 신용기관이나 증권 또는 보험회사를 포함한 금융회사에 출자하는 것이 당해 신용기관의 은행업과 직접적인 관련이 있거나 부수적인 관련이 있는 경우라면 15%(60%)의 조건은 적용되지 않고 별도의 기준이 적용된다.[416] 이와 더불어 다음과 같은 경우에는 신용기관의 출자제한 한도인 15%(60%)에는 포함되지 않는 경우가 있다.[417] 첫째 신용기관이 최장 2년 기간의 재무조정 또는 구조조정하면서 일시적으로 다른 신용기관 등에 출자한 경우, 둘째 신용기관이 증권매매의 종료일로부터 최장 6개월 동안 통상적인 인수과정에서 다른 신용기관 등에 출자한 경우, 셋째 신용기관이 자기명의로 타인의 계산으로 다른 신용기관 등에 출자한 경우가 이에 해당된다. 이와 같은 예외규정에 따라 신용기관은 그 출자한도인 15%(60%)를 초과하여 출자한다든지 기간이 연장되게 되지만 이에 대하여 후속된 조치가 있어 이 예외로 인하여 해당 신용기관이 부실화되는 것을 방지하고 있다. 즉 그리스중앙은행은 해당 신용기관에게 자기자본의 증액이나 기타 이와 동일시 할 수 있는 조치를 요구하게 되는 것이다.[418]

---

414) LAW Number 3601 §8.3. 이와 더불어 그리스중앙은행은 유럽위원회와 유럽은행위원회 및 유럽이사회에도 은행업의 인가 또는 취소 등을 통지해야 한다. LAW Number 3601 §10. 은행업의 인가에 대한 그리스중앙은행의 승인을 취소하는 결정에 대한 불복은 그리스 최고행정법원이 관할하게 된다. LAW Number 3601 §9.

415) LAW Number 3601 §23.1 & 2.

416) LAW Number 3601 §23.3.

417) LAW Number 3601 §23.4.

418) LAW Number 3601 §23.5 & 6.

따라서 기술한 예외사항은 오직 단기적으로만 허용하겠다는 의도로 해석된다.

5. 은행주식에 대한 보유한도

자연인이든 법인이든 신용기관의 의결권주식 총수의 5% 이상 또는 자본금의 5% 이상에 해당하는 주식을 직·간접적으로 보유하는 경우 사전에 그 사실을 그리스중앙은행에 통지해야 한다.[419] 또한 기존 5% 이상의 신용기관의 주식을 보유한 자가 또 다시 당해 신용기관의 의결권주식 총수의 5%, 10%, 20%, 33% 및 50%의 증감이 생기게 한 경우에도 사전에 그리스중앙은행에게 통지해야 한다.[420] 또한 보유비율의 변동 중에서 위와 같은 보유비율에 해당하는 자가 기존의 보유비율에서 1%를 '초과'하여 보유할 때마다 이와 관련된 정보를 매년 7월 15일까지 그리스중앙은행에게 통지해야 한다.[421] 법인이 위와 같은 비율로 신용기관에 투자하는 경우에는 이 법인을 지배하고 있는 자연인의 관련정보를 그리스중앙은행에 통지해야 한다.[422] 만약 그리스중앙은행에게 이와 같은 통지를 하지 않거나 승인을 받지 않고 취득한 주식은 법률상(ipso jure) 의결권을 행사할 수 없게 되고 제재까지 받을 수도 있다.[423] 이와 같은 통지를 그리스중앙은행이 받게 되면 최소 3개월의 기간 동안 위와 같은 보유비율의 투자가 당해 신용기관의 경영 건전성에 적합한지를 판단하여 그 가부를 결정하게 된다.[424]

---

419) LAW Number 3601 §24.1.a). 이 경우 그 변동규모도 함께 통지해야 한다.

420) LAW Number 3601 §24.1.b).

421) LAW Number 3601 §24.10.a).

422) LAW Number 3601 §§24.2 & 5.11.b)-c). 이 과정에서 그리스중앙은행은 필요한 정보가 있다면 이를 다시 요구할 수도 있다.

423) LAW Number 3601 §24.11.a). 이 점은 법인의 경우도 동일하다. 즉 5% 이상을 보유하고 있는 법인을 지배하는 자연인이 그리스중앙은행에 통지되지 않았거나 감독의 효율성 및 투명성을 위하여 그리스중앙은행이 요구한 사항을 이행하지 않은 경우 이와 관련된 의결권을 법률적으로 행사할 수 없고 이를 이유로 제재의 대상이 될 수도 있는 것이다. LAW Number 3601 §24.11.b).

424) LAW Number 3601 §24.5. 다만 이와 같은 사전통지를 해야 하는 자가 사망

6. 은행업의 규제 및 감독

그리스에서 은행업에 대한 규제 및 감독은 그리스중앙은행이 담당하고 있다. 따라서 신용기관에 대한 그리스중앙은행의 규제 및 감독에 대한 고찰은 크게 규제 및 감독의 범위, 방법, 기준에 해당하는 규제 및 감독의 원칙과 이를 근거로 한 개별 규제 및 감독으로 구분할 수 있다. 이하 이를 중심으로 살펴보기로 한다.

6.1. 규제 및 감독의 원칙

그리스중앙은행의 규제 및 감독대상은 그리스중앙은행으로부터 은행업을 승인받은 신용기관이 되며 여기에는 당해 신용기관에 의하여 설립된 국내외 지점도 포함된다.[425] 이렇게 지점이 포함된 신용기관은 개별적으로 감독되며 신용기관 및 그 지점을 포함해서 통합적으로도 감독된다.[426] 또한 회원국 이외의 국가에 의하여 승인받은 신용기관이 그리스에서 그 지점을 설립한 경우 그 지점 역시 그리스중앙은행에 의하여 감독을 받게 된다.[427] 그러나 하나 구별할 점은 그리스 이외 회원국에서 승인된 신용기관이 그 지점을 그리스에서 설립한 경우 그 지점은 그리스에 의하여 감독을 받는 것이 아니라 이 지점을 설립한 신용기관을 승인한 국가에 의한 감독을 받는다는 것이다.[428] 그리스중앙은행이 이들 신용기관과 그 지점을 규제 및 감독할 때에 항상 다음과 같은 규제 및 감독의 목적을 달성하도록 해야 한다. 즉 자기자본에 관한 자본요건, 회사지배구조 및 내부통제장치, 위험단계별 자본비율의 유지방법과 정

한 경우에는 그 상속인이 피상속인이 사망한 날로부터 4개월 이내에 사전통지를 해야 한다. LAW Number 3601 §24.6.a). 이 경우 그리스중앙은행은 상속인이 당해 신용기관의 경영건전성에 적합하지 않다고 판단되면 해당 신용기관의 이사로는 취임할 수 없도록 하고 있다. LAW Number 3601 §§24.6.b) & 64.2.a).ii).

425) LAW Number 3601 §25.1.

426) LAW Number 3601 §25.1.a).

427) LAW Number 3601 §25.1.b).

428) LAW Number 3601 §25.2.

보공개에 관하여 당해 신용기관이 의무를 이행함과 동시에 위험집중을 방지하여 궁극적으로는 당해 신용기관의 지불능력과 적당한 유동성의 확보 및 원만하고 효율성이 보장된 투명한 영업이 확보되도록 규제 및 감독이 이루어져야 하는 것이다.[429]

그리스중앙은행은 위와 같은 감독의 목적을 달성하기 위하여 임점검사뿐만 아니라 감독상 기준이나 제재조치를 정하고 해당 신용기관에 대하여 감독에 필요한 정보[430]를 제출하게 함으로써 신용기관의 의무이행 여부를 평가하고 계속적으로 감독할 수 있는 것이다.[431] 이에 따라 신용기관을 감독하기 위하여 그리스중앙은행은 다음과 같은 권한을 행사할 수 있다.[432] 첫째 그리스중앙은행은 신용기관의 법적 의무이행의 확보와 관련된 기준이 규정되어 있는 당해 신용기관의 정책, 지배구조, 절차 및 전체적인 흐름을 심사하거나 당해 신용기관이 노출되거나 노출될 위험 또한 심사해야 한다.[433] 이와 같은 심사와 평가를 통하여 신용기관의 정책, 지배구조, 절차, 전체적인 흐름 및 자기자본이 당해 신용기관이 직면하거나 할 위험에 대비하여 결과적으로 건전한 경영을 확보할 수 있는지를 결정하게 되는 것이다. 이와 같은 그리스중앙은행의 심사와 평가는 매년 1회 이상 이루어지며 그 감독의 정도는 해당 신용기관 업무의 규모, 범위, 시스템상 중요성 및 그 복잡성을 기초로 해서 정해진다. 둘째 그리스중앙은행은 신용기관의 정보공개에 관한 기준과 의무를 정해야 하며 다음과 같은 내용을 추가할 수 있다.[434] 즉 공개될 정보범위 및 공개빈도의 확대, 공개시한의 제한, 공개수단 및 장소, 신용기관에 대한 법적인 연간통합회계감사에 포함되지 않는 공개의 진실

429) LAW Number 3601 §25.3.

430) 여기에 포함되는 정보에는 거래조건에 관하여 고객에게 제공할 의무가 있는 정보(데이터포함)가 포함된다. 또한 그리스중앙은행은 이와 관련된 규정을 마련할 수 있다. LAW Number 3601 §25.6.

431) LAW Number 3601 §25.4.

432) LAW Number 3601 §25.5.

433) LAW Number 3601 §25.5.a).i)–ii).

434) LAW Number 3601 §25.5.b).i)–v).

성을 확보할 수 있는 수단의 활용, 기타 공개에 관한 사항이 그것이다. 셋째 그리스중앙은행은 외부신용평가기관의 적격성에 대한 인정기준을 마련해야 한다.[435] 이에 해당하는 외부신용평가기관은 그 평가결과의 신뢰성과 투명성 요건을 충족해야 할 뿐만 아니라 신용평가방법 또한 객관성, 독립성 및 투명성 등의 요건을 충족해야 하는 것이다. 넷째 그리스중앙은행은 그리스 이외 EU회원국에서 승인받은 외부신용평가기관을 특별한 기준에 의하여 적격외부신용평기관으로 인정할 수 있다.[436] 다섯째 그리스중앙은행은 신용기관이 보고해야 할 데이터의 양식과 그 횟수를 정해야 한다.[437] 끝으로 그리스중앙은행은 신용기관으로 하여금 신용평가기관의 신용평가를 중앙정부 및 중앙은행에 대하여 사용할 수 있도록 허용할 수 있는데 이 경우 다음의 두 요건을 충족시켜야 한다.[438] 하나는 이러한 신용평가를 한 신용평가기관이 경제협력개발기구(Organization for Economic Cooperation and Development: OECD)의 공적수출신용협약[439](Arrangement on Officially Supported Export Credits)에 참가한 신용평가기관이어야 하며 다른 하나는 이들 신용평가기관이 자신의 신용평가를 공표하고 신용평가에 적용한 방법도 OECD에서 합의된 방법이어야 한다는 점이다.

6.2. 지배구조

그리스에서 승인받은 모든 신용기관은 책임소재가 분명한 조직구조를 포함한 회사지배구조와 해당 위험의 확인, 관리, 감시하여 이를 해당 감독기관에게 보고할 수 있는 효과적인 절차 및 적절한 내부통제장

---

435) LAW Number 3601 §25.5.c).
436) LAW Number 3601 §25.5.d).
437) LAW Number 3601 §25.5.e).
438) LAW Number 3601 §25.5.f).
439) 공적수출신용협약은 정부가 수출을 장려하기 위하여 지원하는 보험 등의 금융지원을 의미한다. 김지용, "WTO 보조금 및 상계조치 협정하의 공적수출신용기관의 역할에 관한 연구,"「지역발전연구」 제11권 제2호(조선대학교 지식경영연구원, 2006.12), 102면 주1).

치를 마련해야 한다.[440] 뿐만 아니라 신용기관이 이와 같은 장치를 구축할 때에 당해 신용기관 업무의 특성, 규모 및 복잡성을 종합적이고 균형적으로 고려하도록 함으로써 개별 신용기관의 효율성 및 그 감독을 강화하려는 것으로 해석된다.[441]

6.3. 자본요건 및 자본적정성

신용기관은 위험의 종류에 따라 일정비율의 자기자본을 항상 유지해야 한다.[442] 먼저 신용기관의 신용위험과 실질적 가치감소의 위험[443](dilution risk)의 경우에는 가중된 위험에 노출된 총금액의 8% 이상에 해당하는 자기자본을 항상 유지해야 한다.[444] 여기에 포함될 위험에는 외환위험, 상품위험 및 운영위험(영업위험)이 포함된다.[445] 다만 트레이딩 계정(trading book)에 의한 거래에서는 포지션위험[446](position risk)과 지급결제 및 정산·거래상대방위험을 고려하여 그리스중앙은행이 자기자본 비율을 별도로 정하게 된다.[447] 이에 따라 신용기관은 두 가지 방

---

440) LAW Number 3601 §26.1.

441) LAW Number 3601 §26.2.

442) LAW Number 3601 §27.1.

443) 여기서 dilution은 발행주식 총수를 증가함으로써 주가나 의결권이 약화되는 것을 의미하고 dilution risk는 실질적 가치감소위험이라고 할 수 있을 것이다. Bryan A. Garner, 「Black's Law Dictionary」 204(2d Pocket ed. 2001).

444) LAW Number 3601 §27.1.a). 다만 트레이딩 계정에 의한 업무와 자기자본으로부터 자산이 감소된 경우에는 이와 같은 8%의 요건은 그 적용에서 제외된다.

445) LAW Number 3601 §27.1.b).

446) 여기서 포지션위험이라 함은 가격의 변동이 발생했을 때 바로 그 시점에서의 손해의 발생가능성을 의미한다. 이를 market risk라고 표현하기도 한다. George Alexander Walker, 「International Banking Regulation: Law, Policy and Practice」 176 n.55 (Kluwer Law International, 2001).

447) LAW Number 3601 §27.1.c). 통상 예금과 대출 등을 자산으로 하는 은행계정에 대한 자본규제보다 주식과 파생상품 등을 자산으로 하는 트레이딩계정에 대한 자본규제가 완화되어 있다. 그 이유는 트레이딩계정은 단기매매를 목적하고 있어 자산매도 등 거래의 청산이 쉽기 때문이다. 그러나 트레이딩계정에 대한 자본규제의 완화가 이번 미국발 금융위기를 더욱 악화시켰다는 지적이 있다. 임형준, "은행의 트레이딩 계정에 대한 자본규제 강화 움직임," 「주간금융브리프」 제18권 제38호(한국금융연구원, 2009.10.3). 8면.

법에 의하여 자기자본을 산출하고 있다.[448] 즉 그리스 현행법을 기초로 하여 그리스중앙은행이 정한 자산별 노출된 위험에 가중치를 두는 표준평가방식과 내부평가방식이다. 다만 내부평가방식은 그리스중앙은행이 정한 조건과 기준을 준수한다는 것을 전제로 그리스중앙은행이 승인한 경우에만 허용된다.[449] 이렇게 함으로써 두 가지 방법에서 발생할 수 있는 편차를 제거 내지는 완화하려는 것으로 해석된다. 이에 따라 위와 같이 신용기관이 자기자본을 산출할 때에 그 기초가 되는 자료 즉 대출을 받기 위해서 당해 신용기관에게 제출하는 정보는 정확할 것을 요구하고 있는데 그 이유는 이를 근거로 채무자인 대출신청자의 지불능력과 신용도를 평가하기 때문이다.[450] 이에 따라 신용기관은 노출되거나 노출될 위험정도에 따라 양적 · 질적 · 배분의 측면에서 자본적정성을 유지해야 하며 적절한 자본적정성을 유지 및 평가하기 위해 자본적정성의 목표 및 절차를 마련해야 한다.[451] 결국 이들 신용기관은 자본적정성의 목표 및 절차가 당해 신용기관의 업무의 특성, 규모 및 복잡성을 종합적이고 균형적으로 반영할 수 있도록 해당 신용기관이 그 목표 및 절차를 자체적으로 정기 심사 및 평가해야 하는 것이다.[452]

6.4. 정보공개

신용기관은 시장의 투명성을 강화하기 위하여 위험을 부담하는 경영의 경우 해당 신용기관의 재정상태 및 그 정책에 관하여 그리스중앙은행이 정한 기준에 따라 해당 정보를 매년 한 번 이상은 일반에게 공개해야 한다.[453] 이와 같이 신용기관이 해당 정보를 공표할 때에도 특히 공개되는 정보가 적절한지 그 정보에 대하여 책임을 진다는 확약(verification) 및 정보공개빈도의 관점에서 정보의 공개를 평가할 수 있

448) LAW Number 3601 §27.2.
449) LAW Number 3601 §27.2.b).
450) LAW Number 3601 §27.3.
451) LAW Number 3601 §28.1.
452) LAW Number 3601 §28.2.
453) LAW Number 3601 §29.1. 제1문.

는 정책뿐만 아니라 그리스중앙은행이 수시로 정한 정보공개요건을 충족하는 공식적인 정책을 구비하고 있어야 하는 것이다.[454] 이에 따라 신용기관은 법정의 공개요건을 효과적으로 이행하기 위해 확약의 적절한 매체, 장소, 빈도 및 수단을 결정할 수 있으나 이 때 공개되는 정보에 회계정보가 포함되지 않는 경우에는 이와 같은 회계정보가 공개될 매체와 위치를 적시해야 한다.[455] 다만 이와 같은 요건에 의하여 신용기관이 해당 정보를 공개하는 경우에도 그리스중앙은행이 정한 중요성 또는 기밀성의 관점에서 중요하지 않은 정보라고 판단되면 당해 신용기관은 공개되는 정보 중에서 일정한 부분은 생략할 수도 있다.[456] 그러나 이렇게 생략되는 정보의 경우 해당 신용기관은 공개되지 않은 정보의 구체적인 사항과 그 이유를 공개해야 한다.[457] 뿐만 아니라 신용평가를 받은 자[458]가 요구를 하면 해당 신용기관은 일정한 시간 내에 그리스 은행연합회의 행동지침에 따라 내부평가방법에 기초하여 신용평가를 계산한 후 그리스중앙은행의 결정에 따라 해당 신용평가대상자의 등급결정을 서면에 의하여 설명도 해야 하는 것이다.[459] 만약 해당 신용기관이 적당한 시간 내에 위와 같은 조치를 하지 않거나 하더라도 부실한 이행을 하게 되면 그리스중앙은행의 제재를 받게 된다.[460]

---

454) LAW Number 3601 §29.1. 제2문.

455) LAW Number 3601 §29.2.a).

456) LAW Number 3601 §29.2.b). 제1문.

457) LAW Number 3601 §29.2.b). 제2문. 그러나 감독기관인 그리스중앙은행이 중요하지 않은 정보라는 판단에 의하여 신용기관이 해당 정보공개를 생략했음에도 불구하고 또 다시 해당 신용기관으로 하여금 생략되어 공개되지 않은 정보의 구체적 내용 등을 따로 공개하도록 한 규정은 입법론상 의문이 있다고 본다.

458) 예컨대 대출 희망자를 들 수 있을 것이다.

459) LAW Number 3601 §29.3.a) & b).

460) LAW Number 3601 §29.3.c).

6.5. 개별 · 통합규제 및 감독

6.5.1. 의의

그리스에서 은행업의 인가를 받은 신용기관이라도 그리스나 그리스 이외 회원국의 통합규제 및 감독을 받지 않는 경우라면 해당 신용기관은 그리스중앙은행의 개별적인 규제 및 감독의 대상이 된다.[461] 그러나 후술하는 바와 같이 신용기관이 감독기관의 통합규제 및 감독을 받게 되면 별도의 개별규제 및 감독은 생략될 수도 있다.[462] 여기서 통합규제 및 감독이라 함은 해당 신용기관만 개별적으로 규제 및 감독받는 것이 아니라 신용기관을 포함한 보험 및 또는 투자회사그룹(지주회사를 포함함) 전체가 규제 · 감독받는 것을 의미한다.[463]

6.5.2. 규제 및 감독의 대상과 그 감독권자

신용기관은 다음과 같은 경우 그리스중앙은행에 의한 통합규제 및 감독을 받게 된다.[464] 우선 그리스에서 은행업의 인가를 받은 신용기관이 그리스 소재 신용기관이면서 모회사이거나 그리스 이외 EU소재 신용기관이면서 모회사인 경우와 그리스에서 은행업의 인가를 받은 신용기관이 EU에서 설립된 금융지주회사의 자회사이고 이 금융지주회사는 다른 자회사 신용기관이 없는 경우가 이에 해당된다. 또한 다음과 같은 경우의 신용기관도 그리스중앙은행에 의한 통합규제 및 감독의 대상이 된다.[465]

---

461) LAW Number 3601 §§30-32.

462) 예컨대 LAW Number 3601 §31 참조.

463) 예컨대 LAW Number 3601 §34 참조. EU 해당 지침도 동일하다. Banking Directive §§2(1), 52 & 54(1). 참고로 EU지침상 보험회사와 보험그룹(지주회사를 포함함) 및 복합금융그룹에는 보완규제의 법리가 적용된다는 점에서 차이가 있다. 여기서 보완규제라 함은 원래의 규제와 함께 별도의 규제가 보완적으로 적용됨을 의미한다. 예컨대 복합금융그룹 내 은행업, 증권업과 보험업은 개별업에 대한 규제를 받고 이에 더하여 별도의 보완규제까지 받는다는 것을 의미한다. EU 해당 지침상 보완규제에 대하여 보다 상세한 내용은 백정웅, "EU 금융그룹의 규제법리와 그 시사점에 관한 연구," 「상사판례연구」 제22집 제4권 (한국상사판례학회, 2009), 501-521면 참조.

464) LAW Number 3601 §34.1.

465) LAW Number 3601 §34.2.

① 그리스에서 승인받은 신용기관에 대하여 복수의 모회사가 그리스를 포함해서 회원국에 주된 사무소를 두고 있는 금융지주회사임과 동시에 회원국에 다른 신용기관을 자회사로 두고 있는 경우와 ② 금융지주회사가 그리스에서 승인받은 신용기관과 그리스 이외 회원국에서 승인받은 신용기관들을 자회사로 두고 있으면서 그리스 이외 회원국에서 승인받은 신용기관들은 해당 금융지주회사의 법정등록사무소가 있는 회원국에서는 승인받은 적이 없는 경우라면 원칙적으로 그리스중앙은행이 통합규제 및 감독권을 행사하게 된다. 다만 그리스중앙은행이 통합규제 및 감독권을 행사하기 위해서는 다수의 신용기관 중에서 그리스에서 승인받은 신용기관의 대차대조표가 가장 큰 것이어야 한다.[466] 비록 이들 금융지주회사에 대한 통합규제 및 감독기관은 그리스중앙은행이라 할지라도 통합규제 및 감독의 대상이 여러 회원국과 관련이 되기 때문에 이들 회원국 및 유럽위원회의 소관감독당국과의 공조는 여전히 필요한 것이다.[467] 그러나 그리스중앙은행이 이들 금융지주회사에 대하여 규제 및 감독을 통합적으로 해야 한다고 해서 당연히 이들 금융기관을 개별적으로도 규제 및 감독까지 해야 하는 것은 아니다.[468] 끝으로 신용기관이 다른 신용기관의 자회사이거나 신용기관이 다른 신용기관, 금융기관, 투자회사 또는 이들 금융회사의 주된 업무와 관련된 부수[469]적인 사업에 출자하는 경우 역시 그리스중앙은행에 의한 통합규제 및 감독의 대상이 되는 것이다.[470]

466) LAW Number 3601 §34.2.b).

467) LAW Number 3601 §34.3. 예컨대 그리스중앙은행은 통합규제 및 감독의 대상이 되는 금융지주회사의 목록을 준비하여 관련 회원국 및 유럽위원회와 그 정보를 공유하는 것을 들 수 있다.

468) LAW Number 3601 §34.4.

469) 여기서 부수적인 사업이라 함은 자산관리, 데이터처리, 기타 신용기관의 주된 업무와 관련된 것을 의미한다. LAW Number 3601 §33.9.

470) LAW Number 3601 §34.5. 다만 신용기관을 포함한 금융회사의 주된 업무와 관련된 부수적인 사업에 출자하는 것 이외의 출자인 경우에도 그리스중앙은행이 특히 자본적정성 및 집중된 위험의 평가와 관련하여 감독을 효과적으로 수행하기 위하여 특히 필요한 경우라고 판단되면 통합규제 및 감독을 할 수 있다. LAW Number 3601 §34.5.a).

6.5.3. 규제 및 감독의 내용

기술한 요건을 구비한 신용기관이나 금융지주회사 등이 통합규제 및 감독을 받게 되며 이 때 이들 금융회사의 자본적정성, 지배구조, 대규모 위험노출 및 주식(투자)의 적격보유[471] 등이 통합규제 및 감독의 범위에 주로 포함된다는 점에서 이를 중심으로 통합규제 및 감독의 내용을 살펴보면 다음과 같다.[472] 첫째 "대규모 위험노출"과 관련된 통합규제 및 감독에 대하여는 그리스중앙은행의 통합규제 및 감독을 받는 신용기관은 자신의 모회사 신용기관 또는 금융지주회사의 재무제표와 통합해서 규제 및 감독을 받게 되는 것이다.[473] 다만 신용기관의 모회사가 되는 회원국의 금융지주회사가 그리스 소재 신용기관만 자회사로 지배하는 경우에는[474] 대규모 위험노출에 대한 통합규제 및 감독은 오로지 신용기관의 재무제표에 대해서만 평가하게 된다.[475] 둘째 자회사인 신용기관이 또 다시 다른 신용기관, 금융기관 또는 자산관리회사를 자신의 자회사로 지배하는 경우 소위 "중간지주회사"인 경우에는 당해 신용기관은 하위[476]통합규제 및 감독의 대상이 된다.[477] 셋째 EU금융지주

471) 여기서 적격보유라 함은 자본 또는 발행주식 총수 중 의결권의 10%를 직·간접적으로 보유하거나 대상 회사의 경영에 중요한 영향력을 행사할 가능성이 있는 경우를 의미한다. LAW Number 3601 §2.13.

472) LAW Number 3601 §35.

473) LAW Number 3601 §35.1.a).

474) 이를 특히 EU금융지주회사(EU parent financial holding company)라 한다. LAW Number 3601 §33.6. EU금융지주회사는 기술한 경우 외에도 그리스 이외의 회원국에서 설립된 금융지주회사를 포함해서 개념정의 된다.

475) LAW Number 3601 §35.1.b).

476) 여기서 하위통합규제 및 감독이라 함은 중간지주회사인 신용기관을 기점으로 그 이하 개별회사에 대해서도 통합규제 및 감독이 적용되는 것을 의미한다. 유럽지침의 경우도 동일하다. 예컨대 Banking Directive, §52 참조. 그러나 이와 같은 하위통합규제 및 감독은 통합규제 및 감독의 법리에 당연히 포함되는 내용이다. 즉 통합규제 및 감독은 대상 금융회사 전체를 규제 및 감독하는 것이기 때문이다. 그렇다면 이렇게 당연한 내용을 규정한 이유는 다름 아닌 감독권의 소재를 정하기 위한 것이라고 해석된다. 예컨대 신용기관을 승인한 국가와 실제 신용기관이 소재하고 있는 국가가 다르다면 그 감독권자는 당해 신용기관을 승인한 국가가 되는 것이다. Banking Directive §52(8).

477) LAW Number 3601 §35.2.

회사의 지배를 받는 신용기관은 그것이 자회사이든지 모회사이든지 "회계 등의 공개"에 관해서는 당해 신용기관 또는 금융지주회사의 회계자료 등과 함께 그리스중앙은행의 통합규제 및 감독을 받게 된다.[478] 이와 같이 회계 등의 자료공개와 관련해서 그리스중앙은행이 통합규제 및 감독을 할 때에 다음과 같은 경우를 고려하고 있다. 즉 그리스중앙은행은 모회사인 EU신용기관 또는 모회사인 EU금융지주회사의 주력 자회사에 대한 개별적 차원 또는 하위통합규제 및 감독에 의하여 공개될 정보를 정한다는 점이다.[479] 또한 모회사에 해당하는 EU신용기관 또는 EU금융지주회사가 제3국에서 통합규제 및 감독을 받으면서 회계자료 등과 같은 해당 정보가 이미 공개된 경우라면 그리스중앙은행은 당해 신용기관의 전부 또는 일부에 대하여 관련 회계 등의 자료를 그 모회사인 신용기관이나 금융지주회사의 관련 자료와 반드시 통합해서 규제 및 감독할 필요는 없는 것이다.[480]

6.5.4. 규제 및 감독에 대한 피감기관의 의무

통합규제 및 감독을 받게 되는 신용기관은 다음과 같은 의무가 있다. 첫째 신용기관은 자신의 모회사나 자회사와의 거래를 효과적으로 확인 및 관리하기 위하여 적당한 위험관리절차와 내부통제장치를 구축해야 한다.[481] 둘째 신용기관은 대규모 위험노출과 관련된 거래뿐만 아니라 자신의 모회사나 자회사와의 중요한 모든 거래를 그리스중앙은행

---

478) LAW Number 3601 §36.1. 특히 해당 신용기관이나 금융지주회사의 통합된 회계를 기초로 그리스중앙은행의 통합규제 및 감독이 이루어진다.

479) LAW Number 3601 §36.2.a).

480) LAW Number 3601 §36.2.b). 이외에도 그리스중앙은행은 다음과 같은 경우에 통합규제 및 감독의 법리를 적용하지 않을 수도 있다. 첫째 신용기관을 포함해서 해당 금융회사가 필요한 정보를 제공하는 데에 법적인 장애가 있는 제3국에 소재한 경우 둘째 신용기관 등에 대한 출자가 당해 신용기관의 감독의 목적상 아주 근소하거나 대차대조표상 1천만 유로 또는 모회사의 대차대조표의 1% 중 적은 금액에 해당하는 경우 셋째 당해 신용기관의 감독목적상 적당하지 않는 경우가 이에 해당한다. LAW Number 3601 §37. 여기서 제3국이라 함은 회원국 이외의 국가를 의미한다. LAW Number 3601 §2.10.

481) LAW Number 3601 §38.1. 이와 같은 제도적 장치에는 건전한 보고 및 회계절차를 포함한다.

에게 보고해야 한다.[482] 셋째 금융지주회사나 신용기관 등의 업무를 효과적으로 지휘 및 감독할 자는 평판이 양호하고 경험이 풍부할 것을 요구하고 있다.[483] 넷째 통합규제 및 감독의 대상이 되는 신용기관은 그리스중앙은행[484]이 요구하면 감독상 필요한 해당 정보와 데이터를 제공해야 한다.[485] 다만 그리스 이외 회원국의 감독기관이 그리스 소재 자회사 신용기관을 통합규제 및 감독에 포함시키지 않은 경우라면 그리스중앙은행은 당해 신용기관에 대하여 감독상 그 모회사에게 관련 정보의 제공을 요구할 수 있다.[486] 그 반대로 모회사는 그리스에 소재하나 자회사 신용기관은 그리스 이외 회원국에 소재하기 때문에 자회사 신용기관을 통합규제 및 감독에 포함시키지 않은 경우 그리스중앙은행은 해당 감독당국에 필요한 정보를 제공해야 한다.[487] 이외에도 그리스중앙은행은 통합규제 및 감독에는 포함되지 아니 하더라도 감독상 관련된 유용한 정보라면 그 정보를 해당 신용기관이나 금융지주회사에게 요청할 수도 있는 것이다.[488]

6.5.5. 규제 및 감독의 적용방법

그리스중앙은행이 통합규제 및 감독을 적용하는 방법에는 어떤 것이 있는지 살펴보기로 한다. 먼저 자회사 신용기관 및 금융기관의 회계에 관하여 그리스중앙은행은 「전면적 통합규제 및 감독」을 적용하는 것

482) LAW Number 3601 §38.2. 제1문. 해당 거래가 중요한 거래인지는 그리스중앙은행이 결정하게 된다. LAW Number 3601 §38.2. 제2문.

483) LAW Number 3601 §§38.3. & 5.10.c.

484) 감독기관이 그리스 이외 회원국인 경우도 포함된다. LAW Number 3601 §38.4.a).

485) LAW Number 3601 §38.4.a). 다만 그리스중앙은행이 통합규제 및 감독상 필요한 정보 등을 요구한다고 해서 신용기관을 포함한 해당 금융회사에 대하여 통합규제 및 감독과는 다른 별도의 감독을 해야 할 의무는 없다. LAW Number 3601 §38.4.b).

486) LAW Number 3601 §39.1. 제1문.

487) LAW Number 3601 §39.1. 제2문.

488) LAW Number 3601 §39.2.

이 일반적이라고 할 수 있다.[489] 그러나 그리스중앙은행은 그 재량에 의하여 자회사 신용기관이나 금융기관의 모회사인 지주회사 이외의 다른 주주가 있어 이 다른 주주가 이들 자회사에 대한 지불능력을 충족시키는 경우라면 이들 자회사에 대한 모회사인 지주회사의 책임은 해당 주주가 지불하기로 되어있는 부분을 제외한 자회사에 대한 지주비율의 한도 내에서만 책임을 부담하게 된다.[490] 이를 전면적 통합규제 및 감독에 대하여 「부분적 통합규제 및 감독」이라고 할 수 있을 것이다. 다만 부분적 통합규제 및 감독의 경우 자회사 신용기관이나 금융기관에 대한 책임이 모회사인 지주회사와 다른 주주에게 분담되기 때문에 다른 주주가 이행해야 할 책임을 명확히 하기 위하여 그리스중앙은행은 다른 주주에게 정식으로 서명된 책임이행 확약서를 요구할 수 있게 된다.[491] 기술한 바와 같이[492] 일정한 요건에 해당하면 신용기관을 포함한 금융회사는 그리스중앙은행의 통합규제 및 감독의 대상이 되는 것이 원칙이나 아래에서 보는 바와 같이 일정한 경우 그리스중앙은행이 통합규제 및 감독의 적용 여부 및 그 실행방법을 재량으로 결정할 수 있는 경우도 있다.[493] 첫째 통합규제 및 감독의 대상이 되는 신용기관 등과 자본연결[494]이 있는 경우, 둘째 자본연결이나 출자(지분참여를 포함함)도 없이 신용기관이 다른 신용기관 또는 금융기관에 대하여 중대한 영향력을 행사하는 경우, 셋째 두 개 이상의 신용기관 또는 금융기관이 계약, 양해각서 또는 회사의 정관상 명문의 규정도 없이 단일의 경영체제 하에 있는 경우가 이에 해당된다. 다만 이 경우 그리스중앙은행은 특별한 조건 하에 이들 금융회사의 순자산을 합산하는 방법을 허용하거나 요구할 수

489) LAW Number 3601 §40.1.
490) LAW Number 3601 §40.2. 제1문.
491) LAW Number 3601 §40.2. 제2문.
492) 예컨대 LAW Number 3601 §34 참조.
493) LAW Number 3601 §40.5.
494) 그러나 통합규제 및 감독의 대상이 되는 자본연결의 정도에 관하여는 구체적인 내용은 아직 규정되어 있지 않다. 이는 결국 그리스중앙은행의 재량사항이라고 판단된다. LAW Number 3601 §40.5.

있다.[495)]

6.5.6. 규제 및 감독에 대한 공조

6.5.6.1. 공조 일반

통합규제 및 감독권자로서 그리스중앙은행은 통합규제 및 감독의 목적상 회원국과의 다음과 같은 공조를 모색하고 있다. 즉 EU모회사인 신용기관과 EU금융지주회사의 지배를 받고 있는 신용기관에 대한 통합규제 및 감독권자로서 그리스중앙은행은 이들 금융회사를 승인한 회원국의 금융시스템의 안정성에 잠재적인 위험을 발생시킨다고 판단한 경우에는 이들 금융회사를 승인한 회원국과 함께 감독상 필요한 정보를 공동으로 수집 및 공유해야 한다.[496)] 또한 이와 같은 정보의 공유뿐만 아니라 감독상 필요한 조치의 실행에 관하여도 공조를 하도록 되어 있다.[497)] 이렇게 함으로써 감독의 효율성을 확보하려는 것으로 판단된다.

6.5.6.2. 정보와 관련된 공조

특히 정보와 관련해서 그리스중앙은행은 평상시와 비상시로 구분하여 회원국과 다음과 같은 공조체제를 구축하고 있다. 먼저 평상시에는 통합규제 및 감독의 목적상 회원국의 감독당국과 긴밀한 공조를 취하기 위하여 그리스중앙은행의 감독대상인 신용기관이 지배하고 있는 자회사를 감독하는 회원국의 감독당국이 그리스중앙은행에게 요구를 하는 경우에 그리스중앙은행은 해당 감독당국에게 감독에 필요한 모든 정보를 제공해야 하는 것이다.[498)] 또한 그리스중앙은행은 그 재량적인 판단에

495) LAW Number 3601 §40.5.c).제2문. 그러나 이들 금융회사의 순자산을 합산한다고 하여 이것이 곧 통합규제 및 감독에 포함된다는 의미는 아니다. LAW Number 3601 §40.5.c). 제3문.

496) LAW Number 3601 §41.a).

497) LAW Number 3601 §41.b).

498) LAW Number 3601 §42.1.a). 그러나 이 경우에도 그리스중앙은행은 자신의 감독대상인 신용기관이 지배하고 있는 자회사가 해당 회원국의 금융시스템에서의 차지하고 있는 중요성도 고려해야 한다고 규정하고 있다. 그러나 이의 실효성은 의문이다. 그 이유는 그리스 자국과 다른 회원국의 금융시스템은 다

의해서 회원국에 소재한 신용 또는 금융기관의 재무건전성 평가에 중대한 영향을 줄 핵심적인 정보도 아울러 제공해야 한다.[499] 이때의 핵심적인 정보에는 (1) 해당 그룹 내 신용기관의 감독당국이 누구인지와 해당 그룹 내 주요신용기관의 조직구조의 확인 (2) 해당 그룹 내 신용기관으로부터 정보를 수집하는 절차 및 수집된 정보의 확약 (3) 그룹 내 신용기관이나 다른 법인에게 부정적인 영향을 주어 특히 해당 신용기관의 재정상태에 심각한 영향을 주는지 여부 (4) 그리스중앙은행이 취할 수 있는 조치가 포함된다.[500] 한편 그리스중앙은행이 통합규제 및 감독상 관련 정보가 필요하고 이 정보를 회원국의 감독당국으로부터 얻을 수 있다면 그리스중앙은행은 해당 금융회사에게 이중적인 보고를 요구할 것이 아니라 해당 감독당국을 통해서 필요한 정보를 획득하도록 되어 있다.[501] 이렇게 함으로써 불필요한 이중보고에 해당하는 중복규제를 제거하려는 것으로 판단된다. 이어 비상시와 관련해서는 그리스중앙은행은 다음과 같은 공조를 취하게 된다. 즉 금융그룹[502]내 개별 금융회사를 승인한 회원국의 금융시스템의 안정성에 잠재적인 위험을 야기시킬 수 있는 비상적인 상황이 해당 금융그룹 내에서 발생하면 그리스중앙은행은 통합규제 및 감독권자로서 해당 신용기관, 금융기관, 투자회사 또는 보험회사의 감독당국뿐만 아니라 통화정책을 수행하는 이들의 중앙은행에게 신속히 이에 관한 경고를 해 주어야 하는 것이다.[503] 이렇게 함으

를 뿐만 아니라 그 중요성 정도에 대한 판단의 정확성은 더욱더 실효성이 적어 보이기 때문이다.

499) LAW Number 3601 §42.1.b).

500) LAW Number 3601 §42.1.b). i)-iv).

501) LAW Number 3601 §42.2.

502) 해당 조문에는 banking group이란 용어를 사용하고 있으나 다음과 같은 이유로 금융그룹으로 해석하는 것이 보다 논리적이라고 본다. 즉 banking group이란 용어를 사용하고 있지만 동일한 조문에서 우리법제의 은행에 해당하는 신용기관뿐만 아니라 금융기관, 투자회사, 보험회사를 포함하고 있기 때문에 banking group을 "금융그룹"으로 해석하려는 것이다. LAW Number 3601 §43.

503) LAW Number 3601 §43.

로써 평상시뿐만 아니라 비상시에도 그리스중앙은행은 회원국과의 공조를 강화하려는 것으로 판단된다.

6.5.6.3. 인가와 관련된 공조

그리스중앙은행은 은행업의 인가 여부를 결정할 때에도 통합규제 및 감독의 목적을 달성하기 위하여 다음과 같은 공조를 취하고 있다. 즉 EU모회사인 신용기관과 그 자회사가 공동 또는 개별로 은행업의 인가를 신청한 경우 또는 EU금융지주회사의 자회사들이 공동으로 은행업의 인가를 신청한 경우 그 가부를 결정하기 위하여 회원국의 감독기관과 협의를 해야 한다.[504] 이와 같은 협의를 통해 은행업의 인가와 관련된 조건도 같이 결정하게 되는 것이다.[505] 이와 같은 협의에 따른 결정을 도출하기 위하여 신청서를 받은 후 6개월[506] 내에 그리스중앙은행은 회원국과의 공동결정을 하기 위하여 최선을 다해야 한다.[507] 이에 따라 통합규제 및 감독권자로서 그리스중앙은행은 해당 신청서를 관련 회원국의 감독당국에게도 전송하게 된다.[508] 또한 통합규제 및 감독권자로서 그리스중앙은행은 이와 같은 신청서에 대한 결정을 문서로 작성하여 신청인과 모든 관련 감독기관에게 제공해야 하며 그 결정문에는 그 이유와 6개월 동안 진행되면서 나타난 견해 및 유보사항도 포함되도록 하고 있다.[509] 또한 그리스중앙은행이 회원국의 감독기관에게 그 감독기능에 대하여 중요한 결정을 제안하는 경우에 이와 같은 중요한 결정을 하기 전에 다음의 사항을 고려하여 이들 감독기관과 협의를 해야 한다. 첫째

504) LAW Number 3601 §44.1.a).

505) LAW Number 3601 §44.1.b).

506) 만약 6개월 내에 아무런 조치도 하지 않으면 다른 해당 감독권자가 단독으로 은행업의 인가에 대하여 가부를 결정하면 된다. 따라서 그리스중앙은행뿐만 아니라 회원국의 감독권자가 6개월 내에 공동결정을 도출하기 위하여 아무런 조치를 취하지 않으면 부작위하는 감독기관은 제외한 상태에서 해당 감독권자가 단독으로 은행업의 인가에 대하여 가부를 결정하게 되는 것이다. LAW Number 3601 §44.3.

507) LAW Number 3601 §44.1.b). 제2문.

508) LAW Number 3601 §44.1.b). 제3문.

509) LAW Number 3601 §44.4.

그리스중앙은행은 회원국의 감독기관의 승인의 대상이 되는 그룹 내 신용기관의 주주, 기관 및 경영조직의 변경을 고려해야 한다.[510] 둘째 영업위험상 요구되는 자본의 산정에 있어서 내부평가방식의 사용제한을 부과하는 것뿐만 아니라 그리스중앙은행이 부과하게 될 주요과징금이나 예외적인 조치도 함께 고려해야 하는 것이다.[511] 그러나 이와 같은 협의는 비상시나 협의로 인하여 해당 결정의 효율성을 침해할 우려가 있다면 그리스중앙은행은 이들 감독기관과 협의를 하지 않고 바로 결정을 할 수도 있다.[512] 다만 이 경우 그리스중앙은행은 지체 없이 그 사실을 회원국의 감독기관에게 통지해야 한다.[513]

6.5.6.4. 약정서에 의한 공조

기술한 바와 같이 그리스중앙은행은 정보를 중심으로 회원국의 감독기관과 공조하는 방법 외에도 문서로 된 약정서에 의하여 자신의 감독권한을 회원국의 감독기관에게 위임[514]하는 방법에 의한 공조도 있다. 즉 그리스중앙은행은 효과적인 감독을 달성하기 위하여 자신의 감독권한을 회원국의 감독기관에게 위임하는 경우도 있게 되는데 이때에는 반드시 문서로 된 협약서에 의하도록 되어 있다.[515] 이에 의하여 신용기관의 자회사에 대한 감독권자로서 그리스중앙은행은 양자협정에 의하여 모회사인 신용기관의 감독권자인 회원국에게 자회사에 대한 자신의 감독권한을 위임할 수 있게 되는 것이다.[516] 또한 그리스중앙은행이 그리

510) LAW Number 3601 §45.1.a).
511) LAW Number 3601 §45.1.b).
512) LAW Number 3601 §45.2. 제2문.
513) LAW Number 3601 §45.2. 제3문.
514) 반대로 회원국도 문서로 된 약정서에 의하여 자신의 감독권한을 그리스를 비롯한 다른 회원국에게 위임하는 방식으로 공조를 취할 수 있다는 것은 동일하다. LAW Number 3601 §46.1. 제2문.
515) LAW Number 3601 §46.1. 제1문.
516) LAW Number 3601 §46.2. 참고로 증권업(투자업을 포함함)에 대한 감독권자는 자본시장위원회(Hellenic Capital Market Commission: HCMC)이기 때문에 증권업(투자업을 포함함)과 관련된 감독권한의 위임은 자본시장위원회가 그리스중앙은행이 한 것과 동일한 방법에 의하여 위임하게 되는 것이다. LAW

스 소재 신용기관의 감독권자임에도 불구하고 다른 회원국 감독기관과의 통상적인 약정에 의하여 다른 회원국 내에서의 신용기관의 규모 및 해당 신용기관 업무의 상대적 중요성을 고려한 결과 그리스 은행업에 적용될 법규를 적용하는 것이 적절하지 못하다면 그 적용을 포기할 수 있고 그 대신에 이를 통합하여 규제 및 감독할 다른 회원국 감독기관을 선임할 수도 있는 것이다.[517] 다만 그리스중앙은행이 이와 같은 결정을 하기 전에 해당 신용기관을 포함한 금융회사에게는 자신의 의견을 제시할 수 있는 권리가 여전히 유보되도록 하고 있다.[518] 이렇게 함으로써 통합규제 및 감독의 대상이 되는 금융회사에게 감독기관의 변경에 따른 예견가능성을 확보해 주려는 것으로 판단된다.

6.5.6.5. 회원국 이외 국가와의 공조

한편 회원국이 아닌 국가와의 공조를 살펴보면 다음과 같다. 즉 그리스 은행법제상 통합규제 및 감독을 받지 않으면서 회원국이 아닌 제3국에 본점을 둔 신용기관이 그리스에서 승인을 받은 경우 그리스중앙은행은 해당 신용기관이 제3국의 감독당국으로부터 통합규제 및 감독을 받는지 확인해야 하며 만약 통합규제 및 감독을 받는 경우라면 그 통합규제 및 감독의 정도가 그리스의 그것과 같은 수준인지도 확인해야 하는 것이다.[519] 이렇게 확인하는 과정에서 그리스중앙은행은 회원국 이외의 제3국 감독당국과 협의를 통하여 감독기관에 따른 규제차익을 미연에 방지하려는 것으로 판단된다.[520] 만약 회원국 이외의 제3국에는 해당 신용기관에 대한 통합규제 및 감독이 없다면 그리스중앙은행은 통합규제 및 감독의 목적을 달성하기 위하여 해당 신용기관에 대하여 그리스 은행업법규를 유추적용하도록 규정하고 있으며 이렇게 유추적용하는 경우에도 그리스중앙은행은 해당 국가의 감독당국과 협의를 하도록 되어

Number 3601 §46.2. 제1문.

517) LAW Number 3601 §46.3.

518) LAW Number 3601 §46.3. 제2문.

519) LAW Number 3601 §49.1. 제1문.

520) LAW Number 3601 §49.1. 제2문.

있다.[521] 이 역시 감독기관이 다르고 해당 규제 즉 통합규제 및 감독이 존재하지 않음으로 인해서 발생할 수 있는 규제차익을 방지하려는 것으로 해석된다.

6.5.6.6. 그리스 내 감독기관간의 공조

지금까지는 통합규제 및 감독의 목적을 달성하기 위하여 그리스중앙은행과 다른 국가의 금융감독기관간의 공조를 살펴보았으나 지금부터는 그리스 내 개별감독기관 간의 공조에 대하여 검토하고자 한다. 먼저 신용기관, 금융지주회사 또는 복합업무지주회사[522]가 1개 이상의 보험회사나 투자회사를 자회사로 지배하는 경우에는 그리스중앙은행, 그리스 보험감독위원회 및 그리스 자본시장위원회는 감독의 목적상 긴밀하게 공조하도록 되어 있다.[523] 이에 따라 그리스의 이들 감독기관은 감독의 목적상 필요한 모든 정보 및 데이터를 상호간의 통지를 통하여 공유하게 되는 것이다.[524] 특히 은행그룹에 투자회사가 포함된 경우라면 은행그룹의 자본적정성에 대한 효과적인 통합규제 및 감독을 위하여 그리스

521) LAW Number 3601 §49.2.

522) 여기서 복합업무지주회사(mixed-activity holding company)라 함은 지주회사가 금융지주회사 또는 신용기관이나 복합금융지주회사 이외의 회사로서 최소한 1개 이상의 신용기관을 자회사로 지배하는 것을 의미한다. LAW Number 3601 §33.8. 여기서 복합금융지주회사(mixed financial holding company)라 함은 모회사인 지주회사가 규제받는 금융회사 이외의 회사로서 EU에 본점이 있는 신용기관, 투자회사 또는 보험회사를 최소한 1개 이상 자회사로 지배하는 회사를 의미한다. Directive 2002/87/EC of the European Parliament and of the Council of 16 December 2002 on the supplementary supervision of credit institutions, insurance undertakings and investment firms in a financial conglomerate and amending Council Directives 73/239/EEC, 79/267/EEC, 92/49/EEC, 92/96/EEC, 93/6/EEC and 93/22/EEC, and Directives 98/78/EC and 2000/12/EC of the European Parliament and of the Council, O.J.L.35, 11/02/2003, pp. 1-27 (2003) §2(15) (이하 Financial Conglomerate Directive라함). EU에서 규제받는 금융회사는 신용기관, 보험회사 또는 투자회사를 의미한다. Financial Conglomerate Directive §2(4).

523) LAW Number 3601 §47.1. 제1문.

524) LAW Number 3601 §47.1. 제2문.

중앙은행과 그리스 자본시장위원회는 상호간의 양해각서를 체결하여 양 감독기관 간의 공조를 확보할 수 있으며 이와 같은 양해각서에는 다음과 같은 내용이 포함될 것을 요구하고 있다.[525] 첫째 주주나 조직 또는 경영구조의 변경 및 이들 개별 감독기관의 주요벌칙 또는 예외적인 조치와 관련해서 중복규제와 행정비용의 절감을 위하여 이들 감독기관 간의 사전통지 및 정보교환을 보장할 수 있는 절차가 정해질 것을 요구하고 있다.[526] 둘째 일방 감독기관의 임점검사[527]시 타방 감독기관의 참여 또한 규정되어야 한다.[528] 끝으로 일방 감독기관이 타방 감독기관에게 그 권한을 위임하는 경우 위임에 관한 세부사항 역시 규정될 것을 요구하고 있다.[529] 다만 양해각서에 따른 기술한 내용이 오로지 그리스중앙은행과 그리스 자본시장위원회에만 국한되는 것은 아니고 기술한 내용과 유사한 내용이 그리스중앙은행과 그리스 보험감독위원회 간에도 적용되고 그리스 보험감독위원회와 그리스 자본시장위원회 간에도 적용될 뿐만 아니라 그리스중앙은행과 그리스 보험감독위원회 및 그리스 자본시장위원회간 즉 3자 간의 양해각서의 경우에도 적용된다.[530] 따라서 이 한도 내에서는 감독기관에 따른 규제차익은 제거된다고 할 수 있을 것이다.

---

525) LAW Number 3601 §47.2.

526) LAW Number 3601 §47.2.a).

527) 이와 더불어 다른 회원국 감독당국의 정보확인과 관련된 임점검사는 다음과 같이 진행된다. 즉 다른 회원국 감독당국이 그리스에서 설립된 신용기관, 금융기관, 금융지주회사, 이와 부수된 업무 및 그 자회사의 관련 정보의 확인을 요구하는 경우에 그리스중앙은행은 자신이 직접 이와 같은 정보확인 작업을 수행하든지 아니면 전문가 등의 검시관을 통하여 이를 대신할 수 있도록 하였다. 이 경우 특정 정보의 확인을 요구한 회원국 감독당국은 이와 같은 정보확인 작업에 참여할 수도 있다. LAW Number 3601 §48.1.a). 물론 그 반대로 그리스중앙은행이 특정 정보를 다른 회원국 감독당국에게 기술한 방법으로 요구할 수도 있다. LAW Number 3601 §48.1.b). 또한 해당 감독당국이 확인을 요구하는 것은 정보에만 한정되는 것은 아니고 데이터도 포함하고 있다. LAW Number 3601 §48.2.

528) LAW Number 3601 §47.2.b).

529) LAW Number 3601 §47.2.c).

530) LAW Number 3601 §47.3.

6.6. 제재조치

6.6.1. 제재 일반

감독대상 신용기관이 그리스중앙은행의 규제 및 감독을 위반한 경우 다음과 같은 주요제재가 부과된다. 먼저 그리스중앙은행은 비교적 초기단계에서 제재대상 신용기관에 대하여 그 재량에 따라 다음과 같은 제재조치를 취할 수 있다.[531] 첫째 그리스중앙은행은 제재대상 신용기관에 대하여 법정의 최소자기자본 이상의 자기자본을 유지할 것을 요구할 수 있는 것이다. 둘째 그리스중앙은행은 제재대상 신용기관에 대하여 회사지배구조, 절차 및 정책의 강화를 요구할 수 있게 된다. 셋째 그리스중앙은행은 제재대상 신용기관의 업무 등을 제한할 수도 있는 것이다. 넷째 그리스중앙은행은 제재대상 신용기관에 대하여 이익배당 등을 제한하거나 금지할 수도 있다. 그러나 해당 신용기관의 비거래업무의 경제적 가치가 자기자본의 20% 이상인 경우나[532] 해당 신용기관이 속해 있는 그룹 내부거래로 인하여 해당 신용기관의 재무상태가 악화된 경우에는 그리스중앙은행은 재량에 의한 판단이 아니라 필요적으로 해당 신용기관에게 적절한 시정조치를 취해 줄 것을 요구해야 하는 것이다.[533] 이하 주요한 제재조치를 살펴보면 다음과 같다.

6.6.2. 이익충돌 등에 대한 제재

해당 신용기관의 의결권 총수의 5% 이상 또는 자본금의 5% 이상에 해당하는 주식을 보유한 주주가 해당 신용기관에서 이익충돌을 야기하거나 해당 신용기관에 대한 감독의 목적을 훼손하거나 해당 신용기관의 건전하고 안전한 경영을 침해할 위험이 있는 경우 그리스중앙은행은 해당 주주에게 기술한 부작용이 발생하지 않도록 필요한 조치를 취해 줄

531) LAW Number 3601 §62.1 & 2.

532) 그 원인은 사실상 제한을 두고 있지 않다. 해당 규정에도 이를 반영하듯 갑작스럽고 예기치 못한 변화를 이에 포함시키고 있기 때문이다. LAW Number 3601 §62.4.a).

533) LAW Number 3601 §62.4.

것을 의무적으로 권고하도록 규정되어 있다.[534] 다만 위와 같은 조치를 이행해야 하는 해당 신용기관이 그 유동성이 크게 감소되고 자기자본 또한 적당하지 못한 경우에는 그리스중앙은행은 해당 신용기관의 책임자 등의 청문회를 거쳐 그 이행시한을 2개월까지 연장할 수 있게 되나 추가 1개월을 더 연장할 경우 그리스중앙은행은 감독관을 선임해야 한다.[535] 감독관이 선임된 이후에는 이 감독관의 승인 없이는 해당 신용기관은 해당 사업을 할 수 없게 되는 것이다.[536] 그리고 그리스중앙은행은 감독관의 보고 및 기타 관련 자료를 검토하여 현 경영진의 경영 하에 해당 신용기관이 계속해서 영업을 할 수 있는지를 결정하게 된다. 만약 그리스중앙은행이 현 경영진 체제로는 해당 신용기관이 운영될 수 없다고 판단이 되면 감독관이 해당 신용기관의 경영을 할 수 있도록 결정을 하고 있다.[537]

6.6.3. 지주비율의 통지위반에 대한 제재

그리스에서 은행업을 승인받은 신용기관은 그 의결권주식 총수의 5% 이상 또는 자본금의 5% 이상에 해당하는 주식을 보유 또는 매각하거나 이들 기존의 특정비율에서 5%, 10%, 20%, 33% 또는 50%의 증감이 있는 경우 그리스중앙은행에 사전통지를 하도록 규정되어 있다.[538]

---

534) LAW Number 3601 §62.5. & 64.3. 그리스중앙은행의 이와 같은 권고에 따르지 않게 되면 해당 주주는 만약 해당 신용기관의 이사 또는 경영진이라면 이에서 박탈되며 의결권도 행사할 수 없고 당해 신용기관과는 더 이상의 거래도 금지된다.

535) LAW Number 3601 §63.1. 이외에도 그리스중앙은행이 해당 신용기관의 경영을 위임하기 위하여 감독관을 선임해야 하는 데 예컨대 해당 신용기관의 이사회의 이사선임, 구성 및 그 운영에 대하여 합법성이나 유효성을 부인하는 법원의 판결이 있는 경우를 들 수 있을 것이다. LAW Number 3601 §63.3. 이 경우에도 감독관이 해당 신용기관을 경영하는 기간은 연장도 가능하지만 통상 3개월에서 6개월의 범위 내가 된다. Id.

536) LAW Number 3601 §63.2.c). 이와 같은 감독관의 주요임무는 당해 신용기관의 자본적정성, 재정상태, 행정 및 회사지배구조에 관하여 그리스중앙은행에 보고하는 것이다. LAW Number 3601 §63.2.d).

537) LAW Number 3601 §63.2.e). 물론 감독관은 그리스중앙은행의 감독을 받게 된다. LAW Number 3601 §63.2.f).

538) LAW Number 3601 §24.

이에 따라 사전통지를 하지 않았거나 또는 사전통지는 했으나 그리스중앙은행으로부터의 승인을 받지 않고 해당 신용기관의 주식을 취득하게 되면 첫째 취득한 주식가치의 10%[539]를 한도로 벌칙금이 부과되거나[540] 둘째 해당 신용기관의 경영에 참여할 수 없을 뿐만 아니라 이사직이 박탈[541]될 수도 있는 것이다.

6.6.4. 장부 등 허위정보에 대한 제재

해당 신용기관의 회장, 사장, 이사 또는 감사뿐만 아니라 그 근로자가 ① 고의 또는 과실로 장부에 기재될 중요한 거래를 허위로 기재하거나 ② 허위 또는 부정확한 보고서나 데이터를 그리스중앙은행에게 제출한 경우에는 징역이나 금전적 벌칙 또는 징역과 동시에 금전적 벌칙[542]을 부과하도록 규정되어 있다.[543] 다만 그리스 이외 회원국에서 승인받은 신용기관이 그리스에서 서비스를 제공하거나 그 지점을 가지고 있는 경우 그리스중앙은행은 다음과 같은 조치를 취할 수 있다.[544] 즉 먼저

539) 다만 이와 같은 요건에 해당하는 주식을 "매각"하면서 그리스중앙은행에 대하여 사전통지를 하지 않으면 사전통지 없이 매각한 주식가치의 5%를 한도로 벌칙금이 부과된다는 점에서 본 문에서 기술한 주식의 "취득"과는 차이가 있다. LAW Number 3601 §64.2.c).

540) LAW Number 3601 §64.2. 다만 새로이 취득하는 것뿐만 아니라 지주비율이나 투자금액을 증가시키는 경우에도 그리스중앙은행으로부터 사전통지 및 승인을 받아야 하는 것이다. LAW Number 3601 §64.2.a).

541) 이사직 및 경영진에서 박탈되는 벌칙은 본문에서 기술한 경우 이외에도 다음과 같은 경우에도 동일하게 적용된다. 즉 신용기관이 승인을 받기 위하여 여러 가지 조건을 충족해야 하는데 이 중 해당 신용기관의 업무의 책임자와 이사 및 당해 신용기관의 내부통제장치의 책임자가 누구인지 그리스중앙은행에게 통지하게 되면(LAW Number 3601 §5.10.c) 이에 해당하는 자는 해당 신용기관의 경영 건전성 및 안정성을 확보할 수 있는 조치를 취해야 하는데 이에 필요한 조치를 취하지 않게 되면 이들은 당해 신용기관의 이사회나 경영진에서 퇴출되는 벌칙을 받을 수 있다. LAW Number 3601 §64.4.

542) 이와 같은 벌칙은 그리스에서 승인받은 신용기관 이외의 자가 예대업무를 하거나 신용공여를 하거나 전자화폐를 발행하는 경우에도 동일하게 부과된다. LAW Number 3601 §64.6.

543) LAW Number 3601 §64.5.

544) LAW Number 3601 §65.

그리스중앙은행은 해당 신용기관에게 그리스법규의 준수를 요구하도록 되어 있다. 그러나 이를 준수하지 않는 신용기관에 대하여 그리스중앙은행은 해당 신용기관을 승인한 회원국 감독당국에게 모든 적절한 조치를 취해 줄 것을 요구하도록 되어 있다. 이와 같은 그리스중앙은행의 요구에 따라 해당 신용기관의 감독당국이 조치를 취했음에도 불구하고 그 조치가 부적절하거나 아예 해당 회원국 감독당국에는 적절한 제재조치가 없기 때문에 해당 신용기관이 그리스법규를 계속해서 위반한다면 그리스중앙은행은 당해 신용기관의 본국 감독당국에게 통지한 후 적절한 제재조치를 취하도록 되어 있다. 필요하다면 그리스에서 당해 신용기관이 더 이상 거래를 할 수 없도록 거래를 중지[545)]시킬 수도 있다.[546)] 이외에도 신용기관을 포함하고 있는 금융지주회사나 복합업무지주회사가 그리스중앙은행에게 정보 및 데이터 제공을 거부하거나 부정확한 정보를 제공하거나 임점검사를 방해하면 일정한 제재를 받게 된다.[547)] 특히 이들 금융지주회사나 복합업무지주회사가 그룹 차원에서 자본이 적정하지 못하거나 재무상태가 악화된 경우에는 이들 그룹의 법정 자기자본을 증가시키는 등 초기단계에서 그리스중앙은행이 부과하는 제재를 받게 되는 것이다.[548)]

---

545) 그러나 해당 신용기관의 거래가 갑자기 중단되면 선의의 이해관계인이 불측의 손해를 입을 염려가 있다. 이에 따라 그리스중앙은행은 해당 신용기관의 거래를 중지하기 전에 예금자나 투자자 등의 이익을 보호하기 위하여 사법적 또는 사법적 이외의 조치를 취할 수 있게 되는 것이다. LAW Number 3601 § 65.2.

546) 물론 해당 신용기관의 본국 감독당국이 그 승인을 철회한 경우라면 그리스중앙은행도 그리스에서 해당 신용기관의 거래를 당연히 중지시켜야 한다. LAW Number 3601 §65.3.

547) LAW Number 3601 §66.1.

548) 제재의 내용으로는 법정자기자본의 증가, 회사지배구조 등의 강화, 업무 등의 제한, 이익배당의 제한 또는 금지 등이 있다. LAW Number 3601 §66.2. 이와 같은 제재는 신용기관에 부과되는 제재와 동일하다. LAW Number 3601 §62.2.

6.6.5. 그리스중앙은행의 청산결정에 의한 제재

신용기관이 그리스중앙은행의 규제 및 감독을 위반하게 되는 경우 그리스중앙은행은 최종적인 제재라고 할 수 있는 해당 신용기관의 은행업 승인의 철회라는 제재조치를 부과할 수 있다. 해당 신용기관은 그 은행업의 승인이 철회되면서 청산단계에 들어가게 된다.[549] 이에 따라 청산이 결정된 해당 신용기관은 더 이상 예금을 수취할 수 없고 기타 업무도 제한을 받으며 해당 신용기관의 경영도 청산결정으로 선임된 파산관재인이 담당하게 되는 것이다. 다만 청산단계에 있는 신용기관은 파산을 선언할 수 없고 만약 이미 파산절차가 진행 중이라도 그 파산절차는 청산의 개시로 중지하게 된다.

Ⅱ. 시사점

1. 의 의

이상에서 그리스 은행업의 주요내용과 이에 대한 규제 및 감독을 살펴보았고 이하에서는 이를 바탕으로 우리법제를 위한 시사점으로는 어떤 것을 도출할 수 있는지 고찰하기로 한다.

2. 은행업의 개념과 관련된 시사점

우리법제상 은행이라 함은 불특정 다수인을 상대로 예금을 수취하거나 유가증권 등 채무증서를 발행하여 채무를 부담함으로써 조달한 자금을 대출하는 것을 영업으로 하는 경우를 말한다.[550] 은행업의 이와 같은 개념정의는 그리스법제도 동일하다.[551] 다만 그리스법제에서는 전자화폐[552]를 취급하는 기관도 은행과 동일하게 인가를 받아야 한다는 점

549) LAW Number 3601 §68.

550) 은행법 제2조 제1항 제1호.

551) LAW Number 3601 §§2.1 & 11.

552) 그리스법제상 전자화폐라 함은 지불수단으로써 발행되는 전자장치로 구현된

에서 우리와는 차이가 있다. 즉 그리스법제에 의하면 전자화폐를 취급하려는 기관은 은행과 동일한 기준의 인가를 받아야 하나 우리법제는 은행이 전자화폐를 발행 하는 등의 관련 업무를 하려는 경우와 은행 이외의 기관이 전자화폐[553]의 발행 등과 관련된 업무를 하려는 경우 이를 허용하는 기준이 다르다. 그 이유는 은행이 전자화폐의 발행 및 관련된 업무를 하려면 인가사항[554] 또는 신고사항[555]이 되고 은행 이외의 자가 전자화폐와 관련된 업무를 취급하면 허가사항[556]이 되기 때문이다. 과연 현행법제와 같은 지금의 방법이 옳은지 의문이 든다. 즉 전자화폐와 관련된 업무 역시 현행 은행법상 은행의 주요업무,[557] 부수업무[558] 또는 겸영업무[559] 중 어느 하나에 해당될 것이기 때문에 전자화폐에 대해서도 "동일한 기준"을 적용하는 것이 타당하다고 생각하기 때문이다. 따라서 이 한도 내에서 전자화폐와 관련된 업무를 은행의 업무와 동일한 기준으로 처리하는 그리스법제가 시사하는 바가 있다고 할 것이다.

돈을 의미한다. LAW Number 3601 §2.19 & 20. 우리나라에서도 이와 관련하여 인터넷전문은행의 도입이 한 동안 논의되었으나 최근 연이은 금융위기로 그 도입이 무산된 바 있다. 이심기, "인터넷 은행 설립 결국 무산," 한국경제 (2010.4.25), *at* http://www.hankyung.com/news/app/newsview.php?aid=2010042579671 (last visited Sep. 23, 2011).

553) 현재 우리나라에서는 전자화폐에 관한 규정은 전자금융거래법에서 규정하고 있다. 전자금융거래법 제2조 제15호.

554) 은행법 제8조.

555) 은행법 제27조의2 제2항 및 제28조 제2항.

556) 전자금융거래법 제28조.

557) 은행법 제27조. 여기서 은행의 주요업무라 함은 예금 · 적금의 수입 또는 유가증권, 그 밖의 채무증서의 발행, 자금의 대출 또는 어음의 할인업무를 의미한다.

558) 은행법 제27조의2. 여기서 은행의 부수업무라 함은 은행업무에 부수한 업무로서 금융위원회에 신고한 업무를 말한다. 동법 동조 제1항. 그 구체적인 업무는 은행법 제27조의2 제2항 제1호부터 제11호에 규정되어 있다.

559) 은행법 제28조. 여기서 은행의 겸영업무라 함은 금융위원회에 신고한 은행업무가 아닌 업무를 의미한다. 동법 동조 제1항 및 제2항.

3. 인가 및 취소와 관련된 시사점

그리스에서 은행업을 하려면 최저자본금이 18,000,000유로에서 5,000,000유로로 한화 80억에서 288억(1유로를 1600원이라고 환산한 경우)이면 된다.[560] 이에 반해 우리나라에서 전국적으로 은행업을 하려면 그 최저자본금이 1,000억 이상이나 지방은행은 250억 이상이어야 한다.[561] 한 가지 지적할 것은 우리나라는 최저자본금이 높은 반면 이 최저자본금의 감소가 발생하면 일정한 시정명령이 있게 되고[562] 이를 어기게 되면 그 때에 비로소 해당 은행에 대하여 영업의 전부 정지나 은행업의 인가를 취소하게 되나,[563] 그리스의 경우 은행업을 하는 신용기관의 납입자본금 등 자기자본금이 상대적으로 적은 관계로 해당 신용기관의 설립 당시의 납입자본금보다 현재의 자기자본금이 작아서 그 증액이 필요한 데 이를 하지 못하거나 증액 자체를 거부한 경우 바로 해당 신용기관의 은행업이 취소되도록 한 점[564]에서는 우리나라보다는 더 엄격하다는 점이다. 결과적으로 최저자본금은 우리나라가 그리스보다 상당한 수준에서 높으나 은행업의 취소 여부에 관해서는 그 취소에 이르기까지의 절차가 많아서 그리스보다는 완화된 상태에 있다. 따라서 최저자본금을 높게 한 대신 그 위반에 대하여 은행업의 취소는 좀 완화하는 우리나라의 방법과 납입자본금 등 자기자본금은 낮게 한 대신 그 위반에 대하여 은행업의 취소를 강화하는 그리스의 방안 중 어느 것이 나을지에 대하여는 쉽사리 결정될 부분이 아닐 것이다. 하나 분명한 것은 최저자본금액의 절대금액도 중요하지만 자기자본비율[565]이 더 중요할

---

560) LAW Number 3601 §5.4.a) & c).
561) 은행법 제8조 제2항 제1호.
562) 은행법 제10조.
563) 은행업 제53조.
564) LAW Number 3601 §8.1.c).
565) 최근 금융위기로 전 세계의 은행들이 우량은행을 불문하고 이 영향을 심하게 받고 있다. 이는 최저자본금 등 자기자본금액이 큰 은행이 보다 안전하다고는 할 수 없다는 반증의 하나라고도 볼 수 있을 것이다.

것이고 또한 이와 관련하여 세계적인 추세는 어떤지도 점검하여 우리법제에 반영해야 할 것이다. 다만 이를 우리법제에 반영할 때에도 우리만의 기준을 세우는 것보다는 세계적인 추세에 연동된 방법이 우리법제에 반영되어야 할 것으로 판단된다. 또한 그리스에는 은행업에 대한 예비인가라는 제도가 없는데 우리법제에는 예비인가라는 제도를 두고 있다.[566] 그러나 우리법제상 은행업의 예비인가가 얼마나 효과적인지 검토하는 것이 우선이겠으나 최저자본금 등의 기준을 통하여 인가여부를 결정하고 있기 때문에 예비인가는 이중적인 진입장벽이라는 생각이 든다. 은행업의 예비인가를 재검토할 필요가 있다고 본다.

4. 출자한도와 관련된 시사점

기술한 바와 같이 그리스법제상 신용기관은 개별 출자금액은 자기자본의 15%를 초과할 수 없으며 이 개별 출자금액의 합계액도 자기자본의 60%에 초과하는 출자는 금지된다.[567] 이에 반해 우리법제상 은행의 출자규제는 다음과 같다. 첫째 우리법제상 은행은 "동일차주"[568]에게 자기자본의 25%를 초과하는 신용공여를 할 수 없는 것이 원칙이다.[569] 이 경우에도 개별 동일차주에 대한 은행의 신용공여가 자기자본의 10%를

566) 은행법 제11조의2.

567) LAW Number 3601 §23.1 & 2. 물론 일정한 경우 이와 같은 자기자본의 15%(60%)의 출자한도에 대한 예외를 허용하고 있다. LAW Number 3601 §23.3 & 6.

568) 은행법상 동일차주라 함은 동일한 개인 · 법인 및 그 개인 · 법인과 대통령령으로 정하는 신용위험을 공유하는 자를 의미한다. 은행법 제35조 제1항 본문. 따라서 본인 및 그와 대통령령으로 정하는 특수관계에 있는 자를 의미하는 동일인과는 구별되는 개념이다. 동법 제2조 제1항 제8호.

569) 은행법 제35조 제1항 본문. 다만 우리 역시 은행 자기자본의 25%라는 신용공여에 대하여 다음과 같은 예외를 허용하고 있다. 그 예외는 첫째 대통령령이 정하는 경우로서 국민경제를 위하여 또는 은행의 채권 확보의 실효성을 높이기 위하여 필요한 경우 둘째 대통령령으로 정하는 경우로서 은행이 추가로 신용공여를 하지 아니하였음에도 불구하고 자기자본의 변동, 동일차주 구성의 변동 등으로 인하여 본문에 따른 한도를 초과하게 되는 경우를 의미한다. 동법 동조 동항 단서.

초과하는 경우 이들 개별 동일차주에 대한 은행의 신용공여의 합계액은 해당 은행의 자기자본의 500%를 초과할 수 없도록 하였다.[570] 둘째 우리법제상 은행은 "동일한 개인 또는 법인" 각각에 대하여 자기자본의 20%를 초과하는 신용공여 또한 할 수 없다.[571] 이 경우에도 기술한 첫째와 동일하게 동일한 개인 또는 법인 각각에 대하여 은행이 자기자본의 10%를 초과하여 신용공여를 하는 경우 이들 동일한 개인 또는 법인에 대한 은행의 신용공여의 합계액은 자기자본의 500%를 초과할 수 없게 되는 것이다.[572] 셋째 우리법제상 은행은 자신의 "대주주"[573]에게 자기자본의 20%나 해당 대주주가 그 은행에 출자한 비율에 해당하는 금액 중 적은 금액을 초과한 신용공여를 할 수 없게 된다.[574] 다만 해당 은행이 이와 같은 한도를 초과하여 신용공여를 하기 위해서는 당해 은행 이사회의 재적이사 전원이 찬성하고 그 사실을 지체 없이 금융위원회에게 보고하는 조건으로 허용되는 것이다.[575] 끝으로 은행이 지분증권을 취득하는 경우에도 다음과 같은 제한이 있다. 먼저 해당 은행은 자기자본의 1%를 초과해서 그 은행 "대주주"가 발행한 지분증권[576]을 취

570) 은행법 제35조 제4항 본문. 물론 이에 대한 예외를 두고 있다. 동법 동조 동항 단서.

571) 은행법 제35조 제3항 본문. 이 역시 그 예외를 규정하고 있다. 동법 동조 동항 단서.

572) 은행법 제35조 제4항 본문. 이 규정 또한 예외를 인정하고 있다. 동법 동조 동항 단서.

573) 은행법상 대주주라 함은 은행이 발행한 의결권이 있는 주식 총수의 10%(지방은행은 15%임)를 초과하여 주식을 보유하거나 그 지주비율이 4%를 초과하면서 최대주주이거나 그 지주비율이 4%를 초과하면서 해당 은행의 주요경영사항에 대하여 사실상 영향력을 행사하는 자 등을 의미한다. 은행법 제2조 제1항 제10호.

574) 은행법 제35조의2 제1항.

575) 은행법 제35조의2 제4항 및 제5항.

576) 여기서 지분증권이라 함은 자본시장과 금융투자업에 관한 법률상의 개념으로 주권, 신주인수권이 표시된 것, 법률에 의하여 직접 설립된 법인이 발행한 출자증권, 상법에 따른 합자회사·유한회사·익명조합의 출자지분, 민법에 따른 조합의 출자지분, 그 밖에 이와 유사한 것으로서 출자지분이 표시된 것을 의미한다. 자본시장과 금융투자업에 관한 법률 제4조 제4항.

득할 수 없다.[577] 다음으로 은행은 해당 은행의 일정한 자기자본비율이 아니라 다른 회사가 발행한 의결권이 있는 지분증권의 15%를 초과해서 취득할 수 없게 된다는 점이다.[578] 그러나 이에 대한 예외로 은행이 금융위원회가 정하는 업종에 속하는 회사나 기업구조조정 촉진을 위하여 필요한 것으로 금융위원회의 승인을 받은 경우에는 다른 회사가 발행한 지분증권의 15%를 초과하여 취득할 수 있다.[579] 다만 이 경우에는 해당 은행의 자기자본비율에 근거한 다음과 같은 조건을 충족시켜야 한다. 즉 해당 은행이 다른 회사가 발행한 지분증권의 15%를 초과하여 취득할 때 이에 해당하는 취득금액이 ① 당해 은행 자기자본의 20%를 초과하지 않거나[580] ② 해당 은행과 그 자회사 등의 경영상태 등을 고려하여 금융위원회가 고시한 요건을 충족하는 조건하에 당해 은행 자기자본의 40%를 초과하지 않아야 하는 것이다.[581]

결과적으로 그리스법제상 신용기관의 출자한도와 관련된 규정은 단순한 반면 우리법제는 제법 복잡한 규정을 두고 있다. 다만 그리스법제는 출자의 대상과는 상관없이 동일한 기준을 적용하고 있어 규제의 명확성이라는 점에서는 이점이 있으나 출자대상이 누군가에 따라 이에 출자하는 신용기관에 미치는 영향을 고려하지 않았다는 점에서는 규제로서 구체적 타당성에는 의문이 있을 수 있다고 본다. 예컨대 신용기관이 자신의 일반주주에게 출자하는 경우와 대주주에게 출자하는 경우 또는 다른 회사에게 출자하는 경우 해당 신용기관에게 미치는 영향은 같다고 할 수 없기 때문이다. 이런 점에서는 우리법제가 보다 낫다고 할 수 있을 것이다. 다만 우리법제도 동일인, 대주주, 다른 회사 등 출자대상에 따라 적용되는 출자한도규제가 달라 이에 따른 규제차익이 발생할 수도

577) 은행법 제35조의3 제1항. 이 한도를 초과하여 해당 은행의 대주주가 발행한 지분증권을 취득하려면 먼저 당해 은행 이사회의 재적이사 전원의 찬성이 있어야 하면 금융위원회에게 신고하는 등의 절차를 거쳐야 한다. 동법 동조 제4항 및 제5항.

578) 은행법 제37조 제1항.

579) 은행법 제37조 제2항.

580) 은행법 제37조 제2항 제1호.

581) 은행법 제37조 제2항 제2호.

있기 때문에 이를 방지하는 차원에서 단순화할 수 있는 규정은 더 없는지 재검토할 필요는 있을 것이다.

5. 은행주식에 대한 보유한도와 관련된 시사점

그리스중앙은행에게 사전통지를 하지 않고서는 그리스법제상 신용기관이 발행하는 의결권이 있는 주식 총수의 5% 이상이나 해당 신용기관의 자본금의 5%에 해당하는 주식을 보유할 수 없는 것이 기본적인 원칙이라고 할 수 있으나,[582] 일정한 경우 주식보유비율을 10%, 20%, 33% 또는 50%를 초과해서 보유할 수 있다.[583] 다만 주식보유자에 따른 구별은 없다. 이에 반해 우리법제상 은행주식에 대한 보유한도규제에는 그 보유자에 따라 크게 두 가지로 대별된다고 할 수 있다. 하나는 "동일인"[584]이 은행의 주식을 보유하는 경우이다. 즉 동일인은 은행이 발행한 의결권이 있는 주식총수의 10%(지방은행의 경우는 15%임)를 초과하여 취득할 수 없는 것이 원칙이다.[585] 다만 동일인과 관련하여 일정한 요건에 해당하는 사모투자전문회사 또는 투자목적전문회사(이하 '사모투자전문회사'라 함)가 은행이 발행한 의결권이 있는 주식 총수의 4%를 초과하여 취득하려면 금융위원회의 승인을 받아야만 그 취득이 가능하다.[586] 다른 하나는 "비금융주력자"[587]가 은행의 주식을 보유하는 경우이다. 즉 비금

582) LAW Number 3601 §24.1.a).

583) LAW Number 3601 §24.1.b).

584) 은행법상 동일인이라 함은 본인 및 그와 대통령령으로 정하는 특수관계에 있는 자를 의미한다. 은행법 제2조 제1항 제8호.

585) 은행법 제15조 제1항.

586) 은행법 제15조의3 제1항. 그러나 동일인이 은행이 발행한 의결권이 있는 주식총수의 4%를 초과하여 보유한 사모투자전문회사의 경우 그 사원에 변동이 있는 경우와 동일인이 은행이 발행한 의결권이 있는 주식 총수의 4%를 초과하여 보유한 투자목적회사인 경우 그 주주나 사원의 변동이 있는 경우 여기에 해당하는 동일인은 금융위원회에 일정한 사항을 보고하도록 되어 있다. 은행법 제15조 제2항. 이 외에도 은행주식보유와 관련하여 사모투자전문회사에게 보고 등의 의무를 부과하고 있다. 은행법 제15조의4 및 제15조의5.

587) 은행법상 비금융주력자라 함은 동일인 중 비금융회사의 자본총액의 합계액이

융주력자는 은행이 발행하는 의결권이 있는 주식 총수의 4%(지방은행의 경우는 15%임)를 초과하여 취득할 수 없는 것이 원칙이다.[588] 그러나 이 경우에도 당해 비금융주력자가 당해 은행의 최대주주가 되거나 임원의 임면 등의 방법으로 해당 은행의 경영에 관여함과 동시에 해당 은행이 발행한 의결권이 있는 주식 총수의 4%를 초과하여 보유하려면 이 단계에서 이미 금융위원회의 승인을 받아야 한다.[589] 다만 비금융주력자가 ① 2년 내에 비금융주력자에서 벗어나고자 전환계획을 금융위원회에 제출하여 승인을 받았거나 ② 외국인투자촉진법상 은행주식에 대한 외국인의 보유비율 내에서 주식을 보유하고 있거나 ③ 국가재정법상 기금이나 그 기금을 관리 및 운용하는 법인으로서 은행의 주식을 보유한 기금등과 은행의 예금자, 다른 주주 등 이해관계자 간에 발생할 수 있는 이해충돌을 방지하기 위하여 대통령령으로 정하는 체계를 구비함과 동시에 이와 같은 이해충돌을 방지하기 위하여 금융위원회가 고시로 정한 기관으로부터 일정한 감독 및 검사를 받고 이와 같은 주식보유가 해당 은행의 건전성에 미치는 영향 등을 고려하여 대통령령이 정하는 요건을 충족한 경우에는 해당 비금융주력자는 은행주식에 대한 보유한도가 당해 은행이 발행한 의결권이 있는 주식 총수의 10%, 25% 또는 33% 이상까지 취득할 수 있는 예외가 인정되어 있다.[590]

기술한 바와 같이 은행주식에 대한 우리법제는 해당 은행주식의 "보유자"에 따라 그 보유한도비율이 은행이 발행한 의결권이 있는 주식총

당해 동일인의 회사 자본총액의 합계액의 25% 이상인 경우 그 동일인을 의미하거나 동일인 중 비금융회사 자산총액의 합계액이 2조 원 이상인 경우 그 동일인을 말하거나 이와 같은 조건을 구비한 동일인이 자본시장과 금융투자업에 관한 법률상 투자회사가 발행한 주식 총수의 9%를 초과하여 보유하고 있는 경우 그 동일인이 역시 비금융주력자에 해당한다. 이외에도 일정한 요건을 구비한 자본시장과 금융투자업에 관한 법률상 사모투자전문회사 역시 은행법상 비금융주력자에 포함된다. 은행법상 비금융주력자에 대한 보다 상세한 해당조건은 은행법 제2조 제1항 제9호 참조.

588) 은행법 제16조의2 제1항.

589) 은행법 제16조의2 제2항.

590) 은행법 제16조의2 제3항.

수의 4%에서 33% 범위 내에서 차이가 있는 반면 그리스법제는 보유자에 따른 차이는 없고 신용기관이 발행한 의결권이 있는 주식 총수의 5%에서 50%[591] 범위 내에서 보유비율에 차이를 두고 있다는 점에서 다르다. 따라서 은행주식의 보유자와 상관없이 그 보유비율을 규제하는 그리스법제의 태도에 대하여 검토할 필요가 있다고 본다. 그리스 역시 EU와 동일하게 금산분리를 규제하는 나라가 아니며 국제적인 입법추세는 금산분리를 완화하고 있다고 할 수 있을 것이다.[592] 그러나 세계적인 추세가 금산분리의 완화라고 하여 이것이 우리법제에도 그대로 적용되어야 한다는 것은 아니다. 보다 중요하다고 여기는 것은 금산분리의 완화나 강화 이 중에서 우리나라에 유리한 것이 무엇인지를 찾아내는 것이라고 해야 할 것이다. 이에 대한 연구가 축적되길 기대한다.[593]

6. 규제 및 감독의 개별적 수단과 관련된 시사점

은행업에 대한 그리스의 규제 및 감독의 개별적인 수단과 관련된 시사점은 크게 내부통제장치를 포함한 신용기관의 지배구조와 관련된 부분, 자본과 관련된 부분, 정보공개와 관련된 부분 및 기타 통합규제와 관련된 부분에 대한 시사점으로 나누어 살펴볼 수 있을 것이다.

첫째 그리스도 회사의 지배구조와 함께 준법감시에 대한 규정을 두고 있다는 점에서 우리법제와 동일하다.[594] 다만 은행의 지배구조에 관

591) 그리스법제에서는 50%를 초과하는 경우도 인정하고 있으나 그 상한이 구체적으로 규정되어 있지 않아서 규정된 최고의 수치인 50%를 인용하게 됨을 밝힌다. LAW Number 3601 §24.1.b).i).

592) 이병윤, “금산분리관련제도의 현황과 논점,” 「금융연구」 제20권 별책(한국금융연구원, 2006.8), 17-20면. 특히 〈표 5〉에서 잘 정리되어 있다.

593) 다만 하나 지적할 것은 세계적인 추세에 역행하는 우리만의 규제는 우리에게는 그다지 실익이 없다는 점이다. 이와 같은 맥락으로 백정웅, “금융위기 이후 미국 및 EU의 금융규제 -그 시사점을 중심으로- ,” 「중앙법학」 제11집 제3호(중앙법학회, 2009), 262-263면 참조.

594) 그리스의 경우 신용기관의 지배구조는 예컨대 LAW Number 3601 §§5 & 26.1에서 규정하고 있으며 준법감시에 관하여는 동법 5.10.d에서 규정을 두고 있고 우리나라의 경우 은행의 지배구조는 예컨대 은행법 제4장에서 규정하고

하여는 우리나라와 그리스는 유사한 규정을 두고 있으나 준법감시인에 대하여는 약간의 차이가 있다. 그리스는 준법감시제도에 대하여 사실상 선언적인 규정만 두고 세부적인 내용은 해당 신용기관에 위임하고 있으나 우리나라는 그리스와 비교한다면 상대적으로 상세한 규정을 두고 있다. 즉 현행 은행법은 은행은 내부통제장치의 준수 여부를 점검하고 내부통제장치를 위반하는 경우 이를 감사위원회에 보고하는 자로 준법감시인[595]이라는 제도를 두고 있으며 일정한 경력이 있는 자만이 준법감시인이 될 수 있다는 자격요건을 규정하고 있고 이와 같은 준법감시인은 이사회의 의결로만 임면되도록 하였으며 기타 준법감시인과 관련된 사항은 대통령령으로 정하게 하였다는 점이다. 준법감시인이라는 제도가 해당 은행 또는 신용기관의 내부통제장치의 준수 여부를 점검하는 것이기 때문에 준법감시에 대한 선언적 규정만 두고 세부적인 내용은 해당 신용기관에 위임한 그리스법제에는 규제의 효율성을 확보하기가 어려울 것으로 판단된다. 그 이유는 자기 스스로 규제할 내용을 마련해야 하기 때문에 그 규제의 효율성은 기대하기 어렵다고 보기 때문인 것이다.

둘째 우리나라도 위험가중자산에 대한 자기자본비율을 8%로 하고 있다는 점에서는 그리스와 동일하다.[596] 다만 그리스는 외환위험의 경우에도 8%로 동일하게 취급하나[597] 우리나라는 세분하여 달리 취급하고 있다. 즉 우리나라는 외환유동화의 가중치를 자산유형에 따라 35%에서 100%로 차별되게 적용된다는 점이다.[598] 이렇게 함으로써 외환자산의 양적이고 질적인 성격을 반영하여 외환위험에 대하여 보다 구체적인 효율성을 확보하려는 것으로 판단된다. 비록 그리스가 유로를 사용하기

있고 준법감시인에 대하여는 동법 제23조의3 제2항 및 제5항에서 규정하고 있다.

595) 은행법 제23조의3 제2항.

596) 우리나라의 경우 은행법 제34조 제2항 제1호; 은행업감독규정 제26조 제1항 제1호; 그리스의 경우 LAW Number 3601 §27.1.b) 참조.

597) LAW Number 3601 §27.1.b).

598) 은행업감독규정 제64조. 특히 은행업감독규정(별표 7) 유동화 가중치(제64조제3항 관련)에 대하여 상세한 규정을 두고 있다.

때문에 자국화폐라는 개념이 우리와는 다르지만 외환이 해당 국가에 미치는 영향은 아주 중요하고 해당 국가의 경제수준에 따라 미치는 정도는 사실상 절대적이라고도 할 수 있을 것이다.[599] 따라서 위와 같이 외환에 대해 보다 구체성을 가지고 대응하는 우리나라의 입법태도가 이 부분에서는 낫다고 할 것이다.

셋째 해당 은행의 경영투명성을 확보하기 위한 방법 중의 하나가 정보공개인데 이 점은 그리스와 우리나라가 유사하다.[600] 즉 그리스의 신용기관은 위험을 부담하게 되면 일정한 사항을 일반에게 공개해야 하고 일정한 사항에 대하여는 정보의 진실성을 보장하는 확약을 하도록 되어 있다.[601] 이에 대해 우리도 해당 은행은 그 대주주에 대하여 일정한 조건을 충족하면 신용공여를 할 수 있는데 이 때 대주주에 대한 신용공여와 관련된 사항을 인터넷 홈페이지를 통하여 공개하도록 되어 있으며,[602] 해당 은행은 일정한 요건을 구비하면 자신의 대주주가 발행한 지분증권도 취득할 수 있는데 이 경우에도 그 취득 등에 관한 사항을 인터넷 홈페이지에 공개해야 하는 것이다.[603] 또한 해당 은행은 예금자와 투자자를 보호하기 위하여 필요한 사항을 일정한 요건에 따라 공시하도록 되어 있으며,[604] 이외에도 해당 은행은 재무제표, 손익계산서 및 연결재무제표를 공개해야 하며 이 경우 책임자의 서명 등을 요구하고 있다.[605] 다만 현행 은행법상에는 일반에게 공개되는 정보에 대하여 해당 은행이 그 정보의 진실성에 대한 확약규정은 보이지 않는다. 그러나

599) 연합뉴스, "김석동 '외화유동성, 국가 존망의 문제'," 연합뉴스(2011.8.7), *at* http://www.yonhapnews.co.kr/bulletin/2011/08/05/0200000000AKR20110805167000002.HTML (last visited Oct. 31, 2011).

600) 다만 은행 또는 신용기관이 감독기관에게 해당 정보를 제공하는 경우는 많기 때문에 여기서는 논의의 편의상 일반대중에 대한 정보공개를 중심으로 살펴본다.

601) LAW Number 3601 §29.1.

602) 은행법 제35조의2 제6항.

603) 은행법 제35조의3 제5항 및 제6항.

604) 은행법 제43조의3.

605) 은행법 제41조 제1항 및 제2항.

일반대중에게 공개되는 대부분의 정보의 경우 감독기관이 정하는 방식에 따른 공개가 되고 있기 때문에 이와 관련해서는 우리와 그리스가 사실상 차이가 없다고 할 것이다.

끝으로 기술한 바와 같이 그리스법제상 신용기관은 그 모회사 또는 자회사와의 거래를 제대로 관리하기 위하여 위험관리절차와 내부통제장치를 마련하고 있으며,[606] 대규모 위험노출과 관련된 거래뿐만 아니라 자신의 모회사나 자회사와의 거래가 있으면 일정한 경우 그리스중앙은행에게 보고해야[607] 하는 등의 통합규제 및 감독을 받고 있다. 이에 대해 우리나라의 은행법도 다음과 같은 통합규제 및 감독에 관한 규정을 두고 있다. 먼저 통합규제의 선언적 규정이라고 할 수 있는 은행법 제34조에서 은행은 은행업을 할 때에 자기자본과 자산 및 유동성 등을 적절하게 유지하여 은행경영의 건전성을 확보하도록 규정하고 있다. 물론 이 때의 건전성 여부를 판단하는 기준은 국제결제은행(Bank for International Settlements: 이하 BIS라 함)이 제시하고 있는 기준이 되며,[608] 특히 자기자본을 산출할 때에는 위험가중자산에 대한 자기자본비율임을 분명히 하고 있다.[609] 또한 현행 은행법은 은행이 한국 이외의 지역에 자회사를 신설하려면 해당 은행 및 그 자회사[610]의 경영건전성 등을 고려하여 신설계획을 수립하여 금융위원회에서 신고하도록 되어 있다.[611] 만약 금융위원회에 신고된 내용이 해당 은행의 경영건전성 등 금융시장의 안정성을 해칠 우려가 있다고 판단되면 당해 신설계획은 변경 등의 보완작업

606) LAW Number 3601 §38.1. 이와 같은 제도적 장치에는 건전한 보고 및 회계절차를 포함한다.

607) LAW Number 3601 §38.2. 제1문. 해당 거래가 중요한 거래인지는 그리스중앙은행이 결정하게 된다. LAW Number 3601 §38.2. 제2문.

608) 은행법 제34조 제3항.

609) 은행법 시행령 제20조 제1항. 현재 위험가중자산에 대한 자기자본비율은 8%이다. 은행업감독규정 제26조 제1항 제1호. 물론 이와 같은 자기자본비율의 구체적 산정기준은 연결대차대조표가 기준이 된다. 동규정 동조 제2항.

610) 현행 은행법에서는 자회사를 국외현지법인이라고도 한다. 은행법 제13조 제1항.

611) 은행법 제13조 제1항 및 제2항.

을 하도록 되어 있다.[612] 또한 금융위원회는 외국은행이나 은행지주회사가 자산총액 등이 국제적인 영업활동에 적합하고 국제적인 신인도가 양호하며 또한 해당 외국감독기관으로부터 건전성 등에 대하여 적절한 감독을 받으며 우리 금융위원회가 해당 외국감독기관과 업무협조 등의 관계가 있는 경우에는 이들 외국은행 및 은행지주회사를 동일인에서 제외할 수 있도록 하여 통합규제 및 감독을 하고 있는 것이다.[613] 뿐만 아니라 통합규제 및 감독에 관하여 현행 은행법은 다음과 같은 출자제한 규정을 두고 있다. 즉 통상 은행은 다른 회사에 대하여 의결권이 있는 지분증권의 15%를 초과하여 취득할 수 없도록 되어 있다.[614] 다만 금융위원회의 승인을 받는 등 일정한 경우에 15%를 초과하여 취득할 수는 있으나 초과하는 경우에도 일정한 금액의 범위 내에서만 초과할 수는 있는데 이와 같은 금액을 산정할 때에 통합규제 및 감독의 법리가 적용되는 것이다.[615] 즉 은행이 15%를 초과하여 다른 회사의 지분증권에 출자할 수는 있으나 "은행과 그 자회사"의 경영상태를 고려하여 일정한 요건에 해당되는 경우 해당 은행의 자기자본의 40% 내에서 대통령령으로 정하는 비율에 해당하는 금액을 투자[616]할 수 있게 되는 것이다.[617] 또한 은행은 자신의 자회사에 대하여 신용공여를 할 때에도 대통령령으로 정하는 기준을 초과할 수 없으며[618] 그 자회사의 지분증권을 담보로 한 신용공여도 할 수 없고 그 자회사의 지분증권을 구입할 목적으로 한 신용공여 역시 금지된다는 점에서 통합규제 및 감독을 받게 되는 것이

612) 은행법 제13조 제3항.

613) 은행법 제16조의5. 현행 은행법에서는 외국은행과 은행지주회사를 외국은행 등이라고도 한다. 동법 동조 제1항 본문. 현행 금융지주회사법도 이와 유사한 규정을 두고 있다. 금융지주회사법 제9조 제1항.

614) 은행법 제37조 제1항.

615) 은행법 제37조 제2항.

616) 자회사에 출자의 구체적인 내용은 대통령령으로 정해진다. 은행법 제37조 제4항.

617) 은행법 제37조 제2항 제2호.

618) 그 반대의 경우 즉 자회사가 자신의 모회사 은행에 대한 신용공여도 대통령령으로 정하는 기준을 초과할 수 없다는 점에서 양자는 동일하다. 은행법 제37조 제6항 제3호.

다.[619] 또한 모회사 은행의 경영실태를 평가할 때에도 그 자회사 등을 포함한 "전체"로서의 자본적정성 등을 평가하고[620] 이를 바탕으로 적기 시정조치의 발동 여부가 결정된다는 점에서 역시 통합규제 및 감독을 받고 있는 것이다.[621] 이에 더하여 우리법제도 모회사 은행과 그 자회사 간의 거래를 효과적으로 관리하기 위하여 위험을 적절히 관리하고 내부 통제장치[622]를 두고 있다는 점과 모회사 은행과 자회사 간의 거래에 일정한 제한[623]이 붙는다는 점에서 그리스의 경우와 별반 차이가 없다고 할 것이다. 그러나 기술한 바와 같이 우리법제는 준법감시인[624]에 대하여 선언적 규정만 두고 있는 그리스법제에 비하여 상대적으로 상세한 규정을 두고 있다는 점에서 그리스와는 차이가 있다. 다만 우리법제상 준법감시인이 해당 금융기관이 임면한다는 점에서 제도로서의 효과적인 역할을 할지는 두고 볼 일이다. 뿐만 아니라 한국 내에서 금융기관의 설립을 신청한 외국 금융회사나 그 지주회사는 보유하고 있는 자회사 등을 체계적이고 합리적으로 관리할 것을 요구하고 있다.[625] 이에 더하여 현행 금융지주회사법에도 통합규제 및 감독에 관한 규정을 두고 있

619) 은행법 제37조 제3항. 모회사 은행이 자회사에 대하여 출자한 경우 해당 모회사 은행은 그 사실을 금융위원회에 보고해야 한다. 은행법 제47조 제7호.

620) 은행업감독규정 제33조.

621) 은행업감독규정 제34조 및 제37조.

622) 은행법 제23조의3 제1항.

623) 은행은 자신의 자회사에 대하여 신용공여를 할 때에도 대통령령으로 정하는 기준을 초과할 수 없으며(그 반대의 경우도 동일함-은행법 제37조 제6항 제3호) 또한 허용된 신용공여의 경우에도 적정한 담보를 확보해야 한다(동법 동조 제7항). 또한 그 자회사의 지분증권을 담보로 한 신용공여도 할 수 없고 그 자회사의 지분증권을 구입할 목적으로 한 신용공여 역시 금지될 뿐만 아니라 대통령령으로 정한 불량자산(동법 동조 제8항)의 거래도 금지된다는 점에서 통합규제 및 감독을 받게 되는 것이다(동법 동조 제3항). 이와 같이 모회사 은행이 자회사에 대하여 출자한 경우 해당 은행은 그 사실을 금융위원회에 보고해야 한다(동법 제47조 제7호).

624) 은행법 제23조의3 제2항 및 제5항.

625) 은행업감독규정 〈별표 2-2〉 은행업심사기준 6. 라. 뿐만 아니라 외국은행은 감독상 필요한 영업상 관련정보를 제공할 것을 함께 요구하고 있다. 〈별표 2-5〉 외국은행의 지점 등 신설·폐쇄인가심사기준 Ⅰ.1.나.5).

다. 즉 금융지주회사를 인가하는 단계에서부터 자회사가 되는 회사의 사업계획이 양호해야 하고,[626] 자회사를 편입함으로 인해 해당 자회사의 금융지주회사의 경영건전성에 악영향을 주는 것을 방지하려는 장치도 마련되어 있으며,[627] 금융지주회사와 자회사 '전체'[628]의 재무상태 및 경영관리상태가 건전할 것을 요구[629]함으로써 금융지주회사 구조 전체에 대한 통합규제 및 감독을 하고 있는 것이다. 신용공여의 경우에도 보험 및 금융투자지주회사가 그 대주주에게 할 수 있는 신용공여의 합계액을 정할 때에도 지주회사뿐만 아니라 그 자회사를 포함한 합계액을 그 기준으로 하여 통합규제 및 감독을 하고 있는 것이다.[630] 또한 보험 및 금융투자지주회사는 자신의 대주주나 자회사와 거래를 하는 경우에도 그 자산을 무상으로 양도하는 등 보험 및 금융투자지주회사에게 현저하게 불리한 조건으로는 거래할 수 없도록 규정하고 있다.[631] 뿐만 아니라 지주회사의 특징상 일정한 경우 지주회사 내의 고객신용정보 및 금융거래정보를 금융지주회사와 그 자회사 간에는 공유할 수 있게 되는데 이 때 고객정보를 별도로 관리하는 고객정보관리인을 두어 고객관리를 위한

---

626) 금융지주회사법 제4조 제1항.

627) 금융지주회사법 제16조 제3항.

628) 내부통제장치와 준법감시인제도의 마련 등 경영의 투명성 역시 금융지주회사와 그 자회사 '전체'에 대하여 일정한 요건을 구비해야 하는 것이다. 금융지주회사감독규정 제13조의14 제2항.

629) 금융지주회사법 제17조 제1항.

630) 금융지주회사법 제34조 제2항.

631) 금융지주회사 제36조 제3항. 자회사의 경우에도 자신의 금융지주회사나 금융지주회사 내 다른 자회사로부터 대통령령이 정하는 불량자산을 양수할 수 없으며 예외적으로 불량자산을 거래하는 경우에도 현저하게 불리한 조건으로는 거래할 수 없도록 규정하고 있다. 동법 제48조 제3항. 또한 금융지주회사는 이와 같은 거래에서 발생할 수 있는 위험을 제대로 관리하기 위하여 리스크관리체제를 구축하여 금융지주회사와 그 자회사 전체를 건전하게 운영하도록 되어 있다. 금융지주회사감독규정 제29조; 은행업감독규정 제30조 제4항. 이 외에도 보험 및 금융투자지주회사가 그 자회사로부터 업무를 위탁받는 경우에도 그 사실을 금융감독원장에게 보고하도록 되어 있다. 금융지주회사감독규정 제13조의12 제1항.

업무지침서를 작성하고 그 정보를 금융위원회에 보고하도록 되어 있다.[632] 은행법과 동일하게 금융지주회사법도 재무상태 등 경영건전성을 금융지주회사와 그 자회사 전체를 기준으로 해서 감독하고 있다.[633] 또한 금융위원회가 정한 공고대상에 재무제표가 포함되는 경우라면 '연결' 재무제표가 된다.[634] 금융지주회사도 경영실태평가[635]를 해서 3종류의 적기시정조치[636]를 발동하게 되는데 이때에도 금융지주회사와 그 자회사 '전체'를 평가한 결과를 기준으로 하게 된다는 점에서 통합규제 및 감독의 법리가 적용되고 있는 것이다. 따라서 우리법제에는 금융지주회사나 그 자회사 또는 이들의 전체를 평가하여 그 결과에 따라 3종류의 적기시정조치를 발동할 수 있는 제도가 마련되어 있으나 그리스법제에는 이와 같은 제도가 없다는 점에는 차이가 있다. 지주회사라는 제도는 근본적으로 모회사와 자회사를 하나의 경제단위로 묶어서 상승효과(synergy effect)를 목적으로 하기 때문에 그 규제 역시 이에 부합되는 규제가 되어야 하기 때문에 적기시정조치라는 제도를 두고 있는 우리법제가 그리스법제보다는 낫다고 할 것이다. 다만 적기시정조치가 보다 '적시'에 발동될 수 있도록 이 제도를 보완할 필요가 있을 것이다.[637]

---

632) 금융지주회사법 제48조의2.

633) 금융지주회사법 제50조.

634) 금융지주회사법 제55조. 여기서 연결재무제표라 함은 연결대차대조표와 연결손익계산서를 말한다. 금융지주회사감독규정 제33조 제2항. 현행 은행법규도 동일하다. 은행업감독규정 제32조 제3항.

635) 금융지주회사감독규정 제35조.

636) 금융지주회사감독규정 제36조 및 제42조.

637) 특히 적기시정조치의 발동요건에 해당되더라도 '유예'할 수 있는데 이 유예에 해당하는 조건이 불명확하다. 금융지주회사감독규정 제39조. 현행 은행법규의 경우도 동일하다. 은행업감독규정 제37조.

제5절 스페인

Ⅰ. 규제의 주요내용

1. 은행업의 개념

스페인법제상 은행업이라 함은 불특정 다수인을 상대로 예금 등을 수취하고 은행의 고유계정으로 대출 등을 영업으로 하는 것을 의미한다.[638] 이에 따라 스페인법제상 은행은 다음과 같은 영업을 할 수 있는 것이다.[639] 즉 (1) 예금 등 요구불자금의 인수업 (2) 팩토링을 포함한 대출업 (3) 금융리스업 (4) 자금이체서비스업 (5) 지급수단의 발행 및 관리업 (6) 결제서비스업 (7) 보증서의 발행업 (8) 전자화폐의 발행업 (9) 자금중개업 (10) 단기자금시장상품이나 환율, 선물, 옵션 및 스왑과 같은 양도성 유가증권을 은행고유의 계정 또는 고객의 계정으로 거래하는 영업 (11) 유가증권의 발행의 참여, 중개 및 인수업 (12) 자본구조, 기업전략, 인수, 합병 및 이와 유사한 분야에 대한 자문 및 영업서비스의 제공 (13) 포트폴리오관리 및 자문업 (14) 유가증권의 보관 및 관리업

---

638) Law 26/1988 on Discipline and Intervention of Credit Institutions of 29 July §28.2(이하 Law 26/1988이라 함); Royal Decree 1298/1986 of 28 June §1.1(이하 Royal Decree 1298/1986이라 함); Juan Carlos Machuca, "SPAIN," in The Banking Regulation Review 677, 680 (Jan Putnis ed., 2012); Uría Menéndez, 「Bank Finance and Regulation Survey: SPAIN」 Ⅰ.3) (2011), *at* http://www.lexmundi.com/Document.asp?DocID=2998 (last visited Aug. 7, 2013).

639) 다만 EC회원국에서 은행업의 인가를 받은 은행이 스페인에서 은행업을 하려는 경우에는 상호주의(mutual recognition)에 입각하여 본 문에서 기술한 영업을 할 수 있다. Law 26/1988 §§51-52. 하나 구별할 것은 스페인법제상 특수은행은 일반 대중으로부터 예금 등과 같은 요구불자금을 수취할 수 없다는 점이다. Royal Decree 692/1996 of 26 April 1996 §2.1(이하 Royal Decree 692/1996이라 함). 여기서 스페인법제상 특수은행이라 함은 대출, 팩토링, 금융리스, 신용카드의 발행 및 관리, 보증업의 전부 또는 일부를 주요업무로 하는 금융기관을 의미한다. Royal Decree 692/1996 §1.1.

(15) 신용평가서비스업 (16) 기타 보호예수업이 그것이다.

2. 규제 및 감독의 원칙

스페인법제상 은행업에 대한 규제 및 감독의 원칙은 명문으로 규정되어 있지는 않다. 다만 스페인의 금융감독기관은 개별 은행의 지불능력이 유지되도록 규제 및 감독을 하고 있고,[640] 지급시스템의 기능의 향상과 금융시스템의 건전한 운영 및 안정성을 위해 감독권을 행사하고 있으며,[641] 또한 1인당 2만 유로의 예금자보호제도를 두고 있다.[642] 결국 은행업에 대한 스페인법제상의 규제 및 감독의 원칙은 개별 은행의 건전성과 이와 관련된 금융시스템 등의 안정성 및 이를 바탕으로 국민경제의 발전을 목적으로 한다고 추론할 수 있을 것이다.

3. 인가 및 취소

스페인법제상 은행업의 인가 여부는 스페인 경제재무장관(Minster of Economy and Finance: MEF)이 스페인중앙은행의 보고에 따라 결정한다.[643] 다만 경제재무장관(MEF)은 은행업의 인가 여부를 6개월 또는 12개월 내에 결정해야 하며 만약 이 기간이 경과하도록 아무런 결정을 하지 않으면 은행업의 인가는 승인되지 않은 것으로 간주하고 있다.[644] 이

640) Law 13/1994 of 1 June on Law of Autonomy of the Bank of Spain §7.6 (이하 Law 13/1994라 함).

641) Law 13/1994 §7.3.d & 5.b. 지급시스템에 관한 보다 상세한 내용은 Law 13/1994 §16 참조.

642) The World Bank, "World Bank Survey Ⅲ - June 2008 (MS Excel file, 768kb)," The World Bank (2012), *at* http://econ.worldbank.org/WBSITE/EXTERNAL/EXTDEC/EXTRESEARCH/0,,contentMDK:20345037~pagePK:64214825~piPK:64214943~theSitePK:469382,00.html#Survey_Ⅲ(last visited Oct. 16, 2013)(이하 World Bank Survey라 함). 특히 World Bank Survey, Spain 8.1.7 참조.

643) Royal Decree 1245/1995 of 14 July 1995 §1.1(이하 Royal Decree 1245/1995라 함).

644) Royal Decree 1245/1995 §1.2.

와 같이 은행업을 하려는 자는 다음의 요건을 구비해야 한다.[645] 즉 (1) 은행업을 하려는 자는 주식회사이어야 하고 (2) 은행의 법정최저자본금[646]을 보유하고 있어야 하며 (3) 은행업을 하려는 자는 법정된 은행업만 영위해야 하고 (4) 은행의 적격보유자[647]의 적격성[648]이 인정되어야 하며 (5) 해당 은행의 설립자에 대하여 특혜나 특별한 보수를 부여할 수 없으며 (6) 해당 은행의 이사는 최소한 5명은 되어야 하며 이들 이사는 은행업 및 전문적인 경력이 있어야 하며 이사의 과반수는 자신의 직무를 수행할 적절한 지식 등을 보유해야 하고[649] (7) 적절한 내부통제 장치와 건전한 행정 및 회계절차가 구비되어야 하며[650] (8) 은행업을 하려는 자는 스페인 내에서 실제적인 경영 및 관리를 할 수 있는 등록사무소를 설치하여야 한다. 이와 함께 정관, 영업계획, 적격보유자의 경우에는 상세한 설명이 포함된 해당 은행구성원의 목록, 이사와 총지배인 등의 목록, 법정최저자본금의 20%에 해당하는 현금이나 공채를 스페인 중앙은행에 예치했다는 증거서류도 첨부되어야 한다.[651] 만약 기술한 요건을 구비하지 못한 경우에는 경제재무장관(MEF)은 은행의 건전한 경영을 보장할 수 있는지를 고려하면서 적격보유자가 적격성을 결여한 것이라면 그 사유와 함께 은행업의 인가를 거부해야 하는 것이다.[652]

---

645) Royal Decree 1245/1995 §2.1.

646) 스페인법제상 은행의 최저자본금은 18million유로이다. Royal Decree 1245/1995 §2.1.b).

647) 여기서 적격보유자라 함은 해당 은행의 자기자본 또는 의결권의 5% 이상을 직·간접적으로 보유하거나 해당 은행에 대하여 중요한 영향력을 행사할 수 있는 자를 의미한다. Royal Decree 1245/1995 §4.1.a).

648) 적격보유주주의 적격성은 해당 주주의 사업 및 전문적인 경력, 일정한 경우 해당 은행에 자본금을 보충해야 하는 경우를 대비한 해당 주주의 자산, 적격보유자가 그룹에 속한 경우에는 그 그룹의 조직의 투명성 등에 의해 평가된다. 이에 관한 보다 상세한 내용은 Royal Decree 1245/1995 §4.1.b).

649) 총지배인 등도 이와 같은 요건이 적용된다. Royal Decree 1245/1995 §2.1.f).

650) 이와 함께 은행업을 하려는 자의 이사회는 적절한 영업규칙과 절차를 마련해야 한다. Royal Decree 1245/1995 §2.1.g).

651) Royal Decree 1245/1995 §3.

652) Royal Decree 1245/1995 §4.1.

해당 은행의 주주의 적격성요건을 충족하지 못하는 경우는 이미 인가된 은행업이 예외적으로 취소될 수 있다.[653] 또한 이사 등에게 은행업 또는 전문적인 경력의 흠결이 발생한 경우 해당 이사 등이 사임하지 않는다면 이미 인가된 은행업은 취소되나,[654] 이사 등이 수사를 받는다는 그 자체만으로는 취소사유가 되는 것은 아니다.[655] 다만 자기자본의 불충분으로 인한 은행업의 취소는 그것이 법정최저자본금의 80% 이하이고 그 상태가 12개월 이상 지속되는 경우에만 가능하다.[656] 은행업이 인가가 된 후 1년이 지나도록 은행업 등을 하지 않는 경우에는 은행업의 인가가 취소될 수 있다.[657] 뿐만 아니라 신생은행은 첫 3년 간은 스페인 중앙은행의 승인이 없는 한 배당을 할 수 없는 데 이와 같은 일시적인 제한[658]을 해당 은행이 위반하는 경우에도 인가된 은행업이 취소될 수도 있다.[659] 다만 하나 지적할 것은 스페인법제상 은행업의 인가는 경제재무장관(MEF)이 하게 되지만 은행업에 대한 일반적인 규제 및 감독은 스페인중앙은행이 행사한다는 점이다.[660]

4. 출자한도 및 은행주식에 대한 보유한도

스페인법제상 은행의 최저자본금은 18,000,000유로로 한화로 266억 정도(1유로를 1480원으로 환산함)이며,[661] 외국은행이 스페인 내에 자회사나 지점을 설치하는 경우에도 동일하다.[662] 은행은 매 분기마다 자신의 모든 주주의 목록과 은행 자기자본의 0.25%를 보유한 자와 함께 자본

653) Royal Decree 1245/1995 §2.4.a).
654) Royal Decree 1245/1995 §2.4.b). 제1문.
655) Royal Decree 1245/1995 §2.4.b). 제2문.
656) Royal Decree 1245/1995 §2.4.c).
657) Royal Decree 1245/1995 §5.1.
658) Royal Decree 1245/1995 §6.
659) Royal Decree 1245/1995 §6.3.
660) Law 26/1988 §43 bis.1.
661) Royal Decree 1245/1995 §2.1.b).
662) World Bank Survey, Spain 1.3.1.

의 구성요소를 스페인중앙은행에게 통지해야 하며 주식 등 지분거래로 인하여 자기자본의 1% 이상의 변동이 발생했다는 사실을 알게 된 경우에도 스페인중앙은행에게 통지해야 한다.[663] 또한 경제재무장관(MEF)은 대차대조표와 손익계정에 필요한 회계기준 및 양식의 제정 및 수정에 대하여 승인권을 보유하고 있기 때문에 이를 통하여 은행의 자산건전성을 확보하려는 것으로 해석된다.[664] 또한 스페인법제상 은행은 사실상 별 제한 없이 비금융회사의 주식을 100%를 소유할 수 있다.[665] 다만 출자나 신용공여의 경우에도 은행은 위험에 노출된 정도가 은행의 자기자본의 25%(그룹에 소속되지 않은 경우에는 20%)를 초과할 수 없으며 누적적으로는 자기자본의 500%를 초과할 수 없다.[666]

한편 스페인법제상 은행의 의결권이나 자기자본 또는 의결권의 5% 이상을 보유하려 하거나 5% 미만이더라도 해당 은행에 대하여 중요한 영향력을 행사하려는 자에 해당하는 적격보유자는 스페인중앙은행에게 사전통지를 해야 하며,[667] 그 비율이 10%, 15%, 20%, 25%, 33%, 40%, 50%, 66% 또는 75%를 또는 이를 초과해서 취득하려는 경우에도 스페인중앙은행에게 사전통지를 해야 한다.[668] 이와 같은 사전통지를 받은 스페인중앙은행은 3개월 내에 승인 여부를 결정해야 하며,[669] 이 기간이 경과해도 아무런 결정을 하지 않으면 승인한 것으로 간주되는 것이다.[670]

---

663) Royal Decree 1245/1995 §19.1.

664) Law 26/1988 §48.1. 다만 실제 이와 같은 감독권의 행사는 경제재무장관(MEF)의 위임에 의하여 스페인중앙은행이 행사하고 있다. Id.

665) World Bank Survey, Spain 4.4.

666) Juan Carlos Machuca, “SPAIN,” in The Banking Regulation Review 677, 688(Jan Putnis ed., 2012).

667) Law 26/1988 §57.1.

668) Law 26/1988 §57.2. 이는 결과적으로 은행주식을 취득하는데 취득자가 누구인가에 따른 별도의 제한은 없고 금융감독당국의 승인만 있으면 해당 은행주식을 100%까지도 취득할 수 있다고 해석된다. World Bank Survey, Spain 2.3 & 2.5.

669) Law 26/1988 §58.1.

670) Law 26/1988 §58.2.

만약 이와 같은 사전통지 없이 은행주식을 취득하게 되면 해당 은행의 의결권을 행사할 수 없고 이미 행사된 권리 역시 무효가 되며 법원에 제소될 수도 있다.[671] 이미 합법적으로 초과보유한 경우에도 이를 처분하려면 스페인중앙은행에게 사전통지를 해야 하며 이를 위반하여 처분한 경우에는 기술한 사전통지 없이 은행주식을 취득한 경우와 동일한 제재가 부과된다.[672] 이와 함께 스페인법제상 법인이나 그룹은 신생은행의 자기자본의 20% 이상을 직·간접적으로 소유할 수 없거나 그 지배가 금지된다.[673]

5. 지배구조

스페인법제상 은행은 최소한 5명 이상의 이사를 유지해야 하며 이들 이사는 은행업 및 전문적인 경력이 양호해야 하며 이사의 과반수 이상이 자신이 수행할 직무에 대한 적절한 지식과 경력이 있어야 한다.[674] 이와 같은 요건은 총지배인이나 경영진에게도 동일하게 적용된다.[675] 기술한 이사 등이 고의적인 위법행위로 인하여 스페인 내외에서의 형사처벌기록이나 공직 등 겸직으로 인하여 부적격자가 되거나 파산의 경우에는 은행업 및 전문적인 경력이 양호하다고는 할 수 없으며,[676] 그 경력기간도 최소한 5년 이상은 되어야 한다.[677] 이와 함께 은행 이사와 총지배인 또는 경영진은 자신의 취임이 법에서 정한 이익충돌이나 제한을 발생시키지 않는다고 서면으로 선언하도록 되어 있다.[678]

한편 스페인법제상 은행은 건전한 행정 및 회계절차를 구축해야 하며 해당 은행은 건전한 경영을 확보하기 위하여 적절한 내부통제장치도

671) Law 26/1988 §59.a).
672) Law 26/1988 §60.
673) Royal Decree 1245/1995 §6.1.2).b).
674) Royal Decree 1245/1995 §2.1.f). 제1문.
675) Royal Decree 1245/1995 §2.1.f). 제2문.
676) Royal Decree 1245/1995 §2.2.
677) Royal Decree 1245/1995 §2.3.
678) Royal Decree 1245/1995 §2.5.

마련해야 한다.[679] 뿐만 아니라 은행은 은행업의 효율성을 향상시키기 위해 적절한 영업규칙 및 절차도 구축해야 한다. 특히 자금세탁과 관련된 거래를 방지하기 위해 보다 적절한 내부통제장치가 정비될 것을 규정하고 있다는 점은 특이하다.[680] 이에 따라 스페인법제는 내부통제장치가 제대로 형태로 운영되지 않으면 이미 인가된 은행업이 취소된다고 규정하고 있다.[681]

6. 정보공개

스페인법제상 은행은 매 분기마다 해당 은행의 모든 주주의 목록과 은행자본금의 0.25%를 보유한 자와 함께 해당 은행의 자본구성요소를 스페인중앙은행에게 통지해야 한다.[682] 또한 해당 은행은 그 자본금 또는 의결권의 5% 이상을 보유하고 있는 자연인 및 법인의 정보를 연차보고서를 통해 공개하도록 되어 있다.[683] 만약 해당 은행이 특정 그룹에 속한 경우에는 이 그룹의 연차보고서를 통하여 해당 은행의 기술한 5% 보유자의 정보가 공개되도록 하고 있다.[684] 은행이사나 경영진에 제재가 부과되면 그 사실은 해당 은행의 주주총회에 통지된다.[685] 특히 매우 심각한 위반이나 심각한 위반에 대한 제재는 스페인 정부관보(*Boletín Oficial del Estado: Official State Gazette*)에 공표되도록 하고 있다.[686]

---

679) Royal Decree 1245/1995 §2.1.g).
680) Royal Decree 1245/1995 §2.1.i).
681) Law 26/1988 §43.4.
682) Royal Decree 1245/1995 §19.1.a).
683) Royal Decree 1245/1995 §20.1.a)-b).
684) Royal Decree 1245/1995 §20.2.
685) Law 26/1988 §27.4.
686) Law 26/1988 §27.5. 여기서 매우 심각한 위반이라 함은 (1) 은행의 합병 등과 같이 금융감독당국의 승인 없이 특정의 행위를 한 경우 (2) 은행업의 인가시 요구되었던 자본금의 수준을 6개월 이상 충족하지 못한 경우 (3) 최저자본금을 충족하지 못한 경우 (4) 법정의 은행업 이외의 행위를 한 경우 (5) 법규정에서 금지하고 있는 행위나 거래를 한 경우 등을 의미한다. 이에 대한 보다 상세한 내용은 Law 26/1988 on Discipline and Intervention of Credit

한편 스페인법제상 은행은 해당 은행자본의 실제가치, 안정성, 유동성 또는 지급능력을 해칠 만큼 중대한 예외적인 상황이 발생한 경우에는 해당 은행에 대하여 임시이사나 경영진을 파견하여 중재할 수 있는데 이와 같은 조치를 취할 때에 그 사실을 스페인 정부관보에 공표하도록 되어 있다.[687] 또한 은행은 해당 은행과 예금자의 법적 이해관계를 보호하기 위하여 경제재무장관(MEF)에게 여러 가지 요건을 승인받아야 하는데 이 중 일정한 금리에 관하여 정기적으로 공표하고 있는지도 이에 포함되어 있다.[688]

7. 임점검사

스페인법제상 은행업에 대한 규제 및 감독은 스페인중앙은행이 일반적으로 담당하기 때문에 은행업을 하는 은행에 대한 임점검사 역시 스페인중앙은행이 그 감독권을 행사하고 있다.[689] 만약 해당 은행이 그룹에 소속되어 있다면 자본에 관하여는 그 그룹에 대하여도 임점검사를 하게 되어 있다.[690] 또한 스페인 이외의 회원국에서 은행업의 인가를 받은 은행이 스페인에 그 지점을 설치한 경우에도 다음과 같은 검사를 받게 된다.[691] 즉 해당 지점의 유동성에 관하여는 스페인중앙은행이 단독

Institutions of 29 July §4 참조. 또한 심각한 위반이라 함은 (1) 매우 심각한 위반에 해당하는 이외의 사유로 금융감독당국의 승인 없이 특정행위를 하거나 법정요구 조건을 이행하지 않고 특정행위를 하거나 이와 유사한 행위를 한 경우 (2) 통지의무가 있음에도 통지를 하지 않은 경우 (3) 법정의 은행업 이외의 행위를 단순히 일시적으로 한 경우 (4) 법규정에서 금지하고 있는 행위나 거래를 단순히 일시적으로 한 경우 (5) 은행은 해당 은행과 예금자 간의 법적 이해관계를 보호하기 위하여 법정요건을 구비해야 하는데 이를 위반한 채로 행위나 거래를 한 경우 등을 의미한다. 이에 대한 보다 상세한 내용은 Law 26/1988 §5 참조.

687) Law 26/1988 §§31.1 & 34.2.

688) Law 26/1988 §48.2 & e).

689) Law 26/1988 §43 bis.1. 제1문; World Bank Survey, Spain 12.7.

690) Law 26/1988 §43 bis.1. 제2문.

691) Law 26/1988 §43 bis.2.a)-b).

으로 검사를 할 수 있으나 거래로 인한 위험과 관련된 검사는 해당 지점의 은행에 대하여 은행업을 인가한 회원국의 금융감독당국과 공조해서 검사를 할 수 있다. 이와 유사하게 스페인중앙은행은 스페인 이외의 회원국에서 은행업의 인가를 받은 은행을 지배하는 자가 스페인국적이라면 이 자도 검사할 수는 있으나 이 경우에도 해당 은행의 은행업의 인가를 준 회원국의 금융감독당국과 공조의 범위 내에서만 가능하다.[692] 한편 스페인에서 등록하지 않은 채 예대업무를 한 자연인 또는 법인에 대해 경제재무장관(MEF)은 자신이 직접 검사하든지 스페인중앙은행에게 위임하든지 이들이 한 행위의 성질을 파악하기에 필요하다고 판단되는 정보의 진정성을 확인하기 위한 검사를 할 수 있다.[693]

8. 규제 및 감독의 공조

스페인 이외의 회원국에서 승인받은 은행, 투자회사, 보험회사 또는 재보험회사와 이들의 모회사 및 이들을 지배하는 자가 지배할 목적으로 스페인은행을 설립하려는 경우에도 스페인 경제재무장관(MEF)은 스페인중앙은행의 보고를 받아서 은행업의 인가 여부를 결정하게 되는데 이때 스페인중앙은행이 경제재무장관(MEF)에게 보고서를 제출하기 전에 스페인은행을 지배하려는 은행 등의 해당 업종을 인가한 회원국의 금융감독당국과 협의를 먼저 하도록 되어 있다.[694] 비회원국에서 인가를 받은

---

692) Law 26/1988 §43 bis.5.

693) Law 26/1988 ADDITIONAL PROVISIONS Tenth 1.b).

694) Royal Decree 1245/1995 §7.1-2; Law 26/1988 §43.1-2. 그러나 이미 회원국에서 은행업의 인가를 받은 은행이 스페인에 그 지점을 설치하는 경우에는 또 다시 금융감독당국의 사전 승인을 받아야 하는 것은 아니다. Royal Decree 1245/1995 §9.3. 그렇다고 하여 아무런 제한 없이 지점을 설치할 수 있는 것은 아니고 스페인중앙은행은 다음과 같은 제한을 할 수 있다. 즉 스페인중앙은행은 이와 같은 지점을 설치할 은행의 회원국의 금융감독당국과 해당 지점의 지배구조, 해당 지점을 설치하려는 은행의 자기자본과 지급여력비율 등, 해당 지점의 예금을 보호할 수 있는 예금보험제도 또는 기타 정보교환을 통하여 조건을 부과하는 등의 제한할 수 있는 것이다. Id.

은행 등이 지배할 목적으로 스페인은행을 설립하려는 경우에는 스페인 경제재무장관(MEF)이 그 은행업의 인가 여부를 결정하는 것은 동일하지만 그 결정을 할 때에 해당 은행에게 모든 업무에 대한 담보의 제공을 요구할 수 있으며 만약 스페인 이외의 회원국에서 인가를 받은 은행이 해당 비회원국에서 차별적인 대우를 받았다는 EC위원회의 결정을 통보 받은 경우 그 인가를 거부, 정지 또는 인가의 효과를 제한할 수 있다.[695] 이런 과정을 거쳐 스페인 경제재무장관(MEF)이 해당 은행의 은행업을 인가한다면 스페인중앙은행을 통하여 EU집행위원회와 스페인 이외의 회원국의 금융감독당국에게 그 사실을 통지하도록 되어 있다.[696]

한편 스페인은행이 그 지점을 스페인 이외의 회원국에 설치하려는 경우 먼저 스페인중앙은행으로부터 그 승인을 받아야 하며,[697] 이에 따라 스페인중앙은행은 해당 지점의 스페인은행의 은행업인가서의 사본을 해당 회원국의 금융감독당국에게 송부하게 되어 있다.[698] 만약 스페인은행이 회원국에 그 지점을 설치하지 않고 은행업만 제공하려고 한다면 먼저 스페인중앙은행에 대하여 그 사실을 통지해야 하고 통지를 받은 스페인중앙은행은 제공하려는 은행업과 관련된 정보를 해당 회원국의 금융감독당국에게 송부해야 한다.[699] 그 반대의 경우도 다음과 같이 동일하다. 즉 스페인 이외의 회원국에서 은행업을 인가받은 은행이 스페인에서 은행업을 제공하려는 경우에 해당 회원국의 금융감독당국이 그 사실을 스페인중앙은행에게 통보하도록 되어 있는 것이다.[700]

이외에도 스페인법제상 은행이 증권시장과 관련된 업무를 하려는 경우에는 스페인중앙은행은 그 구체적인 업무를 스페인 증권위원회 (*Comisión Nacional del Mercado de Valores*: National Securities Market

695) Royal Decree 1245/1995 §7.3. 제1문과 제2문.
696) Royal Decree 1245/1995 §7.3. 제3문.
697) Royal Decree 1245/1995 §13.1-2.
698) Royal Decree 1245/1995 §13.3.
699) Royal Decree 1245/1995 §15. 당해 은행의 통지서도 당연히 포함된다. Law 26/1988 §50. 제1문.
700) Law 26/1988 §54.

Commission)에게 통지하도록 되어 있다.[701]

스페인 이외의 회원국에서 은행업의 인가를 받은 은행이 스페인에 설치한 지점에 대하여 제재절차가 개시되면 해당 지점의 은행의 회원국 금융감독당국에게 그 사실을 통지하도록 되어 있는데 그 이유는 해당 회원국의 금융감독당국이 보다 적절한 조치를 취할 수 있도록 하기 위함 때문이다.[702]

9. 기타 규제

스페인법제상 은행이 법규정을 위반하는 경우 이에 대한 제재는 그 위반이 아주 심각한 위반인 경우에는 스페인 경제재무장관(MEF)이 제재하나 그 이외 경우는 스페인중앙은행이 제재를 한다는 점에서 구별된다.[703] 그러나 경제재무장관(MEF)이 제재를 하는 아주 심각한 위반의 경우에도 스페인중앙은행의 권고에 따라 제재를 한다는 점에서 은행에 대한 제재는 사실상 스페인중앙은행이 행사한다고 해석된다.[704] 스페인법제상 은행은 다음과 같은 일시적인 제한이 있다.[705] 첫째 은행업의 인가를 받은 은행은 은행업의 개시일로부터 첫 3년 동안은 스페인중앙은행의 승인이 없는 한 배당이 금지된다. 둘째 은행업의 인가를 받은 은행은 은행업의 개시일로부터 첫 5년 동안은 (1) 당해 은행의 이사나 임원 또는 이들이 15% 이상의 주식을 보유한 회사 등에게 신용공여나 보증이 금지된다. (2) 회사나 그룹은 은행 자본금의 20% 이상을 직·간접적으로 소유할 수 없다. (3) 당해 은행의 증여 등은 은행정관에 규정이 있어야 하며 스페인중앙은행의 사전승인이 있는 경우에만 허용된다.

스페인법제상 은행이 해당 은행자본의 실제가치, 안정성, 유동성 또는 지급능력을 해칠 만큼 중대하고 예외적인 상황에 처한 경우에는 스

701) Royal Decree 1245/1995 Additional provision one.
702) Law 26/1988 §23 bis.
703) Law 26/1988 §18(b) & (c).
704) Law 26/1988 §18(c).
705) Royal Decree 1245/1995 §6.

페인중앙은행은 해당 은행에 대하여 임시이사나 경영진을 파견하는 등의 제재를 부과할 수 있다.[706] 이와 같은 제재는 해당 은행 자체의 요청에 의해서도 발동되며,[707] 이를 특히 은행의 중재조치라고 한다.[708] 먼저 은행의 중재조치에 의하여 선임된 중재수탁인은 당해 은행의 경영진에게 부여된 모든 권한을 취소할 수 있으며 이와 관련된 문서의 제출도 요구할 수 있다.[709] 따라서 은행의 중재조치가 있었다는 사실이 스페인 정부관보에 공표된 이후에 취해진 종전의 당해 은행 이사나 경영진의 행위는 기술한 은행의 중재조치에 의해 선임된 중재수탁인의 명시적인 승인 없이는 무효가 된다.[710] 다음으로 스페인중앙은행의 제재로 인하여 파견된 임시이사는 기술한 은행의 중재조치에 의하여 선임된 중재수탁인과 같은 기능을 수행한다.[711] 다만 종전의 이사가 연차회계보고서를 작성하고 승인받도록 준비할 의무는 해당 보고서의 준비에 필요한 자료와 데이터가 신뢰할 만한 정도의 완성도가 없는 경우라면 그 의무는 정지된다.[712] 스페인중앙은행이 이와 같은 임시이사의 파견이라는 제재를 종결하게 되면 임시이사는 해당 은행의 주주총회를 소집하여 새로운 경영진이 선임되도록 해야 하고 새로운 이사가 선임되기 전까지는 임시이사가 그 직무를 계속해서 수행하게 된다.[713] 다만 기술한 제재는 당해 은행의 사전 청문회를 거쳐야 하는 것이다.[714] 또한 이와 같은 제재는 다른 재제의 진행 중에 부과될 수 있고 별도로 부과될 수

---

706) Law 26/1988 §§31.1 & 32.1. 이와 같은 제재는 기술한 상황이 해소되기 전까지는 계속된다. Law 26/1988 §31.1. 제2문.

707) Law 26/1988 §32.2. 여기서 해당 은행 '자체'라 함은 (1) 해당 은행의 이사 (2) 해당 은행의 내부감사기관 (3) 해당 은행의 임사총회를 소집할 수 있을 지주비율에 해당하는 주식을 소유한 소수주주를 의미한다. Id.

708) Law 26/1988 §35.1.

709) Law 26/1988 §35.1-2.

710) Law 26/1988 §35.1. 제1문.

711) Law 26/1988 §36.1.

712) Law 26/1988 §36.2.

713) Law 26/1988 §37.

714) Law 26/1988 §33.

있다.[715]

스페인법제상 은행은 자발적으로 해산할 수 있으며 이 경우 그 사실을 스페인중앙은행에게 통지해야 하는데 그 이유는 스페인중앙은행이 당해 은행의 해산결정에 대하여 필요한 조건을 부과할 수도 있기 때문이다.[716] 비록 은행이 해산되더라도 당해 은행의 해산으로 인한 파급효과 또는 그 해산이 당해 은행의 재무상태로 인한 경우라면 경제재무장관(MEF)은 당해 은행의 청산절차의 조정도 결정할 수 있다.[717] 이와 같은 은행의 해산과 관련해서는 기술한 스페인중앙은행의 임시이사파견제나 은행의 중재조치에 관한 규정이 준용된다.[718] 다만 하나 특이한 점은 이상과 같은 여러 제재에 관한 절차는 은행법뿐만 아니라 행정소송법에 의한다는 명문의 규정을 두고 있다는 점이다.[719]

Ⅱ. 시사점

1. 은행업의 개념과 관련된 시사점

우리 은행법상 은행업은 예금을 받거나 유가증권 또는 그 밖의 채무증서를 발행하여 불특정 다수인으로부터 채무를 부담함으로써 조달한 자금을 대출하는 것을 業으로 하는 것을 의미한다.[720] 이 점에 있어 스페인과 동일하다. 다만 스페인법제상 특수은행은 불특정 다수인으로부터 요구불예금을 수취할 수 없다는 점에서 우리법제와는 근본적으로 다르다.[721] 이로 인해 스페인은 특수은행이라고 규정하여 은행이라는 용어를

715) Law 26/1988 §31.3.
716) Law 26/1988 §37.
717) Law 26/1988 §38.1.
718) Law 26/1988 §38.2.
719) Law 26/1988 §19. 물론 금융감독당국의 규제 및 감독권의 행사가 행정행위라고 할 수 있지만 하나 특이한 점은 그 절차를 은행법뿐만 아니라 행정소송법에 의한다는 '명문'의 규정을 둔 법제는 드문 입법례라고 할 수 있을 것이다.
720) 은행법 제2조 제1항 제1호.
721) 우리나라에서 일반대중을 상대로 한 특수은행에는 한국산업은행, 중소기업은

공식적으로 사용하면서도 은행의 일반적인 특징인 불특정 다수인으로부터의 요구불예금의 수취를 금지하고 있기 때문에 은행이란 용어상으로 발생하는 오해의 소지가 있을 수 있다. 따라서 스페인법제상 특수은행의 존부 자체에 어떤 문제를 지적하기 보다는 불특정 다수인을 상대로 요구불예금을 수취할 수 없기 때문에 은행이란 용어는 삭제하여 일반대중에게 오해의 소지를 제거함으로서 금융소비자를 보다 보호할 수 있는 입법이 바람직할 것으로 생각된다. 이 한도 내에서는 우리법제가 낫다고 할 것이다.

2. 규제 및 감독의 원칙과 관련된 시사점

은행업의 규제 및 감독원칙에 대한 명문의 규정이 없다는 점에서 우리나라와 스페인은 동일하다. 그러나 명문의 규정만 없을 뿐 은행업의 규제 및 감독원칙은 개별규정[722]을 통해서 미시적으로는 은행의 건전성과 거시적으로 국가경제의 발전에 기여하도록 하는 것이라고 해석할 수 있을 것이다. 이렇게 해석하는 이유는 우리 은행법의 목적도 동법 제1조에서 크게는 개별 은행의 건전성 확보와 국민경제의 발전에 기여하는 것이라고 규정하고 있어 은행업의 규제 및 감독원칙 역시 은행법의 목적을 실현시키는 것이 그 주된 목적이라고 보기 때문인 것이다. 다만 은행업의 참여자에게 예견가능성을 준다는 의미에서는 은행업의 규제 및 감독의 원칙을 명문으로 규정하는 것도 고려해 볼 만하다. 그 이유는 은행업의 규제 및 감독의 원칙이 명문으로 규정된다면 은행업의 참여자에게는 이 원칙에 대한 의사결정만 하면 이와 관련된 별도의 비용은 발생하지 않게 되고 이는 결과적으로 은행의 경쟁력 향상에 도움을 줄 수 있기 때문이다. 만약 은행업의 규제 및 감독의 원칙이 분명하지 않다면 은행업의 참여자는 이에 대한 효과적인 의사결정을 할 수 없

행, 농협중앙회, 수협은행, 한국수출입은행이 있으며 이들은 불특정 다수인으로부터 요구불예금을 수취하고 있다. 이전에는 주택은행과 외환은행도 특수은행이었으나 지금은 일반적인 시중은행으로 전환되었다.

722) 예컨대 은행법 제50조와 제52조 제4항 참조.

을뿐더러 별도의 비용이 더 증가할 것이고 이는 결국 은행의 경쟁력에도 부정적인 영향을 줄 수 있기 때문이다.

3. 인가 및 취소와 관련된 시사점

은행업의 인가 및 취소와 관련하여 우리와 스페인은 서로 비슷한 규정을 두고 있다. 다만 다음과 같은 점에서 차이가 있다. 첫째 우리는 최저자본금이 1,000억(지방은행은 250억)[723] 이상일 것을 요구하나 스페인은 한화로 약 266억으로 우리의 약 25%에 수준이라는 점에서 큰 차이가 있다. 최저자본금의 긍정적인 기능을 부인하기는 어려우나 그 액수의 정도는 주요국가의 그것을 검토하여 적절한 수준으로 조정할 필요가 있다고 본다. 최저자본금의 액수가 많으면 비상시에 유용할 것 같으나 그 효용은 생각만큼 효과적이지는 못하다. 이렇게 생각하는 이유는 미국발 금융위기로 인하여 최저자본금의 정도와는 상관없이 전 세계가 다 같이 어려움을 겪고 있기 때문이다. 또한 과도한 액수의 최저자본금은 은행업 참여자에는 과중한 진입장벽으로 인식될 수 있다는 점도 문제이다. 따라서 우리도 세계적인 추세에 부합하는 최저자본금제도를 마련할 필요가 있을 것이다. 둘째 스페인은 은행업의 인가를 스페인 경제재무장관(MEF)이 결정한다는 점에서 단일의 금융위원회가 인가 여부를 포함해서 은행업 전체를 규제 및 감독하는 우리와는 차이가 있다. 더욱이 은행업의 인가는 경제재무장관(MEF)이 담당하고 이외의 규제 및 감독권의 행사는 스페인중앙은행이 한다는 점에서도 우리와는 큰 차이가 있다. 먼저 은행업의 인가를 담당하는 기관과 인가 이외의 은행업에 대한 규제 및 감독을 담당하는 기관이 구분되어 있는 스페인법제는 규제 및 감독의 효율성과 책임 있는 금융감독이라는 측면과 은행업 참여자의 예측가능성이라는 측면에서 다음과 같은 의문이 있다. (1) 감독기관이 분리되어 있어 금융감독당국의 책임회피의 문제가 발생할 수 있다는 점

723) 은행법 제8조 제2항 제1호.

이다. 예컨대 서로 다른 감독기관이 특정 사항에 대해 이는 인가와 관련된 문제라고 하거나 이는 인가 이외의 은행업과 관련된 문제라고 할 수 있기 때문이다. (2) 기술한 (1)과 관련하여 인가 시에는 내부통제장치나 은행에 대한 적격보유자의 적격성, 영업계획 등이 별 문제 없었는데 인가 후에 동일한 내용이 감독기관이 다름으로 인해서 문제가 있다고 지적될 수 있기 때문에 이는 규제 및 감독의 효율성에 부정적인 영향을 줄 수 있는 것이다. 또한 이는 은행업 참여자에게는 예측가능성도 주지 못하는 문제를 발생시킬 수도 있는 것이다. 결국 불필요한 비용의 증가로 인하여 은행의 경쟁력은 떨어질 것으로 판단된다. 다음으로는 통화를 공급하는 기관이 은행업의 규제 및 감독을 같이 한다면 은행업 참여자에게는 규제 및 감독에 보다 순응할 수 있도록 하는 유인력이 있을 것으로 판단된다는 점에서는 스페인과 우리는 재검토가 필요하다고 본다.[724] 셋째 우리나라는 은행업의 본인가에 앞서 예비인가라는 제도를 두고 있다는 점에서 스페인과 다르다. 예비인가의 효용성도 있겠으나 다음과 같은 이유로 예비인가를 폐지하거나 그 규정을 보다 구체화할 필요가 있다고 본다. 먼저 은행업 참여자에게는 본인가와 별도로 예비인가를 받아야 하기 때문에 중복된 규제로 인식될 수도 있다는 점이다. 다음으로는 예비인가를 규정하고 있는 은행법 제11조의2 제2항에 보면 예비인가의 여부를 결정할 때에 본인가의 요건을 모두 충족할 수 있는지에 따라 결정된다고 규정하고 있다는 점이다. 어떻게 예비인가의 단계에서 본인가의 요건을 모두 충족할 수 있는지를 판단할 수 있는지 의문이 든다. 이와 같은 명확하지 못한 규정은 은행업 참여자에게는 효과

---

724) 이에 대해 우리나라는 최근 금융감독의 개편에 관하여 미시적인 금융에 대한 감독기관과 거시적인 금융에 대한 감독기관 및 이들에 대한 최고의사결정기구로 재편하자는 견해가 있다. 윤석헌 · 고동원 · 빈기범 · 양채열 · 원승연 · 전성인, "금융감독체계 개편, 어떻게 할 것인가?," 「2012년 한국금융학회 정기학술대회 특별 정책심포지엄」 (한국금융학회, 2012.6.8), 100-101면, *at* http://www.kmfa.or.kr/paper/annual/2012/2012_06_08_special_symposium.pdf (last visited Oct. 3, 2013).

적인 의사결정을 하지 못하게 할 뿐만 아니라 불필요한 비용만 증가시키는 요인으로 작용할 수 있을 것이다. 이는 규제로서의 예측가능성을 주지 못한다는 의미일 것이다. 이로 인해 은행의 경쟁력도 떨어뜨리는 한 요인으로 작용할 것으로 판단된다. 넷째 스페인은 적격보유자라는 용어를 사용하고 있어 용어상 우리법제와 다르다고 할 수 있으나 다음과 같은 이유로 우리의 대주주와 그 내용이 동일하다고 해석된다. 그 이유는 스페인의 적격보유자와 우리의 대주주는 해당 은행을 지배하는 자를 그 핵심내용으로 정의하고 있기 때문이다. 그러나 스페인법제상 적격보유자는 은행의 자본금 또는 그 주식의 지주비율에 상관없이 해당 은행을 사실상 지배한다면 적격보유자가 되나 우리는 사실상 은행을 지배한다고 하더라도 최소한 해당 은행의 의결권 있는 발행주식 총수의 4%를 보유하지 않으면 대주주가 될 수 없다는 점에서 차이가 있다.[725] 그러나 스페인은 적격보유자라고 하면서 최소한의 지주비율도 없이 중요한 영향력을 행사하여 사실상 은행을 지배하면 해당 은행에 대하여 적격보유자라고 하는 것은 적격'보유자'라는 용어와도 배치된다고 할 수 있다. 또한 최소의 지주비율 없이 사실상의 행위를 기준으로 적격보유자를 판단하기 때문에 금융감독당국의 자의적인 해석의 위험이 있다고 할 것이다. 이로 인해 은행의 참여자에게는 규제의 예측가능성을 주기 어려울 것으로 판단된다. 이에 따른 부작용이 발생할 수 있음은 기술한 셋째와 같다. 다섯째 스페인은 신생은행의 경우 금융감독당국의 승인 없이는 첫 3년간은 배당할 수 없고 이를 위반하면 해당 은행업의 인가가 취소될 수 있다고 규정하고 있으나 우리와는 다음과 같은 차이가 있다. 먼저 우리 은행법은 배당과 관련해서는 제34조 제4항(건전경영의 지도), 제40조(이익준비금의 적립), 제50조(적립금 보유 및 손실처리의 요구)를

725) 은행법 제2조 제1항 제10호 나목. 우리 은행법상 은행의 대주주가 되려면 (1) 해당 은행의 의결권 있는 발행주식 총수의 10%(지방은행의 경우는 15%)를 초과하여 보유한 자 (2) 4%를 초과보유하면서 최대주주이거나 (3) 4%를 초과보유하면서 해당 은행의 주요경영사항에 대하여 사실상 영향력을 행사하는 등으로 경영에 관여하는 자를 의미한다. 동법 제2조 제1항 제10호.

두고 있다.[726] 이 규정에 의하여 배당이 제한이 될 수 있을 뿐이다. 끝으로 지엽적인 문제이기는 하지만 스페인은 은행의 이사가 최소한 5명이어야 하나 우리는 6명[727]이라는 점에서 차이가 있다. 그러나 큰 문제는 아니지만 이사회의 의사결정 시 가부동수가 발생할 수 있기 때문에 이사의 인원은 홀수로 하는 것이 나을 것으로 판단된다.

4. 출자한도 및 은행주식에 대한 보유한도와 관련된 시사점

스페인법제상 은행은 출자나 신용공여에 별 다른 제한은 없고 다만 위험에 노출된 정도가 은행 자기자본의 25%를 초과할 수 없으며 총합으로는 은행 자기자본의 500%를 초과할 수 없다는 규정을 두고 있을 뿐이다. 이에 반해 우리는 은행으로부터 출자나 신용공여를 받는 자 또는 거액 신용공여인가에 따라 다른 규정을 두고 있다는 점에서 다음과 같은 차이가 있다. (1) 동일차주[728]에 대해 은행은 자기자본의 25%를 초과하여 신용공여를 할 수 없으며 이와 같은 지주비율은 동일한 개인 또는 법인 각각에 대하여는 20%를 초과할 수 없는 것으로 축소되며 만약 동일한 개인이나 법인 또는 동일차주 각각에 대한 신용공여가 은행 자기자본의 10%를 초과한다면(소위 거액의 신용공여) 그 총합은 해당 은

---

726) 다만 우리 은행법 제40조는 은행이 배당을 할 수 있는 자금의 전제조건이며 이 조건을 충족해야만 배당을 진행할 수 있다(상법보다는 50%가 강화된 규정임). 다음으로는 은행법 제34조와 제50조의 가장 큰 차이점은 배당을 제한할 수 있는 조건이 다르다는 점이다. 즉 은행법 제34조 제4항은 동조 제2항의 경영지도기준을 충족시키지 못하는 등 경영의 건전성을 크게 해칠 우려가 있다고 인정될 때에만 배당을 제한 할 수 있는 반면 동법 제50조에 의한 배당제한은 금융감독당국이 해당 은행의 경영건전성의 유지를 위하여 그 은행의 불건전한 자산에 대한 적립금을 보유 등을 요구한 결과 사실상 배당이 제한된다는 점이다. 따라서 은행법 제50조에 의한 배당제한은 해당 은행의 경영건전성이 양호하더라도 그 양호한 상태를 유지하기 위해서도 배당이 사실상 제한될 수 있다는 점에서 동법 제34조 제4항에 의한 배당제한과는 구별된다.

727) 은행법 제22조 제2항.

728) 여기서 동일차주는 동일한 개인 · 법인 및 그 개인 · 법인과 대통령령으로 정하는 신용위험을 공유하는 자로 해석된다. 은행법 제35조 제1항.

행 자기자본의 500%를 초과할 수 없도록 규정하고 있다.[729] (2) 은행의 대주주[730]에 대한 은행의 신용공여는 동일차주에 대한 규제방법과는 다음과 같은 차이가 있다. 즉 은행은 자기자본의 25% 내에서 대통령령으로 정하는 비율에 해당하는 금액과 그 대주주가 해당 은행에 출자한 비율에 해당하는 금액 중 적은 금액을 초과할 수 없다는 점이다.[731] (3) 은행은 그 대주주가 발행하는 지분증권을 취득하려는 경우 은행 자기자본의 1%를 초과할 수 없다.[732] 결국 스페인은 규제의 획일성과 이로 인한 규제차익의 위험성이 낮다고 할 수 있으나 출자나 신용공여의 대상이 누군가에 따라 은행이 노출되는 위험의 정도는 동일하지 않기 때문에 규제로서의 실효성은 떨어진다고 본다. 이 한도 내에서는 우리법제가 낫다고 할 것이다. 다만 우리법제는 동일차주와 대주주로 크게 구분하고 이에 대해 또 다른 조건을 두고 있으며 이에 따라 차별된 규제를 하고 있다는 점에서 규제차익의 위험이 발생할 수도 있다. 따라서 복잡한 규정을 좀 더 단순화할 수는 없는지 재검토할 필요가 있을 것이다.

---

729) 은행법 제35조 제1항과 제3항 및 제4항.

730) 여기서 대주주라 함은 (1) 은행의 의결권이 있는 발행주식 총수의 10%(지방은행은 15%)를 초과하여 보유한 자, (2) 비록 지주비율이 10%(15%)가 되지는 않으나 4%를 초과하여 보유하면서 해당 은행의 최대주주인 자, (3) 비록 지주비율이 10%(15%)가 되지는 않으나 4%를 초과하여 보유하면서 대통령령으로 정하는 바에 따라 해당 은행의 주요경영사항에 대하여 사실상 영향력을 행사하는 자, (4) 비록 지주비율이 10%(15%)가 되지는 않으나 4%를 초과하여 보유하면서 대통령령으로 정하는 바에 따라 해당 은행의 경영에 관여하는 비금융주력자를 의미한다. 은행법 제2조 제1항 제10호. 따라서 기술한 (1)은 은행 대주주의 절대적 기준이고 나머지 (2)-(4)는 상대적 기준이라고 할 수 있을 것이다.

731) 은행법 제35조의2 제1항. 이외에도 대주주에 대한 은행의 신용공여의 제한은 다른 은행과의 교차적인 신용공여가 금지되며 한도를 초과해서 신용공여를 하려면 당해 은행 재적이사 전원의 찬성을 얻어야 한다는 등의 제한이 있다. 동법 제35조의2 제3항 및 제8항. 그러나 전원 찬성의 요건은 비현실적인 조건이기 때문에 재검토가 필요하다고 본다.

732) 은행법 제35조의3 제1항. 이 한도를 초과하려면 해당 은행 재적이사 전원의 찬성이 있어야 한다. 동법 동조 제4항. 그러나 전원 찬성의 요건은 비현실적인 조건이기 때문에 재검토가 필요하다고 본다.

한편 스페인법제상 은행주식을 취득하려는 자는 해당 은행의 자기자본 또는 의결권이 있는 주식을 5%를 초과하여 보유하거나 5% 미만이더라도 해당 은행에 대하여 중요한 영향력을 행사하려는 자[733]는 금융감독당국에게 사전통지를 해야 한다는 제한이 있다. 이는 은행주식을 취득하려는 자가 은행에 대하여 중요한 영향력을 행사할 의도가 없다면 5% 미만의 주식취득자는 스페인중앙은행에 대하여 사전통지를 할 필요가 없다고 해석된다. 결국 은행주식을 취득하려는 자가 누군가에 따라 규제가 다르지는 않다는 점이다. 이에 대해 우리는 은행주식을 취득하려는 자에 따라 그 지주비율이 다르다는 점에서 스페인과는 차이가 있고 그 내용은 다음과 같다. (1) 동일인[734]은 은행의 의결권이 있는 주식총수의 10%(지방은행의 경우는 15%)를 초과하여 보유할 수 없는 것이 원칙이다.[735] (2) 비금융주력자[736]가 은행의 의결권이 있는 주식 총수의 4%를 초과하여 보유하려면 금융감독당국의 승인을 받아야 하는 것이 원칙이다.[737] 다만 비금융주력자가 금융주력자로 전환하려는 계획이 금융감독당국으로 승인을 받은 경우 등 예외적인 경우에는 기술한 동일인과 같이 10%(15%)의 제한을 받게 된다.[738] (3) 투자목적회사를 포함한

733) 스페인법제상 이를 은행주식의 적격보유자라 한다. Royal Decree 1245/1995 §4.1.a).

734) 우리 은행법상 동일인은 본인 및 그와 대통령령으로 정하는 특수관계에 있는 자를 의미한다. 은행법 제2조 제1항 제8호.

735) 은행법 제15조 제1항. 다만 금융감독당국의 승인을 받으면 25%, 33% 이상도 취득할 수 있는 예외가 있다. 동법 동조 제3항.

736) 여기서 비금융주력자라 함은 동일인 중 비금융회사의 자본총액의 합계액이 당해 동일인의 회사 자본총액의 합계액의 25% 이상인 경우 그 동일인을 의미하거나 동일인 중 비금융회사 자산총액의 합계액이 2조 원 이상인 경우 그 동일인을 말하거나 이와 같은 조건을 구비한 동일인이 자본시장과 금융투자업에 관한 법률상 투자회사가 발행한 주식 총수의 9%를 초과하여 보유하고 있는 경우 그 동일인을 의미한다. 또한 자본시장과 금융투자업에 관한 법률상 사모투자전문회사 역시 일정한 요건을 구비하면 은행법상 비금융주력자에 포함된다. 은행법 제2조 제1항 제9호 참조.

737) 은행법 제16조의2 제2항.

738) 은행법 제16조의2 제3항.

사모투자전문회사가 은행의 최대주주가 되거나 대통령령으로 정하는 바에 따라 해당 은행의 경영에 관여하는 경우에는 은행의 의결권이 있는 주식 총수의 4%를 초과하는 경우에는 금융감독당국의 승인을 받아야 한다.[739] 결국 스페인은 은행주식의 취득자를 구분하지 않고 획일적으로 규제함으로써 법적 안정성은 우리보다 상대적으로 낫다고 할 수 있으나 해당 은행의 주식을 누가 보유하는가는 해당 은행에 중요한 영향을 줄 수 있음에도 불구하고 이를 반영하지 않은 의문이 있다. 따라서 이 한도 내에서는 우리법제가 낫다고 할 수 있을 것이다. 다만 우리법제는 은행주식의 취득자를 동일인, 비금융주력자 또는 투자목적회사를 포함한 사무투자전문회사로 구분함으로써 규제차익의 위험이 존재할 수도 있기 때문에 이에 관해 좀 더 구체화할 수 있는 부분은 없는지 재검토할 필요가 있다고 판단된다.

5. 지배구조와 관련된 시사점

먼저 우리법제도 스페인법제와 동일하게 이사 등 임원의 자격을 다음과 같이 제한하고 있다. 첫째 이사 등 임원이 될 자가 다음의 어느 하나에 해당되면 임원이 되지 못하고 임원이 된 후에 다음의 어느 하나에 해당되면 그 직을 상실하게 된다. (1) 미성년자 · 피성년후견인(종전의 금치산자) 또는 피한정후견인(종전의 한정치산자), (2) 파산선고를 받은 자로서 복권되지 아니한 자, (3) 금고 이상의 실형을 선고받고 그 집행이 끝나거나 집행이 면제된 날부터 5년이 지나지 아니한 자, (4) 은행법 또는 외국의 은행법령, 그 밖에 대통령령으로 정하는 금융관련 법령에 따라 벌금 이상의 형을 선고받고 그 집행이 끝나거나 집행이 면제된 날부터 5년이 지나지 아니한 자, (5) 금고 이상의 형의 집행유예를 선고받고 그 유예기간 중에 있는 자, (6) 은행법, 한국은행법, 금융위원회의 설치 등에 관한 법률, 금융산업의 구조개선에 관한 법률 또는 외국의

739) 은행법 제15조의3 제1항.

금융관련 법령에 따라 해임되거나 징계면직된 자로서 해임되거나 징계면직된 날부터 5년이 지나지 아니한 자, (7) 금융산업의 구조개선에 관한 법률상 적기시정조치 등을 받은 금융기관의 임직원으로 재직 중이거나 재직하였던 자[740]로서 그 적기시정조치 등을 받은 날부터 2년이 지나지 아니한 자, (8) 은행법 또는 외국의 은행법령, 그 밖에 대통령령으로 정하는 금융관련 법령에 따라 영업의 허가·인가 등이 취소된 법인 또는 회사의 임직원이었던 자[741]로서 그 법인 또는 회사에 대한 취소가 있었던 날부터 5년이 지나지 아니한 자, (9) 은행법 또는 대통령령으로 정하는 금융관련 법령에 따라 재임 중이었거나 재직 중이었더라면 해임요구[742] 또는 면직 요구의 조치를 받았을 것으로 통보된 퇴임한 임원 또는 퇴직한 직원으로서 그 통보가 있는 날부터 5년이 지나지 아니한 자가 그것이다. 둘째 은행의 상임임원은 다른 영리법인의 상시적인 업무에 종사할 수 없는 것이 원칙이고[743] 은행의 임직원은 한국은행, 다른 은행 또는 금융지주회사법상 은행지주회사의 임직원이 될 수 없는 것이 원칙이다.[744]

다음으로 스페인은 은행 경영진은 그 취임으로 인하여 스페인법제상 이익충돌 등이 발생하지 않는다는 서면에 의한 선언을 요구하고 있으나 우리법제는 이를 요구하지 않는다는 점에서는 차이가 있다. 그러나 우리 은행법도 은행의 상임임원은 다른 영리법인의 상시적인 업무를

740) 여기에 해당하는 자는 해당 적기시정조치 등을 받게 된 원인에 대하여 직접 또는 이에 상응하는 책임이 있는 자로서 대통령령으로 정하는 사람만 의미한다. 은행법 제18조 제1항 제7호.

741) 여기에 해당하는 자는 그 취소 사유의 발생에 직접 또는 이에 상응하는 책임이 있는 자로서 대통령령으로 정하는 자만 의미한다. 은행법 제18조 제1항 제8호.

742) 해임요구에는 해임권고도 포함된다. 은행법 제18조 제1항 제9호.

743) 은행법 제20조 제2항.

744) 은행법 제20조 제1항. 이외에도 사외이사나 상임감사위원의 경우에도 일정한 자격제한이 있다. 은행법 제22조 제7항과 제23조의2 제3항. 다만 은행의 임직원이 그 자회사 은행의 임직원이 되는 것과 은행이 그 지주회사의 임원이 되는 것과 은행이 그 지주회사의 다른 자회사 은행의 임원이 되는 것은 예외로 허용되고 있다. 은행법 제20조 제1항 제1호 및 제3호.

할 수 없다는 것과 은행의 임원은 은행의 공익성과 건전경영 및 신용질서를 해칠 우려가 없어야 한다고 규정하고 있어 서면에 의한 선언은 아니지만 스페인과 동일한 효과를 목적으로 하고 있다고 해석할 수 있을 것이다.[745] 다만 우리 은행법이 스페인법제보다 좀 더 포괄적이고 추상적으로 규정하고 있어 논란의 소지가 있기 때문에 좀 더 구체화하고 명확화할 수 있는 부분은 없는지 재검토할 필요가 있을 것이다.

이어서 스페인법제상 은행의 이사는 최소한 5명이나 우리법제는 6명 이상을 요구하고 있다는 점에서 약간의 차이가 있다.[746] 다만 이사의 원수가 문제될 것은 없지만 의사결정을 전제로 하기 때문에 이사의 원수는 홀수로 하는 것이 효과적이라고 판단된다.

또한 내부통제장치에 관하여 우리나 스페인은 해당 규정을 두고 있다는 점에서 동일하다. 그러나 스페인은 내부통제장치를 도입하면서 이 장치가 제대로 작동되는지를 감시할 수 있는 준법감시인은 도입하고 있지 않다는 점에서는 우리와 다르다.[747] 여기서 내부통제장치라 함은 은행이 법령을 준수하고 경영을 건전하게 하며 주주 및 예금자 등을 보호하기 위하여 그 은행의 임직원이 직무를 수행할 때 따라야 할 것으로 해당 은행이 정하는 기본적인 절차와 기준을 의미한다.[748] 내부통제장치를 도입하면서 이를 감시하는 준법감시인을 도입하지 않는다면 내부통제장치가 제대로 작동하는지 의문이 있기 때문에 이 한도 내에서는 우리법제가 낫다고 판단된다. 다만 우리법제상 준법감시인은 해당 은행이 선임하기 때문에 자신을 선임한 은행을 제대로 감시할 수 있는지는 여전히 의문으로 남는다.[749]

끝으로 우리는 적기시정조치를 도입하고 있으나 스페인은 그렇지 않다는 점에서 차이가 있다. 여기서 적기시정조치라 함은 은행의 경영

745) 은행법 제18조 제2항과 제20조 제1항.
746) 은행법 제22조 제2항.
747) 은행법 제23조의3 제2항.
748) 은행법 제23조의3 제1항.
749) 은행법 제23조의3 제3항.

실태평가 및 자본비율에 의하여 해당 은행에게 부과되는 경영개선권고, 경영개선요구 및 경영개선명령을 의미한다.[750] 은행이 단독으로 영업하는 경우뿐만 아니라 은행이 지주회사 속에서 영업하는 경우에도 적용된다. 특히 지주회사 내에서 은행이 운영될 때 그 자회사 은행의 부실이 있으면 적기시정조치에 의하여 지주회사가 책임을 지기 때문에 지주회사가 이와 같은 책임을 회피하기 위해서는 그 자회사 은행을 건전하게 경영할 수밖에 없다. 이로 인하여 적기시정조치가 지주회사로 하여금 그 자회사 은행을 건전하게 경영할 유인력을 제공한다고 보는 것이다. 다만 우리법제상 적기시정조치에는 그 유예[751]가 허용되고 있기 때문에 적기시정조치의 적시성 또는 자동성에 문제가 될 수 있다.[752] 이에 대한 재검토가 필요할 것이다.

6. 정보공개와 관련된 시사점

스페인은 은행의 주주목록, 자본금의 0.25%를 보유한 주주, 자본의

750) 금융산업의 구조개선에 관한 법률 제10조. 은행의 경우 은행업감독규정 제34조 및 제37조 참조. 금융지주회사의 경우 금융지주회사감독규정 제36조 및 제39조 참조.

751) 금융산업의 구조개선에 관한 법률 제10조 제3항에는 금융위원회는 제2항의 규정에 의한 기준에 일시적으로 미달한 금융기관이 단기간 내에 그 기준을 충족시킬 수 있다고 판단되거나 이에 준하는 사유가 있다고 인정되는 때에는 기간을 정하여 적기시정조치를 유예할 수 있다고 규정되어 있다. 은행의 경우 은행업감독규정 제37조 참조. 금융지주회사의 경우 금융지주회사감독규정 제39조 참조.

752) 백정웅, "한국 금융지주회사에 대한 적기시정조치," 「원광법학」 제23권 제2호(원광대학교 법학연구소, 2007.9), 388-389면(이하 적기시정조치라 함); 한국개발연구원, 「적기시정조치 제도 개선」(한국개발연구원, 2005.11), 56면; 재정경제부 · 한국개발연구원, 「금융기관 적기시정조치의 실효성 제고방안 연구」(재정경제부 · 한국개발연구원, 2004.11), 92면. 미국도 우리와 비슷하게 감독기관의 재량권에 대해 의문을 제기하고 있다. U.S.C.A. §1831o(a)(2); Michael K. O'Neal, "Update on Prompt Corrective Action and Other Regulatory Enforcement Powers," 48 Consumer Fin. L.Q. Rep. 259, 260 (Summer, 1994).

구성요소, 해당 은행의 주주총회에 임원진에 대한 제재사실을 통지하여 관련 정보를 공개하고 기타 은행의 자본금, 은행의 의결권의 5% 이상을 보유한 주주를 공개하여 관련 정보를 알리고 있다.[753] 이와 함께 은행이 매우 심각한 위반을 한 사실 또는 이에 대한 제재사실을 정부관보를 통해 공표하여 관련 정보를 공개하고 있다. 우리 역시 다음과 같이 비슷한 규정을 두고 있다. 첫째 은행업의 인가 시 주주구성계획이 적합해야 하고 그 내용이 은행업의 인가 시 제출되는 서류에 포함되어야 하기 때문에 스페인의 금융감독당국에 대한 주주목록의 통지와 별반 다르지 않다고 해석된다.[754] 둘째 우리 은행법은 은행업의 인가 시 은행경영에 소요되는 자금의 조달방안이 적정할 것을 요구하고 있고 그 내용이 은행업의 인가 시 제출되는 서류에 포함되어야 하기 때문에 스페인과 같이 자본의 구성요소를 금융감독당국에게 통지하는 효과가 있다.[755] 따라서 이 점에 있어서 우리와 스페인은 별 차이가 없다고 판단된다. 셋째 우리 은행법상 금융감독당국은 은행의 임원이 은행법령이나 그 지시를 고의로 위반하는 경우 해당 은행의 주주총회에 해당 임원의 해임을 권고할 수 있다는 점[756]에서 단순히 그 사실을 통지만 하는 스페인과는 차이가 있다고 하겠다. 그러나 정부가 해당 은행의 지배주주가 아닌 이상 금융감독당국이 해당 은행임원의 해임을 권고하는 것은 과도한 규제라고 판단된다. 이에 대하여는 재검토가 필요할 것이다. 넷째 우리 은행법상 금융감독당국은 은행업의 인가나 그 취소를 관보에 공고하고 인터넷을 통해 일반에게 공개함으로서 관련 정보를 알리고 있다.[757] 또한 우리 은행법상 금융감독당국은 은행의 부수업무가 해당 은행의 경영건전

753) 그러나 스페인은 주주목록과는 별도로 자본금의 0.25%를 보유한 주주와 은행의 의결권의 5% 이상을 보유한 주주를 공개하도록 규정하고 있으나 이 부분은 이미 은행의 주주목록에 포함되어 있기 때문에 중복된 규제라고 판단된다.
754) 은행법 제8조 제2항 제3호; 은행법 시행령 제3조 제1항 제7호.
755) 은행법 제8조 제2항 제2호; 은행법 시행령 제3조 제1항 제4호.
756) 은행법 제54조 제1항.
757) 은행법 제12조.

성을 해치거나 예금자 등 은행이용자의 보호에 지장을 주거나 금융시장 등의 안정성을 해치는 경우에는 그 부수업무의 운영을 제한하거나 시정할 것을 명할 수 있다. 이에 따라 금융감독당국은 제한하거나 시정명령을 한 부수업무를 인터넷홈페이지를 통해 공고하도록 되어 있다.[758] 제재가 있으면 이를 공고하는 것 역시 우리와 스페인은 별 차이가 없다고 판단된다. 다만 우리 은행법상 겸영업무의 경우에도 금융감독당국은 일정한 경우 겸영업무를 제한하거나 시정명령을 할 수 있다는 점은 부수업무의 경우와 동일하나 그 사실은 공고되어야 한다는 규정이 없다는 점에서는 차이가 있다.[759] 그러나 은행업무와 관련성을 두고 본다면 부수업무[760]는 은행업무에 부수하는 업무이고 겸영업무[761]는 은행업무 이외의 업무이기 때문에 부수업무가 더 관련성이 있다고 해석된다. 이에 따라 은행업무에 더 관련이 있는 부수업무가 그 운영을 제한받거나 시정명령을 받아 공고를 하도록 되어 있다면 겸영업무의 경우에는 더욱 더 강화된 공개가 이루어져야 하는 것이 마땅하다고 본다. 이에 대한 재검토가 있어야 할 것이다. 다섯째 우리 은행법상 공개와 관련된 규정은 다음과 같다. (1) 은행은 그 은행의 대주주에 대하여 대통령령으로 정하는 금액 이상의 신용공여를 한 경우에는 지체 없이 그 사실을 금융감독당국에 보고하고 인터넷 홈페이지 등을 이용하여 공시해야 하며 대주주에 대한 신용공여에 관한 사항을 인터넷 홈페이지 등을 이용하여 공시하도록 되어 있다.[762] (2) 은행은 대차대조표, 그 결산기의 손익계산서 및 금융감독당국이 정하는 연결재무제표를 공고해야 한다.[763] (3) 은행은 그 대차대조표를 한국은행에 제출해야 하며 매월 업무보고서를

---

758) 은행법 제27조의2 제5항.

759) 은행법 제28조 제3항.

760) 은행법 제27조의2 제1항.

761) 은행법 제28조 제1항.

762) 은행법 제35조의2 제5항 및 제6항. 은행의 대주주가 발행한 지분증권의 경우도 이와 동일하다. 은행법 제35조의3 제5항 및 제6항.

763) 은행법 제41조 제1항.

금융감독당국에 제출하도록 되어 있다.[764] 또한 은행은 예금자와 투자자를 보호하기 위하여 일정한 사항을 경영 공시를 해야 한다.[765]

이와 같이 관련 정보를 공개함으로써 시장참여자의 감시가 이루어지도록 하려는 것은 정보공개의 순기능이 있다고는 할 수 있지만 해당 은행은 금융감독당국에게 보고 등을 해야 하고 일반대중에게도 공고 등을 해야 하는 것은 은행에게는 중복된 절차의 반복이 될 수도 있기 때문에 정보공개와 관련된 중복된 절차는 없는지 지속적인 검토가 있어야 할 것이다.

7. 임점검사와 관련된 시사점

우리법제와 스페인법제는 금융감독당국의 임점검사를 규정하고 있다는 점에서 동일하고,[766] 은행 이외의 자에 대하여 임점검사를 확대하고 있다는 점에서 특이하다. 즉 우리는 은행 이외의 해당 은행의 대주주 등에 대해서도 임점검사를 할 수 있고,[767] 스페인 역시 은행이 소속된 그룹에 대하여 자본과 관련해서는 임점검사를 할 수 있으며 일정한 경우 스페인국적을 가진 자가 은행을 지배한다면 그 자에 대해서도 임점검사를 할 수 있는 것이다. 그러나 은행 이외의 자에 대하여 임점검사를 확대하는 것은 과도한 규제가 될 우려가 있기 때문에 다른 규정을 통하여 은행 이외의 자를 이미 규제하고 있는지를 확인하여 임점검사의 확대 여부를 신중하게 판단해야 할 것이다. 예컨대 우리법제와 스페인법제는 이미 여러 규정을 통하여 대주주 등을 규제하고 있음에도 불구하고 또 다시 대주주 등에 대하여 임점검사를 규정하는 것은 중복된 규제로서 과도한 규제가 된다고 판단된다.[768] 이에 대하여는 재검토가 있

764) 은행법 제42조 제1항과 제43조의2 제1항.

765) 은행법 제43조의3.

766) 은행법 제48조 및 제48조의2.

767) 은행법 제48조의2.

768) 예컨대 비금융주력자의 경우 은행법 제15조의2와 제16조의2 및 제16조의4 참조. 대주주의 경우는 동법 제35조의2 및 제35조의3과 제35조의4 및 제35조

어야 할 것이다.

한편 스페인은 은행이 아닌 자연인이나 법인이 은행에 해당하는지 여부를 판단하기 위해서도 임점검사를 할 수 있으나 우리는 그렇지 않다. 첫째 우리 은행법은 은행에 해당하는지 여부를 결정하기 위한 임점검사는 허용되지 않고 장부나 그 밖의 서류의 제출만 요구할 수 있다는 점에서 스페인과는 다르다.[769] 둘째 우리법제는 법인에 대해서만 은행에 해당되는지를 판단하지 자연인은 그 판단대상에서 제외된다는 점에서 스페인과 다르다.[770] 비록 은행업이 금융업에서 중요한 위치를 차지하고 있지만 스페인의 경우 아직 은행인지에 대한 판단 이전의 자에 대해서도 임점검사를 하는 것은 과도한 규제에 해당된다고 판단된다. 오히려 이 경우는 다른 법률의 규정을 통하여 규제하는 것이 나을 것이다. 이 한도 내에서는 우리법제가 낫다고 판단된다.

8. 규제 및 감독의 공조와 관련된 시사점

스페인은 자국 내외의 감독기관과의 공조체제가 비교적 잘 되어 있으나 우리는 거의 전무하다고 봐야 할 것이다. 특히 우리의 은행 등 금융기관이 스페인으로 진출하거나 그 반대의 경우가 점점 더 많아 질 것이기 때문에 공조체제는 더 이상 작은 문제일 수는 없을 것이다. 현재 우리 은행법에는 공조와 관련된 규정은 2개가 전부이다. 이것도 사실은 다른 절차에 부수된 공조에 관한 규정이라서 공조로서의 기능을 기대하기는 어렵겠지만 그 내용은 다음과 같다. 하나는 우리 금융감독당국과 해당 외국 금융감독당국과 정보교환 등 업무협조가 있는 경우 그 외국은행 등은 일정한 요건을 충족하면 우리 은행법상 동일인의 범위에서 제외될 수 있다.[771] 이런 이유로 외국과의 공조가 언급되고 있는 것이기 때문에 공조를 주요한 목적으로 한 규정은 아닌 것이다. 다른 하나는

의5 참조.

769) 은행법 제7조 제2항.

770) 은행법 제7조 제1항 및 제2항.

771) 은행법 제16조의5 제1항 제3호.

은행이 금융거래와 관련된 약관을 제정하거나 변경하는 경우에는 금융감독당국에게 미리 보고하도록 되어 있으며 이와 같은 보고를 받은 금융감독당국은 해당 약관을 공정거래위원회에 통보하도록 되어 있다.[772] 이 때 일정한 경우 공정거래위원회는 금융감독당국에게 필요한 조치를 요청할 수 있으며 특별한 사유가 없는 한 금융감독당국은 이에 따르도록 되어 있는 것이다.[773] 이 규정에 의하여 금융감독당국과 공정거래위원회가 공조한다고 보는 것이다. 그러나 공정거래위원회가 통보받은 약관이 약관의 규제에 관한 법률 제6조부터 제14조까지의 규정에 해당하는 사실이 있다고 인정될 때에는 금융감독당국에 대하여 필요한 조치를 취해 줄 것을 요청할 수 있으며 금융감독당국은 이에 따라야 하기 때문에 서로 돕는다는 공조의 의미와는 차이가 있다고 본다. 물론 우리나라는 금융위원회가 은행업, 증권업(투자업) 및 보험업을 포함한 전체 금융업을 감독하기 때문에 이들 업종별 감독기관과의 공조는 있을 수 없으나 이들 이외의 기관과의 공조는 여전히 필요하다고 본다. 예컨대 특정의 금융규제를 실시할 때에 해당 지역이나 특정 지역에 큰 영향이 미칠 수 있어 미리 그 지방지차단체나 관련 기관과의 공조가 필요할 것이기 때문이다. 이에 대한 우리 은행법상의 재검토가 필요할 것이다.

9. 기타 규제와 관련된 시사점

스페인법제상 신생은행은 은행업의 개시일로부터 3년 간은 금융감독당국의 승인이 없는 한 배당을 할 수가 없으나 우리법제상 은행에게는 이와 같은 제한은 없다. 그러나 우리 은행법도 배당과 관련해서는 다음과 같은 제한이 있다. 첫째 우리 은행법상 은행이 배당을 하려면 적립금이 자본금의 총액이 될 때까지 결산 순이익금의 배당 시에 그 순이익금의 10% 이상을 적립하도록 되어 있다.[774] 둘째 기술한 첫째 요건

772) 은행법 제52조 제1항 및 제3항.

773) 은행법 제52조 제3항.

774) 은행법 제40조. 참고로 우리 상법상 회사는 그 자본금의 50%가 될 때까지만 매 결산기 이익배당액의 10% 이상을 이익준비금으로 적립하도록 되어 있기

을 충족하더라도 은행은 그 경영건전성을 유지하기 위하여 경영지도기준을 준수해야 하며 이 기준을 충족시키지 못하는 등 경영건전성을 크게 해칠 우려가 있는 경우에는 금융감독당국으로부터 경영개선을 위한 제재조치 중의 하나로서 이익배당의 제한을 받을 수 있다.[775] 셋째 은행은 그 경영건전성이 악화되지 않더라도 '양호'한 지금의 상태로 유지하는데 필요하다고 금융감독당국이 인정한다면 해당 은행에 대하여 그 은행의 불건전한 자산을 위한 적립금을 보유하도록 하는 조치를 부과할 수 있고,[776] 이로 인하여 배당이 제한되는 것이다. 결국 이런 경우가 아니라면 우리 은행법상 은행은 별 다른 제한 없이 배당을 할 수 있다고 해석된다. 신생은행은 3년간 사실상 배당을 할 수 없다는 스페인법제는 은행업을 과도하게 제한하는 조치이기 때문에 이 한도 내에서는 우리법제가 낫다고 판단된다.

또한 스페인법제상 은행은 은행업을 개시한 후 5년 동안 이사 등 일정한 자에 대하여 신용공여나 보증을 할 수 없다. 이와 관련하여 우리 은행법 역시 신용공여 등에 관하여 여러 규정을 두고 있으나, 스페인법제와 같은 은행업의 개시 후 5년 동안 획일적으로 금지하는 규정은 두고 있지 않다. 뿐만 아니라 스페인은 예외적인 상황이 발생하면 금융감독당국은 해당 은행에 대하여 임시이사 등을 파견할 수 있으나 이는 해당 은행주주의 권리를 침해할 수 있기 때문에 과도한 규제라고 판단된다. 다만 우리 은행법도 은행임원이 은행법령을 위반하거나 이에 따른 명령이나 지시를 위반하거나 또는 해당 은행의 건전한 운영을 크게 해치는 행위를 하는 경우에는 금융감독당국이 해당 임원의 업무집행을 정지할 것을 명하거나 해당 주주총회에 그 임원의 해임을 권고할 수 있도록 되어 있다.[777] 그렇다고 하여 임시임원을 파견할 수는 없는 것이다.

때문에 은행법상의 규제가 상대적으로 강화되어 있다고 할 수 있다. 상법 제458조.

775) 은행법 제34조 제3항.

776) 은행법 제50조.

777) 은행법 제54조 제1항.

제3장 서남부유럽의 금융투자업규제 및 그 시사점

제 1 절 포르투갈

Ⅰ. 규제의 주요내용

1. 투자업의 개념

포르투갈법제상 투자업이라 함은 양도성증권 및 집합투자인수·단기금융상품·현금결제와 동일한 상품을 포함한 금융선물계약·선도금리계약·금리·통화·주식스왑, 이들의 취득 및 처분을 위한 옵션상품[1] 중 1개 이상의 금융상품과 관련해서 (1) 제3자를 위하여 인수 및 전송하는 업무 (2) 제3자를 위하여 주문을 실행하는 업무 (3) 투자업을 하는 회사의 계정에 의한 거래업무 (4) 제3자를 위한 포트폴리오관리업무 (5) 주식공모의 인수 및 제공업무 (6) 투자자문업무 (7) 기술한 (1)-(6)의 업무에 부수한 업무를 의미한다.[2] 여기서의 부수한 업무라 함은 ① 해당 금융상품의 등록과 예탁 및 보관과 관련된 업무 ② 금융상품의 거래와 관련된 신용공여업무 ③ 금융상품의 거래와 관련된 투자연구, 금융분석 또는 기타 일반적인 추천에 관한 업무 ④ 인수 및 합병뿐만 아니라 자본구조와 산업전략과 관련된 자문업무 ⑤ 주식공모와 관련된 보조업무 ⑥ 투자업무의 제공과 관련된 외환업무 및 안전금고임대업무를 의

---

1) Credit Institutions and Financial Companies: Legal Framework (이하 Portuguese Banking Law라 함) §199-A, 2nd Financial instrument (2003); Council Directive 93/22/EEC of 10 May 1993, ANNEX SECTION B, Instruments.

2) Portuguese Banking Law §199-A; Portuguese Securities Code §§290.1 & 291 (2013).

미한다.[3)]

2. 규제 및 감독의 원칙

명문으로 규정되어 있다. 즉 금융투자업을 규제 및 감독하는 감독권자는 (1) 투자자보호, (2) 금융상품시장의 효율적이고 질서정연한 기능 (3) 정보의 관리 (4) 시스템위험의 방지 (5) 법령에 저촉되는 행위의 방지 및 억제 (6) 피감대상자에 대한 독립성이 유지되도록 규제 및 감독을 행사해야 하는 것이다.[4)]

3. 인가 및 취소

포르투갈법제상 금융투자업을 하는 회사는 금융회사(financial company)와 금융중개회사로 대별할 수 있다. 전자는 포르투갈중앙은행(*Banco de Portugal*: Bank of Portugal)이 인가권 및 취소권을 행사하나,[5)] 후자의 경우에는 포르투갈 투자업감독기관(*Comissão do Mercado de Valores Mobiliários* (CMVM): Securities Market Commission)이 행사한다.[6)] 먼저 포르투갈법제상 금융회사라 함은 은행이 할 수 있는 업무 중에서 (1) 대출업 (2) 자금이체서비스업 (3) 지급수단의 발행 및 관리업 (4) 단기자금시장상품, 외환상품, 선물 및 옵션, 환율 또는 금리상품, 양도성 유가증권을 은행고유의 계정 또는 고객의 계정으로 거래하는 업 (5) 유가증권의 발행의 참여 및 발행과 관련된 서비스제공업 (6) 자금중개업 (7) 포트폴리오 관리 및 자문업, 유가증권의 보관 및 관리업 (8)

3) Portuguese Securities Code §291.

4) Portuguese Securities Code §358.

5) Portuguese Banking Law §175.1.

6) Portuguese Banking Law §§199-E.a) & 199-H.1. 다만 이 경우에도 금융중개회사가 금융투자업을 하면 CMVM이 주로 규제 및 감독을 하지만(Portuguese Securities Code §353), 금융상품시장과 관련된 정책 등은 포르투갈 재무장관(Finance Ministry)이 수립한다는 점에서 규제 및 감독의 일정한 부분은 분리되어 있다고 할 수 있다. Portuguese Securities Code §352.1.

기타 자산관리 및 자문업무를 하는 회사를 의미한다.[7] 다음으로 포르투갈법제상 금융중개회사라 함은 ① 금융상품투자업무 ② 이와 관련된 부수적인 업무 ③ 집합투자인수의 관리 등의 업무를 하는 회사를 의미한다.[8]

포르투갈법제상 금융투자업을 하는 회사는 인가를 받기 위한 일반적인 요건으로는 기술한 (1)-(8) 중 1개 이상의 업무를 할 목적이 있어야 하며 자기자본금은 법정최저자본금 이상이어야 한다.[9] 이 때 제출해야 하는 서류로는 해당 회사의 정관, 영업계획, 지리적 위치, 내부조직 및 인적·물적·기술적 자원, 발기인, 당해 회사의 안정성과 관련해서 그 주주의 적절성 등에 관한 것이 포함된다.[10] 이와 같은 요건을 충족하게 되면 6개월 내 또는 추가적인 요구사항이 있더라도 1년 내에는 인가여부가 결정된다.[11] 이 기간 내에 아무런 통지가 없다면 인가는 거부된 것으로 본다.[12] 다만 법령에서 요구된 정보나 서류를 제출하지 않거나 해당 자료에 정확하지 못하거나 허위의 사실이 기재되거나 인가에 필요한 일반적인 요건을 충족하지 못하거나 적격보유주주[13]의 적격성을 충족하지 못하거나 해당 회사의 영업에 필요한 기술적인 수단이나 재정능력이 충분하지 못한 경우에는 인가 자체가 거부된다.[14]

그러나 다음의 경우에는 이미 인가된 경우에도 그 인가는 취소될

---

7) Portuguese Banking Law §5. 포르투갈법제상 금융회사의 구체적인 예로는 딜러, 브로커, 외환회사 및 단기금융시장중계회사, 투자펀드관리회사, 신용카드발행 및 관리회사 등이 있다. Portuguese Banking Law §6. 따라서 포르투갈법제상 금융회사는 일반적인 의미의 금융회사와는 구분해야 한다.

8) Portuguese Securities Code §289.1.

9) Portuguese Banking Law §174.1.

10) Portuguese Banking Law §§17 & 175.2.

11) Portuguese Banking Law §§19.1 & 175.2.

12) Portuguese Banking Law §§19.2 & 175.2.

13) 포르투갈법제상 금융회사에 대한 적격보유주주는 해당 금융회사의 자본금이나 의결권이 있는 발행주식 총수의 5% 이상을 소유한 자를 의미한다. Portuguese Banking Law §§13.7th & 176.d).

14) Portuguese Banking Law §176. 해당 조문도 'shall'이라고 규정하고 있기 때문에 감독당국의 재량은 없는 것으로 해석된다. Id.

수 있다.[15] ① 인가를 허위의 사실 또는 불법적인 방법을 통해서 취득한 경우 ② 인가에 필요한 일반적인 요건을 충족하지 못한 경우 ③ 해당 영업이 인가된 목적에 부합되는 않는 경우 ④ 1년 이상 영업을 하지 않거나 축소한 경우 ⑤ 당해 회사의 경영, 회계절차나 내부통제장치에서 심각한 불법행위가 발견된 경우 ⑥ 해당 회사에게 위탁된 자산의 안전성이 더 이상 보장되지 않는 등 해당 회사가 자신의 의무를 이행할 수 없는 경우 ⑦ 해당 회사가 법령을 위반하거나 투자자나 기타 채권자의 이익을 침해하는 등 감독당국의 감독에 불응한 경우 ⑧ 당해 회사가 투자자보상제도에 가입함으로서 부담하는 의무를 이행하지 않는 경우가 그것이다. 만약 기술한 이유로 인가가 취소된다면 해당 회사는 해산 및 청산의 절차를 밟게 된다.[16]

4. 재무건전성

금융투자업을 하는 금융중개회사 이외의 금융회사의 의결권이 있는 발행주식 총수의 10% 이상 또는 그 자본금의 10% 이상에 해당하는 주식을 취득하려면 감독당국에게 통지해야 한다.[17] 이와 함께 금융중개회사의 경우에도 의결권이 있는 발행주식 총수의 10%, 20%, 33%, 50%, 75% 및 90%를 취득하거나 이 수치를 초과해서 취득하려는 자는 감독당국에게 통지하도록 되어 있다.[18] 이 규정만 두고 본다면 감독당국에게 통지해야 하는 지주비율의 출발점이 10%라는 점에서 양 회사는 동일하나 금융중개회사의 경우에는 5% 이상 취득할 때부터 감독당국에게 통지해야 한다는 별도의 규정이 있기 때문에 금융중개회사 이외의 금융회

15) Portuguese Banking Law §178.1. 인가의 거부와는 달리 인가의 취소는 감독당국의 재량이 인정된다고 해석된다. 해당 조문도 'may'라는 용어를 사용하고 있다. Id.

16) Portuguese Banking Law §178.2.

17) Portuguese Banking Law §196.2; Portuguese Securities Code §16.1.

18) Portuguese Securities Code §16.1.

사와는 차이가 있다.[19] 만약 금융중개회사가 포르투갈법의 적용은 받지만 다른 EC회원국에서 영업하거나 상장된 경우에는 그 지주비율은 또 다시 2%로 낮아지게 되며 이 시점에서 감독당국에게 통지해야 하는 것이다.[20]

5. 지배구조

금융투자업을 하는 회사는 당해 회사지배구조 및 그 실제에 관한 상세한 보고서를 제출해야 하며 이 보고서에는 다음과 같은 내용이 포함되어야 한다.[21] ① 당해 회사의 자본구조 ② 당해 회사 주식에 대한 적격보유요건 ③ 주식에 대하여 특별한 권리를 보유한 주주 ④ 당해 회사의 주식을 보유한 근로자자 직접적으로 그 의결권을 행사할 수 없는 경우 그 관리에 관한 제도 ⑤ 주식의 의결권 제한에 관한 내용 ⑥ 주주계약 ⑦ 이사회의 이사 임면에 관한 규정 ⑧ 이사회의 권한 ⑨ 당해 회사가 일방 당사자이면서 당해 회사의 지배권의 변동이 있으면 그 계약의 효력에도 영향을 주는 중요한 계약 ⑩ 재무정보의 공개와 관련해서 당해 회사의 내부통제장치 및 위험관리시스템에 관한 핵심정보 ⑪-⑫ 강제적인 또는 임의적인 회사지배구조규범의 준수 ⑬ 일반대중이 회사지배구조규범을 검색할 수 있는 장소 ⑭ 당해 회사의 경영조직과 그 기능에 대한 내용 및 설명이 그것이다. 그리고 이와 같은 내용(①-⑭)은 당해 회사의 정기 주주총회에도 제출되어야 하는 것이다.[22] 다만 내부통제장치가 하나의 독립된 규정에서 언급되는 것이 아니라 다른 요건에 부가되어 설명되고 있다는 점은 특이하다. 즉 금융투자업을 하는 회사는 독립된 내부회계시스템을 구축하면서 그 구성요소의 하나로 내부통

---

19) Portuguese Securities Code §16.2.a).

20) Portuguese Securities Code §16.2.b).

21) Portuguese Securities Code §245-A.1.

22) Portuguese Securities Code §245-A.3. 이와 같이 회사지배구조 및 그 실제에 관한 상세보고서는 당해 회사의 이사회가 담당해야 하고 위탁할 수 없는 것이 원칙이다. Portuguese Securities Code §245-A.5.

제장치를 설명하거나,[23] 그 인가의 취소요건의 하나로 심각한 불법행위가 있는 내부통제장치를 언급하고 있는 것이다.[24]

6. 정보공개

포르투갈법제상 금융투자업을 하는 회사는 인가를 받을 때 사업계획서의 최종본을 감독당국에 제출해야 하고 일반대중이 이를 이용할 수 있도록 해야 한다.[25] 여기에는 해당 금융상품과 실제거래 및 그 금액도 포함된다.[26] 이와 함께 일반대중에게 5년 동안 공개될 서류로는 다음과 같다.[27] ① 경영보고서,[28] 연차회계보고서,[29] 감사보고서 및 기타 회계 관련 서류[30] ② 감독당국에 등록된 검사인의 보고서 ③ 기술한 ①에서 언급된 서류의 정보가 일반적인 기준에 의하여 진실되게 작성되었다는 사실과 그 책임자의 인적사항이 기재된 확약서가 그것이다. 이렇게 해서 공개된 정보는 단편적인 정보가 아니라 포괄적이고 정확히 명백해야 하며 객관적이고 합법적이며 최신의 것이어야 한다.[31]

7. 임점검사

포르투갈감독당국은 금융투자업을 하는 회사의 건전성을 감독하기 위해 당해 회사를 임점검사를 할 수 있다.[32] 다만 임점검사의 대상 회

23) Portuguese Securities Code §305-C.1.a).
24) Portuguese Banking Law §178.1.e).
25) Portuguese Securities Code §140.2. 감독당국도 사업계획서의 최종본을 일반에게 공개하고 있다. Portuguese Securities Code §140.10.
26) Portuguese Securities Code §212.1.
27) Portuguese Securities Code §245.1.
28) 여기에는 임시경영보고서도 포함된다. Portuguese Securities Code §246. 1.b).
29) 다만 '연결'된 연차회계보고서를 제출해야 하는 경우에는 '개별'보고서도 함께 제출해야 하나(Portuguese Securities Code §245.3), 그렇지 않은 경우에는 개별보고서만 제출하면 된다. Portuguese Securities Code §245.4.
30) 여기에는 간략재무제표도 포함된다. Portuguese Securities Code §246.1.a).
31) Portuguese Securities Code §7.1.
32) Portuguese Banking Law §§124 & 197.1; Portuguese Securities Code §364.

사가 포르투갈 이외의 회원국에서 인가를 받았다면 인가를 준 회원국이 임점검사를 하는 것이 원칙이고 인가를 준 회원국의 감독당국이 포르투갈감독당국에게 임점검사를 요청한다면 이 경우에는 포르투갈감독당국도 임점검사를 할 수 있다. 이외에도 포르투갈감독당국은 감독차원에서 필요하다면 임점검사 이외의 검사도 할 수 있다.

8. 공 조

포르투갈법제상 금융투자업에 대한 규제 및 감독의 공조는 상호주의, 감독직무상 비밀유지의무 및 감독목적을 위한 정보의 한정적 이용을 그 원칙으로 하고 있다.[33] 이와 같은 공조의 원칙 아래 다음과 같은 개별적인 공조가 이루어지고 있다. 첫째 금융투자업을 하는 일정한 회사는 감독당국과 공조해야 할 법정의무가 있으며,[34] 그 구체적인 내용은 감독당국의 고시에 공개된다.[35] 둘째 포르투갈은 자국 내에서 감독기관 간의 공조체제도 마련하고 있다. 즉 포르투갈 투자업감독기관(CMVM)은 포르투갈중앙은행 및 포르투갈 보험감독기관(Portuguese Insurance Institute)과 (1) 관련 규정의 준비 및 승인과 관련해서 (2) 상호자문을 수행하면서 (3) 정보를 교환하면서 (4) 상호검사를 실행하면서 (5) 관련 협정을 창설하면서 공조체제를 구축하고 있다.[36] 이렇게 함으로써 정보의 충돌을 예방하고 있는 것이다.[37] 셋째 감독당국은 정보의 수집과 교환, 자문, 직원교환 및 직무교환을 목적으로 외국의 감독당국과 공조협정을 체결할 수 있다.[38] 이에 따라 회원국의 감독당국으로부터 요청을

33) Portuguese Securities Code §373.

34) Portuguese Securities Code §375.1. 여기서 금융투자업을 하는 일정한 회사라 함은 금융중개 및 투자자문회사, 회계 및 위험평가회사, 증권회사, 벤처캐피털회사 등과 이들의 대리인 등을 의미한다. Portuguese Securities Code §359.1.a)-k).

35) Portuguese Securities Code §375.2.

36) Portuguese Securities Code §374.2.a)-e).

37) Portuguese Securities Code §11.2.

38) Portuguese Securities Code §§148, 355.2 & 376.2.a)-d).

받으면 포르투갈감독당국은 즉시 해당 정보를 제공해야 한다.[39] 이 때 정보제공과 관련해서 포르투갈감독당국이 직접 필요한 조치를 취하거나 정보제공을 요청한 회원국의 감독당국이 파견한 자 등으로 하여금 필요한 조치를 하게 할 수도 있다.[40] 그러나 그 공조가 포르투갈의 주권, 안전 또는 공공질서에 부정적인 영향을 주거나 이미 포르투갈법정에서 소송절차로 진행 중에 있거나 최종판결로 확정된 경우라면 그 요청을 거부할 수 있다.[41] 이와 같이 거부를 할 때에는 해당 정보를 요청한 회원국의 감독당국과 유럽증권감독당국(European Securities and Markets Authority)에게 그 상세한 내용을 통지해야 한다.[42] 다만 포르투갈은 非회원국과도 공조체제를 구축할 수 있는데,[43] 이때에는 非회원국과의 정보교환을 목적으로 체결한 공조협정을 유럽증권감독당국에게 통지한다.[44]

Ⅱ. 시사점

1. 의 의

이상에서 포르투갈법제상 금융투자업에 대한 주요규제를 살펴보았고 이하에서는 이를 바탕으로 우리법제를 위한 시사점을 도출을 시도한다.

2. 투자업의 개념과 관련된 시사점

우리법제상 투자업은 투자매매업, 투자중개업, 집합투자업, 투자자문업, 투자일임업 또는 신탁업의 6개 업종을 계속적이고 반복적으로 영업하는 것을 의미한다.[45] 따라서 이와 같이 정의된 우리법제상 투자업

---

39) Portuguese Securities Code §377.2.
40) Portuguese Securities Code §377.5.
41) Portuguese Securities Code §377.3.
42) Portuguese Securities Code §377.4.
43) Portuguese Securities Code §355.3.
44) Portuguese Securities Code §376.5.
45) 자본시장과 금융투자업에 관한 법률 제2조 제1항. 개별 금융투자업에 대한 개념

과 기술한 포르투갈의 투자업의 개념은 사실상 동일하다고 해석된다.

3. 인가 및 취소와 관련된 시사점

포르투갈법제상 금융회사에 대한 인가권자 및 취소권자는 포르투갈 중앙은행이고 금융중개회사인 경우에는 포르투갈투자업감독기관이라는 점에서 차이가 있다. 이에 반해 우리나라는 회사의 종류에 상관없이 금융위원회가 동일하게 인가권 및 취소권을 행사하고 있다.[46] 감독권자가 동일한 경우가 감독에 유리한지 회사별로 또는 업종별로 감독기관이 분리되어 있는 것이 감독에 좋은지 판단하는 것은 쉬운 일은 아닐 것이다. 그러나 한 가지 분명한 것은 최근 복잡한 금융상품이 등장함으로써 이에 대한 감독권자가 업종이나 회사에 따라 다르다면 신속한 감독은 이루어지기 어려울 것으로 생각된다. 또한 그룹별로 금융업을 하는 경우가 많기 때문에 같은 상품이라고 하더라도 회사에 따라 규제 및 감독의 정도가 달라진다면 규제차익도 발생할 수 있다. 그러나 업종별 또는 회사별로 감독기관이 존재한다면 단일의 감독보다는 감독의 전문성은 더 확보될 수 있을 것으로 생각된다. 또한 금융상품의 개발과 관련해서 단일의 감독기관은 부정적인 영향을 줄 것으로 판단된다. 물론 단일의 감독기관이라 하더라도 금융상품에 따라 규제를 달리 할 수 있으나 이는 기본적으로 감독기관의 재량에 속할 가능성이 많아 금융상품의 성격과는 관계없이 동일한 규제를 받기 때문에 금융상품의 개발의 유인력은 줄어 들 것으로 판단되기 때문이다. 그러나 어느 한 방식을 선택한다고 한다면 단일의 감독기관이 낫다고 본다. 그 이유는 감독의 핵심은 신속성 또는 적시성이라고 보기 때문이다. 이 한도 내에서는 우리법제사가 포르투갈법제보다는 낫다고 판단된다.

정의는 동법 제2조 제2항 및 제8항 참조.

46) 자본시장과 금융투자업에 관한 법률 제12조 제1항. 회사가 증권금융회사(동법 제324조 제1항), 종합금융회사(동법 제336조 제1항), 자금중개회사(동법 제355조 제1항), 단기금융회사(동법 제360조 제1항), 또는 금융지주회사(금융지주회사법 제3조 제1항)인 경우에도 동일하다.

다음으로 우리법제는 예비인가[47]라는 제도를 두고 있으나 포르투갈은 이와 같은 제도가 없다는 점에서 다르다. 물론 예비인가를 통해 인가제도를 관리한다는 측면에서는 유용성도 인정될 수 있으나 인가를 신청하는 입장에서는 예비인가는 인가와 중복된 규제라는 인식을 할 가능성이 많기 때문에 적절하지 못한 제도라고 판단된다. 더욱이 예비인가에는 규정에도 문제가 있다고 본다. 즉 예비인가를 결정할 때에 본인가의 요건을 충족할 수 있는지 여부를 심사하기 때문인데,[48] 어떻게 예비인가의 단계에서 본인가의 요건을 충족할 수 있는지를 결정할 수 있는지 의문이 들기 때문이다.

4. 재무건전성과 관련된 시사점

포르투갈법제상 금융투자업을 하는 회사의 주식을 취득할 때 통지해야 하는 지주비율은 2%부터 시작된다. 이에 대해 우리법제 역시 일정한 지주비율에 해당되면 해당 주식의 취득에 대하여 다음과 같이 승인을 받도록 하고 있다. 첫째 투자자문업자 및 투자일임업자 이외의 금융투자업자가 발행한 주식을 취득하여 대주주[49]가 되고자 하는 자는 건전한 경영을 위하여 대통령령으로 정하는 법정의 요건을 구비하여 금융위원회로부터 사전승인을 받도록 되어 있다.[50] 만약 금융위원회로부터 사

47) 자본시장과 금융투자업에 관한 법률 제14조.

48) 자본시장과 금융투자업에 관한 법률 제14조 제2항.

49) 금융투자업과 관련해서 우리법제상 대주주라 함은 최대주주와 주요주주를 의미한다. 여기서 최대주주라 함은 법인의 의결권 있는 발행주식 총수를 기준으로 본인 및 그와 대통령령으로 정하는 특수한 관계가 있는 자(이하 '특수관계인'이라 한다)가 누구의 명의로 하든지 자기의 계산으로 소유하는 주식(그 주식과 관련된 증권예탁증권을 포함한다)을 합하여 그 수가 가장 많은 경우의 그 본인(이하 '최대주주'라 한다)을 의미하고 주요주주라 함은 (1) 누구의 명의로 하든지 자기의 계산으로 법인의 의결권 있는 발행주식총수의 10% 이상의 주식(그 주식과 관련된 증권예탁증권을 포함한다)을 소유한 자 (2) 임원의 임면(任免) 등의 방법으로 법인의 중요한 경영사항에 대하여 사실상의 영향력을 행사하는 주주로서 대통령령으로 정하는 자를 의미한다. 자본시장과 금융투자업에 관한 법률 제9조 제1항.

50) 자본시장과 금융투자업에 관한 법률 제23조 제1항.

전승인을 받지 않고 해당 주식을 취득한 경우에는 그 주식에 대하여 의결권을 행사할 수 없고 그 처분의 명령을 받을 수도 있다.[51] 비록 승인받았다고 하더라도 승인받은 주식의 지주비율이 발행주식 총수의 1%에 해당하는 변동이 있다면 감독당국에게 보고해야 한다.[52] 둘째 상장된 금융투자업자의 주식 등을 발행주식 총수의 5% 이상 취득한 경우에는 취득일로부터 5일 이내에 금융위원회 및 한국거래소에 보고해야 하며 이미 5% 이상을 보유한 자가 그 지주비율의 변동이 1% 이상인 경우에도 동일하다.[53] 만약 이와 같은 보고를 하지 않거나 허위 등의 보고를 한 경우에는 해당 주식에 대하여 의결권을 행사할 수 없으며 그 주식의 처분명령도 부과될 수 있다.[54]

결국 우리나 포르투갈은 일정한 지주비율에 해당되면 보고나 승인을 받아야 하는 것은 별반 차이가 없으나 다만 그 시작점이 포르투갈은 2%라는 점에서 우리와는 다르고 해석할 수도 있을 것이다. 그러나 포르투갈의 GDP가 우리 GDP의 대략 1/6 정도가 된다는 점에서 결코 낮은 수치는 아니고 오히려 비율적으로 본다면 우리보다 높은 수치라고 할 수 있다.[55] 이런 이유로 양 법제는 유사한 규제를 하고 있다고 판단된다.

5. 지배구조와 관련된 시사점

포르투갈법제상 금융투자업자는 그 책임소재와 내부통제장치 및 임점검사 등을 통하여 회사지배구조를 운영하고 있다. 우리법제 역시 이와 유사한 규정을 다음과 같이 두고 있다. 첫째 우리법제는 금융투자업자는 신의칙 및 선량한 관리자의 주의의무에 따라 공정하게 금융투자업

51) 자본시장과 금융투자업에 관한 법률 제23조 제2항 및 제3항.
52) 자본시장과 금융투자업에 관한 법률 제418조 제5호.
53) 자본시장과 금융투자업에 관한 법률 제147조 제1항.
54) 자본시장과 금융투자업에 관한 법률 제150조 제1항 및 제3항.
55) World Bank, 「World Development Indicators database」 1(World Bank, 17 December 2013).

을 할 것을 선언하고 있다.[56] 둘째 금융투자업자는 신의칙 및 선량한 관리자의 주의의무로 영업해야 하기 때문에 설명의무를 위반하거나 법령 또는 약관 등에 위반하는 행위를 하거나 회계감사보고 중 중요사항에 관하여 회계감사인의 거짓의 기재 등으로 인하여 투자자에게 손해가 발생한 경우에 책임을 지도록 하고 있다.[57] 셋째 금융투자업자는 경영건전성을 유지하기 위하여 자기자본비율 등 자본적정성에 관한 사항, 자산건전성에 관한 사항, 유동성에 관한 사항 및 그 밖에 대통령령으로 정하는 사항을 준수하고 이에 필요한 시스템을 구축해야 하는 것이다.[58] 넷째 금융투자업자는 사외이사가 최소한 3인 이상이 되어야 하며 전체 이사 중에서 1/2 이상은 사외이사로 구성해야 한다.[59] 사외이사후보추천위원회 위원 중 사외이사가 1/2 이상 되어야 하며 감사위원 중에서도 사외이사가 2/3 이상이 되어야 한다.[60] 다섯째 우리법제는 내부통제장치를 두어 금융투자업자가 법령을 준수하고 자산을 건전하게 운용하며 이해상충방지 등 투자자를 보호하기 위한 적절한 기준 및 절차를 마련하도록 하고 있으며 이의 준수 여부를 준법감시인이 점검하게 된다.[61] 다만 준법감시인은 금융투자업자에 의해 임면되기 때문에 자신을 선임한 금융투자업자를 제대로 감독할 수 있을지는 의문이다.[62] 여섯째 우리법제도 업무를 위탁받은 자는 위탁된 업무와 재산상황에 대하여 금융감독원장의 검사를 받게 된다.[63]

---

56) 자본시장과 금융투자업에 관한 법률 제37조; 동법 제79조; 동법 제96조; 동법 제102조.

57) 자본시장과 금융투자업에 관한 법률 제48조 제1항; 동법 제64조 1항; 동법 제115조; 동법 제125조; 동법 제142조; 동법 제162조; 동법 제170조; 동법 제179조; 동법 제185조.

58) 자본시장과 금융투자업에 관한 법률 제31조 제1항.

59) 자본시장과 금융투자업에 관한 법률 제25조 제1항.

60) 자본시장과 금융투자업에 관한 법률 제25조 제2항; 동법 제26조 제2항. 감사위원회의 대표도 사외이사가 된다. 자본시장과 금융투자업에 관한 법률 제26조 제2항.

61) 자본시장과 금융투자업에 관한 법률 제28조 제1항 및 제2항.

62) 자본시장과 금융투자업에 관한 법률 제28조 제3항.

63) 자본시장과 금융투자업에 관한 법률 제43조; 동법 제53조; 동법 제131조; 동법

6. 정보공개와 관련된 시사점

포르투갈법제상 금융투자업자는 일정한 서류나 정보를 일반대중에게 공개하여 그 투명성을 확보하고 있다. 이에 관해 우리법제도 포르투갈법제와 유사한 규정을 다음과 같이 두고 있다. 첫째 금융투자업자는 감독기관에게 업무보고서를 제출한 후에는 업무보고서 중 중요한 사항을 영업소에 비치하고 인터넷 홈페이지 등을 통하여 공시해야 한다.[64] 둘째 금융투자업자는 일정한 자가 발행한 주식 등을 소유할 수 없지만 예외적으로 소유할 수 있는데 이 때 그 사실을 감독당국에게 보고하고 인터넷홈페이지 등을 이용하여 공시하도록 되어 있다.[65] 셋째 증권금융회사는 결산일로부터 3개월 이내에 조직 등에 관한 사항, 재무 등에 관한 사항, 자금조달 등에 관한 사항, 경영지표에 관한 사항, 금융기관 경영에 중요한 영향을 미치는 사항을 자신의 홈페이지에서 공시해야 하는 것이다.[66]

7. 규제 및 감독의 공조와 관련된 시사점

포르투갈법제상 공조는 금융투자업자와 감독기관의 공조, 포르투갈 자국 내의 감독기관 간의 공조, 외국의 감독당국과의 공조를 들 수 있

제146조 제1항; 동법 제158조 1항; 동법 제164조 1항.

64) 자본시장과 금융투자업에 관한 법률 제33조 제2항 및 제3항.

65) 자본시장과 금융투자업에 관한 법률 제34조 제4항.

66) 금융업감독규정 제8-19조 제1항. 이외에도 정보공개와 관련된 규정을 소개하면 다음과 같다. 예컨대 자본시장과 금융투자업에 관한 법률 제41조 제4항, 제56조 제2항, 제58조 제1항, 제62조 제1항, 제74조 제5항, 제89조, 제90조 제3항 및 제4항, 제91조 제3항, 제94조 제4항, 제112조 제7항, 제129조, 제144조, 제149조, 제157조, 제163조, 제165조의17 제1항, 제172조 제3항, 제173조 제2항, 제182조 제7항, 제188조 제3항, 제195조 제3항, 제196조 제4항, 제254조 제7항, 제258조 제7항, 제263조 제7항, 제268조 제9항, 제324조 제8항, 제355조 제8항, 제360조 제8항, 제365조 제7항, 제392조 제4항, 제417조 제2항, 제424조 제2항; 금융투자업규정 제4-66조 이하, 제4-78조 이하, 제5-8조, 제5-15조, 5-27조 제2항, 제5-54조 제1항 참조.

다. 다만 포르투갈은 금융업종에 따라 감독기관이 다르기 때문에 자국 내 감독기관 간의 공조도 단일의 감독기관 체제를 취하는 우리법제보다는 더 중요한 부분이라고 할 수 있을 것이다. 이 경우 이외에는 우리법제도 다음과 같이 포르투갈법제와 유사한 규정을 다음과 같이 두고 있다. 첫째 우리나라 내에서의 공조로서 감독당국은 어음교환소로 지정된 기관, 관할법원, 주채권기관 등에게 필요한 정보의 제공이나 교환을 요청할 수 있다.[67] 둘째 다음과 같은 감독당국은의 권한위임이나 위탁의 경우가 있다. (1) 감독당국은 자본시장과 금융투자업에 관한 법률상 증권의 발행 및 유통과 관련된 조사권한과 제재권한을 증권선물위원회에게 위임할 수 있다.[68] (2) 감독당국은 한국거래소를 통하여 투자자의 보호 등을 위하여 금융투자업자에게 일정한 제재를 부과할 수 있다.[69] 또한 금융투자업자는 금융투자업과 관련된 약관의 제정·변경의 경우 감독당국에게 사전 신고해야 하는데 이 사전신고에 대한 예외로서의 해당 약관(표준약관 포함)이 법령위반 또는 금융투자자의 이익을 침해할 우려가 있는지를 검토할 수 있는 권한 등을 금융위원회가 한국금융투자협회에게 위탁할 수 있다.[70] (3) 금융위원회 또는 증권선물위원회는 대통령령에 따라 그 권한의 일부를 금융감독원장에게 위탁할 수 있다.[71] (4) 금융감독원장은 금융투자업자의 업무와 재산상황을 한국거래소나 한국금융투자협회에게 위탁하여 검사하게 할 수 있다.[72] 셋째 외국과의 공조를 들 수 있다. ① 우리 금융위원회는 외국의 감독당국과 정보를 교

67) 자본시장과 금융투자업에 관한 법률 제161조 제4항; 동법 시행령 제172조.

68) 자본시장과 금융투자업에 관한 법률 제438조 제2항.

69) 자본시장과 금융투자업에 관한 법률 제438조 제3항; 동법 시행령 제387조 제2항 제1호. 금융감독원장은 금융투자업을 하는 금융회사의 업무와 재산상황을 검사할 수 있는데 이 경우에도 대통령령에 따라 검사업무의 일부를 한국거래소나 한국금융투자협회에게 위탁할 수 있다.

70) 자본시장과 금융투자업에 관한 법률 제438조 제3항; 동법 시행령 제387조 제2항 제2호.

71) 자본시장과 금융투자업에 관한 법률 제438조 제4항; 동법 시행령 제387조 제3항.

72) 자본시장과 금융투자업에 관한 법률 제419조 제8항.

환할 수 있는 것이 원칙이다.[73] 다만 상호주의원칙에 따라 외국의 감독당국이 우리나라의 자본시장과 금융투자업에 관한 법률 또는 이 법에 상응하는 외국법령을 위반한 행위에 대하여 목적 등을 적시하여 자본시장과 금융투자업에 관한 법률에 따른 조사나 검사를 요청한 경우 이에 협조할 수 있도록 되어 있다.[74] 이 경우에도 일정한 요건을 구비한 경우에만 우리 금융위원회는 해당 외국의 감독당국에게 조사 또는 검사자료를 '제공'할 수 있는 것이다.[75] ② 한국거래소는 외국 거래소와 정보를 교환할 수 있으나 사전에 금융위원회와 협의를 하도록 되어 있다.[76] 이 경우에도 감독기관간의 공조와 동일하게 상호주의원칙이 적용된다.[77]

제 2 절 아일랜드

Ⅰ. 규제의 주요내용

1. 투자업의 개념

아일랜드법제상 투자업이라 함은 (1) 1개 이상의 금융상품과 관련된 주문의 접수 및 전송업무 (2) 제3자를 위한 주문의 실행업무 (3) 투자업을 하는 회사의 자기계정의 의한 거래업무 (4) 포트폴리오관리업무 (5)

---

73) 자본시장과 금융투자업에 관한 법률 제437조 제1항.
74) 자본시장과 금융투자업에 관한 법률 제437조 제2항.
75) 자본시장과 금융투자업에 관한 법률 제437조 제3항.
76) 자본시장과 금융투자업에 관한 법률 제437조 제4항. 다만 한국거래소는 대통령령으로 정한 정보는 사전에 금융위원회와 협의를 거치지 않고도 교환할 수 있다. 이에 해당하는 구체적인 정보는 이미 공시되거나 일반에 공개될 정보 등을 의미한다. 이에 대한 보다 상세한 내용은 동법 시행령 제386조 참조.
77) 자본시장과 금융투자업에 관한 법률 제437조 제5항.

투자자문업무 (6) 투자업을 하는 회사의 이행의무가 있는 금융상품의 인수업무 (7) 투자업을 하는 회사의 이행의무가 없는 금융상품의 인수업무 (8) 다자간의 결제시스템의 운영업무 (9) 부수업무를 의미한다.[78] 여기서 부수업무라 함은 ① 제3자의 금융상품의 보관 및 관리업무 ② 1개 이상의 금융상품의 거래를 위한 제3자에 대한 신용공여 및 대출업무 ③ 자본구조, 산업전략, 인수 및 합병과 관련된 자문업 ④ 투자업무의 제공과 관련된 외환업무 ⑤ 금융상품의 거래와 관련된 투자연구, 재무분석 또는 기타 자문업무 ⑥ 인수와 관련된 업무 ⑦ 기타 부수업무와 관련된 투자업무를 의미한다.[79]

2. 인가 및 취소

아일랜드에서 투자업을 하려면 아일랜드중앙은행의 사전에 인가를 받아야 하며,[80] 이때 다음과 같은 서류를 제출해야 한다.[81] (1) 완성된

---

78) DIRECTIVE 2004/39/EC OF THE EUROPEAN PARLIAMENT AND THE COUNCIL of 21 April 2004 on markets in financial instruments amending Council Directive 85/EEC and 93/6/EEC and Directive 2000/12/EC of the European Parliament and of the Council and repealing Council Directive 93/22/EEC(이하 MiFID라 함) §4.1 & ANNEX I Section A; INVESTMENT INTERMEDIARIES ACT, 1995(이하 IIA라 함) §2(1); MARKETS IN FINANCIAL INSTRUMENTS AND MISCELLANEOUS PROVISIONS ACT 2007(이하 MFIMPA라 함) §22(e). 아일랜드법제를 고찰하면서 MiFID를 인용하는 이유는 아일랜드금융감독당국이 MiFID를 이미 자국법으로 수용했다고 공식적으로 선언하고 있기 때문이다. Banc Ceannais na hÉireann Central Bank of Ireland Eurosystem, "Home: Financial Regulation: Securities Markets Regulation: Introduction to Securities Markets Regulation," Central Bank of Ireland Website, *at* http:// www.centralbank.ie/regulation/securities-markets/Pages/default.aspx(last visited Jan. 10, 2014).

79) MiFID §4.1 & ANNEX I Section B.

80) MiFID §5.1.

81) Banc Ceannais na hÉireann Central Bank of Ireland Eurosystem, 「Guidance Note for Authorisation under MiFID」 10-11(January 2014) (이하 Guidance Note라 함).

신청서 (2) 구체적인 사업계획서[82] (3) 이사 및 적격보유주주의 설문서 (4) 주주에 관한 정보 (5) 첫 3년간 재정투입 계획서[83] (6) 자본요건의 충족확인서 (7) 고객자산에 대한 정책 및 절차 (8) 청산 시 고객자산의 보호 및 고객에 대한 공정한 대우에 관한 계획서가 그것이다. 이와 같은 서류를 첨부하여 인가신청서를 제출하면 6개월 내로 인가의 가부가 결정된다.[84] 다만 당해 회사를 지휘하려는 자가 사회적 평판 및 적절한 경력이 없다고 인정되거나 이와 같은 자의 변동으로 인하여 당해 회사의 건전한 경영이 위협받는다면 그 인가는 거부된다고 규정하고 있다.[85] 이와 함께 인가를 준 회원국 내에 등록사무소로서 주된 사무소를 설치해야 한다.[86] 그러나 부수업만으로는 투자업의 인가를 받을 수는 없다.[87]

그러나 다음의 경우에는 그 인가가 취소된다.[88] ① 금융투자업의 인가를 받은 후 12개월 내에 그 인가를 이용하지 않거나 ② 인가를 명시적으로 포기하거나 ③ 6개월 간 계속해서 투자업무를 제공하지 않거나 ④ 허위의 사실이나 기타 불법적인 방법으로 인가를 받았거나 ⑤ 인가 시에 부과된 조건을 더 이상 충족하지 않거나 ⑥ 관련 법령을 심각하게 위반하거나 ⑦ 아일랜드법제상 취소사유에 해당되는 경우가 이에 해당된다.

3. 재무건전성

아일랜드법제상 투자업을 하려는 회사는 그 초기자본이 충분해야

---

82) 이 사업계획서에는 사업전략, 영업할 업무의 상세, 조직흐름도(직원의 수, 역할, 책임, 보고순서도, 경력 등), 이사회 등 회사지배구조가 포함된다. Guidance Note, 10면.

83) 이 재정투입계획서에는 손익계산서, 대차대조표, 검사받은 회계보고서 및 최근 원가계산서, 첫해의 법정자본금의 산출 등이 포함된다. Guidance Note, 10-11면.

84) MiFID §7.3.

85) MiFID §9.3. 이와 유사한 규정으로는 예컨대 MiFID §38.3 참조.

86) MiFID §5.4.

87) MiFID §6.1.

88) MiFID §8. 이와 맥락이 동일한 규정으로는 예컨대 MiFID §36.5 참조.

한다.[89] 이에 따라 50,000유로 또는 125,000유로를 초기자본으로 하는 회사와 730,000유로를 초기자본으로 하는 회사로 대별된다.[90] 전자의 초기자본을 가진 회사는 (1) 금융상품에 대한 고객의 주문을 접수 및 전송업무 (2) 금융상품에 대한 고객주문의 실행업무 (3) 금융상품에 대한 제3자의 투자포트폴리오의 관리업무를 할 수 있다.[91] 이에 반해 후자의 초기자본을 가진 회사는 기술한 전자의 업무를 자기계정에 의해서도 거래를 할 수 있으며 당해 회사의 이행의무가 붙은 금융상품의 인수업무를 할 수 있다는 점에서 차이가 있다.[92] 다만 초기자본이 50,000유로로 축소되기 위해서는 해당 회사는 ① 고객의 현금이나 유가증권을 보유하지 않거나 ② 자기계정에 의한 거래를 하지 않거나 ③ 자신의 이행의무가 붙은 금융상품의 인수업무를 하지 않아야 한다.[93] 그러나 이 요건이 충족되더라도 당해 회원국 감독당국의 재량으로만 인정될 수 있을 뿐이다.[94]

한편 금융투자업을 하는 회사의 주식을 취득하거나 이미 보유한 주식을 처분할 때에도 일정한 경우의 제한이 있다. 즉 누구든지 해당 회사의 주식을 10%, 20%, 33%, 50% 이상 또는 취득자의 자회사가 될 수 있을 정도의 주식을 취득하려면 이와 관련된 정보와 함께 서면으로 감독당국에게 통지해야 하며 그 처분의 경우도 동일하다.[95]

---

89) MiFID §12.

90) Proposal for a DIRECTIVE OF THE EUROPEAN PARLIAMENT AND OF THE COUNCIL on the access to the activity of credit institutions and the prudential supervision of credit institutions and investment firms and amending Directive 2002/87/EC of the European Parliament and of the Council on the supplementary supervision of credit institutions, insurance undertakings and investment firms in a financial conglomerate §28-30(Brussels, Jul. 20, 2011)(이하 Proposal Directive라 함); Guidance Note, 6-7면.

91) Proposal Directive §29.1; Guidance Note, 6면.

92) Proposal Directive §28.2; Guidance Note, 6면.

93) Proposal Directive §29.3.

94) Id. 해당 조문에 'may'라는 용어를 사용하고 있다.

95) IIA §§38-39(1) & (2).

4. 지배구조

아일랜드법제상 금융투자업을 하는 회사는 잠재적인 부작용을 정확히 확인하여 이를 관리할 수 있는 조직을 구비해야 한다.[96] 이에 따라 노출되는 위험이 적절하게 잘 관리되고 궁극적으로는 그 위험을 감소시킬 수 있는 조직이 되어야 한다.[97] 또한 경영 및 회계절차가 건전해야 하며 내부통제장치 등도 구비될 것을 요구하고 있다.[98]

5. 정보공개

아일랜드법제상 금융투자업을 하는 회사는 고객에게 제공하는 정보가 공정하고 명확하도록 단편적인 내용이 아니라 포괄적인 형식으로 제공해야 한다.[99] 특히 고객에게 이해충돌이 발생할 수 있는 일반적인 내용을 명시적으로 공개하도록 되어 있다.[100] 또한 해당 거래 후에는 그 거래량, 가격 및 시점을 일반대중에게 공개해야 한다.[101] 만약 감독당국이 금융상품의 거래를 정지나 폐지한다면 이 사실 또한 즉시 일반대중에게 공개하게 된다.[102]

6. 규제 및 감독의 공조

아일랜드법제상 금융투자업의 규제 및 감독의 공조는 다음과 같다. 첫째 아일랜드 자국 내에서의 공조이다. 이는 선택사항이 아니라 의무사항이며 개별 감독기관의 역할도 명시되어 있다.[103] 둘째 회원국 감독

96) MiFID §39.(a).
97) MiFID §39.(b). 그 조직의 규정 및 절차 역시 투명하고 공정할 것을 요구하고 있다. MiFID §39.(d).
98) MiFID §13.5.
99) MiFID §19.2-3.
100) MiFID §18.2.
101) MiFID §28.1.
102) MiFID §41.2.
103) MiFID §49.

당국과의 공조이다. 이 역시 의무사항이며,[104] 그 내용은 다음과 같다. (1) 회원국의 감독당국은 그 감독의 범위 내에서 다른 회원국의 감독당국에게 임점검사 또는 조사의 공조를 요청할 수 있다.[105] 이에 따라 요청을 받은 회원국의 감독당국은 자신이 직접 임점검사 또는 조사를 수행하거나 요청한 회원국의 감독당국이 직접 이를 실행하든가 아니면 기타 전문가를 통하여 대신 집행하게 할 수 있다. (2) 필요한 정보의 제공도 요청할 수 있으며 이 요청을 받은 회원국의 감독당국은 해당 정보를 제공해야 한다.[106] 이와 같이 임점검사, 조사 또는 정보제공의 요청을 받으면 이에 공조해야 하는 것이 원칙이지만 다음과 같은 경우에는 그 공조를 거부할 수 있다. 즉 그 공조가 아일랜드의 주권, 안전 또는 공공질서에 부정적인 영향을 주거나 동일한 행위 및 그 대상자에 대하여 이미 아일랜드법정에서 소송절차로 진행 중에 있거나 최종판결로 확정된 경우라면 그 공조의 요청을 거부할 수 있는 것이다.[107] 셋째 非회원국의 감독당국과의 공조이다. 이때의 공조는 의무사항은 아니고 선택사항이다. 그 공조도 정보교환이 중심이 되며 여기의 정보에는 개인적인 데이터도 포함된다. 이와 같은 非회원국의 감독당국과의 공조 역시 정보교환의 대상이 되는 정보에 대해 감독직무상 비밀유지의무가 보장될 것을 요구하고 있다.[108]

Ⅱ. 시사점

1. 의 의

이상에서 아일랜드법제상 금융투자업에 대한 주요규제를 살펴보았

104) MiFID §56.1.
105) MiFID §57.
106) MiFID §58.1.
107) MiFID §59. 다만 공조의 요청을 거부하는 경우에도 가능한 필요한 정보는 제공되어야 한다. Id.
108) MiFID §63.1.

다. 이하에서는 이를 중심으로 우리법제의 시사점으로는 무엇이 있는지 검토하기로 한다.

2. 투자업의 개념과 관련된 시사점

우리법제에서는 투자업을 투자매매업, 투자중개업, 집합투자업, 투자자문업, 투자일임업이나 신탁업을 영리의 목적으로 계속적·반복적으로 영업하는 것을 의미한다. 따라서 이 한도 내에서는 우리법제나 아일랜드법제는 별반 차이가 없다.[109]

3. 인가 및 취소와 관련된 시사점

투자업의 인가에 대한 우리법제와 아일법제는 큰 차이가 없다. 다만 우리법제는 예비인가[110]라는 제도를 두고 있으나 아일랜드법제는 이와 같은 제도가 없다는 점에서 차이가 있다. 물론 예비인가 때부터 제대로 관리한다는 의미에서는 유용성도 있을 수 있으나 예비인가의 규정 자체가 명확하지 못하여 의문이 있다. 특히 금융위원회가 예비인가 여부를 결정할 때 본인가의 요건을 충족할 수 있는지를 심사해서 결정한다고 규정하고 있는데,[111] 어떻게 예비인가 단계에서 본인가요건의 충족 여부를 심사할 수 있는지 의문이 들기 때문이다. 이럴 바에야 예비인가를 본인가에 합쳐서 심사하는 것이 나을 것이다.

4. 재무건전성과 관련된 시사점

아일랜드법제는 초기자본금이 50,000유로에서 730,000유로에 따라 금융투자업자가 할 수 있는 영업범위가 다르다. 이에 대해 우리법제도 이와 유사한 규정을 두고 있다. 첫째 금융투자업자는 자신의 영업용순

109) 자본시장과 금융투자업에 관한 법률 제2조 제1항. 개별 금융투자업에 대한 개념정의는 동법 제2조 제2항 및 제8항 참조.

110) 자본시장과 금융투자업에 관한 법률 제14조.

111) 자본시장과 금융투자업에 관한 법률 제14조 제2항.

자본이 그 부채와 위험을 환산한 금액을 합한 금액 이상이 되도록 해야 한다.[112] 둘째 금융투자업자는 인가업무의 단위별로 5억 이상으로서 대통령령으로 정하는 금액 이상의 자기자본을 보유하도록 되어 있으며,[113] 인가 후에는 해당 자기자본의 70%를 유지해야 한다.[114] 또한 인가받은 후에도 등록하려면 해당 금융투자업자는 등록업무의 단위별로 1억 이상으로서 대통령령으로 정하는 금액 이상의 자기자본을 보유해야 하고,[115] 등록한 후에도 등록된 업무의 단위별 최저자기자본의 70%를 유지하도록 되어 있다.[116] 셋째 투자회사의 최저순자산액은 10억을 초과하지 아니하는 범위 내에서 대통령령으로 정하는 금액 이상이 되어야 한다.[117] 만약 최저순자산액의 미달이 발생하면 금융감독당국에게 보고해야 한다.[118] 넷째 자금중개회사의 자기자본은 10억 이상으로서 대통령령이 정하는 금액 이상이어야 한다.[119] 다섯째 단기금융회사의 자기자본은 200억 이상으로서 대통령령이 정하는 금액 이상이어야 한다.[120] 여섯째 국내에 소재하는 외국 금융투자업자의 지점이나 그 밖의 영업소의 영업기

112) 자본시장과 금융투자업에 관한 법률 제30조 제1항. 여기서 영업용순자본이라 함은 자본금과 준비금 및 기타 (1) 총리령으로 정하는 금액의 합계액에서 고정자산과 기타 단기간 내에 유동화가 어려운 자산으로서 (2) 총리령으로 정하는 자산의 합계액을 공제한 금액을 의미한다. 동법 동조 동항 참조. 또한 (1)에는 ① 유동자산에 설정한 대손충당금 ② 후순위차입금 ③ 금융리스부채 ④ 자산평가이익 ⑤ 기타 영업용순자본에 포함시킬 필요가 있다고 금융위원회가 고시한 사항이 포함된다. 다음으로 (2)에는 ① 선급금 ② 선급비용 ③ 선급법인세 ④ 자산평가손실 ⑤ 기타 영업용순자본에서 제외할 필요가 있다고 금융위원회가 정하여 고시한 사항이 포함된다. 동법 시행규칙 제5조.

113) 자본시장과 금융투자업에 관한 법률 제12조 제2항 제2호; 동법 시행령 제16조 제3항.

114) 자본시장과 금융투자업에 관한 법률 제15조; 동법 시행령 제19조 제1항 제1호.

115) 자본시장과 금융투자업에 관한 법률 제18조 제2항 제2호; 동법 시행령 제21조 제2항.

116) 자본시장과 금융투자업에 관한 법률 제20조; 동법 시행령 제23조 제1호.

117) 자본시장과 금융투자업에 관한 법률 제194조 제5항.

118) 자본시장과 금융투자업에 관한 법률 제243조 제1항.

119) 자본시장과 금융투자업에 관한 법률 제355조 제2항 제2호.

120) 자본시장과 금융투자업에 관한 법률 제360조 제2항 제2호.

금은 자본금으로 보고, 자본금과 적립금 및 이월이익잉여금의 합계액은 자기자본으로 보게 된다.[121]

또한 아일랜드는 금융투자업자의 주식을 10%, 20%, 33%, 50% 이상의 취득이나 처분 또는 해당 주식의 취득이나 처분으로 자회사가 되거나 그렇지 않게 되는 경우에는 감독당국에게 통지해야 하는데 우리법제도 이와 유사한 규정을 다음과 같이 두고 있다. 첫째 투자자문업자 및 투자일임업자를 제외한 금융투자업자가 발행한 주식을 취득하여 대주주[122]가 되고자 하는 자는 건전한 경영을 위하여 대통령령으로 정하는 요건을 구비하여 감독당국으로부터 미리 승인을 받아야 한다.[123] 만약 감독당국으로부터 승인받지 않고 주식을 취득하면 그 주식에 대하여는 의결권을 행사할 수 없으며 그 주식을 처분하라는 명령을 받을 수도 있다.[124] 승인 후에도 승인받은 주식의 지주비율이 발행주식 총수의 1%에 해당하는 변동을 발생시킨다면 금융위원회에게 보고하도록 되어 있다.[125] 둘째 금융투자업자의 주식이 상장된 경우 발행주식 총수의 5% 이상을 취득했다면 그 날로부터 5일 이내에 감독당국과 한국거래소에 보고해야 하고 기존 5% 이상 보유자가 그 지주비율의 1% 이상에 해당하는 변동이 발생한 경우에도 같다.[126]

121) 자본시장과 금융투자업에 관한 법률 제65조 제1항.

122) 금융투자업과 관련해서 우리법제상 대주주라 함은 최대주주와 주요주주를 의미한다. 여기서 최대주주라 함은 법인의 의결권 있는 발행주식 총수를 기준으로 본인 및 그와 대통령령으로 정하는 특수한 관계가 있는 자(이하 '특수관계인'이라 한다)가 누구의 명의로 하든지 자기의 계산으로 소유하는 주식(그 주식과 관련된 증권예탁증권을 포함한다)을 합하여 그 수가 가장 많은 경우의 그 본인(이하 '최대주주'라 한다)을 의미하고 주요주주라 함은 (1) 누구의 명의로 하든지 자기의 계산으로 법인의 의결권 있는 발행주식 총수의 10% 이상의 주식(그 주식과 관련된 증권예탁증권을 포함한다)을 소유한 자 (2) 임원의 임면(任免) 등의 방법으로 법인의 중요한 경영사항에 대하여 사실상의 영향력을 행사하는 주주로서 대통령령으로 정하는 자를 의미한다. 자본시장과 금융투자업에 관한 법률 제9조 제1항.

123) 자본시장과 금융투자업에 관한 법률 제23조 제1항.

124) 자본시장과 금융투자업에 관한 법률 제23조 제2항 및 제3항.

125) 자본시장과 금융투자업에 관한 법률 제418조 제5호.

126) 자본시장과 금융투자업에 관한 법률 제147조 제1항.

이와 같은 보고 없이 허위 등의 보고를 했다면 그 주식에 대하여는 의결권의 행사가 금지되며 해당 주식을 처분하라는 명령을 받을 수 있다.[127]

5. 지배구조에 관한 시사점

아일랜드법제상 금융투자업자는 부작용을 감지할 수 있고, 위험을 관리하고 감소시킬 수 있으며, 경영 및 회계절차가 건전하게 운영될 수 있도록 회사지배조직을 마련하고 있다. 이에 대해 우리법제 역시 이와 유사한 규정을 다음과 같이 두고 있다. 첫째 금융투자업자는 신의칙과 선량한 관리자의 주의의무로서 영업을 해야 한다.[128] 둘째 금융투자업자가 일정한 요건의 설명의무 등을 위반하는 경우에는 배상책임을 부담하도록 되어 있다.[129] 셋째 금융투자업자는 자본, 자산, 유동성 및 기타의 사항에 관한 경영건전성 기준을 준수하고 이를 실행할 제도적 장치를 마련해야 한다.[130] 넷째 금융투자업자는 법령 등을 준수하고 투자자를 보호하기 위한 절차 등을 마련해야 할 뿐만 아니라 이를 감시할 준법감시인을 두어야 한다.[131] 다만 준법감시인은 당해 금융투자업자에 의하여 임면되기 때문에 자신을 임명한 금융투자업자를 제대로 감시할 수 있는지는 여전히 의문으로 남는다.[132]

6. 정보공개와 관련된 시사점

아일랜드법제상 금융투자업자는 일정한 서류와 정보 등을 감독당국

127) 자본시장과 금융투자업에 관한 법률 제150조 제1항 및 제3항.
128) 자본시장과 금융투자업에 관한 법률 제37조; 동법 제79조; 동법 제96조; 동법 제102조.
129) 자본시장과 금융투자업에 관한 법률 제48조 제1항; 동법 제64조 1항; 동법 제115조; 동법 제125조; 동법 제142조; 동법 제162조; 동법 제170조; 동법 제179조; 동법 제185조.
130) 자본시장과 금융투자업에 관한 법률 제31조 제1항.
131) 자본시장과 금융투자업에 관한 법률 제28조 제1항 및 제2항.
132) 자본시장과 금융투자업에 관한 법률 제28조 제3항.

에게뿐만 아니라 일반대중에게 공개하도록 되어 있다. 우리법제도 다음과 같이 이와 유사한 규정을 두고 있다. 즉 금융투자업자는 업무보고서를 감독기관에게 제출한 후 그 중 중요한 사항을 본점 등에 비치하면서 인터넷홈페이지에도 공시하고 있다.[133] 또한 증권금융회사의 경우 결산일로부터 3개월 내에 조직, 재무, 자금조달, 경영지표, 금융기관의 경영에 중요한 영향을 미치는 사항 등을 그 홈페이지를 통해서 공시하고 있다.[134] 뿐만 아니라 금융투자업자는 자신의 일정한 특수관계인이 발행한 주식 등을 소유할 수 없지만 일정한 경우 대통령령으로 정하는 비율은 소유할 수 있으며 이 때 그 사실을 감독당국에게 보고하고 인터넷홈페이지 등을 이용하여 공시하도록 되어 있다.[135]

7. 규제 및 감독의 공조와 관련된 시사점

아일랜드법제상 금융투자업의 규제 및 감독에 대한 공조는 아일랜드 자국 내의 공조와 외국 감독당국과의 공조로 대별된다. 우리법제 역시 아일랜드와 유사한 규정을 두고 있으며 그 주요한 내용은 다음과 같다. 첫째 한국 내에서의 여러 기관과의 공조가 있다. (1) 금융위원회는 지정된 어음교환소, 법원, 주채권기관 등에게 관련 정보의 제공 또는 교환을 요청할 수 있다.[136] (2) 금융위원회는 자본시장과 금융투자업에

---

133) 자본시장과 금융투자업에 관한 법률 제33조 제2항 및 제3항.

134) 금융업감독규정 제8-19조 제1항. 이외에도 정보공개와 관련된 규정을 소개하면 다음과 같다. 예컨대 자본시장과 금융투자업에 관한 법률 제41조 제4항, 제56조 제2항, 제58조 제1항, 제62조 제1항, 제74조 제5항, 제89조, 제90조 제3항 및 제4항, 제91조 제3항, 제94조 제4항, 제112조 제7항, 제129조, 제144조, 제149조, 제157조, 제163조, 제165조의17 제1항, 제172조 제3항, 제173조 제2항, 제182조 제7항, 제188조 제3항, 제195조 제3항, 제196조 제4항, 제254조 제7항, 제258조 제7항, 제263조 제7항, 제268조 제9항, 제324조 제8항, 제355조 제8항, 제360조 제8항, 제365조 제7항, 제392조 제4항, 제417조 제2항, 제424조 제2항; 금융투자업규정 제4-66조 이하, 제4-78조 이하, 제5-8조, 제5-15조, 5-27조 제2항, 제5-54조 제1항 참조.

135) 자본시장과 금융투자업에 관한 법률 제34조 제4항.

136) 자본시장과 금융투자업에 관한 법률 제161조 제4항; 동법 시행령 제172조.

관한 법률상 증권의 발행 및 유통과 관련된 조사 및 제재권한을 증권선물위원회에게 위임할 수 있다.[137] (3) 금융위원회는 한국거래소로 하여금 투자자의 보호 등을 위하여 금융투자업자에게 일정한 제재를 부과할 수 있는 권한을 부여할 수 있다.[138] 또한 금융투자업자는 금융투자업의 관련 약관의 제정 및 변경 시 감독당국에게 미리 신고해야 하는데 이 사전신고에 대한 예외로서의 해당 약관(표준약관 포함)이 법령위반이나 금융투자자의 이익을 침해할 우려가 있는지를 검토할 수 있는 권한 등을 감독당국이 한국금융투자협회에게 부여할 수 있다.[139] (4) 금융위원회나 증권선물위원회는 대통령령에 따라 그 권한의 일부를 금융감독원장에게 위탁할 수도 있다.[140] (5) 금융감독원장은 금융투자업자의 업무 및 재산상황을 한국거래소 또는 한국금융투자협회에게 위탁하여 검사하게 할 수 있다.[141] 둘째 외국과의 공조가 있다. ① 우리 감독당국은 외국의 감독당국과 정보를 교환할 수 있는 것이 원칙이다.[142] 다만 상호주의원칙에 따라 외국의 감독당국이 우리나라의 자본시장과 금융투자업에 관한 법률 또는 이 법에 상응하는 외국법령을 위반한 행위에 대하여 목적 등을 적시하여 자본시장과 금융투자업에 관한 법률에 따른 조사 또는 검사를 요청한 경우 이에 협조할 수 있도록 되어 있다.[143] 이 경우에도 일정한 요건을 구비한 경우에만 우리 감독당국은 해당 외국의 감독당국에게 조사 또는 검사자료를 제공할 수 있는 것이다.[144] ② 한국거래

137) 자본시장과 금융투자업에 관한 법률 제438조 제2항.

138) 자본시장과 금융투자업에 관한 법률 제438조 제3항; 동법 시행령 제387조 제2항 제1호. 금융감독원장은 금융투자업을 하는 금융회사의 업무와 재산상황을 검사할 수 있는데 이 경우에도 대통령령에 따라 검사업무의 일부를 한국거래소나 한국금융투자협회에게 위탁할 수 있다.

139) 자본시장과 금융투자업에 관한 법률 제438조 제3항; 동법 시행령 제387조 제2항 제2호.

140) 자본시장과 금융투자업에 관한 법률 제438조 제4항; 동법 시행령 제387조 제3항.

141) 자본시장과 금융투자업에 관한 법률 제419조 제8항.

142) 자본시장과 금융투자업에 관한 법률 제437조 제1항.

143) 자본시장과 금융투자업에 관한 법률 제437조 제2항.

144) 자본시장과 금융투자업에 관한 법률 제437조 제3항.

소는 외국거래소와 정보를 교환할 수 있으나 사전에 금융위원회와 협의를 하도록 되어 있다.[145] 비록 거래소 간의 공조이지만 우리 감독당국과 협의를 하기 때문에 넓게는 우리 금융위원회와의 공조에 포함시킬 수 있을 것이다. 다만 이 경우에도 상호주의원칙이 적용된다.[146]

제 3 절 이태리

Ⅰ. 규제의 주요내용

1. 투자업의 개념

이태리법제상 투자업이라 함은 (1) 투자업을 하는 회사의 자기계정에 의한 거래업무 (2) 고객의 주문에 대한 실행업무 (3) 발행인에 대한 투자업을 하는 회사의 이행의무가 있는 인수업무 (4) 발행인에 대한 투자업을 하는 회사의 이행의무가 없는 인수업무 (5) 포트폴리오관리업무 (6) 1개 이상의 금융상품의 주문의 접수 및 전송업무 (7) 투자자문업무 (8) 다자간의 결제시스템의 관리업무 (9) 기타 부수업무를 의미한다.[147] 부수업무에는 ① 금융상품의 보관 및 관리업무 ② 보호예수업무 ③ 자본구조, 산업전략, 인수 및 합병과 관련된 자문업 ④ 금융상품의 거래

---

145) 자본시장과 금융투자업에 관한 법률 제437조 제4항. 다만 한국거래소는 대통령령으로 정한 정보는 사전에 금융위원회와 협의를 거치지 않고도 교환할 수 있다. 이에 해당하는 구체적인 정보는 이미 공시되거나 일반에 공개될 정보 등을 의미한다. 이에 대한 보다 상세한 내용은 동법 시행령 제386조 참조.

146) 자본시장과 금융투자업에 관한 법률 제437조 제5항.

147) Legislative Decree no.58 of 24 February 1998(이하 Consolidated Law on Finance라 함) §1.5-1.6 & ANNEX Section A-B. 이 법규정은 이태리의 금융에 관한 통합법이며 본 문에서 인용되고 있는 법규정은 이 통합법에 대한 최근 2013년에 개정된 내용을 반영하고 있는 개정판이다.

를 위한 투자자에 대한 대출업무 ⑤ 금융상품의 발행 및 청약과 관련된 업무 ⑥ 금융상품의 거래와 관련된 투자연구, 재무분석 또는 기타 일반적인 자문업무 ⑦ 투자업무의 제공과 관련된 외환업무 ⑧ 기타 관련업무가 포함된다.[148]

2. 인가 및 취소

이태리법제상 투자업을 하려는 자는 다음과 같은 요건을 충족해야 한다.[149] 즉 (1) 투자업을 하려는 자는 주식회사(*società per azioni*: S.p.A.)이어야 한다. (2) 해당 회사의 상호에는 중개회사(*società di intermediazione mobiliare*: SIM)라는 단어가 포함되어야 한다. (3) 이태리 내에 등록된 주된 사무소가 있어야 한다. (4) 자본금은 이태리중앙은행이 정한 기준 이상이어야 한다.[150] (5) 영업종류의 설명, 부수업무의 절차 및 그 종류, 위탁업무에 대한 설명을 포함한 조직구조에 대한 보고서와 함께 당해 회사의 기관 및 정관과 함께 초기영업과 관련된 프로그램을 제출해야 한다. (6) 당해 회사의 행정, 경영 및 감독기능을 담당하는 자는 법정[151]의 경력, 독립성 및 도덕성요건을 충족하는 자이어야 한다. (7) 당해 회사를 지배하거나 중요한 영향력을 행사하거나 의결권이 있는 발행주식 총수 또는 자본금의 10% 이상을 보유하려는 자는 법정[152]의 도덕성요건 및 결격사유가 없어야 한다. (8) 당해 회사가 그룹에 소속되어 있다면 해당 그룹조직이 당해 회사에 대한 감독당국의 효과적인 감독에 부정적인 영향을 주지 않는 그룹의 구조가 되어야 한다. 이와 같은 요건이 충족되면 이태리 투자업감독기관(*Commissionenazionale per le societa e la borsa*: 이하 Consob이라 함)이 인가를 하게

148) Consolidated Law on Finance §1.6 & ANNEX Section B.
149) Consolidated Law on Finance §19.1.a)-h).
150) 자세한 내용은 Bank of Italy Regulation no. 1097 of 29.10.2007 참조.
151) Consolidated Law on Finance §13.
152) Consolidated Law on Finance §§14 & 15.1.

된다.[153] 반면 자산운용회사는 기술한 요건 중 (2) 대신에 자산운용회사(*società di gestione del risparmio*: SGR)라는 단어가 포함되어야 하며,[154] 나머지는 기술한 요건과 동일하며 이를 충족하게 되면 집합자산운용업무, 포트폴리오관리업무 및 투자자문업무를 할 수 있으며 그 인가를 이태리 투자업감독기관(Consob)으로부터 받는 것이 아니라 이태리중앙은행으로부터 인가를 받는다는 점에서 차이가 있다.[155] 그러나 건전한 경영이 보장되지 않고 당해 회사가 투자업무를 수행할 능력이 보장되지 않는다면 그 인가는 거부된다.[156] 자산운용회사가 집합자산운용업무, 포트폴리오관리업무 및 투자자문업무를 수행하려는 경우에도 그 경영의 건전성이 보장되지 않는다면 그 인가는 거부된다.[157]

3. 재무건전성

이태리법제상 투자업을 하는 회사에 대해 그 지배적인 투자나 중요한 영향력이 있는 투자를 하거나 그것을 처분하거나 또는 해당 회사의 의결권이 있는 발행주식 총수의 10% 이상을 취득하거나 또는 당해 회사의 자본금의 10% 이상에 해당하는 금액을 투자하는 경우에는 이태리중앙은행에게 통지를 해야 한다.[158] 또한 20%, 30% 또는 50% 이하나

---

153) Consolidated Law on Finance §19.1. 다만 이 경우 이태리 투자업감독기관(Consob)은 이태리중앙은행으로부터 자문을 먼저 받아야 한다. Id.

154) Consolidated Law on Finance §34.h).

155) Consolidated Law on Finance §34.1. 다만 이 경우 이태리중앙은행은 이태리 투자업감독기관(Consob)으로부터 자문을 먼저 받아야 한다. Id. 이태리법제상 투자업을 하는 회사에 대한 감독권은 Consolidated Law on Finance에서 이태리 투자업감독기관(Consob)이 감독하는 경우(§§4-bis.1, 4-ter.2, 4-ter.5, 4-quater.2, 5.3, 6.03.2, 91, 187-octies 등)와 이태리중앙은행이 감독하는 경우(§§5.2, 6.03.1, 12.1, 12.3-bis, 12.5-bis 등) 및 양자가 공동(§§4-ter.1, 4-ter.3, 5.4, 5.5-bis, 6.2-bis 등)으로 감독하는 경우로 분산되어 있다.

156) Consolidated Law on Finance §19.2.

157) Consolidated Law on Finance §34.2.

158) Consolidated Law on Finance §15.1. 그러나 상장회사의 경우라면 2%부터 이태리 투자업감독기관(Consob)에게 통지해야 한다. Consolidated Law on Finance §120.2. 통지하지 않으면 의결권의 행사가 금지될 수도 있다.

이상의 취득하거나 처분한 결과 당해 회사의 지배권에 변동이 있을 경우에도 사전에 통지해야 한다.[159] 그러나 매수인의 적격성 및 인수계획의 재원건전성을 평가한 결과 해당 회사의 건전한 경영이 보장되지 않을 경우에는 그 취득이 금지될 수 있고 이때의 판단기준은 다음과 같다.[160] (1) 매수인의 도덕성에 관한 법정요건을 포함한 사회적 평판 (2) 매수인의 경력, 도덕성 및 독립성에 관한 법정요건 (3) 매수인의 재무건전성 (4) 인수 후 당해 회사의 법령준수 능력 (5) 효과적인 감독을 위한 매수인의 그룹조직의 적합성 (6) 해당 인수가 자금세탁 또는 테러자금과의 관련성 부존재가 그것이다. 취득과는 별도로 이미 투자업을 하는 회사의 주식이나 지분을 가지고 있는 자가 그 권리의 행사로 인하여 당해 회사의 건전한 경영 및 효과적인 감독에 대하여 부정적인 영향을 준다고 판단되면 그 의결권이나 지분에 대한 권리가 정지될 수도 있다.[161] 의결권이나 지분에 대한 권리의 행사가 정지되었음에도 불구하고 그 권리를 행사한 경우에는 그 권리를 처분해야 한다.[162]

상호출자의 경우 2% 이상에 대한 초과분에 대하여는 의결권을 행사할 수 없고 1년 내에 처분해야 하며 처분될 때까지는 초과분뿐만 아니라 보유하고 있는 주식 전부에 대하여 의결권이 정지된다.[163] 다만 두 회사의 주주총회에서 승인을 받은 경우에는 5%부터 기술한 제한이 붙게 된다.[164]

4. 지배구조

이태리법제상 투자업을 하는 회사의 행정, 경영 및 감독기능을 수행

Consolidated Law on Finance §120.5.

159) Id.

160) Consolidated Law on Finance §15.2.

161) Consolidated Law on Finance §16.2.

162) Consolidated Law on Finance §16.3.

163) Consolidated Law on Finance §121.1.

164) Consolidated Law on Finance §121.2.

하는 자는 경제부장관이 마련한 경력, 도덕성 및 독립성 요건이라는 일반적인 자격요건을 충족해야 한다.[165] 다만 경제부장관이 이 요건을 마련하기 전에 이태리중앙은행 및 이태리 투자업감독기관(Consob)으로부터 자문을 먼저 받도록 되어있다. 이와 같은 요건을 충족하지 못한 경우 그 직이 상실되며 당해 회사의 이사회, 감독기구나 경영진이 이 사실을 선언하도록 되어 있다.[166] 만약 당해 회사의 이사회 등이 이와 같은 선언을 하지 않는다면 이태리중앙은행이나 이태리 투자업감독기관(Consob)이 선언하게 된다.[167]

이사는 이사후보추천명부[168]를 기초로 해서 선출되며 당해 회사의 자본금의 3%나 이태리 투자업감독기관(Consob)이 정한 지주비율의 범위내의 주식을 보유한 자이어야 한다.[169] 또한 이사의 성별도 한 성이 2/3를 넘을 수 없도록 하여 그 균형을 도모하고 있다.[170] 뿐만 아니라 이사 중 최소한 1명 이상은 소수주주에 의하여 선출되어야 하며 이렇게 선출된 이사는 법정의 경력, 도덕성 및 독립성 요건을 충족해야 한다.[171] 이사의 수가 7명 이하인 경우에는 최소한 1명 또는 이사의 수가 7명 이상인 경우에는 2명 이상이 감사위원회의 감사위원에 대한 법정[172]의 독립성 요건을 충족시켜야 한다.[173] 경영진의 경우에도 해당 경영진이 4명 이상으로 구성된 경우에도 최소한 1명 이상은 법정의 독립성 요건을 충족시켜야 한다는 점은 이사의 경우와 동일하다.[174]

---

165) Consolidated Law on Finance §13.1.

166) Consolidated Law on Finance §13.2.

167) Consolidated Law on Finance §13.3.

168) 이와 같은 명부는 당해 회사의 본점, 그 웹사이트 및 이태리 투자업감독기관(Consob)이 정한 기타의 방법에 의해 일반대중이 이용할 수 있도록 하고 있다. Consolidated Law on Finance §147-ter.1-bis.

169) Consolidated Law on Finance §147-ter.1.

170) Consolidated Law on Finance §147-ter.1-ter.

171) Consolidated Law on Finance §147-ter.3.

172) 보다 상세한 내용은 Consolidated Law on Finance §148.3 참조.

173) Consolidated Law on Finance §147-ter.4.

174) Consolidated Law on Finance §147-quater.1.

한편 감사위원회의 경우 감사의 수는 최소한 3명 이상이어야 하며 감사의 성별의 균형을 위해 한 성이 2/3를 초과하는 것이 금지된다.[175] 하나 특이한 점은 감사위원회의 의장은 주주총회에서 소수주주에 의하여 선임된다는 점이다.[176] 감사 역시 법정의 경력 및 도덕성 요건을 구비해야 하며 이를 충족시키지 못한다면 그 직이 상실된다.[177] 감사의 경우에도 결격사유가 발생하면 해당 회사의 이사회가 그 사실을 선언해야 하며 만약 그 이사회가 결격을 선언하지 않는다면 이태리 투자업감독기관(Consob)이 그 사실을 선언하게 된다.[178] 결격사유 없이 선임된 감사는 다음과 같은 업무를 수행한다.[179] (1) 법령 및 정관의 준수 여부 (2) 적시감사의 원칙의 준수 여부 (3) 감사위원회와 관련된 회사조직구조의 적정성 여부, 내부통제장치, 관리 및 회계시스템의 적절성, 관리 및 회계시스템의 신뢰성 여부 (4) 회사지배구조를 실행할 수 있는 조직 유무 (5) 자회사에 대한 지시의 적절성 여부가 그것이다. 또한 감사는 주주총회, 이사회 및 집행위원회의 회의에 참석해야 하며 정당한 이유 없이 주주총회에 참석하지 않거나 이사회 및 집행위원회의 회의에 2번 참석하지 않으면 그 직이 상실된다.[180]

내부통제장치와 관련해서 투자업을 하는 회사는 투자업을 효과적으로 제공하기 위해서는 그 재원 및 절차가 구비되어야 하는데 여기에 포함되는 것이 바로 내부통제장치이다.[181] 또한 기술한 바와 같이 감사업무 중의 하나에는 해당 회사의 내부통제장치의 적절성 여부를 확인하는 것도 포함된다.[182]

---

175) Consolidated Law on Finance §148.1-1-bis.
176) Consolidated Law on Finance §148.2-bis.
177) Consolidated Law on Finance §148.4.
178) Consolidated Law on Finance §148.4-quater.
179) Consolidated Law on Finance §149.1.
180) Consolidated Law on Finance §149.2.
181) Consolidated Law on Finance §21.1.d).
182) Consolidated Law on Finance §149.1.c).

5. 정보공개

이태리 투자업감독기관(Consob)은 감독의 목적 및 비용절감 차원에서 이태리중앙은행과 공조를 해야 하는데 이때 각 감독기관의 권한 및 책임, 정보교환 등과 관련해서 양해각서를 체결해야 하고 그 내용을 일반대중에게 공개하도록 되어 있다.[183] 만약 해당 회사가 상장회사라면 그 자회사를 포함해서 법정의 내부정보를 일반대중이 이용할 수 있도록 해야 한다.[184] 여기서 내부정보라 함은 아직 일반대중에 공개되지 않은 정보로서 만약 공개된다면 금융상품의 가격에 중요한 영향력을 줄 수 있는 정보를 의미한다.[185] 투자업을 하는 상장회사의 관리, 감독 및 경영기능을 수행하는 자, 그 회사의 자본금의 10% 이상에 해당하는 주식을 보유하는 자 및 그 회사를 지배하는 자가 그 소속회사의 주식 또는 기타 금융상품과 관련된 거래를 할 경우에는 이태리투자업감독기관(Consob)에게 통지해야 할 뿐만 아니라 일반대중에게도 공시하도록 되어 있다.[186] 또한 주주총회의 일정이 확정되면 주주총회일로부터 최소 21일 전에 보수에 관한 보고서가 해당 회사의 등록된 사무소, 그 인터넷웹사이트 또는 기타 법정의 방법을 통하여 일반대중이 이용할 수 있도록 해야 한다.[187] 기술한 바와 같이 투자업을 하는 회사의 이사는 이사후보자추천명부에서 선출되는데 이때 이사추천명부가 당해 회사의 본점, 웹사이트 또는 기타 법정의 방법에 의해서 일반대중이 이용할 수 있도록 해야 한다.[188]

---

183) Consolidated Law on Finance §5.5-ter.
184) Consolidated Law on Finance §114.1.
185) Consolidated Law on Finance §181.1.
186) Consolidated Law on Finance §114.7.
187) Consolidated Law on Finance §123-ter.1.
188) Consolidated Law on Finance §147-ter.1-bis.

6. 규제 및 감독의 공조

투자업을 하는 회사에 대한 이태리법제상 감독의 공조는 이태리 자국 내의 감독기관과의 공조와 외국과의 공조로 대별된다. 먼저 이태리 투자업감독기관(Consob)은 감독의 목적을 촉진시키기 위해 이태리중앙은행, 이태리 연금감독기관(*Commissione di vigilanza sui fondi pensioni*: Covip) 및 이태리 보험업감독기관(*Istituto per la vigilanza sulle assicurazioni private e di interesse collettivo*: Isvap)과 정보교환이나 기타의 방법을 통하여 공조하도록 되어 있다.[189] 특히 이태리 투자업감독기관(Consob)은 이태리중앙은행과 (1) 공조와 관련된 권한과 책임 및 실행방법 (2) 정보교환과 관련된 양해각서를 체결해야 한다.[190] 이를 통해 감독기관 간의 충돌을 방지하려는 것으로 판단된다. 이와 함께 이태리 투자업감독기관(Consob)은 이태리 자국 내의 다른 기관과 다음과 같이 공조하고 있다.[191] ① 청산 또는 파산절차와 관련해서 행정 및 사법당국과 정보교환을 할 수 있다.[192] ② 보상시스템의 운영책임자와 관련 정보를 교환할 수 있다. ③ 시장에서의 거래의 청산을 위해 선임된 자와 관련 정보를 교환할 수 있다. ④ 상장회사와 정보를 교환할 수 있다.

다음으로 이태리 투자업감독기관(Consob)은 회원국 및 非회원국의 감독당국과 정보교환 및 기타의 방법으로 공조하기 위해 공조협정을 체결할 수 있다.[193] 이에 따라 외국의 감독당국으로부터 이태리 내에 있는 투자업을 하는 회사에 대한 조사의 요청을 받은 이태리 투자업감독기관(Consob)은 필요한 조치를 취한 후 그 내용을 조사를 요청한 국가의 감

---

189) Consolidated Law on Finance §4.1.

190) Consolidated Law on Finance §5.5-bis.a)-b).

191) Consolidated Law on Finance §4.5.

192) 다만 본 문에서 언급된 청산 또는 파산절차는 이태리 자국 내에서만 진행되는 경우뿐만 아니라 외국에서 진행되는 경우도 포함된다. Consolidated Law on Finance §4.5.a).

193) Consolidated Law on Finance §4.2-bis & 3.

독당국에게 통지해야 한다.[194] 또한 조사를 요청한 국가의 감독당국이 이태리 감독당국의 조사 시에 자신의 직원이 참여할 수 있도록 요청할 수도 있다.[195] 반대로 이태리 투자업감독기관(Consob)도 해당 국가의 감독당국에게 임점검사를 요청할 수 있다.[196] 외국과의 이와 같은 공조를 통해 이태리 투자업감독기관(Consob)이 취득한 정보는 해당 국가의 감독당국의 동의가 없으면 다른 제3자에게 제공할 수 없는 제한이 있다.[197]

Ⅱ. 시사점

1. 의 의

이상에서 이태리법제상 투자업에 대한 주요한 규제를 살펴보았으며 이하에서는 이를 기초로 우리법제의 시사점으로는 어떤 것이 있는 검토한다.

2. 투자업의 개념과 관련된 시사점

우리법제상 투자업이라 함은 투자매매업, 투자중개업, 집합투자업, 투자자문업, 투자일임업 또는 신탁업을 영리의 목적으로 계속적·반복적으로 영업하는 것을 의미한다.[198] 따라서 투자업의 개념에 있어서 우리나라나 이태리는 큰 차이가 없다고 해석된다.

3. 인가 및 취소와 관련된 시사점

이태리법제상 일반적인 투자업의 인가는 이태리 투자업감독기관(Consob)

---

194) Consolidated Law on Finance §4.7.

195) Id.

196) Consolidated Law on Finance §10.3. 물론 회원국 및 非회원국의 감독당국 역시 이태리 투자업감독기관(Consob)에게 임점검사를 요청할 수 있다. Consolidated Law on Finance §10.4.

197) Consolidated Law on Finance §4.4, 5-bis & 10.

198) 자본시장과 금융투자업에 관한 법률 제2조 제1항. 개별 금융투자업에 대한 개념정의는 동법 제2조 제2항 및 제8항 참조.

이 담당하나 자산운용회사에 대한 인가는 이태리중앙은행이 담당한다는 점에서 이런 구분 없이 금융위원회가 단독으로 인가 여부를 결정하는 우리법제와는 차이가 있다.[199] 감독의 전문성을 확보하려면 이태리와 같이 감독권자가 분리되어 있는 것이 더 유리할 수 있을 것이나 감독의 신속성을 확보하려면 우리와 같이 단일의 감독기관이 그 권한을 행사하는 것이 더 나을 것이다. 결국 선택의 문제이지만 최근의 금융위기의 진원지인 미국의 경우 금융업종별로 감독기관이 분리되어 있다는 점은 우리에게 시사하는 바가 크다고 생각된다.

또한 이태리에는 예비인가라는 제도가 없지만 우리나라[200]에는 예비인가라는 제도가 있다는 점에서 차이가 있다. 예비인가의 타당성도 있을 수 있으나 예비인가의 경우 규정 자체에 의문이 있기 때문에 이 규정은 본인가와 합쳐서 운영되는 것이 바람직하다고 판단된다. 그 이유는 본인가의 요건을 충족할 수 있는지를 심사하여 이를 기초로 예비인가 여부를 결정하기 때문이다.[201] 즉 어떻게 예비인가 단계에서 본인가의 요건을 충족할 수 있는지 의문이 있다는 것이다.

4. 재무건전성에 관한 시사점

이태리법제상 금융투자업자의 주식을 10%, 20%, 30% 또는 50% 이하 또는 이상의 취득하거나 처분한 결과 당해 회사의 지배권에 변동이 있을 경우에는 감독기관에게 통보하도록 되어 있다. 이에 관해 우리법제 역시 다음과 같이 유사한 규정을 두고 있다. (1) 금융투자업자(투자자문업자와 투자일임업자 제외)의 발행주식을 매수하여 대주주[202]가 되려는

---

199) 자본시장과 금융투자업에 관한 법률 제12조 제1항; 동법 제324조 제1항(증권금융회사의 경우); 동법 제336조 제1항(종합금융회사의 경우); 동법 제355조 제1항(자금중개회사의 경우); 동법 제360조 제1항(단기금융회사의 경우).

200) 자본시장과 금융투자업에 관한 법률 제14조.

201) 자본시장과 금융투자업에 관한 법률 제14조 제2항.

202) 금융투자업과 관련해서 우리법제상 대주주라 함은 최대주주와 주요주주를 의미한다. 여기서 최대주주라 함은 법인의 의결권 있는 발행주식총수를 기준으로 본인 및 그와 대통령령으로 정하는 특수한 관계가 있는 자(이하 '특수관계

자는 건전한 경영을 위하여 법정의 요건을 충족하여 금융위원회로부터 사전승인을 받아야 한다.[203] 그러나 금융위원회로부터 미리 승인 없이 주식을 취득하면 해당 주식에 대하여는 의결권의 행사가 금지되고 그 주식의 처분명령이 내려질 수도 있다.[204] 또한 승인 후에도 승인받은 주식의 지주비율이 발행주식총수의 1%에 해당하는 비율의 변동을 발생시킨다면 금융위원회에게 보고하도록 되어 있다.[205] (2) 상장된 금융투자업자의 발행주식 총수의 5% 이상 매수한 경우 매수일로부터 5일 이내에 감독당국 및 한국거래소에 보고해야 하고 이미 5% 이상을 보유한 자가 그 지주비율의 변동이 1% 이상 발생한 경우에도 이와 동일하다.[206] 만약 기술한 보고 없이 또는 허위 등으로 보고를 한다면 해당 주식에 대한 의결권의 행사는 금지되고 그 주식을 처분해야 하는 경우가 발생할 수도 있다.[207]

5. 지배구조에 관한 시사점

이태리법제상 금융투자업자는 행정과 경영 및 감독기능을 수행하는 자에게 일정한 자격요건을 두고 있으며, 이사나 감사의 성별에서 남자나 여자의 비율이 2/3 이상이 될 수 없도록 하고 있고, 내부통제장치를 두어 회사지배구조를 적절하게 운영하고 있다. 우리법제에서는 이사나

인'이라 한다)가 누구의 명의로 하든지 자기의 계산으로 소유하는 주식(그 주식과 관련된 증권예탁증권을 포함한다)을 합하여 그 수가 가장 많은 경우의 그 본인(이하 '최대주주'라 한다)을 의미하고 주요주주라 함은 (1) 누구의 명의로 하든지 자기의 계산으로 법인의 의결권 있는 발행주식 총수의 10% 이상의 주식(그 주식과 관련된 증권예탁증권을 포함한다)을 소유한 자 (2) 임원의 임면(任免) 등의 방법으로 법인의 중요한 경영사항에 대하여 사실상의 영향력을 행사하는 주주로서 대통령령으로 정하는 자를 의미한다. 자본시장과 금융투자업에 관한 법률 제9조 제1항.

203) 자본시장과 금융투자업에 관한 법률 제23조 제1항.
204) 자본시장과 금융투자업에 관한 법률 제23조 제2항 및 제3항.
205) 자본시장과 금융투자업에 관한 법률 제418조 제5호.
206) 자본시장과 금융투자업에 관한 법률 제147조 제1항.
207) 자본시장과 금융투자업에 관한 법률 제150조 제1항 및 제3항.

감사의 성별이 어느 한 성에 2/3가 편중되는 것을 막는 규정은 두고 있지 않다는 점에서 이태리법제와는 차이가 있다. 이태리법제가 우리법제보다는 전향적이라고 할 수 있으며 우리법제에게 시사하는 바가 있다고 판단된다. 그러나 이사나 감사의 성별 편중에 대한 방지규정 외에는 우리법제와 이태리법제는 다음에서 보는 바와 같이 비슷하다. 첫째 우리법제도 금융투자업자의 임원의 일반적인 자격요건을 두고 있다.[208] 둘째 금융투자업자는 사외이사가 최소한 3인 이상 되도록 이사회를 구성해야 하며 전체 이사 중에서 과반수는 사외이사로 구성하도록 되어 있다.[209] 또한 사외이사후보추천위원회에도 사외이사가 과반수가 되어야 하며 감사위원도 사외이사가 2/3 이상일 것을 요구하고 있다.[210] 셋째 우리법제는 내부통제장치를 두어 금융투자업자가 법령을 준수하는 등 투자자를 보호하기 위한 적절한 기준 및 절차를 마련하도록 하고 있으며 그 준수여부를 준법감시인이 감독하게 된다.[211] 다만 준법감시인은 금융투자업자에 의해 선임되기 때문에 자신을 선임한 금융투자업자를 제대로 감독할 수 있을지는 여전히 의문이다.[212]

6. 정보공개와 관련된 시사점

이태리법제상 금융투자업자는 법정의 내부정보, 상장된 금융투자업자의 관리나 감독 및 경영기능을 수행하는 자가 그 소속회사의 주식 등의 거래를 하는 경우, 주주총회일정의 확정, 이사추천명부 등은 일반대중에게 공개되어야 한다. 우리법제 역시 다음과 같이 이와 비슷한 규정을 두고 있다. 첫째 금융투자업자는 감독기관에게 업무보고서를 제출한

---

208) 자본시장과 금융투자업에 관한 법률 제24조.

209) 자본시장과 금융투자업에 관한 법률 제25조 제1항.

210) 자본시장과 금융투자업에 관한 법률 제25조 제2항; 동법 제26조 제2항. 감사위원회의 대표도 사외이사가 된다. 자본시장과 금융투자업에 관한 법률 제26조 제2항.

211) 자본시장과 금융투자업에 관한 법률 제28조 제1항 및 제2항.

212) 자본시장과 금융투자업에 관한 법률 제28조 제3항.

후에는 업무보고서 중 중요한 사항을 영업소에 비치하고 인터넷 홈페이지 등을 통하여 공시해야 한다.[213] 둘째 금융투자업자는 일정한 자가 발행한 주식 등을 소유할 수 없지만 예외적으로 소유할 수 있는데 이때 그 사실을 감독당국에게 보고하고 인터넷홈페이지 등을 이용하여 공시하도록 되어 있다.[214] 셋째 증권금융회사는 결산일로부터 3개월 이내에 조직 등에 관한 사항, 재무 등에 관한 사항, 자금조달 등에 관한 사항, 경영지표에 관한 사항, 금융기관 경영에 중요한 영향을 미치는 사항을 자신의 홈페이지에서 공시해야 하는 것이다.[215]

7. 규제 및 감독의 공조와 관련된 시사점

이태리법제상 이태리 투자업감독기관(Consob)은 이태리중앙은행, 이태리 연금감독기관, 이태리 보험업감독기관, 사법당국, 보상시스템의 운영책임자, 시장거래의 청산책임자, 또는 상장회사와의 국내공조를 취하고 있으며 EC회원국 및 非회원국과의 국외공조 체제를 구축하고 있다. 우리법제 역시 이태리법제와 유사한 규정을 다음과 같이 두고 있다. 첫째 한국 내에서의 공조가 있다. (1) 감독당국은 지정된 어음교환소, 법원, 주채권기관 등에게 관련 정보의 제공 등을 요청할 수 있다.[216] (2) 감독당국은 자본시장과 금융투자업에 관한 법률상 증권의 발행 및 유통

213) 자본시장과 금융투자업에 관한 법률 제33조 제2항 및 제3항.

214) 자본시장과 금융투자업에 관한 법률 제34조 제4항.

215) 금융업감독규정 제8-19조 제1항. 이외에도 정보공개와 관련된 규정을 소개하면 다음과 같다. 예컨대 자본시장과 금융투자업에 관한 법률 제41조 제4항, 제56조 제2항, 제58조 제1항, 제62조 제1항, 제74조 제5항, 제89조, 제90조 제3항 및 제4항, 제91조 제3항, 제94조 제4항, 제112조 제7항, 제129조, 제144조, 제149조, 제157조, 제163조, 제165조의17 제1항, 제172조 제3항, 제173조 제2항, 제182조 제7항, 제188조 제3항, 제195조 제3항, 제196조 제4항, 제254조 제7항, 제258조 제7항, 제263조 제7항, 제268조 제9항, 제324조 제8항, 제355조 제8항, 제360조 제8항, 제365조 제7항, 제392조 제4항, 제417조 제2항, 제424조 제2항; 금융투자업규정 제4-66조 이하, 제4-78조 이하, 제5-8조, 제5-15조, 5-27조 제2항, 제5-54조 제1항 참조.

216) 자본시장과 금융투자업에 관한 법률 제161조 제4항; 동법 시행령 제172조.

과 관련된 조사와 제재권한을 증권선물위원회에게 위임할 수도 있다.[217] (3) 감독당국은 투자자의 보호 등을 위하여 금융투자업자에게 일정한 제재를 부과할 수 있는 권한을 한국거래소에게 위탁할 수 있다.[218] 또한 금융투자업자는 금융투자업의 관련 약관의 제정 · 변경 시 감독당국에게 사전에 신고해야 하는데 이 사전신고에 대한 예외로서의 해당 약관(표준약관 포함)이 법령위반 등이 있는지를 검토할 수 있는 권한 등을 금융위원회가 한국금융투자협회에게 위탁할 수 있다.[219] (4) 금융위원회나 증권선물위원회는 대통령령에 따라 그 권한의 일부를 금융감독원장에게 부여할 수 있다.[220] (5) 금융감독원장은 한국거래소나 한국금융투자협회로 하여금 금융투자업자의 업무와 재산상황을 검사하게 할 수 있다.[221] 둘째 외국과의 공조를 들 수 있다. ① 우리 금융위원회는 외국의 감독당국과 정보의 교환 등을 할 수 있다.[222] 다만 상호주의원칙에 따라 외국의 감독당국이 우리의 자본시장과 금융투자업에 관한 법률 또는 이 법에 상응하는 외국법령을 위반한 행위에 대하여 목적 등을 적시하여 자본시장과 금융투자업에 관한 법률에 따른 조사나 검사를 요청한 경우 이에 협조하게 된다.[223] 이때에도 일정한 경우에만 우리 감독당국은 해당 외국의 감독당국에게 조사나 검사자료를 제공할 수 있다.[224] ② 한국거래소는 외국 거래소와 정보를 교환할 수 있으나 사전에 감독당국과

217) 자본시장과 금융투자업에 관한 법률 제438조 제2항.
218) 자본시장과 금융투자업에 관한 법률 제438조 제3항; 동법 시행령 제387조 제2항 제1호. 금융감독원장은 금융투자업을 하는 금융회사의 업무와 재산상황을 검사할 수 있는데 이 경우에도 대통령령에 따라 검사업무의 일부를 한국거래소나 한국금융투자협회에게 위탁할 수 있다.
219) 자본시장과 금융투자업에 관한 법률 제438조 제3항; 동법 시행령 제387조 제2항 제2호.
220) 자본시장과 금융투자업에 관한 법률 제438조 제4항; 동법 시행령 제387조 제3항.
221) 자본시장과 금융투자업에 관한 법률 제419조 제8항.
222) 자본시장과 금융투자업에 관한 법률 제437조 제1항.
223) 자본시장과 금융투자업에 관한 법률 제437조 제2항.
224) 자본시장과 금융투자업에 관한 법률 제437조 제3항.

협의를 해야 한다.[225] 다만 거래소 간의 공조이지만 한국거래소가 금융위원회와 협의를 하는 것이기 때문에 감독당국과의 공조에 포함될 수 있다고 해석된다. 이 경우에도 상호주의원칙이 적용된다.[226]

제 4 절 그리스

I. 규제의 주요내용

1. 투자업의 개념

그리스법제상 금융투자업이라 함은 투자회사 또는 투자서비스회사[227]가 영위하는 Law 2396/1996 제2조 제1항 및 제2항에 규정된 핵심 및 非핵심 투자서비스업무를 제3자에게 정기적으로 제공하는 것을 의미한다.[228] 여기서 핵심 투자서비스라 함은 (1) 양도성증권 및 집합투자인

225) 자본시장과 금융투자업에 관한 법률 제437조 제4항. 다만 한국거래소는 대통령령으로 정한 정보는 사전에 금융위원회와 협의를 거치지 않고도 교환할 수 있다. 이에 해당하는 구체적인 정보는 이미 공시되거나 일반에 공개될 정보 등을 의미한다. 이에 대한 보다 상세한 내용은 동법 시행령 제386조 참조.

226) 자본시장과 금융투자업에 관한 법률 제437조 제5항.

227) 그리스법제에서는 투자업을 하는 금융회사로 투자회사(investment firm) 또는 투자서비스회사(investment services firm)란 용어를 혼용해서 사용하고 있다. Law Number 3601-Taking up and pursuit of the business of credit institutions, capital adequacy of credit institutions and investment firms, and other provisions(이하 LAW Number 3601이라 함) §70. 1.a)(GOVERNMENT GAZETTE OF THE HELLENIC REPUBLIC ISSUE A, No. 178, 1 August 2007); Law 2396/1996-Investment Services in the securities field, capital adequacy of Investment Services Firms and credit institutions and shares' dematerialisation(이하 Law 2396/1996이라 함) §1.3. 본 논문에서의 투자업은 당연히 금융투자업을 의미하며 증권업을 포함한다.

228) Law 2396/1996 §2.1 & 2.3.

수 · 단기금융상품 · 현금결제와 동일한 상품을 포함한 금융선물계약 · 선도금리계약 · 금리 · 통화 · 주식스왑, 이들의 취득 및 처분을 위한 옵션의 거래,[229] (2) 기술한 (1)을 포함하는 경우 투자자별로 구별되는 지시에 의한 투자포트폴리오 관리[230] 및 (3) 기술한 (1) 중에서 1개 이상의 금융상품의 발행에 대한 전부 또는 일부의 인수[231]를 의미한다.[232] 다음으로 非핵심 투자서비스에는 (1) 기술한 핵심투자서비스의 (1)에 해당하는 금융상품의 보관 및 관리,[233] (2) 보호예수업,[234] (3) 기술한 핵심투자서비스의 (1)에 해당하는 금융상품을 거래하려는 투자자에 대한 신용공여,[235] (4) 자본구조와 산업전략 등에 관한 자문, 합병 등과 관련된 자문의 제공,[236] (5) 서비스인수,[237] (6) 기술한 핵심투자서비스의 (1)의 금융상품에 대한 투자자문의 제공,[238] (7) 투자서비스의 제공과 관련된 외환서비스[239]를 의미한다. 결국 투자회사 또는 투자서비스회사의 투자업은 신용기관(credit institution)의 업무 중에서 예금 기타 요구불 자금의 인수업, 고객의 신용등급을 포함한 신용평가서비스업 및 보호예수업 등을 제외한 (1) 팩토링거래를 포함한 대출업 (2) 금융리스업 (3) 자금이체를 포함한 지급결제업 (4) 신용카드, 데빗카드, 여행자수표 등의 발행업 (5) 보증업 (6) 단기자금시장상품, 환, 선물 및 옵션, 양도성 증권 등에 투자회사나 투자서비스회사의 고유계정 또는 고객의 계정으로 하

229) Law 2396/1996 §2.1.a.(ⅰ).
230) Law 2396/1996 §2.1.c.
231) Law 2396/1996 §2.1.d.
232) 이와 같은 핵심투자서비스에는 자기계정 및 타인계정에 의한 거래를 포함한다. Law 2396/1996 §2.1.a.(ⅱ) & b.
233) Law 2396/1996 §2.2.a.
234) Law 2396/1996 §2.2.b.
235) Law 2396/1996 §2.2.c. 이 때 투자회사 또는 투자서비스회사의 신용공여는 당해 거래와 관련이 있어야 한다고 규정하고 있으나 그 구체적인 관련성에 대하여는 언급이 없다.
236) Law 2396/1996 §2.2.d.
237) Law 2396/1996 §2.2.e.
238) Law 2396/1996 §2.2.f.
239) Law 2396/1996 §2.2.g.

는 매매업 (7) 증권발행의 참여 및 관련 서비스제공업 (8) 자본구조와 산업전략 등에 관한 자문, 합병 등과 관련된 자문 (9) 통화중개업 (10) 포트폴리오 관리 및 자문업 (11) 유가증권의 보관 및 관리업 (12) 전자화폐의 발행에 관한 영업이라고 해석할 수 있을 것이다.[240]

2. 인가 및 취소

은행인 신용기관이 하는 업무와 투자업을 하는 투자회사의 투자업무(예금의 수신은 제외)가 서로 중복되어서 영업할 수 있다. 이에 따라 은행인 신용기관이 투자업을 하면 그리스중앙은행에게, 투자회사가 투자업을 하면 그리스 자본시장위원회(Capital Market Commission)에게 각각 인가를 받고 규제 및 감독도 받아야 하는 것으로 해석된다.[241]

3. 투자업의 규제 및 감독

3.1. 의 의

우리법제상 은행에 해당하는 신용기관이 투자업을 하지 않는 이상 그리스 자본시장위원회가 그리스에서 승인받은 투자회사 또는 투자서비스회사를 규제 및 감독하는 것이 원칙이다. 특히 그리스 자본시장위원회가 투자회사나 투자서비스회사를 규제 및 감독할 때 해당 투자회사의 자본적정성, 적정한 유동성 및 위험이 집중되는 것을 방지하고 해당 법규의 준수를 확보할 차원에서의 양호한 투명성을 보장하고 있는지를 고려하고 있다.[242] 또한 그리스 자본시장위원회는 감독의 목적을 달성하기 위하여 해당 기준과 규정 및 적절한 제재조치를 마련할 뿐만 아니라 법규준수 여부를 감시 · 감독하며 필요시 데이터나 그 이유의 요구 및 임

---

240) LAW Number 3601 § 70.1.a): Katerina Dalamara, "Banking Enterprises," GREEK LAW DIGEST, *at* http://greeklawdigest.gr/sectors/business-entities/item/ 38-banking-enterprises (last visited Apr. 23, 2012).

241) Law 2396/1996 §2.11; LAW Number 3601 §80.2.

242) LAW Number 3601 §80.3.

점검사 등을 할 수 있다.[243] 이외에도 그리스 자본시장위원회는 신용평가기관의 요건에 대하여 기준을 설정하고 해당 투자회사나 투자서비스회사는 이 신용평가기관에 의한 신용평가를 중앙정부나 중앙은행에 사용할 수 있도록 하였다.[244] 이하에서는 투자업에 대한 그리스 자본시장위원회의 규제 및 감독 중에서 주요한 부분을 중심으로 살펴보고자 한다.

3.2. 재무건전성

투자회사 또는 투자서비스회사는 신용위험, 실질적 가치감소의 위험[245](dilution risk), 외환위험, 상품위험, 운영위험 또는 영업위험, 포지션위험,[246] 정산 및 상대방위험 등에 대하여 일정한 자기자본을 항상 유지해야 한다.[247] 이와 같은 위험에 대한 자기자본을 산출하는 방법에는 두 가지가 소개되어 있다.[248] 하나는 표준평가방식이고 다른 하나는 내부평가방식이다. 다만 후자의 방식으로 자기자본을 산출하려면 그리스 자본시장위원회가 결정한 조건과 기준을 이행한다는 것을 전제로 동 위원회의 승인이 있는 경우에만 가능하다.[249] 특히 자기자본과 관련하여 (1) 트레이드계정(trading book)에 의한 거래규모는 총 거래규모의 5%를 초과할 수 없고 (2) 트레이드계정에 의한 총 거래규모도 15,000,000유로를 초과할 수 없으며 (3) 어떠한 경우에도 트레이드계정에 의한 거래

---

243) LAW Number 3601 §80.1.

244) LAW Number 3601 §80.2.

245) 여기서 dilution은 발행주식 총수를 증가함으로써 주가나 의결권이 약화되는 것을 의미하고 dilution risk는 실질적 가치감소위험이라고 할 수 있을 것이다. Bryan A. Garner, 「Black's Law Dictionary」 204 (2d Pocket ed. 2001).

246) 여기서 포지션위험이라 함은 가격의 변동이 발생했을 때 바로 그 시점에서의 손해의 발생가능성을 의미한다. 이를 market risk라고 표현하기도 한다. George Alexander Walker, 「International Banking Regulation: Law, Policy and Practice」 176 n.55 (Kluwer Law International, 2001).

247) Law 2396/1996 §3.5; LAW Number 3601 §72.1. 기술한 위험 및 자기자본을 산출하는 구체적인 방법에 대하여는 Law 2396/1996 §§9, 32 & 38 참조.

248) LAW Number 3601 §72.2.b). 이에 관해 신용기관도 동일한 규정을 두고 있다. LAW Number 3601 §27.2.

249) Law 2396/1996 §72.3.

규모는 총 거래규모의 6%와 20,000,000유로를 초과할 수 없도록 되어 있다.[250] 따라서 트레이딩계정에 의한 거래는 위 (1) 및 (3)의 요건을 '모두'[251] 충족시켜야 하는 것이다. 뿐만 아니라 투자회사 또는 투자서비스회사는 해당 위험을 관리할 수 있는 내부자본을 평가 및 유지할 수 있도록 건전하고 효율적이며 종합적인 전략과 절차 역시 구축해야 한다.[252] 또한 이들 전략과 절차가 당해 투자회사나 투자서비스회사의 영업의 특성, 규모 및 복잡성을 종합적이고 균형적으로 반영할 수 있도록 해당 투자회사나 투자서비스회사에 의한 자체적인 정기적인 내부심사를 받도록 되어 있다.[253]

3.3. 지배구조

그리스에서 승인받은 투자회사 또는 투자서비스회사는 책임소재를 명확히 할 수 있는 조직구조를 포함한 건전한 회사지배구조, 해당 위험을 확인하고 관리 및 감독하여 해당 감독기관에게 보고할 수 있는 효과적인 절차와 적절한 내부통제장치를 구축해야 한다.[254] 또한 투자회사나 투자서비스회사가 이들 제도를 마련하는 경우에도 당해 회사의 특성 등을 종합적이고 균형적으로 고려하게 함으로써 해당 회사의 구체적인 사정을 반영하도록 하였다.[255]

3.4. 정보공개

여러 가지 목적도 있겠으나 그리스법제상 투자회사 또는 투자서비스회사는 시장투명성을 향상시키기 위하여 위험관련 영업에 대한 재정

---

250) Law 2396/1996 §72.4.c). i) & iii).
251) Law 2396/1996 §72.4.c).
252) LAW Number 3601 §73.1.
253) LAW Number 3601 §73.2.
254) LAW Number 3601 §71.1; Law 2396/1996 §32.5. 참고로 우리법제에 은행에 해당하는 신용기관도 이와 동일한 규정을 두고 있다. LAW Number 3601 §26.1.
255) LAW Number 3601 §71.2. 이에 관해 신용기관도 동일한 규정을 두고 있다. LAW Number 3601 §26.2.

상태와 그 정책 및 경영에 관한 데이터와 정보를 최소한 1년에 1번은 공개하도록 되어 있다.[256] 또한 이러한 공개가 적절한지 공개되는 정보가 책임이 있는 정보인지 공개의 빈도에 주안점을 두어 평가하는 공식적인 정책 또한 마련해야 한다.[257] 물론 공개의 기준 및 일정한 경우 공개가 면제되는 경우도 있는데 그 조건 및 기준 역시 그리스 자본시장위원회가 정하게 된다.[258] 다만 해당 투자회사나 투자서비스회사가 공개요건을 효과적으로 이행할 목적이라면 정보가 공개되는 적절한 매체, 장소, 빈도 및 해당 정보를 확약하는 방법을 결정할 수도 있다.[259]

3.5. 통합규제 및 감독

3.5.1. 개념

투자회사나 투자서비스회사만 규제하는 개별규제 및 감독과는 달리 통합규제 및 감독은 개별 금융회사뿐만 아니라 이들이 속해 있는 그룹 전체를 규제 및 감독하는 것을 의미한다.[260] 이하에서는 통합규제 및 감

---

256) LAW Number 3601 §74.1. 제1문.

257) LAW Number 3601 §74.1. 제2문.

258) LAW Number 3601 §74.3.

259) LAW Number 3601 §74.2. 한편 투자회사 또는 투자서비스회사와는 달리 은행인 신용기관은 일정한 경우 회계가 포함되지 않은 정보의 공개를 생략할 수 있도록 한 점에서 차이가 있다. LAW Number 3601 §29.2.

260) LAW Number 3601 §77. 이 점은 은행인 신용기관도 동일한 규정을 두고 있다. LAW Number 3601 §34. 참고로 EU지침(Directives)도 통합규제 및 감독에 관하여 그리스와 동일한 내용의 규정을 두고 있다. 예컨대 우리법제의 은행에 해당하는 신용기관의 경우 Directive 2000/12/EC of the European Parliament and of the Council of 20 March 2000 relating to the taking up and pursuit of the business of the credit institutions, O.J.L. 126, 26/05/2000, 1-59 (2000) (이하 Banking Directive라 함) §§2(1), 52 & 54(1) 참조. 예컨대 투자회사나 투자서비스회사의 경우 Council Directive 93/6/EEC of 15 March 1993 on the capital adequacy of investment firms and credit institutions, O.J.L. 141, 11/061993, 1-26 (1993) (이하 Capital Adequacy Directive라 함) §7(3) 참조. 그러나 EU지침에서 보험회사는 통합규제의 대상이 아니라 보완규제의 대상이라는 점에서 신용기관 및 투자회사와는 차이가 있다. 여기서 보완규제라 함은 해당 금융회사에 대한 원래의 규제와 함께 별도의 규제가 추가적으로 적용되는 것을 의미한다. 예컨대

독을 중심으로 살펴보기로 한다.

3.5.2. 규제 및 감독권자

금융투자업에 대한 감독권자는 투자업을 누가 담당하는가에 따라 구별된다. 기술한 바와 같이 원칙적으로 투자회사 또는 투자서비스회사가 본연의 업무인 투자업을 한다면 그리스 자본시장위원회가 규제 및 감독권자가 되고 은행인 신용기관이 투자업을 하게 되면 그리스 중앙은행이 그 규제 및 감독권자가 된다.[261] 이는 그리스 이외 회원국 또는 비회원국의 그리스지점에도 동일하게 적용된다.[262]

3.5.3. 규제 및 감독의 내용

그리스법제상 통합규제 및 감독의 대상이 되는 투자회사 또는 투자서비스회사는 회사지배구조 및 내부통제장치의 구축과 그리스 자본시장위원회 이사회의 결정에서 요구하는 요건을 구비하는 형식으로 개별적인 규제 및 감독을 받게 된다.[263] 즉 통합규제 및 감독을 받는다고 해서 개별규제 및 감독에서 제외되는 것은 아닌 것이다. 그러나 그리스에서 승인은 받았으나 통합규제 및 감독의 대상이 아니거나 면제[264]된 투자회사 또는 투자서비스회사는 통합규제 및 감독을 받는 경우와는 다른 요건을 구비해서 개별규제 및 감독을 받게 된다는 점에서 기술한 통합

복합금융그룹 내 은행업, 증권업과 보험업은 개별 금융업에 대한 규제를 받고 이에 더하여 별도의 해당 지침상의 '보완규제'까지 받는다는 것을 의미한다. 백정웅, "EU 금융그룹의 규제법리와 그 시사점에 관한 연구,"「상사판례연구」 제22집 제4권(한국상사판례학회, 2009), 501-521면.

261) Law 2396/1996 §2.11; LAW Number 3601 §80.2.

262) Law 2396/1996 §3.3.

263) LAW Number 3601 §75.1.

264) 물론 그리스 자본시장위원회가 '재량'적으로 자신의 통합규제 및 감독을 면제해 주는 것으로 다음 중 어느 하나에만 해당되면 면제의 대상이 되는 것이다. 첫째 투자회사를 포함해서 해당 금융회사가 필요한 정보를 제공하는 데에 법적인 장애가 있는 회원국 이외의 나라에 소재한 경우 둘째 투자회사 등에 대한 출자가 당해 투자회사의 감독의 목적상 아주 미미하거나 대차대조표상 1천만유로 또는 모회사의 대차대조표의 1% 중 적은 금액에 해당하는 경우 셋째 당해 투자회사의 감독목적상 적당하지 않는 경우가 이에 해당한다. LAW Number 3601 §§37 & 75.2.

규제 및 감독을 받는 경우와는 차이가 있다. 여기서 다른 요건이라 함은 다음과 같다.[265] 첫째 해당 투자회사 또는 투자서비스회사는 원칙적[266]으로 자신의 개별출자금액은 자기자본의 15%를 초과할 수 없으며 개별출자금액의 총 합계액은 자기자본의 60%를 초과할 수 없도록 규정되어 있다.[267] 둘째 일정한 요건을 구비해서 정보를 공개해야 한다는 점이다.[268] 결과적으로 투자회사나 투자서비스회사가 통합규제 및 감독을 받는 것과는 별개로 개별규제 및 감독을 받게 된다. 다만 그리스 자본시장위원회는 다음과 같은 일정한 경우에는 개별규제 및 감독을 생략할 수도 있다.[269] 첫째 투자회사가 다른 투자회사의 자회사이면서 모회사인 투자회사가 통합규제 및 감독을 받을 때 이에 포함되는 경우, 둘째 투자회사가 그리스에서 승인 및 감독받는 금융지주회사[270]의 자회사인 경우, 셋째 투자회사가 모회사인 지주회사이면서 그리스 자본시장위원회의 승인 및 감독의 대상일 뿐만 아니라 통합규제 및 감독에도 포함되는

265) LAW Number 3601 §75.2.

266) 다만 투자회사가 다른 투자회사나 신용기관 또는 보험회사를 포함한 금융회사에 출자하는 것이 당해 투자회사의 투자업과 직접적인 관련이 있거나 부수적인 관련이 있는 경우라면 15%(60%)의 조건은 적용되지 않고 별도의 기준이 적용된다. 이와 더불어 다음과 같은 경우에는 투자회사의 출자제한 한도인 15%(60%)에는 포함되지 않는 경우가 있다. 첫째 투자회사가 최장 2년 기간의 재무조정 또는 구조조정하면서 일시적으로 다른 투자회사 등에 출자한 경우, 둘째 투자회사가 증권매매의 종료일로부터 최장 6개월 동안 통상적인 인수과정에서 다른 투자회사 등에 출자한 경우, 셋째 투자회사가 자기명의로 타인의 계산으로 다른 투자회사 등에 출자한 경우가 이에 해당된다. 이와 같은 예외규정에 따라 투자회사나 투자서비스회사는 그 출자한도인 15%(60%)를 초과하여 출자한다든지 기간이 연장되게 되지만 이에 대하여 후속된 조치(자기자본의 증액이나 이와 동일시할 수 있는 조치)가 있어 이와 같은 예외로 인하여 해당 투자회사가 부실화되는 것을 방지하고 있다. LAW Number 3601 §23.3-6.

267) LAW Number 3601 §§23.1-2 & 75.

268) LAW Number 3601 §§73 & 75.

269) LAW Number 3601 §76.1.

270) 이때의 금융지주회사는 투자회사인 금융지주회사를 의미한다. 투자회사가 모회사인 경우와 투자회사가 금융지주회사는 구별된다. 후자에 해당하는 지주회사는 투자업뿐만 아니라 기타 금융업까지 하는 지주회사를 의미하기 때문이다.

경우를 의미한다. 이와 같이 개별 규제 및 감독이 생략되는 경우에도 그리스 자본시장위원회는 회원국의 감독기관에게 그 사실을 통지하여 서로 공조할 수 있도록 하였다.[271]

이와 같은 통합규제 및 감독의 적용방법은 크게 세 가지로 구분할 수 있다. 첫째 투자회사가 자회사이거나 보험회사를 제외한 금융회사가 자회사인 경우 이들의 회계에 관하여 통합규제 및 감독이 전면적으로 적용되는 것이 일반적이며 이를 전면 또는 완전 통합규제 및 감독이라 한다.[272] 둘째 그리스 자본시장위원회는 그 재량에 의하여 자회사 투자회사나 금융기관의 모회사인 지주회사 이외의 다른 주주가 있어 이 다른 주주가 자회사에 대한 지불능력을 충족시키는 경우라면 자회사에 대한 모회사인 지주회사의 책임은 해당 주주가 지불하기로 되어있는 부분을 제외한 자회사에 대한 지주비율의 한도 내에서만 책임을 부담하게 된다.[273] 이를 부분 또는 불완전통합규제 및 감독이라고 할 수 있을 것이다. 다만 부분 또는 불완전통합규제 및 감독의 경우 자회사 투자회사나 금융기관에 대한 책임이 모회사인 지주회사와 다른 주주에게 분담되기 때문에 다른 주주가 이행해야 할 책임을 명확히 하기 위하여 그리스 자본시장위원회는 다른 주주에게 정식으로 서명된 책임이행 확약서를 요구하게 되는 것이다.[274] 셋째 하위통합규제 및 감독은 해당 금융회사를 포함한 그룹 전체에 적용되는 것이 아니라 중간지주회사인 투자회사가 非회원국에 투자회사, 금융기관 또는 자산관리회사를 자신의 자회사로 지배하고 있는 경우에 이 중간지주회사를 기점으로 그 하위에 적용되는 통합규제 및 감독을 의미한다고 정의할 수 있다.[275]

---

271) LAW Number 3601 §76.3.

272) LAW Number 3601 §§40.1 & 77.1.

273) LAW Number 3601 §§40.2. 제1문 & 77.1.

274) LAW Number 3601 §§40.2. 제2문 & 77.1.

275) LAW Number 3601 §77.2. 그러나 이 경우에도 통합규제 및 감독이 적용되는 것은 당연하다고 본다. 다만 중간지주회사를 기점으로 통합규제 및 감독이 적용되기 때문에 중간지주회사를 통합규제 및 감독하는 기관이 그 하위의 금융회사에 대하여도 통합규제 및 감독권을 행사할 것이라는 해석을 할 수 있다는

다만 투자회사, 금융기관 또는 관련서비스회사가 자회사이거나 지분참여로 인하여 통합규제 및 감독의 대상에 포함될 필요가 없고 다음의 어느 하나에 해당하는 경우에는 그리스 자본시장위원회는 그 재량으로 통합규제 및 감독을 적용하지 않을 수도 있다.[276] 첫째 이들 금융회사의 영업이 필요한 정보의 전송에 법적인 장애가 있는 非회원국에서 이루어지고 있거나, 둘째 이들 금융회사의 영업상 이익이 감독목적상 아주 미미하거나 당해 영업의 재무제표가 10,000,000유로 또는 전체 그룹의 총재무제표·총지분의 1%를 초과하지 않는 경우이거나, 셋째 이들 금융회사의 재정상태의 통합이 감독목적상 적절하지 못하거나 왜곡될 염려가 있는 경우가 그것이다.

3.6. 규제 및 감독의 공조

투자회사나 투자서비스회사에 대한 규제 및 감독의 공조에는 크게 그리스 내의 감독기관 간의 공조와 그리스 외의 감독기관 간의 공조로 나눌 수 있다. 먼저 그리스 내의 감독기관 간의 공조를 살펴보면 다음과 같다. 첫째 그리스 자본시장위원회는 그리스에서 설립되든 설립되지 않든지를 불문하고 투자업 규정에 관해서 감독의 효율성을 위해 그리스 중앙은행과 공조하도록 되어 있다.[277] 둘째 그리스 자본시장위원회는 회사기밀의 경우에도 투자회사나 투자서비스회사를 효과적으로 관리하고 효과적인 규제 및 감독의 목적을 달성하기 위하여 해당 감독기관과의 긴밀한 공조체제를 구축하고 있다.[278] 셋째 그리스 자본시장위원회는 그

점에서는 의의가 있다고 할 것이다. 이 점은 EU지침도 동일하다. 예컨대 투자회사의 경우 Capital Adequacy Directive §7(2)-(3) & (7) 참조. 예컨대 우리법제의 은행에 해당하는 신용기관의 경우 Banking Directive §52(1)-(2), (5), (7) & (8) 참조.

276) LAW Number 3601 §78.1. 우리법제의 은행에 해당하는 신용기관의 경우에도 동일한 규정을 두고 있다. LAW Number 3601 §37.

277) Law 2396/1996 §5.2. 여기서 그리스 중앙은행이 투자업에 관하여 그리스 자본시장위원회와 공조하는 것은 우리법제상 은행에 해당하는 신용기관이 투자업을 하는 경우가 있기 때문이다.

278) Law 2396/1996 §5.9. 제1문. 주로 그리스 자본시장위원회, 그리스중앙은행

리스중앙은행으로 하여금 통화감독의 기능을 달성하기 위하여 그리스 중앙은행에게 필요한 정보를 제공하고 있다.[279] 끝으로 그리스 자본시장위원회는 투자회사나 투자서비스회사의 정보를 그리스 증권예탁결제기구, 정산소 및 이와 유사한 기구에게 공개할 수 있다.[280] 다만 공개될 정보가 이들 기구의 영업에 관한 중요한 정보이어야 한다.

다음으로는 그리스 자본시장위원회가 외국의 감독기관 간의 공조를 살펴보면 다음과 같다. 첫째 그리스 자본시장위원회는 투자업이 제공되고 있는 회원국의 감독기관과 원칙적으로 공조하도록 되어 있다.[281] 이에 따라 해당 감독기관의 요구가 있으면 해당 회사의 자기자본의 적정성 및 법규준수 여부의 관리를 효과적으로 감독하기 위하여 관련 정보를 교환해야 하는 것이다.[282] 둘째 그리스 자본시장위원회는 투자서비스회사가 그리스에 소재는 하고 있으나 영업은 그리스 이외 회원국에서 하는 경우를 이를 감독하기 위하여 그 회원국의 감독기관과 공조를 해야 한다.[283] 이에 따라 그리스 자본시장위원회는 투자서비스회사가 그리스 이외 회원국에 소재하나 영업은 그리스에서 하는 경우 사안에 따라 당해 투자서비스회사에 부과될 일반적인 제재조치를 당해 회원국의 감독기관에게 통지해야 한다.[284] 뿐만 아니라 그리스 자본시장위원회는 증권 및 발행인의 지불여력의 평가를 위하여 사용될 방법과 관련된 정보를 EU위원회에게 제출하도록 되어 있다.[285] 셋째 그리스에 지점을 설치한 투자서비스회사에 대한 회원국의 감독기관은 자신이 직접 또는 자신

및 그리스 증권거래소가 이에 해당된다. Law 2396/1996 §5.9. 제2문.

279) Law 2396/1996 §5.15.

280) Law 2396/1996 §5.16.

281) LAW Number 3601 §80.4.a).

282) LAW Number 3601 §80.4.b).

283) Law 2396/1996 §5.3. 반대로 투자서비스회사가 그리스 이외 회원국에 소재하고 있으나 영업은 그리스에서 하는 경우에도 그리스 자본시장위원회는 이들 회원국의 감독기관의 공조가 필요하다는 점은 동일하다. Id.

284) Law 2396/1996 §5.4. 제1문.

285) Law 2396/1996 §5.4. 제2문.

이 승인한 기관을 통하여 당해 투자서비스회사의 영업과 소유권과 관련하여 그리스에 설치된 지점을 현지실사 및 정보수집을 할 수 있으나[286] 이 경우 그리스 자본시장위원회는 당해 투자서비스회사의 해당 회원국의 감독기관에게 그리스 자본시장위원회가 직접 현지실사를 하거나 정보를 수집할 것이라고 요구하게 된다.[287] 이에 따라 그리스에 설치된 투자서비스회사의 지점에 대한 현지실사와 정보수집은 투자서비스회사의 감독기관인 (1) 회원국의 감독기관이 직접하거나 (2) 그리스 자본시장위원회가 대신 하거나 (3) 그리스 자본시장위원회가 지정한 기관이 하게 된다.[288] 끝으로 그리스에 투자서비스회사의 본점이 있으나 영업은 다른 회원국에 지점을 설치하는 등의 방법으로 하는 경우 그리스 자본시장위원회도 먼저 해당 회원국의 감독기관에게 통지한 후 해당 회원국에 설치된 지점에 대하여 현지실사와 정보수집을 할 수 있으나 그 실행방법은 기술한 방법[(1)~(3)]으로 진행되는 것은 기술한 셋째의 경우와 동일하다.[289]

이와 같이 그리스 자본시장위원회는 자국 내외의 감독기관과 공조를 통하여 투자회사 또는 투자서비스회사에 대한 감독의 효율성을 확보하려는 것으로 해석된다.

3.7. 규제 및 감독상 제재 등

그리스 자본시장위원회는 투자회사 또는 투자서비스회사가 해당 법규정을 위반한 경우 당해 투자회사나 투자서비스회사로 하여금 초기단계에서 이를 시정하기 위해 필요한 조치를 취하도록 요구할 수 있다.[290] 이에 따라 그리스 자본시장위원회는 다음과 같은 조치를 취할 수 있게 되었다.[291] 첫째 해당 투자회사 또는 투자서비스회사의 자본적정성을 유지하기 위하여 법정 최저자기자본 이상의 자기자본을 유지할 것을 요구

286) Law 2396/1996 §5.5. 제1문.
287) Law 2396/1996 §5.5. 제2문.
288) Law 2396/1996 §5.5. 제3문.
289) Law 2396/1996 §5.6.
290) LAW Number 3601 §82.1.
291) LAW Number 3601 §82.2.

할 수 있다.[292] 둘째 해당 투자회사나 투자서비스회사가 실행하고 있는 회사의 지배구조, 절차, 내부통제장치 및 전략을 강화해 줄 것을 요구할 수 있다. 셋째 해당 투자회사나 투자서비스회사의 사업이나 영업 등을 정지 또는 제한할 것을 요구할 수 있다. 넷째 해당 투자회사나 투자서비스회사의 영업, 상품 및 시스템에서 발생하는 위험을 감소시켜 줄 것을 요구할 수 있다. 다섯째 당해 투자회사나 투자서비스회사의 이익배당을 제한 또는 금지하거나 별도적립금으로 이전해 줄 것을 요구할 수 있다. 끝으로 그리스 자본시장위원회는 투자회사 또는 투자서비스회사가 법규정을 위반한 경우 해당 회사, 그 대표 및 경영진에게 경고를 하거나 최고 1,000,000유로의 벌칙금을 부과할 수 있다.[293]

Ⅱ. 시사점

1. 의 의

이상에서 그리스 투자업의 주요내용과 그 규제 및 감독을 살펴보았다. 이를 바탕으로 우리법제를 위한 시사점에는 어떤 것이 있는지 검토하기로 한다.

2. 투자업의 개념과 관련된 시사점

우리법제상 금융투자업이라 함은 이익을 얻을 목적으로 투자매매업, 투자중개업, 집합투자업, 투자자문업, 투자일임업 또는 신탁업을 계속적이거나 반복적인 방법으로 영위하는 것을 의미한다.[294] 기술한 바와 같

292) 그러나 그리스 자본시장위원회가 법정 최저자기자본 이상의 자기자본을 요구하는 경우는 주로 다른 조치를 취해도 당해 투자회사나 투자서비스회사의 지배구조, 절차, 내부통제장치 및 전략을 개선하지 못한 경우에 취해지는 조치라고 할 수 있다. LAW Number 3601 §82.3.

293) LAW Number 3601 §83. 제1문. 또한 중복된 벌칙도 허용하고 있다. LAW Number 3601 §83.제2문.

294) 자본시장과 금융투자업에 관한 법률 제2조 제1항. 개별 금융투자업에 대한 개

이 그리스 역시 우리법제와 사실상 동일하게 정의하고 있다. 이 한도 내에서는 우리와 그리스가 별반 차이가 없다.

3. 인가 및 취소와 관련된 시사점

기술한 바와 같이 우리법제상 은행에 해당하는 신용기관이 금융투자업을 하면 그리스 중앙은행이 투자회사나 투자서비스회사가 금융투자업을 하면 그리스 자본시장위원회가 각각 그 인가 및 취소를 하게 된다.[295] 이에 반해 우리법제상 금융투자업은 단일의 금융위원회의 인가사항이라는 점에서 그리스와는 차이가 있다.[296] 금융투자업을 담당하는 금융회사에 따라 감독기관이 다른 그리스와 금융투자업을 하는 금융회사의 종류와는 상관없이 하나의 감독기관이 일괄적으로 감독하는 우리나라의 감독체계 중 어떤 것이 더 좋은지 결정하는 것은 쉬운 문제는 아니다. 다만 지금의 금융위기의 진원지인 미국의 경우와 같이 금융회사의 종류에 따라 그 감독기관이 달랐고 또한 감독기관간의 공조가 미흡하여 적시에 필요한 조치가 발동되지 못한 점이 큰 문제라고 생각된다. 이는 지금의 금융회사는 대부분 그룹의 형태로 운영되는데 그 감독기관은 개별의 독자적인 감독의 형태로 이루어지고 있다는 점에서 근본적인 문제가 내포되어 있다고 생각된다. 그렇다면 감독기관 역시 이를 반영할 수 있는 감독체계를 구축해야 할 것이다. 따라서 그리스법제와 같이 개별 감독기관 체제를 유지하려면 감독기관간의 공조가 무엇보다 중요할 것이며 이를 위한 제도적인 장치가 구비되지 않는 경우라면 감독기관의 역할은 기대하기 어려울 것으로 판단된다. 이런 점에서 단일의 감

념정의는 동법 제2조 제2항 및 제8항 참조.

295) Law 2396/1996 §2.11; LAW Number 3601 §80.2.

296) 자본시장과 금융투자업에 관한 법률 제12조 제1항. 증권금융회사의 경우도 동일하다. 동법 제324조 제1항. 종합금융회사의 경우도 동일하다. 동법 제336조 제1항. 자금중개회사의 경우도 동일하다. 동법 제355조 제1항. 단기금융회사의 경우도 동일하다. 동법 제360조 제1항. 금융지주회사도 동일하다. 금융지주회사법 제3조 제1항.

독기관이 일괄적으로 감독하는 우리법제가 낫다고 할 수 있다. 다만 우리법제는 금융투자업을 인가할 때에도 예비인가[297]라는 제도가 존재하고 있다는 점에서 금융투자업을 하려는 참여자에게는 또 다른 규제로 비칠 가능성이 높다고 본다. 따라서 지금의 예비인가제도가 얼마나 효과적인지 재검토가 필요가 있다고 본다.

또 하나는 우리법제상 은행 이외의 금융기관이 전자화폐의 발행 및 관리업무와 관련된 전자투자업을 하려면 금융위원회로부터 허가를 받아야 한다는 점이다.[298] 그러나 은행의 경우에는 허가사항이 아니라 인가사항 내지는 신고사항이 된다는 점에서 차이가 있다.[299] 이에 반해 그리스법제는 전자화폐를 취급하는 금융기관은 동일한 기준의 인가를 받도록 한 점에서 우리법제와 구별된다.[300] 그러나 전자화폐를 취급하는 금융기관이 다르기 때문에 이를 허용하는 정도도 차별을 두는 우리법제에는 다음과 같은 점에서 의문이 있다. 즉 전자화폐를 취급하는 것은 동일한 데 금융기관에 따라 허가사항인지 인가사항 내지는 신고사항으로 허용하는 정도가 다르면 규제차익이 발생할 수 있다는 점이다. 따라서 동일한 인가를 하면서 전자화폐를 취급하는 금융기관의 종류에 따라 그 조건을 달리한다면 허용기준은 동일하면서 동시에 해당 금융기관의 성질에 맞는 조건이 부과되기 때문에 규제차익도 방지할 수 있을 것이다. 따라서 이 한도 내에서는 그리스법제가 시사하는 바가 있다고 판단된다.

---

297) 자본시장과 금융투자업에 관한 법률 제14조. 이 점은 은행업의 경우에도 동일하다. 은행법 제11조의2.

298) 전자금융거래법 제28조 제1항

299) 전자금융거래법 제28조 제1항 단서; 은행법 제8조 제1항과 제27조의2 제2항 및 제28조 제2항.

300) LAW Number 3601 §2.19 & 20. 물론 우리법제상 은행에 해당하는 신용기관을 제외한 투자회사나 투자서비스회사가 전자화폐를 취급할 수 있으나 이들 투자회사는 그 성질상 신용기관이 아니어서 일반대중으로부터 예대업무를 할 수 없기 때문에 전자화폐로도 이와 같은 기능을 할 수 없는 것은 당연하다. LAW Number 3601 §2.19 & 2.1.a).

4. 재무건전성과 관련된 시사점

그리스법제상 금융투자회사 또는 금융투자서비스회사는 신용위험 등 각종의 위험에 대하여 일정한 자기자본을 항상 유지할 것을 요구하고 있다는 점은 우리법제와 다르지 않다. 즉 우리법제 역시 금융투자업을 하는 금융회사는 부채나 위험을 환산한 금액의 합계액인 총위험액에 대하여 영업용순자본이 항상 그 이상이 될 것으로 요구하고 있기 때문이다.[301] 여기서 영업용순자본과 총위험액의 산정기준 및 방법은 금융위원회가 정하도록 되어 있다.[302] 그 산정방법 역시 그리스법제와 유사하게 표준평가방법[303]과 사전에 금융감독원장의 승인을 받은 경우에 자체적으로 이용할 수 있는 내부평가방법[304]이 있어 별 차이가 없다고 판단된다. 자기자본에 관련하여 우리법제상 금융투자업을 하려는 금융회사는 인가업무 단위별로 5억 이상으로서 대통령령으로 정하는 금액 이상의 자기자본을 구비해야 하며,[305] 인가받은 후에도 해당 자기자본의 70%를 유지하도록 되어 있다.[306] 이렇게 금융투자업의 인가를 받은 후에도 등록을 하려면 해당 금융회사는 등록업무의 단위별로 1억 이상으로서 대통령령으로 정하는 금액 이상의 자기자본을 보유하고 있어야 한

---

301) 자본시장과 금융투자업에 관한 법률 제30조 제1항. 여기서 영업용순자본이라 함은 자본금과 준비금 및 기타 (1) '총리령으로 정하는 금액'의 합계액에서 고정자산과 기타 단기간 내에 유동화가 어려운 자산으로서 (2) '총리령으로 정하는 자산'의 합계액을 공제한 금액을 의미한다. 동법 동조 동항 참조. 또한 (1)에는 ① 유동자산에 설정한 대손충당금 ② 후순위차입금 ③ 금융리스부채 ④ 자산평가이익 ⑤ 기타 영업용순자본에 포함시킬 필요가 있다고 금융위원회가 고시한 사항이 포함된다. 다음으로 (2)에는 ① 선급금 ② 선급비용 ③ 선급법인세 ④ 자산평가손실 ⑤ 기타 영업용순자본에서 제외할 필요가 있다고 금융위원회가 정하여 고시한 사항이 포함된다. 동법 시행규칙 제5조.

302) 자본시장과 금융투자업에 관한 법률 제30조 제2항.

303) 금융투자업규정 제3-6조 제5호, 제3-15조 및 제3-23조.

304) 금융투자업규정 제3-6조 제6호와 제3-24조.

305) 자본시장과 금융투자업에 관한 법률 제12조 제2항 제2호; 동법 시행령 제16조 제3항.

306) 자본시장과 금융투자업에 관한 법률 제15조; 동법 시행령 제19조 제1항 제1호.

다.[307] 이와 같이 금융투자업을 등록한 후에도 금융회사는 그 등록을 유지하기 위하여 해당 등록업의 단위별 최저자기자본의 70%를 유지하도록 되어 있다.[308] 이외에도 우리법제상 외국환업무를 등록하려는 금융회사는 자기자본이 30억 원을 초과하면서 영업용순자본비율이 150% 이상이 되어야 한다.[309] 결국 우리법제나 그리스법제는 자본요건 및 자본적정성에서는 큰 차이가 없다고 판단된다.

5. 지배구조와 관련된 시사점

기술한 바와 같이 그리스법제상 투자회사나 투자서비스회사는 그 책임소재를 분명히 할 수 있는 조직구조와 내부통제장치를 두고 있다는 큰 틀에서는 우리법제와 별 차이는 없다고 판단된다.[310] 그러나 그리스법제는 투자회사나 투자서비스회사에 대하여 내부통제장치만 두고 준법감시인에 대한 규정은 없다는 점[311]에서 이를 인정하고 있는 우리법제와는 구별된다.[312] 다만 우리법제상 준법감시인은 해당 금융투자업을 하는 금융회사가 직접 임면[313]을 하기 때문에 그 독자적인 기능을 기대할 수 있을지는 여전히 의문으로 남는다. 이에 대한 연구가 축적되길 기대

307) 자본시장과 금융투자업에 관한 법률 제18조 제2항 제2호; 동법 시행령 제21조 제2항.

308) 자본시장과 금융투자업에 관한 법률 제20조; 동법 시행령 제23조 제1호.

309) 금융투자업규정 제2-11조 제1항. 여기서 영업용순자본비율이라 함은 총위험액에 대한 영업용순자본비율을 백분율로 표시한 것으로 금융산업의 구조개선에 관한 법률 제10조 제1항에 따른 자기자본비율을 의미한다. 동규정 제3-6조 제1호. 참고로 금융산업의 구조개선에 관한 법률 제10조는 적기시정조치에 관한 규정으로 적기시정조치를 발동할 때에 기준이 되는 자기자본비율을 의미하기도 한다.

310) 자본시장과 금융투자업에 관한 법률 제22조 및 제29조; 금융투자업규정 제3장 및 제4장; 금융지주회사법 제6장.

311) LAW Number 3601 §71.1. 이 점은 비록 준법감시제도에 대하여 선언적인 규정만 두고 있는 그리스법제상 신용기관과도 차이가 있는 것이다. LAW Number 3601 §5.10.d.

312) 자본시장과 금융투자업에 관한 법률 제28조 제2항; 금융지주회사법 제41조의5.

313) 자본시장과 금융투자업에 관한 법률 제28조 제3항.

해 본다.

6. 정보공개와 관련된 시사점

기술한 바와 같이 그리스법제는 투자회사 또는 투자서비스회사가 시장의 투명성을 향상할 목적으로 여러 가지 정보공개와 관련된 규제를 하고 있다.[314] 우리법제 역시 다음과 같이 그리스법제와 유사한 규제를 하고 있다. 첫째 금융투자회사는 업무보고서를 금융위원회에 제출해야 하는데 제출한 후에는 업무보고서 중 중요한 사항을 본점, 지점 및 영업소에 비치하고 인터넷 홈페이지 등을 통하여 공시하도록 되어 있다.[315] 둘째 금융투자회사는 자신의 특수관계인 중 대통령령으로 정하는 자가 발행한 주식 등을 소유할 수 없으나 대통령령으로 정하는 비율의 범위에서는 소유할 수 있는데 이 경우 그 사실을 금융위원회에 보고하고 인터넷홈페이지 등을 이용하여 공시해야 한다.[316] 셋째 금융투자회사 특히 증권금융회사는 결산일로부터 3개월 이내에 ① 조직 및 인력에 관한 사항 ② 재무 및 손익에 관한 사항 ③ 자금조달 및 운용에 관한 사항 ④ 건전성, 수익성 및 생산성 등을 나타내는 경영지표에 관한 사항 ⑤ 경영방침, 위험관리 등 금융기관 경영에 중요한 영향을 미치는 사항을 자신의 홈페이지에 공시하도록 되어 있다.[317] 이 한도 내에서는 우리

---

314) LAW Number 3601 §74.

315) 자본시장과 금융투자업에 관한 법률 제33조 제2항 및 제3항.

316) 자본시장과 금융투자업에 관한 법률 제34조 제4항.

317) 금융업감독규정 제8-19조 제1항. 이외에도 정보공개와 관련된 규정을 소개하면 다음과 같다. 예컨대 자본시장과 금융투자업에 관한 법률 제41조 제4항, 제56조 제2항, 제58조 제1항, 제62조 제1항, 제74조 제5항, 제89조, 제90조 제3항 및 제4항, 제91조 제3항, 제94조 제4항, 제112조 제7항, 제129조, 제144조, 제149조, 제157조, 제163조, 제165조의17 제1항, 제172조 제3항, 제173조 제2항, 제182조 제7항, 제188조 제3항, 제195조 제3항, 제196조 제4항, 제254조 제7항, 제258조 제7항, 제263조 제7항, 제268조 제9항, 제324조 제8항, 제355조 제8항, 제360조 제8항, 제365조 제7항, 제392조 제4항, 제417조 제2항, 제424조 제2항; 금융투자업규정 제4-66조 이하, 제4-78조 이하, 제5-8조, 제5-15조, 5-27조 제2항, 제5-54조 제1항 참조.

법제와 그리스법제는 대동소이하다고 판단된다.

7. 통합규제 및 감독과 관련된 시사점

금융투자업을 은행이 하는가 은행 이외의 금융회사가 하는가에 따라 감독기관이 달라지는 그리스법제와는 달리 우리법제는 금융투자회사가 통합규제 및 감독을 받는 경우에도 개별규제 및 감독의 경우와 동일하게 금융위원회가 감독권자가 된다.[318] 이와 같은 우리법제가 단일의 감독기관을 통하여 일괄적으로 신속하게 감독하기 때문에 이 한도 내에서는 우리법제가 그리스법제보다 낫다고 할 수 있을 것이다.

다음으로는 우리법제상 출자 등 신용공여와 관련된 규정 중 종합금융회사를 중심으로 살펴보면 다음과 같다. 즉 종합금융회사는 동일차주에 대하여 자기자본의 25%를 초과하여 출자 등 신용공여를 할 수 없는 것이 원칙이다.[319] 다만 종합금융회사의 자기자본 10%를 초과하여 신용공여를 하는 경우에도 월말 총 합계액은 당해 종합금융회사의 자기자본의 5배 범위 내로 유지되어야 한다.[320] 그러나 종합금융회사는 '같은 개인 및 법인' 각각에 대한 신용공여는 자기자본의 20%를 초과할 수는 없다.[321] 관계인에 대해서도 종합금융회사는 자기자본의 15% 범위 내에서만 신용공여를 할 수 있다.[322] 종합금융회사가 자신의 대주주와 거래하

318) 자본시장과 금융투자업에 관한 법률 제415조 이하.

319) 자본시장과 금융투자업에 관한 법률 제342조 제1항. 금융지주회사인 금융투자지주회사 역시 동일한 규정을 두고 있다. 다만 금융투자업을 하는 금융투자지주회사의 신용공여는 그 자회사인 금융투자회사의 자기자본과 그 지주회사인 금융투자지주회사의 자기자본을 '합계'한 금융투자지주회사 전체의 자기자본의 25%를 초과할 수 없는 것으로 해석될 뿐이다. 금융지주회사법 제45조 제1항.

320) 자본시장과 금융투자업에 관한 법률 342조 제3항.

321) 자본시장과 금융투자업에 관한 법률 342조 제4항. 동법률상 동일차주에는 개인과 법인뿐만 아니라 신용위험을 공유하는 자도 포함된다. 동법 제342조 제1항. 금융투자업을 하는 금융투자지주회사의 경우에도 사실상 동일한 규정을 두고 있다. 금융지주회사법 제45조 제2항. 다만 자기자본은 금융투자지회사와 그 자회사인 금융투자회사의 자기자본을 '합계'한 자기자본을 기준으로 하고 있다.

322) 자본시장과 금융투자업에 관한 법률 342조 제2항; 동법 시행령 제334조 제1

는 경우에도 자기자본의 15% 범위 내에서만 허용된다.[323] 만약 종합금융회사가 자신의 대주주가 발행한 주식을 취득하는 경우에도 그 금액이 종합금융회사의 자기자본의 0.1%나 10억 중 어느 하나에 해당한다면 종합금융회사 재적이사 전원의 찬성을 미리 받도록 하고 있다.[324] 이외의 증권투자는 종합금융회사의 자기자본의 100%를 초과한 투자는 허용하지 않고 있다.[325] 기술한 바와 같이 금융지주회사법도 위와 비슷한 규정을 두고 있으나 지주회사라는 특성상 약간 다른 규정을 두고 있다. 즉 금융투자지주회사의 금융투자업을 하는 자회사와 동일한 금융투자지주회사 내에 있는 다른 자회사 간의 신용공여에는 적절한 담보가 필요하다.[326] 또한 금융투자지주회사의 전체 구조 내에서는 통상거래에 비하여 현저하게 불리한 불량자산의 거래는 금지된다.[327]

이어 금융위원회는 금융투자업을 하는 금융회사가 영업용순자본비율 등에서 해당 요건을 충족하지 못하면 경영개선권고와 요구 및 명령이라는 적기시정조치의 제재를 받게 된다.[328] 이것이 통합규제 및 감독

항. 여기서 관계인이라 함은 종합금융회사가 자신의 임원과 자회사 및 그와 신용위험을 공유하는 자를 의미한다. 자본시장과 금융투자업에 관한 법률 제342조 제2항.

323) 자본시장과 금융투자업에 관한 법률 제343조 제1항; 동법 시행령 제338조 제1항.

324) 자본시장과 금융투자업에 관한 법률 제343조 제2항; 동법 시행령 제338조 제2항. 금융지주회사법의 적용을 받는 금융투자지주회사 역시 사실상 이와 동일한 규정을 두고 있다. 금융지주회사법 제34조 제5항; 동법 시행령 제16조의5 제5항.

325) 자본시장과 금융투자업에 관한 법률 제344조 제1항. 증권 이외의 부동산의 경우에도 업무용부동산의 취득만 원칙적으로 허용하고 있고 업무용부동산을 취득하는 경우에도 종합금융회사의 자기자본의 100% 범위 내에서만 허용하고 있다. 자본시장과 금융투자업에 관한 법률 제347조.

326) 금융지주회사법 제48조 제2항.

327) 금융지주회사법 제48조 제3항.

328) 금융산업의 구조개선에 관한 법률 제10조; 금융투자업규정 제3-26조 및 제28조. 종합금융회사의 경우도 동일하다. 동규정 제8-51조 및 53조. 금융지주회사인 금융투자지회사도 동일하다. 다만 금융지주회사법에는 적기시정조치라는 명문규정이 없고 금융산업의 구조개선에 관한 법률 제10조에서 이를 규정하고 있다. 그러나 금융지주회사법의 하위규정인 금융지주회사감독규정 제36조 및

의 핵심 중의 하나라고 할 수 있다.[329] 그러나 금융위원회가 단시간 내에 적기시정조치가 발동되는 문제점이 해소될 것이라고 판단되면 일정한 기간 동안 적기시정조치를 유예할 수 있다.[330]

이상에서 살펴본 바와 같이 우리법제나 그리스법제가 출자 등 신용공여에서는 수치상의 약간의 차이가 있을 뿐 전체적인 규제정도는 큰 차이가 없다. 다만 적기시정조치에 대하여는 우리법제는 상세한 규정을 두고 있는 것과는 대조적으로 그리스법제는 이를 규정하고 있지 않기 때문에 통합규제 및 감독의 공백이 발생할 염려가 있다. 따라서 이 한도 내에서는 우리법제가 그리스법제보다 낫다고 할 수 있을 것이다.

8. 규제 및 감독의 공조와 관련된 시사점

기술한 바와 같이 그리스는 금융업종별 감독기관이 다른 반면 우리나라는 금융위원회가 총괄적으로 감독한다는 점에서 큰 차이가 있다. 이런 이유로 우리법제상 국내에서의 금융감독기관 간의 공조의 중요성은 그리스에 비해 상대적으로 적다고 할 수 있을 것이다. 이에 따라 국내 금융감독기관 간의 공조를 살펴보아야 하겠으나 기술한 바와 같이 우리는 금융위원회가 총괄적으로 금융규제 및 감독하기 때문에 금융감독기관 간의 공조보다는 금융위원회와 다른 행정기관 및 기타 관련 기

제38조와 금융지주회사감독규정 시행세칙 제12조에는 적기시정조치를 규정하고 있다. 그러나 금융지주회사의 경우 하위규정에는 적기시정조치가 명문으로 도입되어 있으나 그 상위규정인 금융지주회사법과 동법 시행령에는 그 규정이 없다는 점에서 금융지주회사의 적기시정조치에 대한 규정은 입법편제상 의문이 있다고 본다. 백정웅, "우리나라 금융지주회사법의 규제법리에 관한 비교법적 연구,"「상사법연구」 제26권 제4호(한국상사법학회, 2008.2), 395-396면(이하 금융지주회사법의 규제법리라 함). 금융지주회사의 적기시정조치에 대한 보다 상세한 내용은 백정웅, "한국 금융지주회사에 대한 적기시정조," 「원광법학」 제23권 제2호(2007.9), 365면 이하 참조.

329) 백정웅, 금융지주회사법의 규제법리, 374면.

330) 금융산업의 구조개선에 관한 법률 제10조 제3항; 금융투자업규정 제3-30조와 제8-54조. 금융지주회사의 경우에도 적기시정조치가 유예될 수 있다는 점에서 동일하다. 금융지주회사감독규정 제39조.

관 간의 공조를 중심으로 검토하고자 한다. 첫째 금융위원회는 투자판단에 중요하고 시급한 정보에 대하여 어음교환소로 지정된 기관, 관할법원, 주채권기관 등에게 필요한 정보의 제공이나 교환을 요청할 수 있도록 하였다.[331] 둘째 금융위원회의 권한위임이나 위탁의 경우가 있다. (1) 금융위원회는 자본시장과 금융투자업에 관한 법률상 증권의 발행 및 유통과 관련된 조사권한과 제재권한을 증권선물위원회에게 위임할 수 있다.[332] 다만 이 경우에도 증권선물위워회는 5억 원을 초과하는 과징금의 부과나 1개월 이상의 업무전부의 정지, 지점 등 영업소의 폐쇄와 같은 제재는 할 수 없도록 되어 있다.[333] (2) 금융위원회는 투자자의 보호 등을 위하여 금융투자업자에게 일정한 제재를 할 수 있는 데 이 중 장내파생상품의 거래규모의 제한에 관한 권한 등을 한국거래소에게 위탁할 수 있다.[334] 또한 금융투자업을 하는 금융회사는 금융투자업의 영위와 관련된 약관의 제정이나 변경의 경우에 금융위원회에 미리 신고하여야 하는데 이 때 그 신고, 사전신고에 대한 예외로서의 보고의 접수 및 약관(표준약관 포함)이 법령위반 또는 금융투자자의 이익을 침해할 우려가 있는지를 검토할 수 있는 권한 등을 금융위원회가 한국금융투자협회에게 위탁할 수도 있는 것이다.[335] (3) 금융위원회 또는 증권선물위원회는 대통령령에 따라 그 권한의 일부를 금융감독원장에게 위탁할 수 있다.[336] 뿐만 아니라 (4) 금융감독원장은 금융투자업을 하는 금융회사의 업무와 재산상황을 검사할 수 있는데 이 경우 금융감독원장은 대통령령에 따라 검

331) 자본시장과 금융투자업에 관한 법률 제161조 제4항; 동법 시행령 제172조.

332) 자본시장과 금융투자업에 관한 법률 제438조 제2항.

333) 자본시장과 금융투자업에 관한 법률 시행령 제387조 제1항 제2호.

334) 자본시장과 금융투자업에 관한 법률 제438조 제3항; 동법 시행령 제387조 제2항 제1호. 금융감독원장은 금융투자업을 하는 금융회사의 업무와 재산상황을 검사할 수 있는데 이 경우에도 대통령령에 따라 검사업무의 일부를 한국거래소나 한국금융투자협회에게 위탁할 수 있다.

335) 자본시장과 금융투자업에 관한 법률 제438조 제3항; 동법 시행령 제387조 제2항 제2호.

336) 자본시장과 금융투자업에 관한 법률 제438조 제4항; 동법 시행령 제387조 제3항.

사업무의 일부를 한국거래소나 한국금융투자협회에게 위탁할 수도 있다.[337] 이 경우 위탁되는 검사업무는 주요직무 종사자와 투자권유대행인의 영업행위에 관한 사항과 증권의 인수업무에 관한 사항 또는 약관의 준수 여부에 관한 사항에 한정된다.[338]

다음으로 우리법제상 금융투자업에 대한 외국금융감독기관과의 공조는 크게 금융위원회와 외국금융투자감독기관과의 공조인 감독기관 간의 공조와 한국거래소와 해당 외국거래소와의 공조인 거래소 간의 공조로 구분할 수 있다. 먼저 감독기관 간의 공조를 살펴보면 다음과 같다. 즉 우리 금융위원회는 외국금융투자감독기관과 정보를 교환할 수 있는 것이 원칙이다.[339] 다만 상호주의원칙에 따라 외국금융투자감독기관이 우리나라의 자본시장과 금융투자업에 관한 법률 또는 이 법에 상응하는 외국법령을 위반한 행위에 대하여 목적 등을 적시하여 자본시장과 금융투자업에 관한 법률에 따른 조사나 검사를 요청한 경우 이에 협조할 수 있도록 되어 있다.[340] 이 경우에도 일정한 요건을 구비한 경우에만 우리 금융위원회는 해당 외국금융투자감독기관에게 조사 또는 검사자료를 '제공'할 수 있는 것이다.[341] 다음으로 거래소 간의 공조를 살펴보면 다음과 같다. 즉 한국거래소는 외국거래소와 정보를 교환할 수 있으나 사전에 금융위원회와 협의를 하도록 되어 있다.[342] 이 경우에도 감독기관 간의 공조와 동일하게 상호주의원칙이 적용된다.[343]

---

337) 자본시장과 금융투자업에 관한 법률 제419조 제8항.

338) 자본시장과 금융투자업에 관한 법률 시행령 제372조 제1항. 물론 이 경우에도 행정권한의 위임 및 위탁에 관한 규정의 일부가 준용된다. 동법 시행령 제372조 제3항.

339) 자본시장과 금융투자업에 관한 법률 제437조 제1항.

340) 자본시장과 금융투자업에 관한 법률 제437조 제2항.

341) 자본시장과 금융투자업에 관한 법률 제437조 제3항.

342) 자본시장과 금융투자업에 관한 법률 제437조 제4항. 다만 한국거래소는 대통령령으로 정한 정보는 사전에 금융위원회와 협의를 거치지 않고도 교환할 수 있다. 이에 해당하는 구체적인 정보는 이미 공시되거나 일반에 공개될 정보 등을 의미한다. 이에 대한 보다 상세한 내용은 동법 시행령 제386조 참조.

343) 자본시장과 금융투자업에 관한 법률 제437조 제5항.

이상에서 규제 및 감독의 공조에 대하여 우리법제와 그리스법제를 비교법적인 관점에서 살펴보았으나 검사, 조사 등 규제 및 감독에 관한 정보를 교환하고 제공 및 권한 위임 또는 위탁 등의 공조는 양 법제에서 동일하게 이루어지고 있다는 점에서 큰 차이는 없다고 판단된다. 다만 우리법제는 그리스와는 달리 금융위원회가 총괄적으로 감독하기 때문에 국내 감독기관 간의 공조보다는 외국금융투자감독기관과의 공조가 보다 중요할 것으로 판단된다.

제 5 절 스페인

Ⅰ. 규제의 주요내용

1. 투자업의 개념

스페인법제상 투자업이라 함은 제3자에 대한 (1) 금융상품과 관련된 주문의 접수 및 전송업무 (2) 고객계정에 의한 주문의 실행업무 (3) 당해 회사의 자기계정에 의한 거래업무 (4) 투자포트폴리오관리업무 (5) 금융상품의 청약유인업무 (6) 금융상품의 발행 또는 청약유인의 인수업무 (7) 투자자문업무 (8) 다자간결제시스템의 운영업무 (9) 기타 부수업무를 의미한다.[344] 여기서 부수업무라 함은 ① 금융상품의 보관 및 관리업무 ② 금융상품의 거래를 위한 투자자에 대한 대출 및 신용공여의 제공업무 ③ 자본구조, 산업전략 및 이와 관련된 자문업무 및 인수 · 합병과 관련된 업무 ④ 금융상품의 발행 또는 청약유인의 인수와 관련된 업

344) ACT 24/1988, OF 28 JULY, ON THE SECURITIES MARKET CONSOLIDATED TEXT (이하 Spanish Securities Act라 함) §§62.1-2 & 63.1-2. 이 규정은 2012년 7월까지 개정된 내용을 반영하고 있다.

무 ⑤ 금융상품의 거래와 관련된 투자연구와 재무분석 또는 기타 업무 ⑥ 투자업무의 제공과 관련된 외환업무 ⑦ 파생금융의 비금융자산과 관련된 투자업무 및 부수업무를 의미한다.[345]

2. 인가 및 취소

스페인법제상 투자업을 하려는 자는 다음의 요건을 구비해야 한다.[346] (1) 투자업을 하려는 자는 스페인법에서 허용된 업무만 실행할 목적을 가지고 있어야 한다. (2) 투자업을 하려는 자는 주식회사(*sociedad anónima*)이어야 한다. (3) 투자업을 하는 자가 신생회사라면 단일의 법률에 의하여 조직이 구성되어야 하며 설립자에게는 어떤 특혜나 특별한 보수는 없어야 한다. (4) 최저자본금은 현금으로 전액 지불되어야 하며 최저자기자본금 및 영업의 예상거래량 역시 서류로 제출되어야 한다. (5) 이사는 최소한 3명 이상이 되어야 한다.[347] (6) 모든 이사는 사업적 · 전문직업인 평판이 양호해야 한다.[348] (7) 이사의 과반수는 적절한 지식 및 경력이 있어야 한다. (8) 투자업을 하려는 자는 법정의 조직요건을 이행하는데 필요한 절차 등이 구비되어야 한다. (9) 투자업을 하려는 자는 내부통제장치뿐만 아니라 법령을 준수할 수 있도록 하는 내부지침 및 정보시스템의 안전장치를 구비해야 한다. (10) 투자업을 하려는 자는 투자보장기금(Investment Guarantee Fund)에 가입해야 한다. (11) 투자업을 하려는 자는 그 사업계획서를 제출해야 한다. (12) 투자업을 하려는 자는 업무위탁이 당해 투자업의 인가를 무력화하지 않도록 업무위탁의 조건 및 업무 등이 기재된 적절한 문서로 제출해야 한

345) Spanish Securities Act §63.2.

346) Spanish Securities Act §§66.2 & 67.2.

347) 금융자문회사가 법인인 경우에는 이사 1명만 둘 수 있다. Spanish Securities Act §67.2.e).

348) 그러나 당해 이사가 과실범이 아닌 고의범죄의 전과기록이 있거나 공직의 결격자가 되거나 금융회사의 이사 등에서 결격되거나 아직 파산 등의 상태에 있다면 사업적 · 전문직업인 평판이 양호하다고 할 수 없게 된다. Spanish Securities Act §67.2.f).

다. 이와 함께 정관 등도 제출되어야 한다.[349] 다만 이와 같은 요건이 모두 구비되어도 부수업무만을 하기 위한 인가는 허용될 수 없다.[350] 이와 같은 요건을 구비해서 인가를 신청하면 6개월 내에 인가 여부를 결정하게 되는데 이 기간이 지나도 아무런 결정이 없으면 그 인가는 거부된 것으로 해석된다.[351] 다음의 경우에도 그 인가는 거부될 수 있다. ① 인가의 취득 및 유지의 법정요건의 위반이 있는 경우 ② 투자업을 하는 회사경영의 건전성에 비추어 적격보유자[352]가 그 적격성이 없다고 간주되는 경우 ③ 투자업을 하는 회사가 그룹에 소속된 경우 그 그룹조직의 투명성이 부족하거나 감독당국의 감독기능을 방해하는 자와 밀접한 관련성이 존재하거나 감독상 조사 및 정보수집에 상당한 어려움이 존재하는 경우 ④ 투자업을 하는 회사와 밀접한 관련성이 있거나 감독당국의 감독권 행사를 방해하는 자를 규제하는 법령이 EC회원국이 아닌 국가의 그것에 의하여 규제되는 경우 ⑤ 투자업을 하는 회사가 금융그룹에 소속된 경우 이 금융그룹 내의 다른 복합업무지주회사[353](mixed-activity

349) Spanish Securities Act §66.2.제1문단.

350) Spanish Securities Act §66.2.제2문단.

351) Spanish Securities Act §66.1.제3문단.

352) 여기서 적격보유자라 함은 투자업을 하는 회사의 의결권이 있는 주식 총수 또는 자본금의 10%을 직·간접적으로 보유한 자를 의미한다. Spanish Securities Act §69.1.제1문단.

353) 여기서 복합업무지주회사라 함은 자회사가 최소한 1개 이상의 신용기관이나 투자회사이면서 그 지주회사는 금융지주회사, 신용기관이나 투자회사 또는 복합금융지주회사(mixed financial holding company) 이외의 금융기관을 의미한다. 백정웅, "EU 금융그룹의 규제법리와 그 시사점에 관한 연구," 「상사판례연구」 제22집 제4권(한국상사판례학회, 2009.12), 498면. 또한 복합금융지주회사라 함은 지주회사가 신용기관과 보험회사 또는 투자회사 이외의 회사이면서 그 자회사는 최소한 1개 이상이 회원국에 본점을 둔 신용기관이나 보험회사 또는 투자회사인 회사를 의미한다. Directive 2002/87/EC of the European Parliament and of the Council of 16 December 2002 on the supplementary supervision of credit institutions, insurance undertakings and investment firms in a financial conglomerate and amending Council Directives 73/239/EEC, 79/267/EEC, 92/49/EEC, 92/96/EEC, 93/6/EEC and 93/22/EEC, and Directives 98/78/EC and

holding company)를 사실상 지휘하는 자나 이사의 사업적 · 전문직업인 평판이 부족한 경우 ⑥ 이사 등의 겸직으로 인한 심각한 이해충돌이 존재하는 경우가 그것이다. 감독권자가 인가 여부를 결정할 때에도 다음의 경우에는 해당 국가의 감독당국과 협의를 먼저 해야 한다.[354] (가) 스페인에서 투자업의 인가를 신청한 자가 다른 EC회원국에서 인가를 받은 투자회사, 신용기관 또는 보험회사 등에 의하여 지배를 받을 경우 (나) 기술한 (가)를 지배하는 하는 회사의 지배를 받는 경우 (다) 기술한 (가)를 지배하는 자연인의 지배를 받는 경우가 그것이다. 스페인의 감독당국이 기술한 (가)-(나)의 경우 해당 국가의 감독당국과 협의를 할 때는 주주의 적격성과 이사 및 집행임원의 양호한 평판의 평가가 포함된다.[355] 이상과 같은 절차를 거쳐 인가를 할 때에 그 인가를 주는 감독기관이 투자업의 종류에 따라 대별된다.[356] 금융자문회사의 경우에는 증권시장감독위원회(*Comisión Nacional del Mercado de Valores*: National Securities Market Commission: CNMV)가 인가권자이고 나머지 자기거래 및 중개거래를 하는 회사, 중개회사, 포트폴리오관리회사에 대해서는 경제재무장관(Minister of Economy and Finance: MEF)이 증권시장감독위원회(CNMV)의 자문을 받아 인가권을 행사한다.

이미 받은 인가는 다음과 같은 경우에 취소될 수 있다.[357] 즉 투자업에 대한 인가를 받은 자가 ㉮ 인가받은 날로부터 12개월 이내에 영업을 시작하지 않은 경우 ㉯ 인가를 명시적으로 포기한 경우 ㉰ 인가받은 구체적인 영업을 사실상 6개월 이상 하지 않은 경우 ㉱ 영업의 연간 거래량이 법정 이하인 경우 ㉲ 자본에 관련된 법정요건의 이행의무를 심각하게 조직적으로 이행하지 않은 경우 ㉳ 적격지분보유자가 경영의 건

2000/12/EC of the European Parliament and of the Council, O.J.L. 35, 11/02/2003, §2(15) (2003).

354) Spanish Securities Act §66.4.

355) Spanish Securities Act §66.4.제3문단.

356) Spanish Securities Act §66.1.제1문단.

357) Spanish Securities Act §73.

전성을 해칠 우려가 있는 경우 등 법정사유[358]에 해당되는 경우 ㉳ 인가를 받은 자가 지급불능이라고 법적으로 선언한 경우 ㉴ 투자보장기금에서 탈퇴한 경우 ㉵ 강제적인 해산에 해당하는 경우 ㉶ 허위의 사실이나 기타 불법적인 방법에 의하여 기존의 인가를 받은 경우 ㉷ 기타 일정한 법정제재를 받은 경우가 그것이다. 이와 같은 요건에 해당되는 경우 인가의 취소는 증권시장감독위원회(CNMV)가 신청하고 그 결정은 경제재무장관(MEF)이 증권시장감독위원회(CNMV)의 권고에 따라 결정한다.[359]

3. 재무건전성

스페인법제상 투자업을 하는 회사의 의결권이 있는 주식 또는 그 자본의 5% 이상을 취득한 자는 그 사실을 증권시장감독위원회(CNMV)와 그 회사에게 서면으로 통지해야 한다.[360] 또한 투자업을 하는 회사의 적격지분[361]을 취득하려거나 20%, 30%, 또는 50%나 이 이상을 취득하려는 자는 사전에 증권시장감독위원회(CNMV)에게 통지해야 한다.[362] 통지를 받은 증권시장감독위원회(CNMV)는 당해 회사의 경영건전성을 확보하기 위하여 다음과 같은 내용을 기초로 해당 지분을 취득하려는 자의 적격성 및 지분인수의 재무건전성을 평가하도록 되어 있다.[363] (1) 지분을 취득하려는 자의 사업 및 전문직업인으로서의 도덕성 (2) 이사 및 임원의 사업, 전문직업인으로서의 도덕성 및 경력 (3) 지분을 취득하려

---

358) Spanish Securities Act §69.11.

359) Spanish Securities Act §74.1.a)–b).

360) Spanish Securities Act §69.3.

361) 여기서 적격지분이라 함은 투자업을 하는 회사의 자본 또는 의결권의 10%에 해당하는 것을 의미한다. Spanish Securities Act §69.1.

362) Spanish Securities Act §69.4. 이와 반대의 경우 즉 적격지분(10%) 또는 그 비율을 초과하여 취득한 지분을 '처분'하거나 '축소'하려는 경우에도 증권시장감독위원회(CNMV)에게 사전에 먼저 통지해야 한다. Spanish Securities Act §69.9.

363) Spanish Securities Act §69.5.

는 자의 재무건전성 (4) 법정의무를 이행할 수 있는 당해 회사의 능력 (4) 자금세탁이나 테러리스트금융과의 무관련성 또는 지분인수로 인한 위험증가의 부존재가 그것이다. 이런 과정을 거쳐 스페인의 증권시장감독위원회(CNMV)는 60일 이내에 지분취득에 대한 가부를 결정해야 하며 이 기간 동안 아무런 결정이 없으면 해당 지분취득을 반대하지 않은 것으로 해석되고 있다.[364] 다만 증권시장감독위원회(CNMV)가 지분취득에 대한 가부를 결정할 때 단순히 시장의 경제적인 필요성을 고려하여 일정한 정도의 지분만 취득할 수 있다는 전제조건을 부과할 수는 없다.[365] 그러나 적격지분(10%) 이상을 취득하려는 자가 증권시장감독위원회(CNMV)에게 통지하지 않고 취득하거나 통지했더라도 아직 가부를 결정할 기간인 6개월이 경과하지 않은 동안에 지분을 취득하거나 증권시장감독위원회(CNMV)가 당해 지분취득을 승인하지 않았음에도 불구하고 그 지분을 취득한 경우에는 취득한 의결권은 자동적으로 정지되며 만약 의결권을 행사한 경우에는 그 의결권의 효력은 무효가 되고 이외에도 지분을 취득한 회사의 영업이 정지될 수도 있고 이사의 교체 등의 제재가 뒤따른다.[366]

한편 자기자본의 정도와 산출방식에 대하여 스페인법제는 다음과 같은 규정을 두고 있다. 먼저 투자업을 하는 회사는 자신의 업무와 영업에서 노출된 위험 및 비용에 상응하는 자기자본을 보유해야 하며 특히 다음과 같은 조건을 충족시켜야 한다.[367] ① 모든 업무에서 신용리스크와 실질적 가치감소의 위험[368](dilution risk)을 반영한 자기자본이어야 하며 이 자기자본은 법정의 최저자기자본 이상이어야 한다. ② 핵심자

364) Spanish Securities Act §69.6.제2문단.
365) Spanish Securities Act §69.6.제5문단.
366) Spanish Securities Act §69.8.
367) Spanish Securities Act §70.1.a).1-4.
368) 여기서 dilution risk는 발행주식 총수를 증가함에 따라 주가 또는 의결권이 약화되는 것을 의미한다. Bryan A. Garner, 「Black's Law Dictionary」 204 (2d Pocket ed. 2001).

산을 매각하는 경우에는 포지션위험[369](position risk), 정산위험(settlement risk) 및 상대방위험(counterparty risk) 등 모든 위험을 반영한 자기자본이어야 하며 이 자기자본은 법정의 최저자기자본보다 많아야 한다. ③-④ 모든 업무에서 환율위험(exchange rate risk), 상품위험(commodity risk) 및 영업위험(operating risk)을 반영한 자기자본이어야 한다. 그러나 기술한 ①-④의 요건을 충족한 자기자본요건은 투자자문만 하거나 고객의 현금이나 유가증권을 투자업을 하는 회사가 보유하지 않고 오직 고객의 주문을 접수하고 전송하는 업무만 하는 경우에는 적용되지 않는다.[370] 다음으로 기술한 자기자본의 산출방식은 외부신용평가기관에 의한 외부평가와 해당 투자업을 하는 회사가 자체적으로 하는 내부평가가 있다. 전자는 증권시장감독위원회(CNMV)로부터 별도의 승인을 받을 필요는 없으나 후자는 그 승인을 받아야 한다는 점에서 차이가 있다.[371] 그리고 이와 같은 자기자본과 관련된 요건이 계속해서 충족되도록 하기 위해 최소한 6개월마다 자기자본을 점검하도록 되어 있다.[372]

4. 지배구조

스페인에서 투자업을 하는 상장회사는 스페인정부가 권고하는 '양호한 지배구조를 위한 통일지침'(UNIFIED GOOD GOVERNANCE CODE)에 따라 다음과 같은 내용을 회사지배구조에 반영하고 있다.[373] (1) 단일주

---

369) 여기서 position risk라 함은 가격의 변동이 발생한 시점에서의 손해의 발생가능성을 의미한다. 이를 market risk라고 표현하기도 한다. George Alexander Walker, 「International Banking Regulation: Law, Policy and Practice」 176 n.55 (Kluwer Law International, 2001).

370) Spanish Securities Act §70.1.a).5-6.

371) Spanish Securities Act §70.2.

372) Spanish Securities Act §70.1.a).

373) CNMV, "Issuers and listed companies: Legislation: Corporate governance: Unified Good Governance Code of Listed Companies (whole text)," CNMV, at https://www.cnmv.es/Portal/~/verDoc.axd?t={8d45db35-4eca-41fc-a0af-f425b4931b82} (last visited Jan. 22, 2014) (이하 Governance Code라 함). 회사지배구조에 대한 스페인정부의 권고안은 모든

주의 지주비율의 상한을 두거나 공개시장에서의 주식매입으로 회사를 인수하려는데 장애가 되는 정관의 규정은 없어야 한다.[374] (2) 지주회사와 투자업을 하는 자회사가 모두 상장된 경우 지주회사 및 그 자회사는 각자 자신의 영업의 종류를 공개해야 할 뿐만 아니라 지주회사와 해당 투자업을 하는 그의 자회사 및 그 지주회사에 속해 있는 다른 자회사와 해당 투자업을 하는 자회사 간의 거래도 공개해야 한다.[375] (3) 투자업을 하는 회사의 지배구조에 근본적인 변경을 발생시키는 것과 관련된 결정은 정기주주총회의 승인을 받도록 해야 한다.[376] (4) 이사선임에 관한 정기주주총회에서의 의결권의 행사는 '의결권의 불통일행사'가 적용되어야 한다.[377] (5) 이사회는 회사의 최선의 이익에 부합되게 그 기능을 행사하고 주주를 평등하게 취급해야 한다.[378] (6) 이사회는 이사의 수가 최소 5인 이상 최대 15인 이하로 구성되며 독립된 사외이사가 최소한 1/3 이상은 되어야 한다.[379] (7) 여자 이사가 거의 없거나 남자 이사로만 구성된 경우에는 그 이유 및 이를 시정하기 위한 조치가 무엇인지 공지되어야 한다.[380] (8) 주주를 대표하는 이사의 경우 당해 주주가 그 지분을 처분하면 이사직에서 사임을 해야 한다.[381] (9) 이사회는 이

상장회사에 적용됨을 원칙으로 하고 있다. Governance Code, Ⅰ. CORE PRINCIPLES, Characteristics of the Code, Generality.

374) Governance Code, Ⅱ. RECOMMENDATIONS, 1.

375) Governance Code, Ⅱ. RECOMMENDATIONS, 2.a). 이들 간의 잠재적인 이해충돌을 해결할 장치도 공개되어야 한다. Governance Code, Ⅱ. RECOMMENDATIONS, 2.b).

376) Governance Code, Ⅱ. RECOMMENDATIONS, 3. 예컨대 지주회사와 자회사의 관계를 형성하는 결정이나 주요한 영업재산을 처분하는 결정 등을 들 수 있다. Governance Code, Ⅱ. RECOMMENDATIONS, 3.a)-b).

377) Governance Code, Ⅱ. RECOMMENDATIONS, 5 & 6.

378) Governance Code, Ⅱ. RECOMMENDATIONS, 7.

379) Governance Code, Ⅱ. RECOMMENDATIONS, 9 & 13. 여기서 사외이사가 독립되었다는 의미는 당해 투자업을 하는 회사, 그 경영진 및 주주와 아무런 관련이 없다는 의미로 해석된다. Governance Code, Ⅲ. DEFINITIONS, 5.

380) Governance Code, Ⅱ. RECOMMENDATIONS, 15.

381) Governance Code, Ⅱ. RECOMMENDATIONS, 30.

사의 보수에 관한 보고서가 주주에게 제공되도록 해야 하며 특히 이전과 크게 달라진 점이 있다면 이를 적시하고 설명해야 한다.[382] (10) 이사회는 각종 위원회의 위원을 선임하되 주로 사외이사를 중심으로 해야 하며 그 수는 최소한 3인 이상이어야 한다.[383] (11) 이사추천 및 보수위원회의 다수는 독립된 사외이사로 구성된다.[384]

한편 스페인에서 투자업을 하는 회사로 인가받기 위해서는 적절한 내부통제절차가 있어야 하며 이에 따라 내부통제장치가 구비되어야 하는 것이다.[385] 이와 같은 내부통제장치는 투자업을 규제 및 감독을 위해 스페인의 감독당국이 외국의 감독당국과 공조를 하게 되는데 이때 교환된 정보에는 내부통제장치에 관한 정보도 포함된다.[386]

5. 정보공개

스페인법제상 투자업을 하는 회사의 상장주식의 발행인은 연간 및 반기 재무보고서를 배포해야 하며 최소한 5년 동안 일반대중이 이용할 수 있도록 해야 한다.[387] 또한 투자업을 하는 회사가 그룹에는 속해 있으나 그룹과 함께 통합된 감독을 받지 않는 경우에는 그룹과는 별도로 지불능력에 관한 보고서(Solvency Report)를 1년에 한 차례 이상 배포해야 하며 이 보고서에는 재무상태 및 업무의 구체적인 내용이 포함되어야 한다.[388] 특히 그 근로자의 등급에 따른 보수정책 및 그 실제와 관련된 정보도 공개되도록 하고 있다.[389] 투자업을 하는 회사가 해당 거래로 인하여 고객이익의 충돌위험을 방지하지 못할 경우에는 해당 거래가 있

382) Governance Code, Ⅱ. RECOMMENDATIONS, 40.
383) Governance Code, Ⅱ. RECOMMENDATIONS, 44.a) & b). 그 의장은 사외이사가 된다. Governance Code, Ⅱ. RECOMMENDATIONS, 44.c).
384) Governance Code, Ⅱ. RECOMMENDATIONS, 54.
385) Spanish Securities Act §§67.2.i), 68.2 & 70.ter.2.a)
386) Spanish Securities Act §91.bis.4.a).
387) Spanish Securities Act §35.1-2.
388) Spanish Securities Act §70.bis.1.제1문단.
389) Spanish Securities Act §70.bis.1.제3문단.a)-d).

기 전에 그 내용을 해당 고객 및 일반대중에게 상세하게 공개하도록 되어 있다.[390] 이와 함께 다자간 결제시스템을 운영하는 자 역시 해당 거래 전후로 그 거래의 투명성 및 가격예시의 기능을 촉진시키기 위해 관련 정보를 배포해야 한다.[391]

뿐만 아니라 의결권의 경우 투자업을 하는 회사의 자본 또는 의결권의 10% 이상을 취득하려는 자는 사전에 그 사실을 스페인의 증권시장감독위원회(CNMV)에게 통지한 후 그 승인을 받아야 하며 이에 따라 증권시장감독위원회(CNMV)가 승인 여부를 결정하게 되는데 이때 그 이유를 일반대중에게 공개할 수 있다.[392]

6. 규제 및 감독의 공조

스페인법제상 투자업을 하는 회사를 인가할 때에 스페인의 증권시장감독위원회(CNMV)는 특히 (1) 스페인에서 투자업의 인가를 신청한 자가 다른 EC회원국에서 인가를 받은 투자회사, 신용기관 또는 보험회사 등에 의하여 지배를 받을 경우 (2) 기술한 (1)을 지배하는 하는 회사의 지배를 받는 경우 (3) 기술한 (1)을 지배하는 자연인의 지배를 받는 경우에는 인가 전에 해당 EC회원국의 감독당국과 협의를 미리 해야 한다.[393] 이때 협의의 내용에는 주주의 적격성과 이사 및 임원의 양호한 평판에 대한 평가가 포함된다.[394]

또한 스페인법제상 투자업을 하는 회사의 자본 또는 의결권의 10% 이상을 취득하려는 자는 사전에 그 사실을 스페인의 증권시장감독위원회(CNMV)에게 통지한 후 그 승인을 받아야 하는데 이때 당해 지분을 취득하려는 자가 다른 EC회원국에서 인가를 받은 신용기관, 보험·재보험회사, 투자회사 또는 연금기금관리회사이거나 이들의 모회사이거나

---

390) Spanish Securities Act §70.quater.2-3.
391) Spanish Securities Act §§123-124.
392) Spanish Securities Act §69.6.제7문.
393) Spanish Securities Act §66.4.제1문단.
394) Spanish Securities Act §66.4.제2문단.

이들을 지배하는 자인 경우에는 해당 회원국의 감독당국과 협의를 해야 한다.[395] 이 경우 공조의 정도는 상호주의의 원칙에 따른다.[396] 이와 함께 증권시장감독위원회(CNMV)는 자국 내의 다른 감독기관 즉 스페인중앙은행 또는 스페인 보험·연금기금감독기관(Directorate-General of Insurance and Pension Funds)과도 협의해야 한다.[397]

한편 다른 회원국으로부터 투자업의 인가를 받은 회사가 스페인에서 그 지점 등을 통하여 영업하면서 법정의무를 이행하지 않는 경우 스페인의 증권시장감독위원회(CNMV)는 인가를 준 회원국의 감독당국에게 그 사실을 적시하여 필요한 조치를 취하도록 요구할 의무를 부담하고 있다.[398]

스페인의 증권시장감독위원회(CNMV)는 임점검사 또는 조사에 관하여 다음과 같이 공조를 하도록 되어 있다.[399] 즉 다른 EC회원국의 감독당국이 스페인의 증권시장감독위원회(CNMV)에게 임점검사나 조사를 요청한 경우 스페인의 증권시장감독위원회(CNMV)는 자신이 직접 하든지 아니면 요청한 감독당국이 이를 집행하게 하도록 하든지 아니면 외부감사 또는 전문가로 하여금 대신 집행하도록 해야 한다.[400] 그러나 다음과 같은 경우에는 기술한 요청은 거부될 수 있다.[401] ① 요청한 조사가 스

395) Spanish Securities Act §69.7.제1문단.전단.a)-c).

396) Spanish Securities Act §69.7.제2문단.

397) Spanish Securities Act §69.7.제1문단.후단.a)-b). 정보교환의 경우에도 동일하다. Spanish Securities Act §91.bis.3.

398) Spanish Securities Act §71.ter.1.제1문단. 인가를 준 국가의 감독기관이 제재를 해도 여전히 스페인의 투자자의 이익을 명백히 해칠 수 있는 방법을 고수할 때에는 스페인의 증권시장감독위원회(CNMV)는 해당 국가의 감독기관에게 통보한 후 필요한 모든 조치를 취하게 되는 것이다. Spanish Securities Act §71.ter.1.제2문단.

399) Spanish Securities Act §91.4-5.

400) Spanish Securities Act §91.4.제2문단. 반대로 스페인의 증권시장감독위원회(CNMV)도 다른 EC회원국에게 이를 요청할 수 있다. Spanish Securities Act §91.5.제1문단.

401) Spanish Securities Act §91.5.제3문단. 정보교환의 경우에도 동일하다. Spanish Securities Act §91.ter.

페인의 주권, 국가안전 또는 공공질서를 해치는 경우 ② 동일한 사건 또는 동일한 사람에 대하여 이미 소송절차가 진행 중인 경우 ③ 동일한 사건 또는 동일한 사람에 대하여 최종 판결이 난 경우가 그것이다.

끝으로 스페인은 非회원국과는 (가) 법정의 비밀유지의 보장 (나) 상호주의의 요건이 충족되는 경우에만 정보교환과 관련된 공조협정을 체결할 수 있으며 이 경우에도 스페인의 증권시장감독위원회(CNMV)는 그 사실을 유럽증권감독당국(European Securities and Markets Authority)에게 통지해야 한다.402)

Ⅱ. 시사점

1. 의 의

이상에서 금융투자업에 대한 스페인법제상 주요규제를 살펴보았다. 이하에서는 이를 중심으로 우리법제를 위한 시사점의 도출을 시도한다.

2. 투자업의 개념과 관련된 시사점

우리법제상 투자업은 영리의 목적으로 계속적 · 반복적으로 투자매매업, 투자중개업, 집합투자업, 투자자문업, 투자일임업 또는 신탁업을 영업하는 것을 의미한다.403) 따라서 이 한도 내에서는 우리법제나 스페인법제는 사실상 동일하기 때문에 규정의 해석상 차이가 없다고 해석된다.

3. 인가 및 취소와 관련된 시사점

스페인의 경우 투자업의 인가에 대하여는 감독기관이 나뉘어 있다. 즉 금융자문회사의 경우에는 스페인 증권시장감독위원회(CNMV)가 담당

402) Spanish Securities Act §91.quater.1.

403) 자본시장과 금융투자업에 관한 법률 제2조 제1항. 개별 금융투자업에 대한 개념정의는 동법 제2조 제2항 및 제8항 참조.

하고 그 이외의 자기거래나 중개거래를 하는 회사와 중개회사 및 포트폴리오관리회사의 경우에는 스페인 경제재무장관이 담당한다. 이에 반해 우리는 단일의 감독기관인 금융위원회가 인가권을 행사한다는 점에서 차이가 있다.[404] 비록 전문성을 확보하기 위해서는 스페인과 같은 감독체제가 나을 수 있으나 감독의 핵심을 적시성 또는 신속성에 있다고 보는 입장에서는 단일의 감독기관이 인가권을 행사하는 낫다고 생각된다.

다음으로는 스페인법제와는 달리 우리법제는 본인가에 앞서 예비인가라는 제도를 두고 있다.[405] 예비인가를 통해 본인가에 보다 집중할 수 있고 감독측면에서도 예비인가 단계에서부터 감독한다는 점에서는 그 효용성이 인정될 수도 있다. 그러나 우리 은행법상 예비인가의 규정 자체에 불명확한 내용이 있기 때문에 예비인가를 정비할 필요가 있다고 본다. 즉 우리 은행법 제14조 제2항에는 본인가의 요건을 충족할 수 있는지 여부를 심사해서 예비인가를 결정한다고 규정되어 있는데 어떻게 예비인가 단계에서 본인가의 요건을 충족할 수 있는지를 심사할 수 있는지 의문이 들기 때문이다.

4. 재무건전성과 관련된 시사점

스페인법제상 금융투자업자의 발행주식을 5%, 10%, 20%, 30%, 50%나 그 이상을 취득하려면 미리 감독기관(CNMV)에게 통지하도록 되어 있다. 우리법제도 이와 유사한 규정을 다음과 같이 두고 있다. 첫째 투자자문업자 및 투자일임업자를 제외한 금융투자업자가 발행한 주식을 취득하여 대주주[406]가 되려는 자는 건전한 경영을 위하여 대통령령으로

---

404) 자본시장과 금융투자업에 관한 법률 제12조 제1항; 동법 제324조 제1항; 동법 제336조 제1항; 동법 제355조 제1항; 동법 제360조 제1항.

405) 자본시장과 금융투자업에 관한 법률 제14조.

406) 금융투자업과 관련해서 우리법제상 대주주라 함은 최대주주와 주요주주를 의미한다. 여기서 최대주주라 함은 법인의 의결권 있는 발행주식 총수를 기준으로 본인 및 그와 대통령령으로 정하는 특수한 관계가 있는 자(이하 '특수관계인'이라 한다)가 누구의 명의로 하든지 자기의 계산으로 소유하는 주식(그 주식과 관련된 증권예탁증권을 포함한다)을 합하여 그 수가 가장 많은 경우의

정하는 요건을 구비하여 감독당국의 사전승인을 받아야 한다.[407] 만약 감독당국의 사전승인을 받지 않고 주식을 취득한 경우에는 해당 주식은 의결권이 없고 그 주식의 처분명령을 받을 수도 있다.[408] 승인받은 후 주식의 지주비율이 발행주식 총수의 1%에 해당하는 변동이 있다면 금융위원회에게 보고해야 한다.[409] 둘째 상장된 금융투자업자의 발행주식 총수의 5% 이상 취득한 경우에는 취득일로부터 5일 이내에 감독당국 및 한국거래소에 보고해야 하고 기존 5% 이상을 보유한 자가 그 지주비율을 1% 이상 변동시킨 경우에도 동일하다.[410] 만약 보고 없이 또는 허위 등의 보고를 한 경우에는 그 주식에 대한 의결권의 행사는 금지되며 그 주식의 처분명령도 부과될 수 있다.[411]

또한 금융투자업자는 그 업무와 위험 및 비용에 부합되는 자기자본을 유지해야 한다. 이에 따라 특히 자기자본은 신용리스크, 실질적 가치감소의 위험, 포지션위험, 정산위험, 상대방위험, 환율위험, 상품위험 또는 영업위험을 반영해야 하는 것이다. 이에 대해 우리법제 역시 자기자본과 관련해서 다음과 같은 규정을 두고 있으며 스페인법제와 큰 차이가 없는 것으로 해석된다. 첫째 금융투자업자는 자신의 영업용순자본이 그 부채와 위험을 환산한 금액을 합한 금액 이상이 되도록 보유해야 한다.[412] 둘째 금융투자업자는 인가업무의 단위별로 5억 이상으로서 대

그 본인(이하 '최대주주'라 한다)을 의미하고 주요주주라 함은 (1) 누구의 명의로 하든지 자기의 계산으로 법인의 의결권 있는 발행주식 총수의 10% 이상의 주식(그 주식과 관련된 증권예탁증권을 포함한다)을 소유한 자 (2) 임원의 임면(任免) 등의 방법으로 법인의 중요한 경영사항에 대하여 사실상의 영향력을 행사하는 주주로서 대통령령으로 정하는 자를 의미한다. 자본시장과 금융투자업에 관한 법률 제9조 제1항.

407) 자본시장과 금융투자업에 관한 법률 제23조 제1항.

408) 자본시장과 금융투자업에 관한 법률 제23조 제2항 및 제3항.

409) 자본시장과 금융투자업에 관한 법률 제418조 제5호.

410) 자본시장과 금융투자업에 관한 법률 제147조 제1항.

411) 자본시장과 금융투자업에 관한 법률 제150조 제1항 및 제3항.

412) 자본시장과 금융투자업에 관한 법률 제30조 제1항. 여기서 영업용순자본이라 함은 자본금과 준비금 및 기타 (1) 총리령으로 정하는 금액의 합계액에서 고정자산과 기타 단기간 내에 유동화가 어려운 자산으로서 (2) 총리령으로 정하는

통령령으로 정하는 금액 이상의 자기자본을 유지하도록 되어 있으며,[413] 인가 후에는 해당 자기자본의 70%를 유지하도록 되어 있다.[414] 또한 인가받고 나서 등록하기 위해서는 해당 금융투자업자는 등록업무의 단위별로 1억 이상으로서 대통령령으로 정하는 금액 이상의 자기자본을 보유해야 하고,[415] 등록한 후에도 등록된 업무의 단위별 최저자기자본의 70%를 유지해야 하는 것이다.[416] 셋째 투자회사는 10억의 한도 내에서 대통령령으로 정하는 금액이상의 최저순자산액을 보유해야 한다.[417] 또한 최저순자산액의 미달인 경우에는 금융위원회에게 보고해야 한다.[418] 넷째 자금중개회사는 10억 이상으로서 대통령령이 정하는 금액 이상의 자기자본을 보유하고 있어야 한다.[419] 다섯째 단기금융회사는 200억 이상으로서 대통령령이 정하는 금액 이상의 자기자본을 보유해야 한다.[420] 여섯째 국내 소재 외국 금융투자업자의 지점 등의 영업기금은 자본금으로 보고, 자본금과 적립금 및 이월이익잉여금의 합계액은 자기자본으로 간주하고 있다.[421]

자산의 합계액을 공제한 금액을 의미한다. 동법 동조 동항 참조. 또한 (1)에는 ① 유동자산에 설정한 대손충당금 ② 후순위차입금 ③ 금융리스부채 ④ 자산평가이익 ⑤ 기타 영업용순자본에 포함시킬 필요가 있다고 금융위원회가 고시한 사항이 포함된다. 다음으로 (2)에는 ① 선급금 ② 선급비용 ③ 선급법인세 ④ 자산평가손실 ⑤ 기타 영업용순자본에서 제외할 필요가 있다고 금융위원회가 정하여 고시한 사항이 포함된다. 동법 시행규칙 제5조.

413) 자본시장과 금융투자업에 관한 법률 제12조 제2항 제2호; 동법 시행령 제16조 제3항.

414) 자본시장과 금융투자업에 관한 법률 제15조; 동법 시행령 제19조 제1항 제1호.

415) 자본시장과 금융투자업에 관한 법률 제18조 제2항 제2호; 동법 시행령 제21조 제2항.

416) 자본시장과 금융투자업에 관한 법률 제20조; 동법 시행령 제23조 제1호.

417) 자본시장과 금융투자업에 관한 법률 제194조 제5항.

418) 자본시장과 금융투자업에 관한 법률 제243조 제1항.

419) 자본시장과 금융투자업에 관한 법률 제355조 제2항 제2호.

420) 자본시장과 금융투자업에 관한 법률 제360조 제2항 제2호.

421) 자본시장과 금융투자업에 관한 법률 제65조 제1항.

5. 지배구조와 관련된 시사점

스페인법제상 회사지배구조는 다음과 같이 운영되고 있다. 즉 독립된 사외이사가 전체 이사의 1/3 이상이 되어야 하며, 각종 위원회의 경우 최소한 3인 이상은 독립된 사외이사로 구성되어야 하고 특히 이사추천위원회 및 보수위원회는 독립된 사외이사가 과반수가 되도록 규정되어 있다. 이와 함께 이사회에 여자가 포함되도록 하는 규정을 두고 있으며 내부통제장치를 두어 회사지배구조의 효율성을 확보하고자 한다. 이에 대해 우리법제는 여자이사에 대한 배려는 아직까지 명문규정으로 두고 있지 않다는 점에서 스페인과는 다르다. 이사의 성별이 어느 한 성에 편중되는 것보다는 균형을 이룬다면 이사회의 운영이 보다 효과적일 것이고 이에 따라 회사의 지배구조에도 긍정적인 영향을 줄 것으로 판단된다. 우리법제에 시사하는 바가 있다고 판단된다. 이사의 성별편중을 방지하려는 규정이외에는 우리법제는 다음과 같이 스페인법제와는 큰 차이는 없다고 해석된다. 첫째 금융투자업자는 신의칙 및 선량한 관리자의 주의의무에 따라 금융투자업을 공정하게 영업해야 한다.[422] 둘째 금융투자업자는 설명의무 등를 위반하거나 법령 또는 약관 등에 위반하는 행위로 인하여 투자자에게 손해가 발생한 경우에 배상책임을 지도록 하고 있다.[423] 셋째 금융투자업자는 자본적정성 등의 경영건전성 기준을 준수해야 하고 이를 위한 제도적 장치도 마련해야 한다.[424] 넷째 금융투자업자는 이사회에서 사외이사가 최소한 3인 이상이 되도록 해야 하며 전체 이사의 1/2 이상을 차지하도록 해야 한다.[425] 특히 감사위원의 2/3 이상은 사외이사로 구성되어야 한다.[426]

---

422) 자본시장과 금융투자업에 관한 법률 제37조; 동법 제79조; 동법 제96조; 동법 제102조.

423) 자본시장과 금융투자업에 관한 법률 제48조 제1항; 동법 제64조 1항; 동법 제115조; 동법 제125조; 동법 제142조; 동법 제162조; 동법 제170조; 동법 제179조; 동법 제185조.

424) 자본시장과 금융투자업에 관한 법률 제31조 제1항.

425) 자본시장과 금융투자업에 관한 법률 제25조 제1항.

426) 자본시장과 금융투자업에 관한 법률 제25조 제2항; 동법 제26조 제2항. 감사

다섯째 금융투자업자는 법령을 준수하는 등 투자자를 보호하기 위한 적절한 기준 및 절차를 마련하고 이의 준수 여부를 감시할 준법감시인을 선임해야 한다.[427] 다만 준법감시인은 금융투자업자에 의하여 선임되기 때문에 자신을 선임한 금융투자업자를 제대로 감시할 수 있는지 의문이다.[428] 여섯째 일정한 경우 금융투자업자는 1인 이상의 파생상품업무책임자를 두어서 파생상품 투자자보호에 필요한 절차나 기준의 수립 및 집행에 관한 관리 · 감독업무, 장외파생상품 매매에 대한 승인 업무 또는 그 밖에 대통령령령으로 정하는 업무를 하도록 해야 한다.[429]

6. 정보공개와 관련된 시사점

스페인법제상 상장된 금융투자업자는 연간 및 반기 재무보고서, 지불능력에 관한 보고서, 보수정책 등을 일반대중에게 공개해야 한다. 다만 금융투자업자가 해당 거래로 인하여 고객이익의 충돌위험을 방지하지 못할 경우에는 그 거래가 있기 전에 해당 고객뿐만 아니라 일반대중에게도 공개해야 한다. 그러나 우리법제의 경우에는 이해상충이 발생할 가능성이 있다고 인정되는 경우에는 그 사실을 미리 해당 투자자에게만 알리도록 규정하고 있어 스페인과는 차이가 있다.[430] 이 경우 이외에는 우리법제는 스페인법제와 다음과 같은 유사한 규정을 두고 있다. (1) 금융투자업자는 금융위원회에게 업무보고서를 제출한 후에는 그 중 중요한 사항을 본점 등에 비치하고 인터넷 홈페이지 등을 통하여 공시하도록 되어 있다.[431] (2) 금융투자업자는 일정한 자가 발행한 주식 등을 소유할 수 없지만 예외적으로 소유할 수도 있는데 이 때 그 사실을 금융

위원회의 대표도 사외이사가 된다. 자본시장과 금융투자업에 관한 법률 제26조 제2항.

427) 자본시장과 금융투자업에 관한 법률 제28조 제1항 및 제2항.
428) 자본시장과 금융투자업에 관한 법률 제28조 제3항.
429) 자본시장과 금융투자업에 관한 법률 제28조의2 제1항.
430) 자본시장과 금융투자업에 관한 법률 제44조 제2항.
431) 자본시장과 금융투자업에 관한 법률 제33조 제2항 및 제3항.

위원회에게 보고하고 인터넷홈페이지 등을 통해서도 일반대중에게 공시해야 한다.[432] (3) 증권금융회사는 결산일로부터 3개월 이내에 조직, 재무, 자금조달, 경영지표, 금융기관의 경영에 중요한 영향을 미치는 사항 등을 자신의 홈페이지를 통해 공시하도록 되어 있다.[433]

7. 규제 및 감독의 공조와 관련된 시사점

스페인법제상 스페인증권시장감독위원회(CNMV)는 자국 내의 다른 감독기관인 스페인중앙은행 또는 스페인 보험 · 연금기금감독기관의 공조를 취할 뿐만 아니라 EC회원국 및 非회원국과의 공조체제를 구축하고 있다. 우리법제 역시 스페인법제와 유사한 규정을 다음과 같이 두고 있다. 첫째 한국 내에서의 공조가 있다. (1) 금융위원회는 어음교환소로 지정된 기관, 관할법원, 주채권기관 등에게 관련 정보의 제공 및 교환을 요청할 수 있다.[434] (2) 금융위원회는 자본시장과 금융투자업에 관한 법률상 증권의 발행 및 유통과 관련된 조사 및 제재권한을 증권선물위원회에게 부여할 수 있다.[435] (3) 금융위원회는 한국거래소를 통하여 투자자의 보호 등을 위하여 금융투자업자에게 일정한 제재를 부과하게 할 수 있다.[436] 또한 금융투자업자는 금융투자업의 관련 약관의 제정 및 변

432) 자본시장과 금융투자업에 관한 법률 제34조 제4항.

433) 금융업감독규정 제8-19조 제1항. 이외에도 정보공개와 관련된 규정을 소개하면 다음과 같다. 예컨대 자본시장과 금융투자업에 관한 법률 제41조 제4항, 제56조 제2항, 제58조 제1항, 제62조 제1항, 제74조 제5항, 제89조, 제90조 제3항 및 제4항, 제91조 제3항, 제94조 제4항, 제112조 제7항, 제129조, 제144조, 제149조, 제157조, 제163조, 제165조의17 제1항, 제172조 제3항, 제173조 제2항, 제182조 제7항, 제188조 제3항, 제195조 제3항, 제196조 제4항, 제254조 제7항, 제258조 제7항, 제263조 제7항, 제268조 제9항, 제324조 제8항, 제355조 제8항, 제360조 제8항, 제365조 제7항, 제392조 제4항, 제417조 제2항, 제424조 제2항; 금융투자업규정 제4-66조 이하, 제4-78조 이하, 제5-8조, 제5-15조, 5-27조 제2항, 제5-54조 제1항 참조.

434) 자본시장과 금융투자업에 관한 법률 제161조 제4항; 동법 시행령 제172조.

435) 자본시장과 금융투자업에 관한 법률 제438조 제2항.

436) 자본시장과 금융투자업에 관한 법률 제438조 제3항; 동법 시행령 제387조 제2항 제1호. 금융감독원장은 금융투자업을 하는 금융회사의 업무와 재산상황을

경 시 금융위원회에게 미리 신고해야 하는데 이 사전신고에 대한 예외로서의 해당 약관이 법령위반 등이 있는지를 검토할 수 있는 권한 등을 감독당국이 한국금융투자협회에게 부여할 수 있다.[437] (4) 금융위원회나 증권선물위원회는 대통령령에 따라 그 권한의 일부를 금융감독원장에게 부여할 수 있다.[438] (5) 금융감독원장은 한국거래소나 또는 한국금융투자협회를 통하여 금융투자업자의 업무 및 재산상황을 검사하게 할 수 있다.[439] 둘째 외국과의 공조가 있다. ① 감독당국은 원칙적으로 외국의 감독당국과 정보의 교환 또는 제공을 할 수 있다.[440] 다만 상호주의원칙에 따라 외국의 감독당국이 우리의 자본시장과 금융투자업에 관한 법률 또는 이 법에 상응하는 외국법령을 위반한 행위에 대하여 목적 등을 적시하여 자본시장과 금융투자업에 관한 법률에 따른 조사나 검사를 요청한 경우 이에 협조하고 있다.[441] 이 경우에도 일정한 요건을 충족하는 경우에만 우리 금융위원회는 해당 외국의 감독당국에게 조사 또는 검사자료를 제공할 수 있게 된다.[442] ② 한국거래소가 우리 감독당국과 미리 협의를 하면 외국거래소와 정보를 교환할 수 있다.[443] 다만 거래소 간의 공조이지만 한국거래소가 감독당국과 협의를 하는 것이기 때문에 감독당국과의 공조라고 할 수 있을 것이다. 이 경우에도 역시 상호주의원칙이 적용된다.[444]

검사할 수 있는데 이 경우에도 대통령령에 따라 검사업무의 일부를 한국거래소나 한국금융투자협회에게 위탁할 수 있다.

437) 자본시장과 금융투자업에 관한 법률 제438조 제3항; 동법 시행령 제387조 제2항 제2호.

438) 자본시장과 금융투자업에 관한 법률 제438조 제4항; 동법 시행령 제387조 제3항.

439) 자본시장과 금융투자업에 관한 법률 제419조 제8항.

440) 자본시장과 금융투자업에 관한 법률 제437조 제1항.

441) 자본시장과 금융투자업에 관한 법률 제437조 제2항.

442) 자본시장과 금융투자업에 관한 법률 제437조 제3항.

443) 자본시장과 금융투자업에 관한 법률 제437조 제4항. 다만 한국거래소는 대통령령으로 정한 정보는 사전에 금융위원회와 협의를 거치지 않고도 교환할 수 있다. 이에 해당하는 구체적인 정보는 이미 공시되거나 일반에 공개될 정보 등을 의미한다. 이에 대한 보다 상세한 내용은 동법 시행령 제386조 참조.

444) 자본시장과 금융투자업에 관한 법률 제437조 제5항.

제 4 장 서남부유럽의 보험업규제 및 그 시사점

제 1 절 포르투갈

Ⅰ. 규제의 주요내용

1. 보험업의 개념

포르투갈의 보험감독원(*Instituto de Seguros de Portugal*: Portuguese Insurance Institute: ISP)으로부터 승인을 받은 회사만이 보험업 및 재보험업을 영위할 수 있으며 이에는 생명보험과 손해보험 등이 포함된다.[1] 여기서 포르투갈법제상 보험업을 할 수 있는 회사는 보험주식회사, 상호보험회사, 회원국에서 승인받은 보험회사의 지점, 非회원국에서 승인받은 보험회사의 지점이나 공적자금으로 설치된 보험회사를 의미한다.[2]

2. 감독기관

포르투갈법제상 보험감독원(ISP)이 보험업에 대한 감독기관이며 필요한 경우 은행업의 감독기관인 포르투갈중앙은행(*Banco de Portugal*: Bank of Portugal)과 증권업(투자업 포함)의 감독기관인 포르투갈 투자업 감독기관(*Comissão do Mercado de Valores Mobiliários*: Securities Market Commission: CMVM)와 공조해서 감독하기도 한다.[3] 다만 금융감독기관

1) Decree-Law 94-B/1998 of 17 April(이하 Portuguese Insurance Law라 함) §2.1.b).
2) Portuguese Insurance Law §7.1.
3) Lu sa Soares da Silva, et al., "PORTUGAL," in The INSURANCE AND REINSURANCE LAW REVIEW 229, 230-31(Peter Rogan ed., 2013).

이 업종별로 다르기 때문에 발생할 수 있는 문제점을 최소화하기 위해 이들 3자를 구성원으로 하는 금융감독기관 협의회가 설치되어 있는 실정이다.[4]

3. 인가 및 취소

기술한 바와 같이 포르투갈에서 보험업을 영위하기 위해서는 포르투갈 보험감독원(ISP)의 승인을 받아야 하며 이때 해당 보험업종별로 인가를 받도록 되어 있다.[5] 다만 생명보험업은 손해보험업 및 재보험업과 겸업으로 영업하는 경우에만 가능하며 생명보험업과 손해보험업은 서로 분리된 경영이 보장될 것을 요구하고 있다.[6] 특히 보험주식회사가 보험업을 하기 위해서는 다음과 같은 조건을 충족시켜야 한다.[7] (1) 법정의 최저자본금[8]을 보유해야 하고 (2) 적격보유주주[9]가 당해 보험회사의 건전한 경영을 보장할 수 있는 등의 적격성 요건을 충족해야 하고 (3)-(4) 인적조직, 기술적 수단 및 재원의 적정성 및 효율성이 보장되어야 하며 (5) 주된 사무소가 포르투갈에 있어야 하며 (6) 손해보험업을 하는 경우 개별 회원국에 손해사정인을 선임해야 하며 (7) 당해 보험회사가 다른 자연인이나 법인과 밀접한 관련이 있는 경우에도 감독의 적시성은 보장되어야 한다. 이와 함께 첨부되는 서류는 다음과 같

4) Jorge Sinde Monteiro & Maria Jos Rangel de Mesquita, 「INSURANCE LAW IN PORTUGAL」 19 (2010).

5) Portuguese Insurance Law §§7, 123 & 124.

6) Portuguese Insurance Law §9.2 & 3.

7) Portuguese Insurance Law §13.

8) 최저자본금은 2,500,000유로에서 15,000,000유로로 보험업종이나 상황에 따라 다르다. Portuguese Insurance Law §40.

9) 여기서 적격보유주주라 함은 보험회사의 자본금 또는 의결권의 10% 이상을 보유하거나 당해 보험회사의 경영에 중요한 영향력을 행사할 정도의 지분을 보유한 자를 의미한다. Portuguese Insurance Law §42. 위 해당 본문은 보험주식회사의 경우이기 때문에 적격보유'주주'라는 용어를 사용했으나 보험주식회사가 아니라면 적격보유주주의 요건을 충족한 '지분권자' 역시 이 규정의 적용대상이 된다.

다.[10] ① 인가신청서 ② 보험회사를 설립하기로 결정한 장부 ③ 회사의 정관 ④ 실질주주 및 그 지주비율의 확인서 ⑤ 주주가 보험회사의 법인주주의 경우 이를 대표할 수 있는 주주들의 장부 ⑥ 주주의 전과기록, 단 법인주주의 경우에는 그 이사나 임원 등의 전과기록 ⑦ 실질주주 또는 실질주주에 의하여 운영되는 회사가 파산된 적이 없고 그 경영이 건전하다는 확인서 ⑧ 해당 보험회사가 그룹에 소속되어 있다면 그룹조직에 관한 정보가 그것이다. 이 외에도 영업할 보험업에 대한 계획서, 담보될 위험, 재보험업의 원칙, 첫 3년 동안의 예상 대차대조표 등도 제출된다.[11] 이런 조건을 구비하여 제출된 인가신청서는 6개월 내에 길어도 1년 내에 인가 여부가 결정된다.[12]

그러나 인가신청자가 그 인가를 포기하거나 보험회사를 주식회사로 하기로 하였지만 인가를 받고 1년 내에 보험주식회사를 설립하지 못한 경우에는 인가는 취소된다.[13] 만약 보험업의 인가가 취소되면 해당 보험회사는 해산과 청산절차에 들어가게 된다.[14]

4. 재무건전성

포르투갈법제상 보험회사의 최저자본금은 그 업종이나 조건에 따라 다음과 같은 차이가 있다.[15] (1) 보험회사가 건강보험업무와 법률비용보험업무나 이를 보조하는 업무만을 하는 경우에는 2,500,000유로의 최저자본금을 유지해야 하고 (2) 보험회사가 손해보험업무나 생명보험업무만 하는 경우에는 7,500,000유로의 최저자본금을 해야 하며 (3) 보험회사가 손해보험업무와 생명보험업무를 동시에 하는 경우에는 15,000,000

---

10) Portuguese Insurance Law §14.1.a)-g).
11) Portuguese Insurance Law §14.3.
12) Portuguese Insurance Law §16.
13) Portuguese Insurance Law §17. 보다 자세한 취소사유는 Portuguese Insurance Law §19 참조.
14) Portuguese Insurance Law §20.
15) Portuguese Insurance Law §40.

유로의 최저자본금을 유지하도록 되어 있다. 이와 함께 보험회사는 책임준비금과 지급여력비율 및 보증기금과 같은 재무건전성을 유지해야 한다.[16] 만약 보험회사가 이와 같은 재무건전성을 유지하지 못한 경우에는 다음과 같은 제재를 받게 된다.[17] ① 책임준비금 등과 같은 재무에 관한 수정조치 ② 보험업종 등을 제한하는 것과 같은 보험업무의 제한조치 ③ 신용인수나 자산선택의 제한조치 ④ 이익배당의 금지나 제한조치 ⑤ 해당 임원의 업무정지조치 ⑥ 지점의 폐쇄조치 ⑦ 보험업 인가의 취소조치가 그것이다.

한편 보험회사의 주식이나 지분의 취득에 관하여는 포르투갈 보험감독원(ISP)의 사전승인만 있으면 보험회사의 의결권이 있는 주식이나 지분의 10%, 20%, 33%나 50%를 제한 없이 취득할 수 있다.[18]

5. 지배구조

포르투갈법제상 보험회사의 이사는 양호한 경력이 있어야 하며 다음과 같은 경우에는 그 평판이 불량하여 이사직의 결격사유가 된다.[19] (1) 당해 이사가 절도, 횡령, 사기, 문서위조, 허위진술, 배임, 자금세탁 또는 자금시장의 시세조정 등으로 유죄판결을 받은 경우 (2) 당해 이사가 경영하던 회사가 법원에 의하여 파산선고가 있었던 경우 (3) 금융관련 법령을 위반하여 유죄판결을 받은 경우가 그것이다. 또한 이사의 이와 같은 요건은 당해 보험회사의 감독기능을 행사하는 자에게도 동일하게 적용된다.[20] 다만 이사 등의 겸직은 가능하나 그 겸직으로 인하여 이익의 충돌이 발생한다고 판단되면 그 겸직은 허용되지 아니

16) Portuguese Insurance Law §68.
17) Portuguese Insurance Law §109.2-3. 이외에도 포르투갈 보험감독원(ISP)은 신상품의 판매금지나 임시이사의 선임 등의 조치를 별도로 부과할 수 있다. Portuguese Insurance Law §§114 & 116-120.
18) Portuguese Insurance Law §43.
19) Lu sa Soares da Silva, et al., "PORTUGAL," in The INSURANCE AND REINSURANCE LAW REVIEW 229, 236(Peter Rogan ed., 2013).
20) Id.

한다.[21]

6. 규제 및 감독의 공조

기술한 바와 같이 포르투갈 보험감독원(ISP)은 포르투갈중앙은행 및 포르투갈 투자업감독기관과 국내 감독기관간의 공조체제를 구축하고 있다.[22] 뿐만 아니라 포르투갈 보험감독원(ISP)은 다음과 같이 외국의 금융감독당국과 공조를 취하고 있다. 첫째 포르투갈 이외의 EU회원국에서 보험업의 인가를 받은 보험회사가 포르투갈에 그 지점을 설치하여 보험업무를 하려면 먼저 보험업의 인가를 준 회원국의 감독당국에게 그 사실을 알려야 하고 그 후 회원국의 감독당국이 포르투갈 보험감독원(ISP)과 교섭을 하게 되는 것이다. 이렇게 하는 이유는 포르투갈 보험감독원(ISP)이 해당 지점이 포르투갈 내에서 준수해야 할 조건을 원래 보험업의 인가를 준 회원국의 감독당국에게 통지하기 때문이다.[23] 이 과정에서 양국은 공조를 취하게 되는 것이다. 둘째 포르투갈법제상 보험회사는 재무건전성 요건을 충족해야 하는데 만약 이 요건이 충족되지 않는다면 포르투갈 보험감독원(ISP)은 그 사실을 다른 회원국의 감독당국에게 통지하도록 되어 있다.[24] 이 과정에서 양국은 공조를 하게 되는 것이다.

---

21) Jorge Sinde Monteiro & Maria José Rangel de Mesquita, 「INSURANCE LAW IN PORTUGAL」 20 (2010).

22) Luísa Soares da Silva, et al., "PORTUGAL," in The INSURANCE AND REINSURANCE LAW REVIEW 229, 230-31(Peter Rogan ed., 2013).

23) Portuguese Insurance Law §31.

24) Jorge Sinde Monteiro & Maria José Rangel de Mesquita, 「INSURANCE LAW IN PORTUGAL」 44-45 (2010).

제 2 절 아일랜드

Ⅰ. 규제의 주요내용

1. 보험업의 개념

아일랜드법제상 보험업이라 함은 생명보험업무, 손해보험업무 및 재보험업무를 의미한다.[25] 여기서 생명보험업무에는 사망보험 및 연금보험, 출생 또는 혼인비용보험, 투자기금과 연결된 보험, 종신건강보험, 톤틴식연금보험, 자금상환운영보험, 단체연금운용보험이 포함된다.[26] 또한 손해보험업무에는 사고보험, 질병보험, 자동차보험, 철도차량보험,

25) Central Bank and Financial Services Authority of Ireland Act 2003 §13. 18A; S.I. No. 57/1984 - European Communities (Life Assurance) Regulations 1984, SCHEDULE Ⅰ; S.I. No. 115/1976 - European Communities (Non-Life Insurance) Regulations 1976, SCHEDULE Ⅰ. 인용된 규정들이 오래되어 법적 구속력이 있는지 의문이 들 수 있으나 여전히 적용되고 있다. Banc Ceannais na hÉireann Central Bank of Ireland, "Financial Regulation: Insurance/Reinsurance Undertakings: Life Insurance Undertakings: FQAs: Are there different classes of Life Insurance?," Banc Ceannais na hÉireann Central Bank of Ireland, *at* http://www.centralbank.ie/regulation/industry-sectors/insurance-companies/life-insurance-companies/Pages/faqs.aspx(last visited Feb. 10); Banc Ceannais na hÉireann Central Bank of Ireland, "Financial Regulation: Insurance/Reinsurance Undertakings: Non-Life Insurance Undertakings: FQAs: Are there different classes of Non-Life Insurance?, Banc Ceannais na hÉireann Central Bank of Ireland, *at* http://www.centralbank.ie/regulation/industry-sectors/insurance-companies/non-life-insurance-companies/Pages/faqs.aspx(last visited Feb. 10).

26) Banc Ceannais na hÉireann Central Bank of Ireland, "Financial Regulation: Insurance/Reinsurance Undertakings: Life Insurance Undertakings: FQAs: Are there different classes of Life Insurance?," Banc Ceannais na hÉireann Central Bank of Ireland, *at* http://www.centralbank.ie/regulation/industry-sectors/insurance-companies/life-insurance-companies/Pages/faqs.aspx (last visited Feb. 10).

항공기보험, 선박보험, 물건운송보험, 화재 및 자연재해보험, 기타 재산보험, 항공기책임보험, 선박책임보험, 일반책임보험, 신용보험, 보증보험, 기타 금융손실보험, 법률비용보험, 기타 이와 관련된 부수적인 보험업무가 포함된다.[27] 이와 함께 재보험업무에는 생명보험에 관한 재보험, 손해보험에 관한 재보험, 생명보험과 손해보험의 혼합에 대한 재보험이 포함된다.[28]

2. 감독기관

아일랜드는 아일랜드중앙은행이 보험업뿐만 아니라 모든 금융업종을 감독하고 있으며,[29] 그 감독기능을 개관하면 다음과 같다.[30] 첫째 EU시스템수준에서 물가안정을 감독한다. 둘째 금융안정성이 유지되도록 감독한다. 셋째 금융기관 및 금융시장을 적절하고 효율적으로 감독한다. 넷째 금융상품소비자의 보호를 감독한다. 다섯째 독립된 경제적인 조언 및 금융통계자료를 제공한다. 여섯째 양호한 지불 및 결제시스

---

27) Banc Ceannais na hÉireann Central Bank of Ireland, "Financial Regulation: Insurance/Reinsurance Undertakings: Non-Life Insurance Undertakings: FQAs: Are there different classes of Non-Life Insurance?, Banc Ceannais na hÉireann Central Bank of Ireland, *at* http://www.centralbank.ie/regulation/industry-sectors/insurance-companies/non-life-insurance-companies/Pages/faqs.aspx(last visited Feb. 10).

28) Banc Ceannais na hÉireann Central Bank of Ireland, "Financial Regulation: Insurance/Reinsurance Undertakings: Reinsurance Undertakings: Introduction to Reinsurance Undertakings," Banc Ceannais na hÉireann Central Bank of Ireland, *at* http://www.centralbank.ie/regulation/industry-sectors/insurance-companies/reinsurance-companies/Pages/default.aspx(last visited Feb. 10).

29) Central Bank Reform Act 2010 §15(14); Banc Ceannais na hÉireann Central Bank of Ireland, 「Guidelines on Completing and submitting Life Assurance, Non-Lief Insurance and Reinsurance Application」 3(2012).

30) Banc Ceannais na hÉireann Central Bank of Ireland, "About Us," Banc Ceannais na hÉireann Central Bank of Ireland, *at* http://www.centralbank.ie/about-us/Pages/default.aspx(last visited Mar. 17, 2014).

템과 통화서비스를 제공하고 있다.

3. 인가 및 취소

아일랜드법제상 보험업의 감독기관인 아일랜드중앙은행은 보험업에 대한 인가여부를 결정할 때 다음의 사항을 검토하고 있다.[31] (1) 보험업을 하려는 자가 자회사이거나 그룹에 소속되어 있다면 이에 관한 개관 (2) 모회사나 그룹에 대한 통합된 감독 (3) 지분구조 (4) 보험업을 하려는 자의 목적 및 예상업무 (5) 법적 형태 (6) 지배구조 (7) 위험감독 (8) 자본 및 지급여력계획 (9) 재무정보 및 그 계획 (10) 계획에 대한 보험통계적인 자료에 근거한 지원 (11) 소비자 관련 문제가 그것이다. 이와 같은 사항을 검토한 후 3-6개월 내에 인가 여부를 결정하게 된다.[32]

그러나 다음에 경우에는 인가된 보험업은 취소나 정지될 수 있다.[33] 첫째 보험업의 인가를 받은 후 2년 간 계속해서 해당 업무를 하지 않거나 업무의 범위를 축소함으로서 업무정지의 효과가 발생한 경우에 해당 보험업은 취소될 수 있다. 둘째 인가받은 보험업을 일시적으로 중지하거나 해당 업무의 범위를 축소함으로써 업무정지의 효과가 발생한 경우에는 해당 보험업은 정지될 수 있다. 셋째 보험업의 인가를 받은 자가 수수료가 과다하거나 공공의 이익을 위하여 그 지급이 금지되었지만 이를 위반하여 유죄판결을 받은 경우에도 해당 보험업은 취소될 수 있다.

---

31) Banc Ceannais na hÉireann Central Bank of Ireland, 「Guidelines on Completing and submitting Life Assurance, Non-Lief Insurance and Reinsurance Application」 5-6(2012).

32) Banc Ceannais na hÉireann Central Bank of Ireland, 「Guidelines on Completing and submitting Life Assurance, Non-Lief Insurance and Reinsurance Application」 9(2012); Dillon Eustace, 「Insurance Regulation in Ireland July 2010」 7(2010), *at* http://www.dilloneustace.ie/download/1/Insurance%20Regulation%20in%20Ireland%20July%202010.pdf(last visited Feb. 10, 2014).

33) Insurance Act(1989) §§21 & 39.

4. 재무건전성

아일랜드법제상 보험회사는 635,000유로의 자본금을 보유해야 하며 지급여력[34]의 33%에 해당하는 최저보장기금[35]도 유지하도록 되어 있다.[36] 또한 보험회사의 의결권이 있는 주식 또는 그 지분의 10% 이상을 직·간접적으로 보유하는 경우 그 사실을 아일랜드중앙은행에게 보고해야 한다.[37] 뿐만 아니라 보험회사는 목표자본의 내부 산출방식과 관련하여 다음과 같은 정보를 아일랜드중앙은행에게 제출하도록 되어 있다.[38] (1) 시장위험 (2) 상대방의 파산위험 (3) 생명보험업의 인수위험 (4) 건강보험업의 인수위험 (5) 손해보험업의 인수위험 (6) 손해보험의 大災害위험 (7) 운영위험이 그것이다.

---

34) 현재는 200%의 지급여력을 요구하고 있으나 3년 후부터는 150%로 축소될 수 있다. Banc Ceannais na hÉireann Central Bank of Ireland, 「Checklist for Completing and Submitting Life Assurance Applications under the European Communities(Life Assurance) Framework Regulations, 1994, 10.2. 손해보험의 경우도 동일하다. Banc Ceannais na hÉireann Central Bank of Ireland, 「Checklist for Completing and Submitting Non-Life Insurance Applications under the European Communities(Non-Life Insurance) Framework Regulations, 1994, 10.2.

35) 현재는 3,500,000유로 이상을 보유해야 한다. Banc Ceannais na hÉireann Central Bank of Ireland, 「Checklist for Completing and Submitting Life Assurance Applications under the European Communities(Life Assurance) Framework Regulations, 1994, 10.3.

36) Dillon Eustace, 「Insurance Regulation in Ireland July 2010」 4(2010), *at* http://www.dilloneustace.ie/download/1/Insurance%20Regulation%20in%20Ireland%20July%202010.pdf (last visited Feb. 10, 2014).

37) Dillon Eustace, 「Insurance Regulation in Ireland July 2010」 5(2010), *at* http://www.dilloneustace.ie/download/1/Insurance%20Regulation%20in%20Ireland%20July%202010.pdf (last visited Feb. 10, 2014).

38) Banc Ceannais na hÉireann Central Bank of Ireland, 「Central Bank of Ireland Guidelines on Preparing for Solvency Ⅱ - Pre-application for Internal Models」 Guideline 2(2013).

5. 지배구조

아일랜드법제상 보험회사는 당해 회사를 지휘 또는 관리할 절차 등의 지배구조가 다음과 같이 명확할 것을 요구하고 있다.[39] 첫째 보험회사의 이사는 그 의사를 결정할 때 경영진이나 정치적 이익 또는 부적절한 이익으로부터 독립할 것을 강하게 요구되고 있으며 이 때 고려되는 것은 다음과 같다.[40] (1) 보험회사나 다른 이사에 대한 당해 이사의 재정적 또는 기타 의무의 존재 여부 (2) 당해 이사가 그가 소속된 보험회사나 이 보험회사의 그룹에 과거 고용된 적이 있는지 여부 (3) 당해 이사가 그가 소속된 보험회사에 최근까지 전문적인 서비스를 제공하였거나 지금도 제공하고 있는지 여부 (4) 당해 이사가 그가 소속된 보험회사의 주요주주를 대표하고 있는지 여부 (5) 당해 이사가 그가 소속된 보험회사의 독립된 사외이사로 연임하고 있다면 그 사유 (6) 이사의 보수 외에 추가적으로 받은 보상 (7) 당해 이사가 그가 소속된 보험회사의 다른 이사나 임원과의 사업적 · 개인적으로 밀접한 관련성의 존재 여부가 그것이다. 둘째 보험회사의 이사를 구성하는 것과 그 의사결정과 관련해서도 다음과 같은 사항이 요구된다.[41] ① 보험회사의 이사의 수는 최소한 5명 이상이어야 한다.[42] ② 이사회의 다수는 독립된 사외이사이어야 한다. ③ 보험회사의 이사는 은행 또는 다른 보험회사의 이사

---

39) Banc Ceannais na hÉireann Central Bank of Ireland, 「Corporate Governance Code for Credit Institutions and Insurance Undertakings」 2.0 & 6.3(2010); Central Bank and Financial Services Authority of Ireland Act 2003 §31.6.

40) Banc Ceannais na hÉireann Central Bank of Ireland, 「Corporate Governance Code for Credit Institutions and Insurance Undertakings」 2.0, Director Independence(2010).

41) Banc Ceannais na hÉireann Central Bank of Ireland, 「Corporate Governance Code for Credit Institutions and Insurance Undertakings」 7.0(2010).

42) 다만 대형보험회사는 7명 이상일 것을 요구하고 있다. Banc Ceannais na hÉireann Central Bank of Ireland, 「Corporate Governance Code for Credit Institutions and Insurance Undertakings」 Appendix 1, 7.1(2010).

직 5개를 초과해서 겸직할 수 없다.[43] ④ 보험회사의 이사는 잠재적인 이해충돌이 존재한다면 이에 관한 의사결정에 참여할 수 없다. ⑤ 당해 보험회사는 기술한 ①-④의 요건을 매 3년마다 점검해야 한다. 또한 당해 보험회사의 이사는 9년 이상을 연임할 수 없으며 만약 연임할 때에는 그 이유를 아일랜드중앙은행에게 통지하도록 되어 있다. 셋째 이사회의 의장과 최고경영자(CEO)에 대해서도 다음과 같은 요구조건이 있다.[44] (가) 이사회의 의장과 최고경영자(CEO)은 분리되어야 한다. (나) 이사회의 의장은 독립된 사외이사이어야 한다. (다) 보험회사의 이사회의 의장은 은행이나 다른 보험회사의 이사회의 의장 또는 최고경영자(CEO)를 겸직할 수 없다. (라) 보험회사의 최고경영자(CEO)는 은행이나 다른 보험회사의 최고경영자(CEO)를 겸직할 수 없다. (마) 최고경영자(CEO)의 계약연장은 매 5년마다 심사되어야 한다. 넷째 보험회사의 이사회의 각종 위원회와 관련해서도 다음과 같은 요건이 충족되어야 한다.[45] ㉮ 보험회사의 이사회는 감사위원회와 위험관리위원회를 반드시 설치해야 한다. ㉯ 사외이사 특히 독립된 사외이사가 이들 위원회를 주도해야 한다. ㉰ 감사위원회는 사외이사로 구성되며 그 과반수는 독립된 사외이사로 구성되어야 한다. 또한 감사위원회의 위원장은 독립된 사외이사이어야 한다. ㉱ 보험회사의 이사회는 감사위원회와는 별도로 위험관리위원회를 설치해야 하며 그 위원은 사외이사와 사내이사의 적절한 조합이 되어야 한다. ㉲ 보험회사에 보수위원회가 설치된 경우라

43) 그러나 당해 이사는 그 보험회사가 소속된 그룹 내에서의 겸직은 자유롭다. Banc Ceannais na hÉireann Central Bank of Ireland, 「Corporate Governance Code for Credit Institutions and Insurance Undertakings」 7.7(2010)

44) Banc Ceannais na hÉireann Central Bank of Ireland, 「Corporate Governance Code for Credit Institutions and Insurance Undertakings」 8.0 & 9.0(2010).

45) Banc Ceannais na hÉireann Central Bank of Ireland, 「Corporate Governance Code for Credit Institutions and Insurance Undertakings」 18 & 21-24(2010).

면 그 위원은 독립된 사외이사로 구성되어야 하며 이사회의 의장은 보수위원회의 위원장이 될 수는 없다. ㉶ 보험회사에 추천위원회가 설치된 경우라면 그 위원의 과반수는 독립된 사외이사로 구성되어야 한다. 다섯째 보험회사는 내부통제장치를 마련하고 준법감시인을 두어야 한다. 먼저 보험회사는 내부통제장치에 관한 정보가 담긴 보고서를 아일랜드중앙은행에게 제출해야 한다.[46] 이 때 포함되어야 할 정보는 내부통제장치의 상세한 설명과 중요한 절차 및 어떻게 실행할지에 대한 설명이 그것이다. 다음으로 2000년 이후 아일랜드법제상 모든 보험회사는 준법감시인을 두도록 되어 있다.[47] 이에 따라 준법감시인은 보험회사가 해당 법령을 준수하는지를 주로 감독하게 되는 것이다. 내부통제장치가 제대로 실행될 수 있는 방법 중의 하나가 준법감시인의 역할이 될 수 있을 것이다.

이상과 같은 보험회사의 지배구조의 주요한 책임자는 당해 보험회사의 이사가 되나 비록 이사는 아니지만 보험회사의 주요경영진 역시 이에 대한 책임이 있음을 명확히 하고 있다.[48]

6. 규제 및 감독의 공조

아일랜드중앙은행은 자신의 다른 부서와 자신에게 각종 서비스를 제공하는 자의 업무와 공조를 취할 뿐만 아니라 이들과의 정보교환을

46) Banc Ceannais na hÉireann Central Bank of Ireland, 「Central Bank of Ireland Guidelines on Preparing Solvency Ⅱ – Submission of Information」 Guideline 16(2013).

47) Banc Ceannais na hÉireann Central Bank of Ireland, 「Appointment of a Compliance Officer」 3(2010). 이와 같은 준법감시인의 선임과 관련된 책임은 당해 보험회사의 이사 및 주요경영진에 있다. Id.

48) Banc Ceannais na hÉireann Central Bank of Ireland, 「Corporate Governance Code for Credit Institutions and Insurance Undertakings」 6.2–6.3 (2010); Dillon Eustace, 「Insurance Regulation in Ireland July 2010」 6(2010), *at* http://www.dilloneustace.ie/download/1/Insurance%20Regulation%20in%20Ireland%20July%202010.pdf(last visited Feb. 11, 2014).

통하여도 공조체제를 구축하고 있다.[49] 예컨대 아일랜드중앙은행은 중앙통계청에 자료수집에 관한 조언 등의 조력을 제공하기도 하며 아일랜드 재무장관의 자문에도 응하는 등의 공조를 취하고 있다.[50] 또한 아일랜드중앙은행은 다음과 같이 외국과의 공조체제도 구축하고 있다.[51] (1) 보험업과 관련된 국제기구 및 국제회의에 아일랜드의 대표로 참여하여 공조를 하거나 (2) 보험업의 감독과 관련해서 외국의 감독당국에게 조언 등의 조력을 제공하면서 공조를 하거나 (3) 아일랜드법제상 보험회사가 다른 회원국에서 보험업을 하려면 그와 같은 사실을 아일랜드중앙은행에게 문서로 통지해야 하는데 이때 통지를 받은 아일랜드중앙은행이 해당 회원국의 감독당국에게 그 사실을 통보하도록 되어 있다. 이와 함께 아일랜드중앙은행과 해당 회원국의 감독당국은 관련 정보를 교환하게 되는 것이다. 이때 교환되는 정보에는 해당 보험회사가 받은 제재나 벌칙 등도 포함된다.

---

49) Central Bank and Financial Services Authority of Ireland Act 2003 §5.5A(a).

50) Central Bank and Financial Services Authority of Ireland Act 2003 §§5.5A(h) & 7.6A(3). 특히 아일랜드 재무장관은 아일랜드중앙은행과 협의한 후 잉여금의 처분형태에 관한 규정을 제정하기도 한다. Central Bank and Financial Services Authority of Ireland Act 2003 §7.6G(6). 이와 같이 아일랜드중앙은행은 자국 내에서 공조체제를 구축하고 있는 것이다.

51) Central Bank and Financial Services Authority of Ireland Act 2003 §5.5A(c) & (e); S.I. No. 13/2005 – European Communities(Insurance Mediation) Regulations 2005 §§18 & 27.

제 3 절 이태리

Ⅰ. 규제의 주요내용

1. 보험업의 개념

이태리법제상 보험업이라 함은 생존보험을 포함한 6개 종류의 생명보험업무와 사고보험을 포함한 18개의 손해보험업무 및 이들의 재보험업무를 의미한다.[52] 이와 같은 보험사업은 생명보험업무만 하든지 아니면 손해보험업무와 이와 관련된 재보험업무를 같이 할 수도 있다.[53] 다만 손해보험업무를 하면서 동시에 생명보험업무도 인가를 받은 경우라면 인가의 내용이 구체적으로 표시해야 한다.[54]

2. 감독기관

이태리법제상 보험업의 감독기관은 이태리 보험감독원*(istituto per la vigilanza sulle assicurazioni private e di interesse collecttivo*: Supervisory Authority for Private Insurance Undertakings and Insurance Undertakings of Public Interest: ISVAP)으로 보험업의 감독뿐만 아니라 인가권자이기도 하다.[55] 다만 이태리 산업장관(Minister of Production Activities: MPA)이 법정요건에 해당하는 경우에는 일정한 조치를 취하는 경우는 있다.[56]

3. 인가 및 취소

이태리법제상 보험업은 다음의 요건을 충족시키는 경우에 이태리 보

---

52) Legislative Decree n. 209 of 7 September 2005(이하 Italian Insurance Code라 함) §§1.1.a)-b), 2.1 & 2.3.
53) Italian Insurance Code §11.2.
54) Italian Insurance Code §2.4. 예컨대 '사고보험 및 건강보험'으로 표시된다는 것이다. Italian Insurance Code §2.4.a).
55) Italian Insurance Code §§1.1.dd), 5.1 & 13.1.
56) Italian Insurance Code §4.1.

험감독원(ISVAP)에 의하여 인가가 주어진다.[57] (1) 보험회사의 법적 형태가 주식회사(*società per azioni*)나 협동조합(*società cooperativa*) 또는 상호회사(*società di mutua assicurazione*)이어야 한다. (2) 일반적인 지휘 및 행정사무소가 이태리 내에 소재해야 한다. (3) 보험기금이 1,250,000유로에서 5,000,000유로의 범위 내에서 법정최저 금액 이상이어야 한다. (4) 양해각서 및 정관과 함께 영업계획서를 제출해야 한다.[58] (5) 보험회사의 주식이나 지분의 10% 이상을 취득하거나 당해 보험회사를 지배할 수 있는 정도의 비율을 취득하거나 당해 보험회사에 대하여 중요한 영향력을 행사할 정도로 주식이나 지분을 취득한 자 또는 주식이나 지분의 20%, 30%, 50% 이상을 취득하려는 자는 평판이 양호해야 한다. (6) 보험회사의 관리, 경영 및 통제기능을 행사하는 자는 보험업의 전문가이어야 하고 평판이 양호해야 하며 법정의 독립성요건[59]을 충족시켜야 한다. (7) 보험회사와 다른 그룹 또는 자연인이나 법인과의 밀접한 관련성으로 인하여 이태리 보험감독원의 효율적인 감독권의 행사를 저해하는 일이 없어야 한다. (8) 보험회사는 다른 EU회원국에 상주하고 있는 자신의 보험계리사의 성명 및 주소를 제출해야 한다. 따라서 기술한 (1)-(8)의 요건을 심사한 결과 당해 보험회사의 건전한 경영이 보장되지 않는다고 판단되면 그 인가를 거부하도록 되어 있다.[60]

그러나 다음의 경우에는 보험업의 인가가 취소된다.[61] ① 보험업의 인가를 받은 후 12개월 내에 그 사업을 개시하지 않는 경우[62] ② 그 인가를 명시적으로 포기한 경우 ③ 보험업의 인가를 받은 후 6개월 이상

57) Italian Insurance Code §14.1.

58) 여기에는 최초의 영업계획서와 조직 및 경영구조 등이 포함된다. Italian Insurance Code §14.1.d).

59) Italian Insurance Code §76.

60) Italian Insurance Code §14.2.

61) Italian Insurance Code §§240 & 242-244.

62) 그러나 보험업을 개시하지 않은 정당한 이유와 당해 보험회사의 청구가 있으면 이태리보험감독원(ISVAP)은 6개월을 초과하지 않는 범위 내에서 그 기간을 연장할 수 있다. Italian Insurance Code §240.제2문단.

해당 보험업을 영위하지 않은 경우 ④ 보험업 전부를 다른 보험회사에게 양도한 경우 ⑤ 보험회사의 해산사유가 발생한 경우 ⑥ 보험업의 인가시 부과된 제한조치를 준수하지 않은 경우 ⑦ 보험업의 인수에 필요한 조건을 더 이상 이행하지 않는 경우 ⑧ 이태리 보험법규정을 현저하게 위반한 경우 ⑨ 보험회사가 감독당국의 보완적 규제를 받게 되는 경우 회생계획안이나 재무계획에서 특정된 조치를 취할 수 없었거나 중재안에 특정된 조치를 취할 수 없게 된 경우 ⑩ 보험회사가 강제적 해산의 대상이 되거나 법원에 의한 파산선고가 선언된 경우 ⑪ 非회원국에 본점을 둔 회사가 이태리에서 지점을 통하여 보험업을 하고 있었으나 본점에서 보험업의 인가가 취소된 경우가 그것이다. 이와 같은 취소사유에 해당되면 이태리 보험감독원(ISVAP)의 제안에 따라 이태리 산업장관(MPA)이 보험업을 취소하게 된다.[63]

4. 재무건전성

이태리법제상 보험회사나 재보험회사의 주식 또는 지분을 취득한 결과 그것이 지배권[64]의 취득이나 당해 보험회사의 중요한 영향력을 행사할 수 있을 정도의 취득 또는 10% 이상을 취득하게 된다면 이태리 보험감독원(ISVAP)으로부터 사전승인을 받아야 한다.[65] 또한 보험회사 또는 재보험회사의 주식이나 지분의 20%, 30%, 50% 이상 또는 지배권에 대한 변동을 줄 수 있는 취득이 발생하는 경우에도 이태리 보험감독원(ISVAP)의 사전승인을 받아야 하는 것이다.[66] 기술한 취득에 대한 이태리 보험감독원(ISVAP)의 사전승인은 직접적인 취득뿐만 아니라 간접적인 취득에도 적용된다.[67] 만약 이태리 보험감독원(ISVAP)으로부터 사전승인을 받지 못했거나 그 의결권의 행사에 관한 계약을 이태리 보험

63) Italian Insurance Code §242.4.
64) 지배권에 대한 보다 상세한 내용은 Italian Insurance Code §72.2 참조.
65) Italian Insurance Code §68.1.
66) Italian Insurance Code §68.2.
67) Italian Insurance Code §68.3.

감독원(ISVAP)에게 통지하지 않고서 해당 주식이나 지분을 취득한 경우에는 당해 의결권이나 기타의 권리를 행사할 수 없으며 일정한 기간 내에 이를 처분해야 한다.[68]

한편 이태리법제상 보험회사는 충분한 지급여력비율을 충족시켜야 하는데 여기에는 자본금, 준비금,[69] 이익 및 손실이 포함되어야 한다.[70] 그리고 지급여력비율의 1/3은 보험기금이 되어야 하며 이 기금은 생명보험의 경우에는 3,000,000유로, 손해보험의 경우에는 2,000,000유로 이상이어야 한다.[71] 다만 누적적 우선주식자본과 유가증권은 지급여력비율의 50% 한도 내에서 후순위대출자본은 25% 한도 내에서 지급여력비율의 자산에 포함될 수 있다.[72]

재보험업의 겸업과 관련된 재무관련성은 다음과 같다. 즉 생명보험업이나 손해보험업을 인가받은 후 재보험업을 겸업하려면 재보험료가 총보험료의 10%를 초과하거나 재보험료가 50,000,000유로를 초과하거나 재보험업의 책임준비금이 총 책임준비금의 10%를 초과해야만 한다는 점이다.[73]

그러나 책임준비금 및 지급여력비율의 산정과 관련해서 이태리나 회원국 내에 법정대리인을 선임하지 않고 본점을 非회원국에 둔 보험회사의 경우 당해 보험회사의 재보험위험을 인수하는 것은 금지될 수도 있다.[74]

5. 지배구조

이태리법제상 보험회사의 이사나 임원 등과 같은 관리, 경영 및 지배

---

68) Italian Insurance Code §74.1 & 3.
69) 임의준비금도 포함된다. Italian Insurance Code §44.2.b).
70) Italian Insurance Code §44.2 & 3.
71) Italian Insurance Code §46.1-3.
72) Italian Insurance Code §44.3.a) & b).
73) Italian Insurance Code §§44-bis.1 & 46.3-bis.
74) Italian Insurance Code §47.1.

기능을 담당하고 있는 자는 법정의 전문성 요건, 양호한 평판 요건 및 독립성 요건을 충족시켜야 한다.[75] 만약 이 요건을 충족시키지 못하면 당해 보험회사의 이사회나 경영진 등이 그 결격사유를 선언해야 하며 이와 같은 선언이 없다면 이태리 보험감독원(ISVAP)이 이를 선언하도록 되어 있다.[76] 이에 대해 보험회사의 (1) 지배권을 취득하거나 중요한 영향력을 행사할 정도로 또는 10% 이상 주식이나 지분을 취득하거나 (2) 주식 또는 지분의 20%, 30%, 50% 이상 또는 지배권의 변동을 생기게 하는 취득 또는 매각하려는 자는 그 평판이 양호해야 한다.[77] 만약 그 평판이 양호하지 못한 경우 해당 주주나 지분권자는 의결권이나 기타의 권리를 행사할 수 없으며 일정한 기간 내에 해당 주식이나 지분을 매각하도록 되어 있다.[78]

한편 보험회사나 재보험회사는 양호한 관리 및 회계조직과 적절한 내부통제장치를 구비해야 한다.[79] 특히 보험회사의 내부통제장치는 위험감시기능이 제대로 작동되어야 하며 이 내부통제장치를 실행할 때에 필요한 모든 조치가 보장될 것을 요구하고 있다.[80]

이와 함께 이태리 내에 본점을 둔 보험회사 또는 재보험회사가 제공한 데이터 및 정보를 확인할 목적으로 이태리 보험감독원(ISVAP)은 임점검사를 실시할 수 있으며 그 대상은 다음과 같다.[81] ① 이태리 내에 본점을 둔 보험회사 또는 재보험회사의 자회사 ② 이태리 내에 본점을 둔 보험회사 또는 재보험회사의 모회사 ③ 기술한 ②의 다른 자회사가 그것이다. 그러나 이태리 보험감독원(ISVAP)이 임점검사를 실시하면서 제출받은 데이터 및 정보의 정확성을 확인하는 한도 내에서는 보험회사 및 재보험회사 이외의 자에게도 임점검사를 실시할 수 있다.[82] 다

75) Italian Insurance Code §76.1.
76) Italian Insurance Code §76.2.
77) Italian Insurance Code §77.1.
78) Italian Insurance Code §77.3 & 4.
79) Italian Insurance Code §§30.1 & 63.1.
80) Italian Insurance Code §§30.2 & 63.2.
81) Italian Insurance Code §214.1.
82) Italian Insurance Code §214.3.

만 이태리 보험감독원(ISVAP)이 임점검사를 실시할 때에는 직접 하든지 자신이 선임한 자에 의하여 대신 임점검사를 실시하게 할 수도 있다.[83]

6. 규제 및 감독의 공조

이태리 보험감독원(ISVAP)은 보험업에 대한 감독의 효율성을 높이기 위해 이태리 금융범죄전담반의 조력을 받을 수 있으며 이에 따라 수집된 모든 정보를 통보받게 된다.[84] 뿐만 아니라 이태리 보험감독원(ISVAP)은 다음과 같은 국외공조를 통해 감독의 효율성을 확보하고 있다.[85] (1) 이태리 내에서 보험회사나 재보험회사의 본점을 설치하는 경우 이태리 보험감독원(ISVAP)은 관련 회원국의 감독당국과 협의를 먼저 해야 한다.[86] 이 때 협의를 해야 하는 회원국은 ① 회원국에서 인가받은 보험회사나 재보험회사의 지배를 받는 보험회사 또는 보험회사가 이태리 내에서 보험업을 하기 위해 그 인가를 신청한 경우의 회원국 ② 회원국에서 인가를 받은 보험회사나 재보험회사를 지배하는 회사에 의해 지배받는 보험회사나 재보험회사가 이태리 내에서 보험업을 하기 위해 그 인가를 신청한 경우의 회원국 또는 ③ 회원국에서 인가받은 보험회사나 재보험회사를 지배하는 동일인에 의하여 지배를 받는 보험회사 또는 재보험회사가 이태리 내에서 보험업을 하기 위해 그 인가를 신청한 경우의 회원국이 그것이다. 이에 해당되는 경우 이태리 보험감독원(ISVAP)과 해당 회원국은 주주의 적격성 및 임원 등의 평판과 경력을 평가하기 위해 관련된 유용한 정보를 서로 제공하도록 되어 있다.[87] (2) 보험회사나 재보험회사의 주식이나 지분을 취득한 결과 지배권을 획득하거나 당해 회사에 대해 중요한 영향력을 행사할 가능성이 있거나 단순히 10% 이상을 취득하거나 20%, 30%나 50% 이상을 취득하는 등 이 비율에 변동이 있는

83) Italian Insurance Code §214.1.
84) Italian Insurance Code §307.1 & 2.
85) 예컨대 Italian Insurance Code §§203-207 참조.
86) Italian Insurance Code §203.1.
87) Italian Insurance Code §203.3.

경우에는 사전에 이태리 보험감독원(ISVAP)에게 그 취득에 대한 승인을 받도록 되어 있다.[88] 이에 따라 이태리 보험감독원(ISVAP)이 승인할 때 해당 회원국의 감독당국과 협의해야 할 뿐만 아니라 이들 양 감독당국은 이와 관련된 평가에 필수적으로 필요한 정보를 서로 제공하도록 되어 있다.[89] (3) 이태리 보험감독원(ISVAP)은 이태리 내에 있는 지점에 대하여 임점검사를 실사할 수 있으나 이전에 먼저 이 지점의 본점의 감독당국인 회원국에게 그 사실을 통보해야 한다.[90] 다만 감독상 필요한 데이터나 정보의 정확성을 확인하기 위한 한도 내에서는 해당 보험회사 및 재보험회사 외에도 임점검사를 할 수 있다.[91] (4) 보험회사나 재보험회사의 자회사 등의 본점이 다른 회원국에 소재하고 있다면 이태리 보험감독원(ISVAP)은 해당 회원국의 감독당국에게 지급여력비율과 관련된 정보의 제공을 요청할 수 있으며 이와 관련해서 이태리 보험감독원(ISVAP)도 해당 회원국의 감독당국에게 관련정보를 제공해야 하는 것이다.[92] (5) 금융시장의 위기나 경색이 발생한 경우 이태리 보험감독원(ISVAP)은 다른 회원국의 금융시스템의 안정성과 관련해서 필요한 조치를 취해야 하는데 이때 예상 가능한 영향력을 판단하기 위해 다른 EU 회원국의 감독당국, 유럽보험 및 연금감독청(European Insurance and Occupational Pensions Authority: EIOPA), 유럽 감독당국협의회(Joint Committee of the European Supervisory Authorities: Joint Committee) 및 유럽 시스템위험관리위원회(European Systemic Risk Board: ESRB)와 정보교환을 해야 하는 것이다.[93]

88) Italian Insurance Code §68.1 & 2.

89) Italian Insurance Code §204.1 & 1-bis.

90) Italian Insurance Code §205.1. 그 반대의 경우도 동일하다. Italian Insurance Code §205.2.

91) Italian Insurance Code §206.3.

92) Italian Insurance Code §207.1 & 2.

93) Italian Insurance Code §5.1-ter.

제 4 절 그리스

Ⅰ. 규제의 주요내용

1. 의 의

그리스법제상 보험업은 1970년에 제정된 법령에 의해서 주로[94] 규제 및 감독을 받고 있다.[95] 이 규정에 따라 그리스 보험업의 인가, 보험사업의 영위, 감독, 지불여력 및 청산절차 등 대부분의 보험업이 규제 및 감독되고 있다. 이하 Law Decree 400/1970을 중심으로 주요내용을 살펴보기로 한다.

2. 보험업의 개념

그리스법제상 보험업이라 함은 직접적인 보험업뿐만 아니라 이에 부수한 행위까지 포함하며,[96] 생명보험, 손해보험 등을 영업하는 것을 말하고,[97] 주식회사(*Societe Anonyme*)나 상호보험회사(*Mutual Insurance Cooperative*)[98]만이 이와 같은 보험업을 영업으로 할 수 있다.

---

94) Konstantina Soultati, "GREEK LAW DIGEST: Insurance," Nomiki Bibliothiki (2012), *at* http://www.greeklawdigest.gr/topics/insurance/ item/76-insurance (last visited Jul. 12, 2012).

95) CODIFICATION Law Decree 400/1970(Government Gazette 10/*A*/17. 1.1970) "In Regard to Private Insurance Undertakings"(이하 Law Decree 400/1970이라 함) §1. 1970년에 Law Decree 400/1970이 제정되었으나 유럽연합(European Union: 이하 EU라 함) 등의 입법에 의하여 최근 까지 수차례 개정된 바 있다.

96) Law Decree 400/1970 §1.2.

97) 예컨대 Law Decree 400/1970 §§13 & 13d 참조.

98) Law Decree 400/1970 §2.1. 공개회사는 사원이 유한책임을 부담하는 회사로서 폐쇄회사가 아닌 회사를 의미한다. Wikipedia, "S.A.(corporation)," Wikipedia (2012), *at* http://en.wikipedia.org/wiki/S.A._(corporation) (last visited Jul. 9, 2012). 그리스에서 보험업을 할 수 있는 회사 중 상호보험회사는 생명보험 이외의 보험업만 할 수 있다. Law Decree 400/1970 §§2.1 & 13.1.

3. 감독기관

그리스법제상 보험업에 대한 감독권자에 대하여는 많은 변화가 있었다. 특히 2009년 선거 후 10월에는 종전의 일반적인 감독권자인 「개발부」[99](Ministry of Development, General Secretariat of Commerce)를 대신하여 「경제 및 해운 경쟁력부」(Ministry of the Economy, Competitiveness and Shipping)가 새로운 감독권자가 되었다.[100] 그러나 보험업에 대한 감독권은 2010년 12월 1일자로 「그리스 중앙은행」 내 보험감독부(Department of Private Insurance Supervision: DOPIS)로 이관된 바 있다.[101] 다만 그리스와 다른 나라에 보험회사의 본점이 동시에 있거나 다른 EU회원국에 본점을 두고 그리스에서 보험업을 하면서 그 모회사가 보험지주회사, 재보험회사, 비회원국 보험회사 또는 복합업무보험지주회사[102]인 경우에는 관련 국가와 협의를 통해 보완[103]규제 및 감독권자

---

99) Law Decree 400/1970 §2a.ki).

100) 그리스의 보험감독기관 중 Ministry of the Economy, Competitiveness and Shipping의 변화에 관하여는 Wikipedia, "Ministry of Development (Greece)," Wikipedia (2013), *at* http://en.wikipedia.org/wiki/Ministry_of_Development_(Greece)(last visited Mar. 17, 2014).

101) Supervision of private insurance, establishment of a Private Life Insurance Guarantee Fund, credit rating agencies and other provisions within the scope of the Ministry of Finance(Law Number 3867) (이하 Law Number 3867이라 함) §1.1 & 1.2(GOVERNMENT GAZETTE OF THE HELLENIC REPUBLIC FIRST ISSUE, No.128, Aug. 3, 2010); Bank of Greece, "Supervision of Private Insurance," Bank of Greece (2008), *at* http://www.bankofgreece.gr/Pages/en/deia/default.aspx(last visited Mar. 17, 2014).

102) 여기서 복합업무보험지주회사라 함은 모회사인 지주회사가 (1) 보험 또는 재보험의 인수업 이외의 회사이거나 (2) 보험지주회사 이외의 회사이면서 그 자회사 중 최소한 1개의 회사는 보험인수업을 하는 회사를 의미한다. Directive 98/78/EC of the European Parliament and of the Council of 27 October 1998 on the supplementary supervision of insurance undertakings in an insurance group, O.J.L. 330, 5/12/1998, pp. 1-12(1998) §1(j)(이하 Insurance Group Directive라 함).

103) 여기서 보완규제라 함은 보험그룹에 적용되는 것으로 해당 금융업에 대한 원

가 정해지게 된다.[104]

4. 인가 및 취소

먼저 보험업의 인가를 살펴보면 다음과 같다. 그리스법제상 보험업을 하려는 자는 그 정관 등[105]을 보험감독기관인 그리스 중앙은행 내 보험감독부(DOPIS)에게 제출하여 보험업종별로 인가를 받아야 한다.[106] 이에 따라 그리스에서 보험업의 인가를 받은 보험회사는 생명보험업[107]과 손해보험업 및 이들의 혼합보험인 제3의 보험업[108]을 할 수 있다. 특히 손해보험업과 혼합보험인 제3의 보험업에는 질병보험, 자동차보험, 철도보험, 항공기보험, 해상보험, 운송보험, 화재보험 및 자연재해보험, 원자력보험, 보증보험, 날씨보험, 법률비용보험 등이 포함되어 있다. 다만 재보험업의 경우에는 일반보험업의 인가를 받은 보험회사가 그 인가

래의 규제에 더하여 별도의 규제가 함께 적용되는 것을 의미한다. Insurance Group Directive §5(1). 참고로 EU에서는 보완규제 이외에 통합규제도 적용되고 있다. 여기서 통합규제라 함은 은행 및 투자회사그룹에 적용되는 것으로 해당 금융기관만 규제 및 감독하는 것이 아니라 그룹 전체를 규제 및 감독하는 것을 의미하는 것이다. Directive 2000/12/EC of the European Parliament and of the Council of 20 March 2000 relating to the taking up and pursuit of the business of credit institutions, O.J.L. 126, 26/05/2000, pp. 1-59 (2000) §§2(1), 52 & 54(1)(이하 Banking Directive라 함). 다만 투자회사그룹의 경우에는 원칙적으로 은행그룹에 적용되는 통합규제가 변형되어 적용된다. Council Directive 93/6/EEC of 15 March 1993 on the capital adequacy of investment firms and credit institutions, O.J.L. 141, 11/06/1993, pp. 1-26 (1993) §7(3)(이하 Capital Adequacy Directive라 함).

104) Law Decree 400/1970 §6a.5.

105) 보험업의 인가를 위해 첨부하는 서류로는 예컨대 기술한 바와 같이 정관, 자본금의 납입 또는 출자가 완료되었다는 것을 증명하는 서류, 인가대상 보험업의 영업계획서, 경영진의 정보 등이다. Law Decree 400/1970 §15.1.

106) Law Decree 400/1970 §§3.1, 13, 14 & 15.

107) Law Decree 400/1970 §13.2. 그리스법제상 생명보험업에는 연금보험업뿐만 아니라 상해보험업까지 포함하고 있다. Law Decree 400/1970 §13.2.Ⅳ.

108) Law Decree 400/1970 §13.1.

를 받은 후 3개월 내에 재보험업을 위한 서류를 다시 제출하여 별도의 인가절차를 거치도록 하고 있다.[109] 이렇게 인가를 신청하면 관련 서류가 제출된 날로부터 30일 이내에 그 가부가 결정된다.[110] 그러나 인가대상 보험업이 피보험자의 이익, 사회질서 또는 도덕적인 기준과 충돌되는 경우에는 그 인가가 거부될 수 있다.[111] 또한 적격보유자[112]의 적격성에 하자가 있거나 인가대상 보험업과 연결된 자연인 및 법인과의 관련성이 감독기관의 효과적인 감독을 방해할 염려가 있는 경우라면 해당 보험업의 인가를 거부할 수 있다.[113]

다음으로는 보험업의 인가가 취소되는 경우를 살펴보기로 한다. 그리스법제상 보험회사는 보험업의 인가를 받을 때 붙여진 조건을 더 이상 유지하지 않거나 부여된 모든 종류의 의무를 고의로 이행하지 않는 경우에는 이미 부여된 보험업의 인가가 취소될 수 있다.[114] 하나 특이한 것은 보험회사를 직 · 간접적으로 지배하는 자가 고의로 준비금에 관한 그리스 실정법을 위반하면서 (1) 배당금을 지급하거나 (2) 책임준비금[115] 및 지급여력의 계산방식 및 관리에 관한 규정을 위반하거나 (3) 법규정을 위반하면서 재무제표를 승인하게 하거나 (4) 지급보증기금의 처분

109) Law Decree 400/1970 §15.2.
110) Law Decree 400/1970 §6.1.
111) Law Decree 400/1970 §3.2.
112) 여기서 적격보유자라 함은 해당 보험회사 발행주식 총수의 10% 이상 또는 자본금의 10% 이상을 직 · 간접적으로 지배하거나 해당 경영진에 대하여 중요한 영향력을 행사할 능력을 보유한 자를 의미한다. Law Decree 400/1970 §2a.jc).
113) Law Decree 400/1970 §3.2.
114) Law Decree 400/1970 §3.3. 제1문.
115) 여기서 책임준비금이라 함은 보험회사가 미래 보험금의 청구 및 손실에 대비하여 유지해야 할 자산을 의미한다. QFINANCE, "technical reserves," Bloomsbury Information Ltd (2009-13), *at* http://www.qfinance.com/dictionary/technical-reserves (last visited Mar. 17, 2014). 우리법제 역시 이와 동일하다. 즉 장래에 지급할 보험금·환급금 및 계약자배당금 등 보험금 등의 지급에 충당하기 위한 금액을 책임준비금으로 정의하고 있다. 보험업법 시행령 제63조 제1항.

또는 이용가능한 기금의 지급에 관한 법규정을 위반한 범죄에 관하여는 비록 이에 관한 수사가 진행되지 않더라도 피보험자의 이익, 사회질서 또는 도덕적 기준을 침해할 위험이 있는 경우라면 해당 보험업의 인가가 취소될 수 있다는 점이다.[116] 반면 이외의 범죄에 대해서는 해당 범죄에 관한 형의 선고가 있는 경우에만 보험업의 인가가 취소될 수 있다.[117] 즉 첫째 누구든지 보험업의 인가를 받기 위하여 허위의 사실을 감독기관에게 제공하거나 대중으로 하여금 그 판단을 잘못하도록 허위의 사실을 공표하는 경우[118] 둘째 기간 내에 해당 서류를 제출하지 않거나 서류를 제출하더라도 소관 감독기관에게 제출하지 않거나 해당 법규정을 준수하지 않거나 감독상 필수정보의 미제출 또는 감독기관이 요구한 서류 등을 제출하지 않은 경우[119] 셋째 생명보험 등의 보험에 있어서 책임준비금에 대한 재무제표를 심사하는 동안에 누구든지 고의로 허위의 공표를 한 경우[120] 넷째 보험사고 발생시 그 손해를 평가하는 자[121]가 고의로 보험회사를 위하여 허위평가나 선언을 한 경우[122] 등이

---

116) Law Decree 400/1970 §§3.3. 제2문 & 44. 물론 이 경우 노역이나 금전적인 제재도 있다. Law Decree 400/1970 §44.

117) Law Decree 400/1970 §§3.3.제1문, 43 & 45-49. 기술한 바와 같이 일정한 경우 보험업의 인가가 취소될 수 있는 경우로 Law Decree 400/1970 §47도 포함된다고 규정하고 있으나 Law Decree 400/1970 §47은 그리스에서 보험업의 인가 없이 영업한 경우이기 때문에 보험업의 인가를 취소한다는 것은 논리적이지 못하다고 본다. 또한 Law Decree 400/1970 §48도 보험업의 인가를 취소할 수 있다고 규정하고 있는데 역시 의문이다. 그 이유는 보험회사로의 자금유입을 방해하거나 비합리적으로 그 유입을 지체시킨 경우 보험회사가 피해자라고 할 수 있는데 오히려 해당 보험업의 인가를 취소할 수 있다고 규정하기 때문에 의문인 것이다.

118) Law Decree 400/1970 §43.1.

119) Law Decree 400/1970 §43.2.

120) Law Decree 400/1970 §45.

121) 그리스법제에서 보험사고의 손해 등을 평가하는 자를 surveyor라는 용어를 사용하고 있으며 우리법제상 손해사정인과 유사하다고 판단된다. 보험업법 제186조와 제188조.

122) Law Decree 400/1970 §46. 이 외에도 보험사고의 손해를 평가하는 자가 피보험자에게 관련 내용을 알리지 않거나 보험사고의 손해를 평가하는 자의 평가

다. 이외에 보험업의 인가를 받은 후 1년 내에 해당 영업을 하지 않는 경우에도 보험업의 인가가 취소될 수 있다.[123]

5. 재무건전성

그리스법제상 해당 보험회사는 자본금 또는 자기자본의 10% 이상을 출자하는 경우에는 감독기관의 승인을 받아야 하며 승인 후에도 총 3% 이상 더 출자하면 추가로 승인을 받도록 되어 있다.[124] 그리스법제상 누구든지 보험회사의 적격보유자[125]가 되거나 기존의 지주비율에서 의결권이 있는 발행주식 총수나 자본금에서 20%, 33% 또는 50% 이상 보유하려면 사전에 감독기관에게 통지해야 한다.[126] 이와 함께 적격보유자가 법인라면 그 구성원인 자연인에 대한 정보 및 이와 같은 자연인의 변동에 관한 정보도 감독기관에게 통지하도록 되어 있다.[127] 또한 그리스에 본점을 둔 보험회사는 그리스, 다른 회원국 또는 비회원국에서 보험계약을 체결한 경우 모든 보험계약에 대한 미경과보험료와 미지급된 보험금 등 충분한 책임준비금을 마련해야 한다.[128] 이와 더불어 보험회사는

보고서를 받은 날로부터 15일 이내에 보험회사가 이 보고서를 승인할지 여부를 보험수익자에게 알리지 않거나 만약 해당 보험회사가 이 평가보고서를 승인하고도 보험금을 보험수익자에게 즉시 지급하지 않는 경우 역시 보험업의 인가가 취소될 수도 있다. Law Decree 400/1970 §29.

123) Law Decree 400/1970 §3.4. 일정한 경우 감독기관의 결정으로 보험회사는 다른 업종의 회사로 전환될 수도 있다. Law Decree 400/1970 §3.8.

124) Law Decree 400/1970 §2.1.

125) 여기서 적격보유자라 함은 해당 보험회사 발행주식 총수의 10% 이상 또는 자본금의 10% 이상을 직·간접적으로 지배하거나 해당 경영진에 대하여 중요한 영향력을 행사할 능력을 보유한 자를 의미한다. Law Decree 400/1970 §2a.jc).

126) Law Decree 400/1970 §15a.1.a). 적격보유자가 그 지주비율을 20%, 33% 또는 50% 이하로 감소시키는 경우에도 감독기관에게 통지해야 한다. Law Decree 400/1970 §15a.3.

127) Law Decree 400/1970 §15a.1.a).(ⅰ)-(iii).

128) Law Decree 400/1970 §7.1. 그리스법제상 생명보험업의 경우도 이와 동일하다. Law Decree 400/1970 §7.2.B.

지급여력을 일정하게 유지해야 한다. 따라서 보험업의 감독기관은 해당 보험회사에 대하여 지급여력에 사용된 계산방식을 요구할 수 있고 그 계산방식이 부정적이라고 판단되면 일정한 제재를 가하게 된다.[129] 설사 지급여력에 사용된 계산방식이 부정적이 아니라 하더라도 그 계산방식에 의하여 산출된 지급여력이 기준 미달이면 역시 제재를 받게 되어 있는 것이다.[130]

6. 지배구조

그리스법제상 모든 보험회사는 그리스 국민과 EU나 EEA[131]회원국의 국민을 이사회의 과반수가 되도록 규정하고 있다.[132] 그러나 그리스 법제상 개인파산뿐만 아니라 절도, 횡령, 불법고리대금, 사기, 공갈, 위조, 뇌물, 강제파산이라는 선고를 받은 적이 있거나 보험회사의 이사회의 구성원으로 재직하면서 파산선언을 하거나 법규정의 위반으로 인한 보험업 인가의 철회를 받은 적이 있는 자는 보험회사의 총지배인이나 그 대리인, 사장, 업무집행이사 및 임원 등으로 선임될 수 없다.[133] 이와 같은 전력이 없다는 것을 전과기록을 통해서 확인하거나 관할 법원 또는 관련 행정감독기관이 발부한 유사한 서류를 통하여 증명되어 한다.[134]

---

129) Law Decree 400/1970 §6a.11.a) & c).

130) Law Decree 400/1970 §6a.12.c). 이외에 보험회사가 지분으로 참여하는 경우 지급여력에 관한 규정과 보험지주회사나 非회원국에 본점을 두고 그리스에서 보험업을 하는 보험회사에 적용되는 지급여력에 관하여는 Law Decree 400/1970 §6b & 6c 참조.

131) 여기서 EEA는 European Economic Area의 약자로 EU, 노르웨이, 아이슬란드 및 리히텐슈타인을 의미한다. Law Decree 400/1970 §2a.lf). 다만 해당 조문에는 리히텐슈타인의 영문표기가 오자로 되어 있다. Id.

132) Law Decree 400/1970 §16.1.

133) Law Decree 400/1970 §16.2. 제1문. 이와 같은 이사 등의 자격요건은 보험회사의 적격보유자에게도 동일하게 적용된다. Law Decree 400/1970 §16.2. 제2문.

134) Law Decree 400/1970 §16.2. 제3문.

또한 그리스법제상 보험회사는 건전한 행정 및 회계구조를 구축하고 적절한 내부회계감사절차를 마련해야 한다.[135] 이와 같은 맥락에서 보험그룹 내에서 보험업을 하는 보험회사는 적법한 회계 및 보고절차를 포함한 효과적인 위험관리절차 및 내부통제장치를 마련하도록 되어 있다.[136]

7. 규제 및 감독의 내용

먼저 보험업의 규제 및 감독의 일반적인 내용을 살펴보기로 한다. 그리스법제상 보험회사는 피보험자와 계약을 체결하기 전에 보험계약에 적용되는 법규정, 피보험자의 이의절차 등 모든 필요한 정보를 알려 주어야 한다.[137] 이런 절차를 거쳐 체결한 보험계약이라 할지라도 보험계약자는 보험계약을 체결한 후 30일 이내에는 그 계약을 언제든지 철회할 수 있는 권리를 보유하고 있다.[138] 또한 감독기관에 대해서도 보험회사는 책임준비금 등의 자산을 포함해서 지급여력과 관련된 보험회사의 전체 사업의 재정상태를 확약을 하도록 되어 있다.[139] 보험회사는 이와 같은 확약뿐만 아니라 감독기관의 임점검사도 받도록 되어 있다.[140] 즉 감독기관이 보험회사에 대하여 임점검사를 하면서 해당 보험회사에 대한 정보를 수집하거나 그리스 내외의 전체 영업에 관한 요약서를 제출하도록 요구할 수 있다.[141] 만약 그리스 이외 EU 또는 EEA회원국에서 보험업의 인가를 받은 보험회사가 그 지점 등을 통하여 그리스에서 영

135) Law Decree 400/1970 §6.3.
136) Law Decree 400/1970 §6a.6.
137) Law Decree 400/1970 §4.2.H.
138) Law Decree 400/1970 §4.3.C. 설사 체결된 보험계약이라 할지라도 중개인을 통해서 계약을 체결했다면 감독기관은 보험계약과 관련된 모든 서류의 제공을 요구할 수 있는 것이다. Law Decree 400/1970 §6.2.c). 뿐만 아니라 감독기관은 피보험자의 이익에 불합리한 왜곡이 발생하지 않도록 필요하다면 적절한 제재조치도 부과할 수 있다. Law Decree 400/1970 §6.2.b).
139) Law Decree 400/1970 §6.1.
140) 예컨대 Law Decree 400/1970 §§6.2, 8.4.c) & 17c 참조.
141) Law Decree 400/1970 §6.2.a).

업하는 경우 해당 회원국의 감독기관은 사전에 그리스의 보험업감독기관에게 통지한 후 임점검사를 할 수 있으며 이때의 임점검사에 그리스의 보험업감독기관은 같이 참여할 수 있다.[142] 결국 규제 및 감독의 효율성을 확보하기 위하여 그리스의 보험업감독기관은 해당 외국 감독기관과 공조하고 있는 것으로 판단된다.[143]

다음으로는 보험그룹에 적용되는 보완규제 및 감독의 내용을 살펴보기로 한다. 먼저 그리스의 보험업감독기관이 보완규제 및 감독권까지 행사할 수 있는 경우로는 다음과 같다.[144] 즉 (1) 그리스에 본점을 두면서 EU나 EEA에 본점을 둔 보험회사 또는 재보험회사에 지분으로 참여하거나 非회원국보험회사에 지분으로 참여한 모든 보험회사[145] (2) 그리스에 본점을 두면서 모회사가 보험지주회사, 재보험회사 또는 非회원국보험회사인 모든 보험회사[146] (3) 그리스에 본점을 두면서 모회사가 복합업무보험지주회사인 경우[147]를 말한다. 비록 그리스의 보험업감독기관이 보완규제 및 감독권까지 행사하더라도 비회원국의 보험회사, 재보험회사, 보험지주회사 또는 복합업무보험지주회사에 대하여 그리스의 보험업감독기관만의 독자적인 규제 및 감독을 할 수 있는 것은 아니다.[148] 이는 결국 해당 국가의 감독기관과의 공조를 전제로 한 것이라고 판단된다. 이와 같이 그리스의 보험업감독기관이 보완규제 및 감독권을 행사할 때에도 ① 해당 보험회사와 관련된 회사 ② 해당 보험회사에 지분

142) Law Decree 400/1970 §6.4. 보험그룹의 경우에도 임점검사의 대상이다. Law Decree 400/1970 §6a.8.b).

143) Law Decree 400/1970 §6.2.a).

144) Law Decree 400/1970 §6a.1. 그러나 보험회사가 그리스와 그리스 이외 EU 또는 EEA회원국에 그 본점을 동시에 두면서 그 모회사가 보험지주회사, 재보험회사, 비회원국 보험회사 또는 복합업무보험지주회사인 경우에는 이들 국가와 협의를 통해 보완규제 및 감독권자를 정하게 된다. Law Decree 400/1970 §6a.5.

145) Law Decree 400/1970 §6a.1.a).

146) Law Decree 400/1970 §6a.1.b).

147) Law Decree 400/1970 §6a.1.c).

148) Law Decree 400/1970 §6a.2.

으로 참여한 회사 ③ 해당 보험회사에 지분으로 참여한 회사와 관련된 회사를 고려해야 한다.[149] 다만 그리스의 보험업감독기관이 보완규제 및 감독권을 행사함에 따라 기술한 ①-③까지의 사항을 고려해야 하지만 일정한 경우 즉 법적 장애요인이 발생한 非회원국에 본사를 둔 회사의 데이터는 그 고려대상에서 제외될 수 있다.[150] 이는 현실을 반영한 것으로 해석된다. 이와 같은 보완규제 및 감독이 적용되는 거래는 다음과 같다.[151] 첫째 그리스에 본점을 두고 보험회사와 이 보험회사와 관련이 있는 자 간의 거래 둘째 그리스에 본점을 둔 보험회사와 이 보험회사에 지분으로 참여하는 자 간의 거래 셋째 그리스에 본점을 둔 보험회사와 이 보험회사에 지분참여를 하는 자와 관련이 있는 자 간의 거래가 그것이다. 이들 간의 거래 중에서도 보완규제 및 감독은 주로 금전차입, 보증 등 부외거래, 지급여력과 관련된 데이터, 출자, 재보험 및 비용이전 계약에 중점을 두고 있다.[152] 기술한 바와 같이 그리스에 본점을 두고 보완규제 및 감독의 대상자가 되는 보험회사는 책임자의 서명이 된 연차보고서를 감독기관에 제출하도록 되어 있다.[153] 이렇게 제출된 연차보고서를 기준으로 지급여력을 점검하게 되는 것이다.[154]

8. 규제 및 감독의 공조

먼저 보험업의 규제 및 감독에 대한 공조를 살펴보면 다음과 같다.

---

149) Law Decree 400/1970 §6a.3.

150) Law Decree 400/1970 §6a.4.

151) Law Decree 400/1970 §6a.10.A). 여기에서의 거래에는 자연인과 법인의 거래를 포함한다. Law Decree 400/1970 §6a.10.A).b.

152) Law Decree 400/1970 §6a.10.B).

153) Law Decree 400/1970 §6a.10.C).a.

154) Law Decree 400/1970 §6a.10.C).b. 물론 제출된 연차보고서를 기준으로 해서 지급여력이 기준미달인 경우에는 제재를 받게 된다. Id. 지급여력에 대한 계산방식에 문제가 있는 경우에도 제재의 대상이 된다. Law Decree 400/1970 §6a.11.a) & c). 지분참여 시 지급여력과 보험지주회사나 非회원국에 본점을 두고 그리스에서 보험업을 하는 보험회사의 지급여력에 관하여는 Law Decree 400/1970 §§6b & 6c 참조.

보험회사의 주식을 보유하려는 적격보유자의 적합성을 심사할 때 그리스의 보험업감독기관은 그리스 이외 EU나 EEA회원국 등의 감독기관과 공조를 취하고 있다.[155] 또한 그리스의 보험업감독기관이 해당 보험회사에 대하여 임점검사를 하면서 관련 정보를 수집하거나 해당 보험회사의 전체 영업에 대한 요약서의 제출을 요구하면서 이와 관련하여 EU나 EEA회원국의 감독기관과 공조를 하고 있다.[156] 기술한 공조는 임점검사와 관련된 공조라면 임점검사 그 자체에 대한 공조도 인정되어 있다. 즉 그리스 이외 회원국에서 보험업의 인가를 받은 후[157] 자신의 지점을 통해서 그리스에서 보험업을 하는 경우 해당 회원국의 감독기관이 사전에 그리스에게 통보한 후에 해당 회원국이 그리스 내에서 영업하는 보험회사에 대하여 임점검사를 할 수 있으며 이 때 임점검사 그 자체에 대해서도 그리스 감독기관은 '참여'할 수 있는 것이다.[158] 그리스의 보험업감독기관은 EU나 EEA회원국의 요구가 있을 경우 감독의 목적상 필요한 모든 정보를 교환하고 적극적으로 의사교환하는 등의 밀접한 공조를 시도하고 있다.[159] 물론 이와 같은 공조는 EU나 EEA회원국에 한정된 것은 아니며 이들 회원국 이외의 국가의 감독기관과의 공조도 예정되어 있다.[160] 이에 따라 그리스와 EU 및 EEA회원국 이외의 나라에서 보험업을 하는 보험회사에 대한 규제 및 감독의 효율성을 확보하기 위해서 이와 관련된 모든 정보 및 서류를 교환하도록 되어 있는 것이다.[161]

다음으로 보험업감독기관은 피보험자의 이익을 왜곡하는 경우가 발생하지 않도록 필요한 조치를 부과[162]하는 등의 제재를 가할 수 있다.

---

155) Law Decree 400/1970 §3.2.
156) Law Decree 400/1970 §6.2.a).
157) 이런 경우 해당 회원국을 주된 감독국가라 한다. Law Decree 400/1970 §6.4.
158) Law Decree 400/1970 §6.4.
159) Law Decree 400/1970 §§6a.9.a) & b). 다만 이 때 교환된 정보는 그 비밀이 보장될 것을 요구하고 있다. Law Decree 400/1970 §6a.9.c).
160) Law Decree 400/1970 §24a.
161) Law Decree 400/1970 §24a.1.
162) Law Decree 400/1970 §6.2.b).

이와 같은 일반적인 제재 이외에 특이한 제재조치로는 구조조정이란 제재를 들 수 있다.[163] 이는 청산절차와는 별개로 진행되며 이와 같은 구조조정의 효과는 그리스와 해당 회원국에서도 그 효력이 동시에 미치도록 하고 있다.[164] 이렇듯 양국에 그 효과가 동시에 발생하게 함으로써 그 규제 및 감독의 효율성을 확보하기 위한 것으로 판단된다.

제 5 절 스페인

Ⅰ. 규제의 주요내용

1. 보험업의 개념

스페인법제상 보험업이라 함은 생명보험업무, 손해보험업무와 이들의 재보험업무 및 기타 관련 업무를 의미한다.[165] 여기서 기타 관련 업무에는 투자관리 또는 통계연구 및 위험분석 등이 포함된다.[166] 스페인법제상 이와 같은 보험업은 주식회사(*sociedad anónima*), 상호회사(*Mutua*), 협동조합(*Cooperativa*)[167] 또는 연금상호보험회사(*Mutualidad de Prevision Social*)에 의하여 운영되고 있다.[168]

---

163) Law Decree 400/1970 §§6d & 12b.

164) Law Decree 400/1970 §6d.1. 구조조정에 관한 보다 자세한 내용은 Law Decree 400/1970 §12b 참조.

165) Texto refundido de la Ley de Ordenación y Supervisión de los Seguros Privados(이하 Spanish Insurance Act라 함) §§3.1 & 11.

166) Spanish Insurance Act §11.

167) Garrigues(ICEX-INVEST IN SPAIN), 「Guide to business in Spain: Annex Ⅱ-The spanish financial system」 29(January 2013). 그러나 현재 스페인에서는 보험업을 등록한 협종조합은 존재하지 않는 상태이다.

168) Spanish Insurance Act §5.2; Garrigues(ICEX-INVEST IN SPAIN), 「Guide to business in Spain: Annex Ⅱ. The spanish financial system」

2. 감독기관

스페인법제상 보험업에 대한 감독기관은 스페인 보험감독원(*Dirección General de Seguros y Fondos de Pensiones*: DGSFP)이 된다. 다만 스페인 보험감독원(DGSFP)이 보험업에 대한 인가를 주면 그 인가는 사실상 확정되지만 형식적으로는 스페인 경제장관(Minister of Economic Affairs and Competitiveness: MEAC)이 그 인가에 대한 거부권을 보유하고 있다.

3. 인가 및 취소

스페인법제상 보험업을 영위하려면 아래의 요건을 구비하여 스페인 보험감독원(DGSFP)으로부터 인가를 받아야 한다.[169] (1) 보험업을 하려는 자의 법적 형태가 기술한 바와 같이 주식회사, 상호회사, 협동조합 또는 연금 상호보험회사이어야 한다. (2) 보험업을 하려는 회사의 목적은 보험업 및 기타 관련 업무에만 한정되어야 한다. (3) 보험업을 하려는 회사는 영업계획서를 스페인 보험감독원(DGSFP)에게 제출하고 그것을 준수해야 한다. (4) 법정의 최저자본금 및 보장기금을 보유하고 있어야 한다.[170] (5) 보험업을 하려는 회사의 주주가 적격성요건을 구비해야 한다. (6) 보험업을 하려는 회사의 이사 등 임원의 도덕성 및 전문적인 경력이 있어야 한다. (7) 보험업종의 구체적인 종류, 영업하려는 지리적 범위, 예산 및 손익에 관한 정보도 인가신청서와 함께 제출되어야 한다. 기술한 요건이 구비되면 스페인 보험감독원(DGSFP)은 인가 여부를 6개월 내에 결정해야 하는 것이 원칙이다. 그러나 이와 같은 요건을 구비하여 인가를 받았다고 하더라도 법정의 요건을 이행하지 못하고 그 위반 정도

29(January 2013).

169) Spanish Insurance Act §§5.2 & 57.

170) 보험업의 종류에 따라 최저자본금은 대략 2,100,000유로에서 9,100,000유로를 보유해야 하며 보장기금 역시 보험업의 종류에 따라 20,000유로에서 30,000유로를 보유해야 한다. Fernando de la Mata, et al., "SPAIN," in FINANCIAL SERVICES REGULATION IN EUROPE 680, 683(Etay Katz ed., 2d ed. 2008).

도 아주 심각하거나 심각한 정도라면 인가가 취소되거나 정지될 수 있다.[171)]

4. 재무건전성

먼저 스페인법제상 보험회사의 일정한 지분을 취득하려는 다음과 같은 자는 사전에 스페인 보험감독원(DGSFP)의 승인을 받아야 한다.[172)] 첫째 보험회사의 자본금 또는 의결권이 있는 주식의 10% 이상을 취득하려는 자, 둘째 보험회사의 자본금 또는 의결권이 있는 주식의 20%, 30% 또는 50%를 초과하여 취득하려는 자, 셋째 보험회사의 지배권을 취득하려는 자가 그것이다. 다음으로 보험회사는 일정한 재정상태를 유지해야 한다.[173)] 즉 책임준비금에 관한 법정요건을 충족시켜야 하며 보험업종에 따른 지급여력비율을 유지해야 하고 지급여력비율의 1/3에 해당하는 금액은 보장기금이 되도록 해야 하는 것이다.

5. 지배구조

보험회사의 이사나 임원 등은 도덕성 요건이나 전문적인 경력이 있어야 한다. 또한 보험회사가 주식회사라면 이사는 최소한 3명 이상이어야 한다.[174)] 그러나 '상장'된 보험회사의 경우 다음과 같은 지배구조를 구비해야 한다.[175)] (1) 의결권의 분리 특히 이사의 선임과 정관의 변경 등에서 인정되어야 한다.[176)] (2) 이사의 수는 7인 이상 15인 이하가 되어야 한다.[177)] (3) 사외이사가 최소한 3명 이상 되어야 하며 이사회의 과반수가 되어야 한다.[178)] (4) 여성 이사가 없거나 거의 없는 경우에는

---

171) Spanish Insurance Act §41.
172) Spanish Insurance Act §22.
173) Spanish Insurance Act §§16-18.
174) Garrigues(ICEX-INVEST IN SPAIN), 「Guide to business in Spain: Annex Ⅰ. Company and commercial law」 7(January 2013).
175) 예컨대 UNIFIED ON GOOD CORPORATE GOVERNANCE(DRAFT) 참조.
176) UNIFIED ON GOOD CORPORATE GOVERNANCE(DRAFT) §5.
177) UNIFIED ON GOOD CORPORATE GOVERNANCE(DRAFT) §10.
178) UNIFIED ON GOOD CORPORATE GOVERNANCE (DRAFT) §16.

그 이유를 설명하고 이를 시정할 방안을 제시해야 한다.[179] (5) 이사회의 의장과 최고경영자(CEO)가 동일인이라면 이사회의 의장을 대행할 자를 독립된 이사들 중에서 선임해야 한다.[180]

6. 규제 및 감독의 공조

회원국에서 보험업의 인가를 받은 자가 스페인 내에서 보험업을 하려는 경우 별도의 인가를 받아야 하는 것은 아니지만 그 인가 전에 해당 회원국의 감독당국과 협의를 해야 한다.[181] 특히 주주의 적격성, 이사나 임원 등의 도덕성 및 경력이 협의의 주요한 내용이 된다.[182] 따라서 이러한 감독기관간의 협의가 있은 후에 해당 보험업무를 할 수 있는 것이다.

제 6 절 시사점

1. 의 의

이상에서 서남부유럽(PIIGS)의 보험업규제의 주요한 내용을 살펴보았고 이를 중심으로 우리법제를 위한 시사점을 도출해 보면 다음과 같다.

2. 보험업의 개념과 관련된 시사점

우리법제상 보험업은 보험상품의 취급과 관련하여 발생하는 보험의 인수, 보험료 수수 및 보험금 지급 등을 영업으로 하는 것으로서 생명

179) UNIFIED ON GOOD CORPORATE GOVERNANCE (DRAFT) §19.
180) UNIFIED ON GOOD CORPORATE GOVERNANCE (DRAFT) §23.
181) Fernando de la Mata, et al., "SPAIN," in FINANCIAL SERVICES REGULATION IN EUROPE 680, 683(Etay Katz ed., 2d ed. 2008).
182) Id.

보험업 · 손해보험업 및 제3보험업으로 정의하고 있다.[183] 다만 아일랜드와 이태리의 경우 상해보험업을 손해보험업에 포함시키고 있으며 그리스는 생명보험업에 포함시키고 있다. 이에 반해 우리법제는 상해보험업은 생명보험업이 아니라 제3보험업으로 취급하고 있다는 점에서 차이가 있다.[184] 이런 차이가 발생하는 이유는 상해보험업은 생명보험업의 성질과 손해보험업의 성질을 모두 가지고 있기 때문이다. 따라서 보험업의 개념에 관하여 우리나라나 서남부유럽(PIIGS)이 큰 차이가 없다고 해석된다.

3. 감독기관과 관련된 시사점

서남부유럽(PIIGS)의 보험업에 대한 포르투갈과 이태리 및 스페인의 감독기관은 은행업과 금융투자업(증권업 포함)의 감독기관과는 다른 별개의 감독기관이 감독하고 있다. 다만 아일랜드는 아일랜드중앙은행이 모든 금융업종을 감독한다는 점에서 서남부유럽(PIIGS)에서는 유일하다. 하나 특이한 것은 그리스는 보험업의 감독기관이 은행업의 감독기관과 동일하다는 점이다. 이에 반해 우리나라는 보험업도 다른 금융업종과 동일하게 금융위원회가 단독으로 감독하고 있으며 이 점에서 아일랜드와 감독체제가 동일하고 다른 서남부유럽국가와는 차이가 있는 것이다.[185] 단일 감독기관이 유리한지 개별 감독기관이 유리한지 판단하기가

---

183) 보험업법 제2조 제2호. 생명보험업, 손해보험업 또는 제3보험업의 개념에 대해서는 동법 제2조 제3호 및 제5호 참조.

184) 보험업법 제4조 제1항 제3호 가목.

185) 다음 표는 서남부유럽(PIIGS)의 보험업의 감독기관뿐만 아니라 은행업 및 금융투자업(증권업 포함)의 감독기관을 나타낸 것이다.

국가 / 업 종	보험업	은행업	투자업(증권업)
포르투갈	보험업감독기관(ISP)	중앙은행(BP)	투자업감독기관(CMVM)
아일랜드	중앙은행(CBI)	중앙은행(CBI)	중앙은행(CBI)
이태리	보험감독원(ISVAP)	중앙은행(BI)	투자업감독기관(Consob)
그리스	중앙은행(BG)	중앙은행(BG)	자본시장위원회(HCMC)
스페인	보험감독원(DGSFP)	중앙은행(BS)	증권시장감독위원회(CNMV)

쉽지 않으나 다음과 같은 단일의 감독기관이 낫다고 본다. 즉 미국발 금융위기에서 드러난 가장 큰 문제점은 신속한 감독이 없었다는 점이다. 금융업종마다 감독기관이 별도로 존재한다면 문제가 발생했을 때 이들 기관과의 협의가 필요할 것인데 이는 감독의 적시성에 어긋난다고 보기 때문이다. 또한 감독의 적시를 놓친 후에 이루어지는 감독은 이미 상황이 달라졌기 때문에 오히려 문제를 더욱 악화시킬 수 있다는 점도 지적할 수 있을 것이다. 더욱이 금융업을 그룹이나 지주회사의 형식으로 영업이 되다보니 개별 감독기관이 감독하는 경우에는 규제차익의 문제도 유발될 수도 있을 것이다.

4. 인가 및 취소와 관련된 시사점

서남부유럽(PIIGS)의 보험업의 인가 등과 관련된 요건과 동일하게 우리법제 역시 자본금, 영업계획, 정관, 자금조달방법, 지배구조, 임원 및 주주 등의 적격성 등의 법정요건을 구비해야만 보험업을 영위할 수 있다. 비록 우리와 유사한 규정을 두고 있지만 시사점으로 검토해 볼 수 있는 내용을 소개하면 다음과 같다. 첫째 포르투갈과 이태리는 적격보유라는 용어를 사용하고 있는데 우리법제의 주요주주인 대주주와 유사하다[186] 즉 적격보유자는 해당 보험회사 발행주식 총수 또는 자본금의 10% 이상을 직·간접적으로 지배하거나 해당 경영진에 대하여 중요한 영향력을 행사할 수 있는 자를 의미하는데 이와 유사하게 우리 보험업법상 주요주주 역시 그 명의는 불문하고 자기의 계산으로 보험회사의 의결권 있는 발행주식 총수의 10% 이상을 소유하거나 임원의 임면 등의 방법으로 해당 보험회사의 주요 경영사항에 대하여 사실상 영향력을 행사하는 하는 주주로서 대통령령이 정하는 자를 의미하기 때문이다. 결국 용어에서 차이가 있을 뿐 그 의미는 크게 다르지 않다고 해석된다. 둘째 서남부유럽(PIIGS)과는 달리 우리법제에는 보험업의 예비허가

186) 보험업법 제2조 제17호 나목.

라는 제도가 있다.[187] 물론 보험업에 대한 예비허가를 받은 자가 금융위원회가 붙인 일정한 조건을 다 이행하면 본허가를 받게 되어 있으나,[188] 이 역시 보험업을 하려는 자에게는 중복된 규제가 될 수 있다는 점에서 재검토가 필요하다고 본다. 셋째 그리스법제상 재보험은 일반보험업의 인가를 받은 보험회사가 인가 후 3개월 내에 재보험업의 인가를 위한 서류를 다시 제출하도록 되어 있다.[189] 반면 우리법제상 재보험업은 일반보험업의 허가를 받았으면 별도의 절차를 거칠 필요 없이 허가받은 보험업은 재보험업도 허가받은 것으로 보고 있다는 점에서 차이가 있는 것이다.[190] 우리법제상 재보험계약은 원보험계약과는 독립된 별개[191]의 보험계약으로 보고 책임보험[192]의 일종으로 취급하는 것이 다수의 견해이다.[193] 이와 같은 다수의 견해에 의하게 된다면 재보험은 원보험과는 다른 별개의 보험이기 때문에 원보험업에 대한 허가 이외에 재보험업에 대한 별도의 허가를 받아야 한다고 하는 것이 보다 논리적일 것이다. 그럼에도 불구하고 우리법제는 일반 보험업의 허가를 받았으면 별도의 재보험의 허가는 받을 필요가 없다고 규정하고 있어 논리적인 면에서 충돌이 생긴다. 다만 원보험과 재보험은 사실상 위험의 동질성이 있기 때문에 허가절차상의 편의성을 위해 재보험업의 허가를 생략한 것으로 해석할 수도 있을 것이다. 결국 그리스법제는 감독의 강화에 해당하고 우리법제는 기업의 편의성을 인정한 것이라고 볼 수 있을 것이다. 어떤 방법이 기업과 감독 모두에게 효율성을 줄 수 있는지는 많은 연구가 필요할 것이지만 아직 어느 한 방법이 더 낫다는 증거가 없기 때문에 우리법제의 태도를 계속해서 유지하는 것이 나을 것이다.

---

187) 보험업법 제7조.
188) 보험업법 제7조 제4항.
189) Law Decree 400/1970 §15.2.
190) 보험업법 제4조 제2항.
191) 상법 제661조.
192) 상법 제726조.
193) 손진화, 상법강의(신조사, 2011), 1173면; 정찬형, 상법강의(하)(박영사, 2010), 694면.

5. 재무건전성과 관련된 시사점

서남부유럽(PIIGS)의 자본금은 대략 635,000유로에서 15,000,000유로이고 보장기금은 지급여력비율의 1/3 이상일 것을 요구하고 있다. 다만 아일랜드의 경우는 자본금이 635,000유로인 관계로 지급여력비율을 150%-200%를 요구하고 있다는 점은 특이하다. 또한 대부분의 서남부유럽(PIIGS)이 주식을 포함한 지분을 10% 이상을 취득할 때에는 사전승인이나 보고를 하도록 되어 있다. 이에 대해 우리법제도 다음과 같이 규정하고 있다. 첫째 우리법제상 보험업을 하려면 원칙적으로 자본금 또는 기금이 300억 이상이 되어야 한다.[194] 서남부유럽(PIIGS)의 자본금의 상한선보다도 많은 금액을 요구하고 있는 우리법제는 과도한 금액의 자본금이 진입장벽으로 작용하고 있을 것으로 판단된다. 이번 미국발 금융위기로 인하여 자본금이 많든 적든 동일한 어려움을 겪었기 때문에 과도한 자본금은 지양되어야 하고 세계적인 추세를 반영한 자본금제도가 되어야 할 것이다. 이에 대한 연구가 필요하다고 판단된다. 둘째 우리법제상 보험회사의 지급여력비율은 100%가 원칙이고 예외적으로 타인의 채무를 보증하려면 200%일 것을 요구하고 있을 뿐이다.[195] 이 한도 내에서는 우리법제가 서남부유럽(PIIGS) 특히 아일랜드법제보다는 완화된 규제를 하고 있다. 기술한 첫째의 자본금의 논의와 지금의 지급여력비율의 논의가 종합적 진행되어서 자본금과 지급여력비율이 연동된 규정이 마련되기를 기대한다. 다만 자본금의 절대적인 액수보다는 지급여력비율에 중점을 둘 필요가 있을 것이다. 셋째 보험회사의 주식을 취득하여 대주주가 되려는 자는 대주주의 적격성[196]을 구비하여 금융위원회로부터 사전승인을 받아야 한다.[197] 이 점은 서남부유럽(PIIGS)의 경

194) 보험업법 제9조. 그 구체적인 액수에 대해서는 보험업법 시행령 제12조 참조.
195) 보험업법 제113조 단서; 동법 시행령 제65조 제2항 제1호; 동법 시행령 제57조의2 제2항 제2호.
196) 보험회사의 대주주의 적격성에 관하여는 보험업법 제6조 제1항 제4호; 동법 시행령 제10조 제4항 참조.
197) 보험업법 제6조 제5항.

우와 동일하다. 여기서 대주주라 함은 최대주주와 주요주주를 포함하는 개념으로 전자는 본인과 특수관계인의 주식을 합한 결과 해당 보험회사에서 주식수가 가장 많은 주주를 의미하고 후자는 보험회사의 의결권이 있는 발행주식 총수의 10%을 소유하거나 임원의 임면 등의 방법으로 그 보험회사의 주요경영사항에 대하여 사실상 영향력을 행사하는 주주를 의미한다.[198] 이와 같은 대주주가 감독당국의 사전승인 없이 보험회사의 주식을 취득한 경우에는 그 주식에 대한 의결권은 행사할 수 없고 일정한 기간 내에 해당 주식을 처분해야 하는 경우도 발생할 수 있다.[199] 넷째 우리법제의 경우 보험회사는 다른 회사의 의결권이 있는 주식 총수의 15%를 초과하여 출자할 수는 없는 것이 원칙이며 일정한 경우에는 그 초과를 승인을 받도록 하였고,[200] 이와 동일한 효과가 발생시킬 수 있는 교차보유나 신용공여 등을 역시 금지하고 있다.[201] 또한 우리법제상 보험회사는 일반계정 또는 특별계정에 속하는 자산을 운용할 때에 동일한 개인이나 법인, 그 자회사 등에 따라 출자나 신용공여 등을 할 때에도 보험회사의 총자산, 자기자본, 계정자산의 일정한 범위 내로 제한하고 있다.[202] 뿐만 아니라 우리법제는 보험회사가 타인을 위한 채무보증을 금지하거나 그 자회사와의 일정한 행위를 금지하는 규정을 두고 있다.[203] 이를 통하여 보험회사의 재무건전성을 확보하려는 것이다. 또한 보험회사로 하여금 장래에 지급할 보험금·환급금 및 계약자배당금의 지급을 충당하기 위하여 책임준비금도 마련하도록 규정하고 있다.[204] 다섯째 그리스법제에서는 지급여력의 계산방식을 해당 보험회사 자체적으로 허용되어 있으나 우리법제[205]는 감독기관이 정한다는 점

198) 보험업법 제2조 제17호.
199) 보험업법 제6조 제6항 및 제7항.
200) 보험업법 제109조. 물론 주식만 해당되는 것은 아니고 출자지분도 포함된다.
201) 보험업법 제110조 및 제111조.
202) 보험업법 제106조.
203) 보험업법 제113조와 제116조.
204) 보험업법 제120조; 보험업법 시행령 제63조; 보험업법 시행규칙 제29조.
205) 보험업법 시행령 제57조의2 제4항.

에서 차이가 있다. 그리스법제와 같이 보험회사에게 그 계산방식을 허용하는 것이 기업의 측면에는 보다 자율적이기는 하지만 감독의 측면에서는 여러 가지 계산방식을 일일이 점검해야 한다는 문제와 계산방식에 따른 규제차익이 발생할 수도 있을 것이다. 이런 이유로 우리법제가 낫다고 생각된다.[206] 그러나 지급여력의 계산방식과 관련하여 미국 등 선진국의 다양한 입법을 검토하여 세계적인 추세를 반영할 필요는 있을 것이다.

6. 지배구조와 관련된 시사점

서남부유럽(PIIGS)의 보험회사지배구조는 우리법제와 비교해서 다음과 같은 시사점을 준다. 첫째 그리스의 경우 보험회사 이사회의 과반수는 그리스 국민과 EU나 EEA회원국의 국민일 것을 요구하고 있다. 반면 우리는 보험회사의 이사회의 구성원에 대한 국적제한은 원칙적으로 요구하지 않는다.[207] 그러나 이와 같은 그리스법제상 보험회사 이사회의 구성에 있어서 국적제한은 시대착오적인 규정이라는 생각이 든다. 특히 세계 각국이 FTA 등을 맺어 각 나라의 문호를 개방하려는 추세에 역행하기 때문이다. 따라서 이 한도 내에서는 우리법제가 그리스법제도보다 낫다고 할 것이다. 둘째 서남부유럽(PIIGS)의 보험회사의 이사의 수는 5인 이상이나 우리[208]는 3인 이상이라는 점에서 수치상으로는 차이가 있으나 이사회의 기능면에서 영향을 줄 수 있는 정도의 차이는 아니기 때문에 별 중요성은 없다고 할 것이다. 셋째 이사의 결격사유에 대하여는

---

206) 우리법제상 보험업을 하려면 원칙적으로 자본금 또는 기금이 300억 이상이 되어야 한다. 보험업법 제9조. 그 구체적인 액수에 대해서는 보험업법 시행령 제12조 참조.

207) 외국인투자옴부즈만, "고충해결사례: 조세/세무: 임원의 국적제한에 대한 문의," Office of the Foreign Investment Ombudsman, *at* http://www.i-ombudsman.or.kr/InvestKoreaWar/work/ombsman/kor/rc/index.jsp?num=10&no=609280002&bno=704020005&page1=2&sort_num=46&s_unit=90801(last visited Jul. 25, 2012).

208) 보험업법 제15조 제1항.

서남부유럽(PIIGS)나 우리[209] 모두 유사한 규정을 두고 있기 때문에 별 차이는 없다. 그러나 포르투갈과 그리스의 경우 보험회사 이사회의 구성원은 횡령 등 일정한 범죄의 선고가 확정되면 보험회사 이사회의 구성원이 될 수 있는 자격을 원천적으로 봉쇄하고 있어 매우 엄격하게 규제하고 있다. 그러나 우리법제[210]는 일정한 범죄의 경우에는 복권이 되거나 형 집행 또는 면제된 후 일정한 기간이 경과한 경우라면 보험회사 이사회의 구성원이 될 수 있다는 점에서 이들보다 완화되어 있다. 그러나 포르투갈 및 그리스법제와 같이 보험회사 이사회의 구성원의 자격을 엄격하게 요구하면 그 도덕성은 어느 정도 보장될 수 있겠으나 현실적으로는 유능한 이사회의 구성원을 선택할 수 있는 가능성 또한 줄어드는 문제가 발생될 수 있다. 이런 이유로 보험회사 이사회의 도덕성만 강조하기 보다는 미국 등 선진국의 입법을 검토하여 이들의 추세를 반영해야 할 필요가 있을 것으로 판단된다. 셋째 서남부유럽(PIIGS)은 보험회사의 이사의 독립성을 강조하여 사외이사가 이사회의 과반수가 되도록 하고 이사회의 의장도 최고경영자(CEO)와 겸직을 하지 못하게 하고 있으며 이익충돌이 발생하면 이사는 겸직할 수 없도록 하고 있다. 이에 대해 우리법제도 서남부유럽(PIIGS)과 유사한 규정을 두고 있다. 즉 우리법제도 이사의 독립성을 강조하면서 사외이사가 이사회의 과반수가 되도록 하고 있으며 특히 감사위원회의 경우 2/3 이상이 사외이사로 구성도록 규정하고 있다.[211] 그러나 우리법제는 이사회의 의장과 최고경영자(CEO)의 겸직을 금지하지는 않는다. 또한 스페인의 경우 여자이사가 없거나 거의 없는 경우에 그 이유와 여자이사를 진출시킬 대책을 요구하고 있으나 우리법제에는 이런 규정을 두고 있지 않다. 이사회의 성별이 균형적으로 구성된다면 이사회의 효율성이 높아질 것이라고 판단되기 때문에 우리법제도 여자이사에 대한 입법적 배려를 전향적으

209) 보험업법 제13조.
210) 보험업법 제13조; 보험업법 시행령 제19조.
211) 보험업법 제15조 제1항; 동법 동조 제4항; 동법 제16조 제2항 제1호.

로 검토할 필요가 있다고 본다. 다만 우리법제상 이사의 겸직제한은 서남부유럽(PIIGS)의 이익충돌 요건보다는 확장되어 있다.[212] 넷째 서남부유럽(PIIGS)와 동일하게 우리법제도 내부통제장치를 마련하고 있다.[213] 그러나 이태리와 그리스와 같이 내부통제장치는 도입하면서 준법감시인에 대하여는 침묵하고 있다. 내부통제장치가 제대로 작동하는지 감시하는 역할이 준법감시인이 하는 기능이기 때문에 준법감시인제도도 같이 도입해야만 내부통제장치의 효율성이 증가할 것으로 판단된다. 이 한도 내에서 우리법제는 준법감시인제도도 함께 도입하고 있기 때문에 보다 나은 입법이라고 할 수 있을 것이다.[214] 다만 준법감시인을 해당 보험회사가 임면하기 때문에 준법감시인으로서의 실효성을 확보할 수 있을지는 의문이 있을 수 있기 때문에 이에 대한 검토가 필요할 것이다.[215] 넷째 이태리는 임점검사를 도입하면서 그 범위를 이태리 보험감독원(ISVAP)이 제출받은 데이터 및 정보의 정확성을 확인하는 한도 내에서는 보험회사 및 재보험회사 이외의 자에게도 임점검사를 확대 실시할 수 있다는 규정을 두고 있다. 이에 대해 우리법제 역시 일정한 경우[216] 임점검사를 확대하고 있으나[217] 그 조건이 '보험업과 밀접한 관련이 있는 업무'로 한정되기 때문에 사실상 무한히 확대될 수 있는 조건인 '제출받은 자료를 확인하기 위해' 임점검사를 확대하고 있는 것은 아니라는 점에서

---

212) 보험업법 제14조.

213) 보험업법 제17조 제1항. 우리법제상 보험회사의 내부통제장치에 대한 보다 상세한 내용은 보험업법 시행령 제22조 참조.

214) 보험업법 제17조 제2항; 보험업법 시행령 제23조.

215) 물론 해당 보험회사가 준법감시인을 임면할 때에는 이사회의 의결을 거쳐서 금융위원회에 보고해야 한다. 보험업법 제17조 제2항과 제3항. 그러나 외국보험회사의 국내지점의 경우에는 준법감시인의 임면에 이사회의 의결은 생략된다. 동법 제17조 제3항 단서.

216) (1) 보험업과 밀접하게 관련된 업무로서 대통령령으로 정하는 업무를 하는 자회사와 (2) 보험업과 밀접하게 관련된 업무로서 대통령령으로 정하는 업무를 보험회사로부터 위탁받은 자가 이 경우에 해당된다. 보험업법 제136조 제2항 및 제3항.

217) 보험업법 제133조와 제136조.

구별된다. 이 한도 내에서는 우리법제가 낫다고 판단된다.

7. 규제 및 공조와 관련된 시사점

서남부유럽(PIIGS)의 공조는 자국 내의 감독기관이나 관련 기관 간의 공조와 외국의 감독당국과의 공조체제를 구축하고 있으며 비교적 상세한 규정을 두고 있다. 이에 반해 우리법제는 외국과의 공조보다는 국내공조가 중심이 되고 있으며 그 규정도 보완할 필요가 있다고 판단되고 그 내용은 다음과 같다. 첫째 청문을 통한 공조를 취하고 있다. (1) 국내에 지점을 두고 있는 외국보험회사의 본점이 합병이나 영업양도 등으로 소멸되거나 위법행위, 불건전한 영업행위 등의 사유로 해당 외국감독기관으로부터 영업의 일부정지 등의 제재조치를 받거나 휴업 또는 영업의 중지 등을 한 경우에는 우리 감독기관은 청문을 거쳐 외국보험회사의 해당 국내지점의 보험업을 취소할 수 있게 된다.[218] (2) 보험회사의 업무 및 자산상황 등의 변경으로 공익이나 보험계약자의 보호와 보험회사의 건전한 경영을 크게 해칠 우려가 있거나 보험회사의 기초서류가 법령을 위반하거나 보험계약자에게 불리한 내용이 있다고 인정되는 경우 우리 감독기관은 청문을 거쳐 해당 기초서류의 변경이나 그 사용을 정지시키는 제재를 부과할 수 있는 것이다.[219] 둘째 사전협의를 통한 공조를 취하고 있다. ① 보험회사가 그 업무에 관한 공동행위를 하기 위해 다른 보험회사와 상호협정을 체결 · 변경 · 폐지하려는 경우에는 해당 보험회사는 감독기관으로부터 인가를 받아야 하며 이때 감독기관이 상호협정의 체결 등을 인가하거나 그 협정에 따를 것을 명하기 위해서는 사전에 공정거래위원회와 협의를 하도록 되어 있는 것이다.[220] ② 공제업과 보험업간의 균형된 발전이 필요하다고 인정한 경우 감독기관

218) 보험업법 제74조.

219) 보험업법 제131조 제2항. 그러나 경미한 내용은 청문을 생략할 수 있다.

220) 보험업법 제125조. 그러나 경미한 사항을 변경하려는 경우에는 사전협의를 생략할 수 있다. 동법 제125조 제3항 단서.

은 공제업을 운영하는 자에게 기초서류에 해당하는 사항에 관하여 협의를 요구할 수 있는 것이다.[221] 셋째 위탁을 통한 공조를 위하고 있다. (가) 우리 보험업법 자체 또는 금융위원회가 보험중개사나 보험계리사 등의 등록업무나 보험업법상 일정한 업무를 금융감독원장에게 위탁하고 있다.[222] (나) 우리 보험업법 자체가 보험설계사나 보험대리점의 등록업무를 보험협회에 위탁하고 있다.[223] (다) 위 (가)에서 본 바와 같이 보험업법이나 금융위원회로부터 일정한 업무를 위탁받은 금융감독원장도 보험설계사나 보험대리점의 등록취소 또는 업무정지의 통지 등에 관한 업무를 보험협회의 장에게 위탁하거나[224] 보험계리사 자격시험 등에 관련된 일정한 업무를 보험요율 산출기관의 장에게 위탁할 수 있으며[225] 기타 일정한 업무를 보험관계 단체의 장이나 자격검정 등을 목적으로 설립된 기관에게 위탁할 수 있는 것이다.[226] 결국 우리법제는 외국과의 공조가 빈약하다는 점에서 서남부유럽(PIIGS)의 경우가 시사하는 바가 크다고 본다.

---

221) 보험업법 제193조. 이와 같이 공제에 대한 협의를 요구받은 자는 정당한 사유가 없으면 협의를 해야 한다. 동법 제193조 제2항.

222) 보험업법 제194조 제2항과 제3항; 보험업법 시행령 제100조 제1항. 이렇게 위탁받은 금융감독원장은 금융위원회에게 위탁받은 업무의 처리내용을 보고 하도록 되어 있다. 동법 시행령 제100조 제2항.

223) 보험업법 제194조 제1항.

224) 보험업법 제194조 제4항; 보험업법 시행령 제101조 제1항.

225) 보험업법 제194조 제4항; 보험업법 시행령 제101조 제2항.

226) 보험업법 제194조 제4항.

제5장 결 론

이상에서 서남부유럽(PIIGS)의 금융업의 주요내용을 중심으로 검토한 후 우리법제를 위한 시사점의 도출을 시도하였다. 특히 이들 국가는 회원국이어서 EU지침이 자국법 내로 수용되면서 유사한 규정들이 많았고 하나 눈에 띄는 점은 이들 국가의 공조체제가 잘 되어 있다는 점이다. 이하에서는 본 문의 중요한 내용을 정리하면서 마무리한다. 먼저 은행업의 경우는 다음과 같다.

(1) 포르투갈법제의 주요내용 및 그 시사점 정리하면 다음과 같다. 첫째 우리법제상 전자화폐를 취급하려면 은행인 경우에는 인가나 신고사항이 되나 은행 이외의 금융기관이라면 허가사항으로 구별되어 전자화폐를 취급하려는 금융기관에 따라 다르다. 이에 반해 포르투갈법제는 금융기관의 종류에 상관없이 획일적으로 취급하기 때문에 우리와 같은 규제차익의 위험은 없다고 할 수 있을 것이다. 이에 대한 재검토가 필요할 것이다. 둘째 포르투갈의 최저자본금은 한화로 약 260억 정도이나 우리는 1,000억(250억)으로 대략 4배 정도의 큰 차이가 난다. 최저자본금에 대한 유용성에 대한 논의는 별론으로 하더라도 과도한 최저자본금은 과도한 진입장벽으로 작용할 수 있기 때문에 최저자본금에 대한 국제적인 추세를 반영할 필요는 있을 것이다. 이 역시 재검토가 필요한 부분이라고 생각된다. 셋째 우리는 본인가에 앞서 예비인가라는 제도를 두고 있으나 포르투갈은 이와 같은 제도가 없다. 예비인가의 필요성도 있겠으나 예비인가의 규정이 구체적이지 못하고 또한 예비인가는 은행업의 참여자에게는 중복된 규제 또는 해당 규정이 구체적이지 못하기 때문에 비용만 증가시키는 규제라는 인식을 줄 수 있기 때문에 이에 대한 재검토가 필요하다고 판단된다. 넷째 우리는 은행업의 인가를 중앙

은행이 아닌 금융위원회가 관장하나 포르투갈은 포르투갈중앙은행이 관장한다. 그 선택은 각 나라의 여건에 영향을 받겠으나 규제 및 감독의 효율성이라는 측면에서 본다면 통화와 규제(감독)는 연동되어야 보다 효과적이라고 볼 수 있기 때문에 중앙은행이 관장하는 것도 한 방법이 될 수 있다고 생각된다. 다섯째 우리는 신용공여를 규제할 때에 그 대상자가 동일차주, 동일한 개인 또는 법인, 은행의 대주주인가에 따라 다르게 규제하고 있으나 포르투갈은 이런 구별이 없다. 그러나 신용공여는 해당 은행의 건전성에 영향을 주기 때문에 그 대상이 누군가는 중요한 사항이라고 판단된다. 다만 우리는 그 대상자가 세분되어 있고 이에 따른 복잡한 규정으로 인하여 규제차익의 위험은 없는지 지속적인 검토가 필요할 것이다. 여섯째 우리는 은행주식에 대한 보유한도를 규제할 때 은행주식의 취득자가 동일인, 비금융주력자 또는 투자목적회사를 포함한 사모투자전문회사인가에 따라 규제에 차이를 두고 있으나 포르투갈은 취득자에 대한 제한은 없다. 해당 은행의 건전성을 고려하여 은행주식의 취득자별로 규제를 달리한 것은 은행의 건전성을 확보하기 위하여 보다 타당한 입법이라고 판단된다. 다만 우리법제는 이와 관련하여 해당 규정을 좀 더 명확화할 필요가 있으며 규제차익의 위험이 발생하지 않도록 재검토가 필요할 것이다. 일곱째 우리와 포르투갈은 내부통제장치를 도입하고 있다는 점에서는 동일하나 준법감시인은 우리만 함께 규정하고 있다는 점에서 다르다. 내부통제장치가 제대로 작동하는지는 준법감시인의 역할이 크기 때문에 이를 도입하는 것이 내부통제장치의 효율성을 향상시키는데 유용하다고 판단된다. 다만 우리는 준법감시인을 해당 은행에서 임면하기 때문에 자기를 선임한 은행에 대해서 제대로 준법감시인으로서의 역할을 할지는 의문이 들고 이에 대한 재검토가 필요하다고 본다. 여덟째 우리는 적기시정조치를 도입하고 있으나 포르투갈은 그렇지 않다. 특히 적기시정조치는 개별 은행의 경우뿐만 아니라 최근 추세인 대형화된 조직 속에서 은행업을 하는 은행과 그 조직 전체를 하나의 경제적 동일체로 취급하여 통합된 규제를 하기 위하여 유용한 제도가 될 수 있다. 다만 우리법제상 적기시정조치는 구체적이지 못한 '유예'라는 것이 허용되어 있어 적기시정조치의 적시성에 많은 지장을 주고 있다. 이에 대한 재검토가 필요할 것이다. 아홉째 우리와 포르투갈은 모두 임점검사라는 제도를 두고 있다. 다만 우리는 은행과는 별도로 대주주에 대하여도 임점검사를 실시할 수 있는데 이미 대주주에 대하여는 은행법의 다른 규정을 통하여 규제하고 있어 중복되는 면이 있기 때문에 재검토가 필요하다고 본다. 열 번째 포르투갈은 공조에 대하여 비교적 상세한 규정을 두고 있으나 우리법제는 이 부분이 가장 취약한 부분으로 지적될 수 있을 것이다. 우리 은행법에는 2개의 규정만 두고 있을 뿐이다. 그것도 국외의 금융감독기관 간의 공조는 동일인의 범위를 정할 때의 하나의 조건으로 규정하고 있기 때문에 사실상 국외의 공조는 해당 규정이 없다고 해야 할 것이다. 이에 대한 정비가 시급하다. 또한 우리법제상 금융감독당국의 국내공조는 약관의 변경과 관련해서 공정거래위원회와의 공조가 있을 뿐이다. 이외에도 국내의 관련기관 간의 공조가 더 필요할 것인데 우리 은행법은 아무런 규정을 두고 있지 않다. 이 역시 시급히 정비할 과제라고 생각된다.

(2) 아일랜드법제의 주요내용 및 그 시사점 정리하면 다음과 같다. 첫째 아일랜드는 구체적이지 못한 은행의 절대적 금지업무가 우리법제에 비하여 확장되어 있다는 점에서 은행의 경쟁력을 떨어뜨리는 부작용으로 작용할 수 있고 이 한도 내에서 우리법제가 보다 낫다고 할 것이다. 둘째 아일랜드는 은행업의 규제 및 감독의 원칙을 명문으로 규정하고 있으나 우리법제는 이런 규정을 두고 있지 않다. 다만 우리법제도 시장참여자에게 예견가능성을 줄 수 있도록 은행업의 규제 및 감독의 원칙을 명문으로 규정하는 것도 고려해 볼 만하다. 셋째 아일랜드의 최저자본금에 비해 우리의 경우는 약 4배 정도 많다. 최저자본금의 유용성을 전면 부인하기는 어려울 것이나 과도한 최저자본금은 과도한 규제가 될 수 있다. 이에 대하여 재검토가 필요할 것이다. 넷째 아일랜드와 달리 우리는 은행업의 본인가에 앞서 예비인가라는 제도를 두고 있다.

그러나 본인가의 모든 요건을 예비인가의 단계에서 충족할 수 있는 경우에만 예비인가를 줄 수 있다는 점에서 어떻게 예비인가 단계에서 본인가의 요건충족 여부를 판단할 수 있는지 의문이 있다. 따라서 예비인가를 본인가로 통합해서 규정하는 방법도 검토할 필요가 있을 것이다. 다섯째 아일랜드중앙은행이 은행업의 인가를 거부 또는 취소할 때에는 재무장관의 동의가 있어야 하나 우리는 단일의 감독기관이 이를 관장한다. 인가를 주는 기관이 인가를 거부하거나 취소하는 것이 보다 효과적인 규제 및 감독이 된다고 보기 때문에 이 한도 내에서는 우리법제가 낫다고 본다. 여섯째 은행업의 인가나 취소와 관련해서 고의가 있는 경우에만 아일랜드중앙은행이나 그 직원이 책임을 부담한다고 규정하고 있으나 우리법제는 은행법에는 이런 규정이 없고 국가배상법에서 고의뿐만 아니라 과실의 경우에도 배상책임을 인정하고 있다. 과실책임의 원칙상 아일랜드법제는 의문이 있기 때문에 이 한도 내에서는 우리법제가 낫다고 할 것이다. 일곱째 아일랜드는 은행이 신용공여를 할 때에 그 금액이 한화로 약 15억 이상이면 금융감독당국으로부터 사전승인을 받아야 하는데 이는 비현실적인 규제라는 점에서 은행의 자기자본비율에 따른 규제를 하고 있는 우리법제가 낫다고 할 수 있다. 여덟째 우리법제상 대주주에 해당되는 아일랜드의 적격보유주주에 대한 신용공여는 자기자본의 5%(15%)를 초과할 수 없다고 규정하고 있으나 5%라는 수치는 오늘날의 금융규모면에서는 현실적이기 어렵다. 또한 해당 은행의 자기자본비율로만 이를 판단하는 것은 적격보유주주가 해당 은행에 얼마나 출자했는가에 따라서 그 은행에 미치는 영향의 정도를 고려할 수 없다는 점에서 문제가 있다고 본다. 결국 은행에 대하여 대주주가 출자한 금액을 고려하고 있는 우리법제가 이와 관련해서는 낫다고 할 것이다. 아홉째 아일랜드는 은행주식의 취득자가 누군가에 상관없이 그 지주비율을 획일적으로 정하고 있으나 우리는 취득자가 동일인이나 비금융주력자 등인가에 따라 다르다는 점에서 차이가 있다. 은행주식을 누가 취득하는가는 해당 은행에 대하여 중요한 영향을 주기 때문에 이를 고려한 우리법제가 낫다고 본다. 다만 우리법제는 취득자에 따라 지주비율이 달라서 규제차익의 위험이 있을 수 있기 때문에 취득자별 지주비율을 더 단순화하고 명확하게 하여 이런 위험을 제거 내지는 최소화할 필요가 있을 것이다. 열 번째 우리와 아일랜드는 내부통제장치를 도입하고 있다는 점에서 동일하나 준법감시인은 우리만 도입하고 있다는 점에서 차이가 있다. 내부통제장치가 제대로 가동되는지를 점검하기 위해서는 준법감시인제도도 같이 도입되어야 하기 때문에 이 한도 내에서는 우리법제가 낫다고 할 것이다. 다만 우리법제는 준법감시인을 해당은행이 임면하기 때문에 준법감시인이 자신을 선임한 그 은행을 제대로 감시할 수 있는지는 의문이다. 이 점은 재검토가 필요할 것이다. 열한번째 아일랜드는 임원을 선임할 때에 금융감독당국으로부터 사전승인을 받아야 하나 우리는 그렇지 않다는 점에서 차이가 있다. 아일랜드의 금융감독당국이 해당 은행의 지배주주가 아닌 이상 아일랜드의 임원선임에 대하여 사전 동의가 필요하다는 것은 과도한 규제라고 판단된다. 이 한도 내에서는 우리법제가 낫다고 본다. 열두 번째 우리나 아일랜드는 회사기회의 유용금지에 관한 규정을 두고 있다는 점에서는 동일하나 양자가 모두 이사로만 한정하고 있다는 점에서 규정의 효율성에는 의문이 있다고 본다. 이 점 역시 재검토가 필요할 것이다. 열세 번째 아일랜드는 은행에서 이사회의 의장과 최고경영자를 분리하고 있으나 우리는 그렇지 않다는 점에서 차이가 있다. 은행의 경영을 어떠한 방식으로 운영할지는 해당 은행이 선택할 문제인데 이를 법정하는 것은 과도한 규제라고 판단된다. 이 한도 내에서는 우리법제가 낫다고 본다. 열네 번째 아일랜드와는 달리 우리는 적기시정조치를 도입하고 있다. 단일의 은행뿐만 아니라 그룹 속의 은행에 대한 효과적인 규제의 하나가 적기시정조치라고 할 수 있다. 최근 은행이 그룹 속에서 운영되는 경우가 많기 때문에 지주회사의 형식에 해당하는 그룹은 적기시정조치로 인하여 자회사 은행의 부실 등에 대하여 책임을 부담해야 하는데 이를 회피하기 위해서는 그 자회사 은행을 건전하게 경영할 필요가 있는 것이다. 따라서 적기시정조치가 해당 은행을 건전하게 경영되도록 하는 유인력을 제공한다고 할 수 있다. 이에 따라 적기시정조치를 도입한 우리법제가 이 한도 내에서는 낫다고 할 수 있다. 다만 우리법제는 적기시정조치를 유예할 수도 있어 그 적시성에는 여전히 의문이 있다. 이 점은 재검토가 필요할 것이다. 열다섯 번째 아일랜드법제상 은행은 금융감독당국에게 보고하면 그 임원에게 신용공여를 할 수 있으나 우리는 소액대출 이외에는 금지된다는 점에서 차이가 있다. 그러나 우리법제는 이미 대주주 등에 대하여 신용공여 등 출자한도를 제한하고 있는데 또 다시 그 임원에 대한 대출도 원칙적으로 금지하고 있기 때문에 이는 사실상 중복된 과도한 규제라고 판단된다. 이 점은 재검토가 필요할 것이다. 열여섯 번째 우리나 아일랜드는 임점검사를 규정하고 있다는 점에서 동일하나 우리법제는 해당 은행의 대주주 등에 대해서도 임점검사를 할 수 있다는 점에서는 다르다. 이미 은행의 대주주 등은 우리 은행법의 다른 규정을 통하여 사실상 임점검사에 해당하는 규제를 받고 있기 때문에 은행의 대주주 등에 대한 임점검사는 과도한 규제라고 판단된다. 재검토가 필요할 것이다. 열일곱 번째 아일랜드는 국내외의 공조에 관하여 자세한 규정을 두고 있으나 우리 은행법은 2개의 조문이 전부이다. 우리의 경우 단일의 금융감독기관이 감독하기 때문에 금융업종별 감독기관 간의 공조는 있을 수 없지만 다른 국내기관과의 공조는 여전히 필요할 것이기 때문에 이에 대한 정비가 필요하다. 갈수록 국제거래가 빈번할 뿐만 아니라 FTA도 시행 중에 있어 국제적인 공조는 더욱더 시급하다. 이에 대한 재검토가 필요할 것이다. 열여덟 번째 아일랜드는 파산 시 법원이 청산인을 선임한다는 점에서 우리와 동일하나 청산하기 위하여 주주총회를 소집한 경우에는 해당 은행의 채권자가 청산인을 선임한다는 점에서 우리와 다르다. 그러나 청산 시에는 은행의 채권자와 주주의 이해는 다르기 때문에 제3자인 법원이 청산인을 선임하는 것이 타당하다고 본다. 다만 우리 은행법상 외국은행은 은행업의 인가가 취소된 경우에 청산되는 것은 국내은행과 동일하나 은행업이 취소된 것으로 보게 되는 경우에도 청산한다는 점에서 문제가 있다고 본다. 이 부분은 재검토가 필요할 것이다. 열아홉 번째 아일랜드는 금융소비자의 보호를 전담하는 독립된 금융서비스옴부즈만제도를 운영하고 있으나 우리는 아직 논의 중이다. 다만 어떤 형태의 기관이 발족되든지 간에 그 기능의 독립성이 확보되기를 희망해 본다.

(3) 이태리법제의 주요내용 및 그 시사점 정리하면 다음과 같다. 첫째 이태리법제는 은행업과 증권업(투자업 포함함) 및 보험업별로 감독기관이 다르나 우리법제는 단일의 금융감독기관이 규제 및 감독한다는 점에서 큰 차이를 보이고 있다. 어떤 방식이 효과적인 감독이라고 단정하기에 앞서 금융감독기관의 단일성 여부는 그 나라의 사정에 따라 선택되어야 할 문제이다. 다만 이태리와 같은 복수의 금융감독기관을 선택할 때에는 감독기관간의 공조가 무엇보다 중요할 것이며 우리와 같이 단일의 금융감독기관을 선택한다면 전문성 및 신속성의 확보가 상대적으로 중요할 것으로 판단된다. 둘째 이태리는 전자화폐의 발행과 관련된 자금수취를 자금조달로 보지 않으나 우리는 이를 현금과 동일하게 취급하여 예금으로 보는 점에서 차이가 있다. 또한 우리는 전자화폐를 취급하는 금융기관에 따라 이를 인가사항이나 신고사항 또는 허가사항으로 구분하고 있으나 이태리는 이런 구분을 하지 않는다는 점에서 차이가 있다. 기술적인 문제가 있을 수 있으나 전자화폐를 인정한 이상 기존의 현금과의 차별은 설득력이 없어 보이고 또한 이와 같은 맥락에서 동일한 전자화폐를 금융기관에 따라 인가사항, 신고사항 또는 허가사항으로 구분하는 것은 규제차익이 발생할 우려가 있다는 점에서 재검토가 필요하다고 본다. 셋째 이태리는 은행업의 규제 및 감독의 목적을 명문규정에서 선언하고 있으나 우리는 이런 규정을 두고 있지 않다. 그러나 우리 은행법 전체에서 이태리와 동일하게 미시적으로는 해당 금융기관의 건전성과 거시적으로는 국민경제의 안정성을 은행업의 규제 및 목적으로 하고 있다는 것을 추론할 수 있기 때문에 양국은 이 한도 내에서는 별 차이가 없다고 해석된다. 넷째 은행업의 인가에 필요한 최저

자본금은 우리가 250억에서 1,000억으로 이태리보다 대략 10배 정도 많은 금액을 요구하고 있다. 2007년 하반기부터 시작된 미국발 금융위기로 인하여 유럽 은행이 그 최저자본금의 정도와는 상관없이 극심한 어려움을 동일하게 격고 있다는 점과 우리는 이태리를 포함한 EU 및 미국과 FTA에 따라 이들 금융기관과 경쟁을 해야 한다는 점에서 과도한 최저자본금을 요구하는 것은 오히려 우리 금융기관의 대외경쟁력을 감소시키는 결과를 야기할 수 있을 것이다. 이에 대한 재검토가 필요할 것이다. 다섯째 이태리는 7.5%에서 60%의 범위에서 은행의 출자한도를 규제하고 있어 비교적 단순한 규정을 두고 있으나 우리는 10%에서 500%의 범위 내에서 은행의 출자한도를 규제하고 있기 때문에 상대적으로 상세한 규정을 두고 있다. 이 수치만 두고 어느 법제가 낫다고 할 수 없으나 이태리는 규제의 단순성으로 인하여 규제차익의 발생가능성은 우리에 비해서 상대적으로 적다고 할 수 있다. 반면 우리는 출자대상에 따라 상세한 규정을 두고 있기 때문에 규제의 구체적 타당성은 상대적으로 좋다고 할 수 있으나 대신 출자대상에 따라 그 규제가 다르기 때문에 규제차익이 발생할 수 있다. 이에 대한 재검토가 필요하다고 본다. 여섯째 은행이 발행하는 주식의 보유에 대한 규제 역시 은행의 출자한도와 관련된 내용이 그대로 적용된다. 즉 이태리는 은행이 발행하는 주식의 보유한도를 일률적으로 5%를 기준으로 하고 있으나 우리는 4%에서 33% 이상의 범위에서 규제하고 있다는 점에서 다르다. 은행주식의 보유자에 상관없이 획일적으로 규제하는 이태리는 규제차익은 줄일 수 있으나 누가 은행주식을 보유하는가에 따라 해당 은행에 미치는 영향은 같다고만은 할 수 없기 때문에 규제로서의 실효성을 확보할 수 있을지는 의문이 든다. 다만 우리의 경우에는 규제차익이 발생하지 않도록 감독기관의 상시적인 감시기능을 확보해야 할 것이다. 일곱째 회사의 지배구조와 관련해서 이태리는 내부통제장치에 대하여 선언적인 규정만 두고 있으나 우리는 상대적으로 상세한 규정을 두고 있다는 점에서 차이가 있고 특히 내부통제장치가 제대로 운영되는지 점검할 수 있는 준범감시인제도는 우리에게만 있다는 점에서 큰 차이가 있다. 다만 우리는 준법감시인을 감시의 대상이 되는 은행이 임면한다는 점에서 그 실효성에는 의문이 있을 수 있다. 이에 대한 제도적인 보완이 필요하다고 본다. 또한 적기시정조치에 대해서는 우리법제에만 그 규정을 두고 있다. 최근 금융기관의 대형화 및 겸업화에 따라 금융그룹에 해당하는 금융지주회사의 경우 자회사와 함께 평가를 받기 때문에 적기시정조치의 제재를 회피하기 위해서는 자회사를 포함한 금융지주회사 구조 전체를 안전하고 건전하게 운영할 유인력을 발생시키는 제도라는 점에서 유용하다. 이 한도 내에서는 우리법제가 낫다고 할 것이다. 그러나 회사기회유용이론에 대해 이태리는 은행법에서 그 규정을 두고 있고 우리는 회사법에만 이를 규정하고 있다. 물론 입법편제상의 차이도 지적될 수 있으나 더 중요한 것은 회사기회유용이론이 적용되는 대상이 우리는 이사에만 한정되어 그 실효성에 의문이 제기된다는 점이다. 이에 반해 이태리는 경영기능을 담당하는 이사뿐만 아니라 행정 또는 지배기능을 담당하는 자까지 포함하고 있어 우리법제보다 회사구성원으로 하여금 그가 소속된 회사를 위해 행동하게 하는 법제적인 장치는 마련된 셈이라고 할 수 있을 것이다. 따라서 회사기회유용이론의 적용대상에 대해서는 우리의 현행 규정을 재검토할 필요하다고 할 것이다. 여덟째 정보공개와 관련해서 우리와 이태리는 별반 차이가 없었다. 다만 해당 은행은 관련 정보를 금융감독기관에도 보고하고 일반대중에게도 알려야 하기 때문에 중복된 이중규제로 여겨질 수도 있을 것이다. 이에 대한 재검토가 필요하다고 생각된다. 아홉째 임점검사를 포함해서 규제 및 감독의 공조의 경우 이태리는 자국 내외의 감독기관 간의 공조를 비교적 상세하게 규정하고 있으나 우리는 이에 대한 규정을 거의 두고 있지 않다. FTA를 시행 중에 있는 우리로서는 우리만의 규제 및 감독보다는 특히 외국의 감독기관과의 공조를 통하여 규제 및 감독의 실효성을 확보할 필요가 있기 때문에 이에 대한 법제적인 정비작업이 있어야 할 것이다. 열번째 청산에 관해서 우리와 이태리는 유사한 규정을 두고 있다.

그러나 이태리는 일시관리제도를 규정하고 있으나 우리는 이에 대한 규정이 없다. 은행업이 국민경제에 미치는 영향이 크기 때문에 은행업을 정지하는 것보다는 은행업 자체는 그대로 두고 징벌적 차원에서 그 지배조직의 기능을 일시적으로 정지시키는 이태리법제상의 일시관리제도는 우리법제에도 시사하는 바가 많다고 생각된다.

(4) 그리스법제의 주요내용 및 그 시사점 정리하면 다음과 같다. 첫째 전자화폐의 경우이다. 우리법제는 은행이 전자화폐를 발행 등을 취급하는 경우에는 인가사항이나 은행 이외의 금융기관이 이를 취급하는 경우에는 허가사항으로 구분되어 있다는 점에서 이런 구별이 없는 그리스법제와는 차이가 있다. 그러나 우리법제가 금융기관에 따라 허가 또는 인가사항으로 구분하여 처리하는 것에는 의문이 있다. 그 이유는 은행은 그 업무의 성질(주요업무, 부수업무 또는 겸영업무)에 따라 규제하면 될 것인데 이를 금융기관의 종류에 따라 구별하고 있기 때문이다. 둘째 최저자본금이다. 우리법제는 전국적으로 영업하는 은행은 1000억 이상 지방은행은 250억 이상의 자본금이 필요하다. 반면 그리스법제는 약 80억에서 288억이면 된다. 물론 최저자본금이 많다는 점은 충격을 흡수할 수 있는 여력이 높아질 수는 있다. 그러나 은행의 최저자본금에 대한 세계적인 추세를 재검토하여 국제적인 추세에 부응하는 규정을 마련할 필요가 있을 것이다. 셋째 예비인가이다. 우리법제에는 예비인가가 있으나 그리스법제에는 이런 제도가 없다는 점에서 서로 다르다. 다만 우리법제가 본인가에 앞서 예비인가를 두고 있는 것은 여러 가지 입법목적은 있겠으나 은행업에 참여하려는 자에게는 이중적인 중복규제가 될 수도 있다는 점에서 재검토가 필요하다고 생각된다. 넷째 출자한도이다. 우리법제는 은행은 그 출자대상에 따라 다른 기준을 적용하고 있으나 그리스법제는 출자대상에 따른 구분 없이 동일한 기준이 적용된다는 점에서 차이가 있다. 이에 대해 출자대상이 누구인가에 따라 그 효과도 상이하기 때문에 이를 동일한 기준을 적용하게 되면 구체적 타당성을 해칠 염려가 있다는 점에서 이 한도 내에서는 우리법제가 보다 우수하

다고 판단된다. 다만 우리법제는 출자대상에 따른 적용기준이 다르기 때문에 규제차익이 발생하지 않도록 운용되어야 할 것이다. 다섯째 은행주식에 대한 보유한도이다. 우리법제는 보유자에 따라 은행주식을 보유할 수 있는 한도가 4%에서 33% 이상까지 다르게 규정되어 있는 반면 그리스법제는 보유자에 따른 제한은 없고 단순히 총량적으로 5%에서 50%까지의 규제가 있다는 점에서 다르다. 그러나 그리스를 포함한 EU는 금산분리에 관한 특별한 규제가 없기 때문에 보유자에 따른 은행주식 소유제한 역시 없다는 점은 우리에게 시사하는 바가 있다고 본다. 특히 그리스를 포함한 EU와 자유무역협정(FTA)를 시행하고 있기 때문에 보유자에 따른 은행주식의 보유한도에 대하여는 재검토가 필요하다고 판단된다. 여섯째 적기시정조치와 감독기관의 형태이다. 우리법제는 적기시정조치라는 제도를 두고 있으나 그리스법제는 이런 제도가 없다는 점에서 차이가 있다. 최근 금융업도 금융그룹의 형태로 영업하여 그 시너지효과를 극대화하려는 것이 세계적인 추세이다. 규제 역시 이와 동일한 논리에 따라 금융그룹을 하나의 경제단위로 묶어서 규제하는 것이 필요하다. 이런 기능을 수행하는 규제 중의 하나가 바로 적기시정조치이다. 따라서 이 한도 내에서는 우리법제가 그리스법제보다 낫다고 할 수 있을 것이다. 뿐만 아니라 우리법제는 단일의 감독기관에 의한 규제 및 감독을 받고 있으나 그리스법제는 금융업종별(은행 · 투자(증권) · 보험)로 상이한 감독기관에 의한 규제 및 감독을 받는다는 점에서 차이가 있다. 단일의 감독기관에 의한 규제 및 감독은 규제 및 감독의 신속성을 확보하기가 쉽고 감독기관 간의 공조의 문제도 없어 규제 및 감독의 효율성을 향상시키는데 상대적으로 유리하다. 이 점 역시 우리법제가 그리스법제보다 나은 입법태도라고 할 수 있을 것이다. 다만 적기시정조치에는 그 유예라는 제도가 있어서 적기시정조치의 적시성에 장애요인이 될 수 있고, 단일의 감독기관의 경우에는 감독의 전문성이 결여되었다면 실효성 없는 규제 및 감독이 될 수 있다는 위험이 내재되어 있다. 따라서 이와 같은 문제가 발생하지 않도록 제도적 보완이 끊임없이 이루어져야 할 것이다.

(5) 스페인법제의 주요내용 및 그 시사점 정리하면 다음과 같다. 첫째 스페인법제상 특수은행은 은행임에도 불구하고 불특정 다수인으로부터 요구불예금을 수취할 수 없다는 점에서 우리와 차이가 있다. 둘째 우리와 스페인은 은행업의 규제 및 감독의 원칙에 대하여 명문의 규정을 두고 있지 않다. 물론 명문의 규정이 없다고 하여 그 원칙이 없는 것은 아니지만 시장참여자에게 예견가능성을 줄 수 있다면 그 원칙을 명문으로 규정하는 것도 고려해 볼 만하다고 생각된다. 셋째 우리법제상 은행의 최저자본금은 스페인의 그것보다 4배 정도가 많다. 다만 우리는 주요국의 최저자본금 정도를 반영할 필요가 있을 것이다. 넷째 스페인은 은행업의 인가 여부는 스페인 경제재무장관(MEF)이 결정하고 그 이외의 규제 및 감독은 스페인중앙은행이 담당한다. 그러나 우리는 단일의 금융감독당국이 구분 없이 담당한다는 점에서 다르다. 다섯째 스페인과는 달리 우리는 본인가에 앞서 예비인가라는 제도를 두고 있으나 중복된 규제가 아닌지 재검토가 필요할 것이다. 여섯째 스페인은 신용공여나 출자 등을 획일적으로 규제하고 있으나 우리는 신용공여나 출자 등을 받는 자가 동일차주나 대주주인가에 따라 다르게 규제하고 있다. 다만 우리는 대상자에 따른 규제차익은 없는지 계속적인 검토가 필요할 것이다. 일곱째 은행주식의 취득에 관하여 스페인은 취득자에 상관없이 그 지주비율을 동일하게 규제하나 우리는 취득자가 동일인 또는 비금융주력자 등인가에 따라 그 지주비율이 다르다. 다만 우리는 취득자 간의 규제차익은 없는지 지속적인 연구가 필요할 것이다. 여덟째 스페인과 우리는 내부통제장치를 도입한 것은 동일하나 준법감시인은 우리만 도입하고 있다는 점에서 다르다. 다만 준법감시인이 제 기능을 발휘할 수 있도록 제도적인 정비작업이 필요할 것이다. 아홉째 우리는 적기시정조치를 도입하고 있으나 스페인은 그렇지 않다는 점에서 차이가 있다. 다만 적기시정조치의 예외는 적기시정조치발동의 적시성 또는 자동성에 부정적인 영향을 줄 수 있기 때문에 이에 대한 재검토가 필요할 것이

다. 열 번째 우리나 스페인은 은행 이외의 자에 대해서도 임점검사를 할 수 있다는 점에서 동일하다. 그러나 임점검사의 대상자는 동일한 내용에 대해 이미 다른 규제를 받고 있을 수도 있기 때문에 임점검사를 확대하는 것은 중복되고 과도한 규제일 수도 있어 이 역시 재검토가 필요할 것이다. 열한 번째 스페인은 공조에 관하여 비교적 상세한 규정을 두고 있으나 우리는 부실한 2개의 조문이 전부다. 그러나 금융이 세계적으로 연동되어 있기 때문에 이에 대한 제도적인 정비작업은 시급하다고 본다. 열두 번째 스페인은 신생은행의 경우 3년 동안 금융감독당국의 승인이 없는 한 배당을 할 수 없으나 우리는 이와 같은 제한이 없다. 열세 번째 스페인법제상 신생은행은 그 이사 등 일정한 자에게 5년 동안은 획일적으로 신용공여 등을 할 수 없으나 우리는 이런 제한 없다. 끝으로 스페인은 예외적인 경우 은행에 대하여 임시이사 등을 파견할 수 있으나 우리는 이런 규정은 없고 해당 은행의 주주총회에 대하여 그 임원의 해임을 권고할 수 있을 뿐이다.

다음으로 금융투자업의 경우는 다음과 같다. 첫째 금융투자업의 개념에 대한 서남부유럽(PIIGS)과 우리는 큰 차이가 발견되지 않는다. 둘째 서남부유럽(PIIGS) 중 포르투갈과 이태리 및 스페인은 금융투자업의 인가가 회사에 따라 그 인가권자가 다르지만 우리법제는 금융위원회가 동일하게 인가권을 행사한다. 인가와 관련하여 서남부유럽(PIIGS)는 예비인가라는 제도가 없으나 우리법제는 이를 허용하고 있다. 셋째 서남부유럽(PIIGS)에서의 금융투자업자의 자본금은 50,000유로부터 업종에 따라 차이가 있으며 우리법제도 5억부터 업종에 따라 자본금이 다르다는 점에서 차이가 없다. 다만 금융투자업자의 주식 등의 지분을 취득할 때에 일정한 비율이 되면 감독당국에게 통지나 승인 등을 받아야 하는데 포르투갈의 경우에는 2%부터이고 아일랜드와 이태리는 10%부터 통지를 하도록 되어 있다. 이에 대해 우리법제는 10%를 취득하는 경우 감독당국으로부터 사전승인을 받아야 한다. 우리와 서남부유럽(PIIGS)은 어느 정도 수치상의 차이는 있지만 각 나라의 경제정도에 따른 수치라고 본다면 수치상의 차이는 큰 문제는 아닐 것이다. 넷째 서남부유럽(PIIGS)는 내부통제장치에 대해서는 규정을 두고 있으나 준법감시인에 대해서는 소극적이다. 특히 이태리의 경우 내부통제장치를 도입하면서 그 감시는 감사가 하도록 되어 있다는 점은 우리와 다르다. 우리법제는 내부통제장치를 준법감시인이 감독하기 때문이다. 또한 이태리는 이사의 성별편중을 방지하기 위해 한 성이 2/3를 초과하지 못하도록 하였고 스페인은 여성이 이사로 진출할 수 있는 입법적인 배려를 하고 있다는 점은 특이하다. 이에 반해 우리법제는 이사의 성별편중을 방지한다든지 여성이 이사로 진출할 수 있는 입법적인 조치는 없다는 점에서 다르다. 다섯째 서남부유럽(PIIGS)은 일정한 자료와 정보를 일반대중에게 공개하여 그 투명성을 확보하고 있으며 우리법제 역시 이와 대동소이하다. 여섯째 서남부유럽(PIIGS)은 자국 내외에서의 공조가 비교적 잘 구축되어 있는 반면 우리법제는 특히 외국과의 공조를 보완할 필요가 있다. 다만 외국과의 공조의 원칙은 상호주의에 의한다는 점은 동일하다.

끝으로 보험업의 경우는 다음과 같다. 첫째 보험업의 개념에 대해서는 서남부유럽(PIIGS)과 우리는 별 차이는 없다. 다만 상해보험을 손해보험업에 포함시킬지 아니면 생명보험업에 포함시킬지가 다를 뿐이다. 전자의 경우로는 아일랜드와 이태리가 해당되며 그리스는 후자의 경우에 해당된다. 이에 반해 우리법제는 상해보험을 생명보험업 및 손해보험업이 아니라 제3보험업에 포함시키고 있다는 점에서 차이가 있다. 둘째 포르투갈과 이태리 및 스페인은 금융업종별로 감독기관이 다르고 그리스의 경우는 은행업 및 보험업의 감독기관이 동일하다. 이에 반해 우리법제는 금융위원회가 금융업종을 불문하고 감독하고 있다는 점에서 다르다. 셋째 포르투갈 및 이태리의 적격보유는 우리법제상 주요주주인 대주주와 유사하다. 그러나 서남부유럽(PIIGS)은 보험업의 예비허가라는 제도가 없으나 우리는 이를 허용하고 있다는 점에서 구별된다. 다만 그리스의 경우 재보험업은 일반보험업과는 별도의 인가를 받아야 하지만 우리법제는 일반보험업의 허가만 있으면 재보험업의 허가는 받지 않고서도 재보험업을 할 수 있다. 넷째 서남부유럽(PIIGS)의 자본금은 대략 635,000유로에서 15,000,000유로이나 우리는 300억 이상이다. 지급여력비율에 있어서도 서남부유럽(PIIGS)은 150%에서 200%를 요구하고 있으나 우리는 원칙적으로 100%를 요구하고 있다. 다만 우리법제도 타인의 채무를 보증하는 경우라면 지급여력비율이 200%가 되어야 한다. 그러나 지급여력의 산정방식에 대해 그리스는 보험회사가 자체적으로 정할 수 있으나 우리법제는 금융위원회가 정한다는 점에서 다르다. 한편 서남부유럽(PIIGS)의 경우 주식 등 지분을 10% 이상 취득하면 감독기관에게 통보나 보고 또는 승인을 받아야 하며 우리법제도 10% 이상 취득하는 경우에 감독당국으로부터 사전승인을 받아야 한다는 점은 동일하다. 다섯째 서남부유럽(PIIGS)과 우리는 이사의 독립성을 강조하고 있다는 점에서 동일하다. 그러나 그리스는 이사의 과반수는 그리스 국적 등일 것을 요구하나 우리는 이런 제한이 없다. 이사의 수도 서남부유럽(PIIGS)은 대체로 5인 이상을 요구하나 우리는 3인 이상일 것을 요구하고 있다. 한편 포르투갈 및 그리스의 보험회사의 이사는 횡령 등 일정한 범죄의 선고가 확정되면 이사가 될 수 없으나 우리는 복권 등이 된 후 일정한 기간이 지나면 이사가 될 수 있다는 점에서 차이가 있다. 또한 서남부유럽(PIIGS)은 이사회의 의장과 최고경영자(CEO)의 겸직을 대체로 금지하고 있으나 우리법제는 이런 규정을 두고 있지 않다. 또한 스페인의 경우 여자이사가 없거나 거의 없는 경우 그 이유와 여자이사를 진출시킬 대책을 요구하고 있으나 우리는 이런 규정이 없다. 내부통제장치에 관해서도 이태리 및 그리스는 이를 도입하면서도 준법감시인에 대해서는 침묵하고 있으나 우리는 준법감시인도 도입하고 있다. 임점검사의 경우 우리법제는 해당 보험회사에만 한정해서 적용하는 것이 아니라 보험업무와 밀접한 관련이 있는 업무를 자에 대해서도 임점검사를 확대하여 적용하고 있다. 그러나 임점검사가 사실상 무한히 확대될 수 있는 조건인 '제출받은 자료를 확인하기 위해' 임점검사를 실시할 수 있다고 규정된 이태리와는 구별된다. 여섯째 서남부유럽(PIIGS)과 우리는 감독의 공조에 관한 규정을 두고 있다는 점에서는 동일하다. 그러나 우리법제는 사실상 국내공조에만 초점을 두고 있기 때문에 국외공조에 대한 규정을 마련할 필요가 있을 것이다.

〈참고문헌〉

강유덕 · 오태현 · 이동은, "남유럽 경제위기의 본질과 향후 전망,"「오늘의 세계경제」 제10-12호(대외경제정책연구원, 2010.6.1)

금융소비자보호원, "금융소비자원 보도자료 1호: 새로운 금융소비자 단체 금융소비자원 설립, 활동 시작," 금융소비자보호원(2012.7.23)

기획재정부, 「보도참고자료-제목: 그리스, 포르투갈, 아일랜드의 재정위기 원인 및 주요 경과」(기획재정부, 2011.8.12.)

김경환, "與野 '금융감독-소비자보호' 분리 속도낸다," 머니투데이(2013.11.3)

김영선, "예고된 伊강등 충격 클 듯(상보)," 파이낸셜뉴스(2011.9.20)

김원기 · 박선종, "회사기회유용금지의 법리—미국 법원들의 중요고려요건과 그 적용가능성,"「기업법연구」 제21권 제3호(한국기업법학회, 2007.9)

김정호, "이사회의장과 대표집행임원 강제분리의 문제점," 법률신문(2013.10.10)

김정호, "회사기회유용금지의 법리,"「경영법률」 제17권 제2호(한국경영법률학회, 2007)

김지용, "WTO 보조금 및 상계조치 협정하의 공적수출신용기관의 역할에 관한 연구,"「지역발전연구」 제11권 제2호(조선대학교 지식경영연구원, 2006.12)

김필헌, 「KERI Insight: PIIGS 국가부도 위기의 교훈」(한국경제연구원, 2010.12.24.)

노희진, "국제 금융위기 이후 자본시장의 발전 방안,"「자본시장Weekly」(자본시장연구원, 2009.7.7 ~ 7.13)

박정현, "이탈리아, 구제금융說… 실제 가능성은?(종합)," ChosunBiz(2011.11.28.)

백정웅, "금융위기 이후 미국 및 EU의 금융규제 -그 시사점을 중심으로- ,"「중앙법학제」 11집 제3호(중앙법학회, 2009)

백정웅, "EU 금융그룹의 규제법리와 그 시사점에 관한 연구,"「상사판례연구」 제22집 제4권 (한국상사판례학회, 2009)

백정웅, "더피사건 - 회사기회유용이론의 정당성 기준 -,"「기업법연구」 제20권 제3호(한국기업법학회, 2006.9)

백정웅, "미국의 회사기회유용이론과 우리 상법 - 델라웨어주의 구스 사건을 중심으로 -,"「상사법연구」 제25권 제3호(한국상사법학회, 2006.11)

백정웅, "퍼스트 링컨우드 지주(First Lincolnwood Corp.)사건 등에 나타난 힘의 원천이론의 비교법적 고찰,"「상사법연구」 제24권 제4호(한국상사법학회, 2006.2)

백정웅, "한국 금융지주회사에 대한 적기시정조치,"「원광법학」 제23권 제2호(원광대학교 법학연구소, 2007.9)

백정웅, "회사기회유용이론 - 밀러 사건의 2단계 기준을 중심으로 -,"「상사판례연구」 제21집 제3권(한국상사판례학회, 2008.9)

백정웅, “회사기회유용이론의 적용기준과 항변사유,” 「비교사법」 제16권 제2호 (한국비교사법학회, 2009.6)

세계법제정보센터, “세계법제정보: 동유럽: 러시아: 최신동향: 은행 최저 자본금 증액 논의,” 법제처(2012.3.15.)

심혜리, “그리스 · 아일랜드 이어 포르투갈도 유럽 세 번째 구제금융 위기,” 경향신문(2011.3.24.)〈http://news.khan.co.kr/kh_news/khan_art_view. html?artid=201103242143505&code=970201〉

오동희, “잘나가는 포천 20大기업, 70% 이사회 의장 · CEO 겸직,” 머니투데이 (2013.8.14)

유환구, “동양 법정관리인 선임 갈등,” 한국일보(2013.10.11)

윤석헌 · 고동원 · 빈기범 · 양채열 · 원승연 · 전성인, “금융감독체계 개편, 어떻게 할 것인가?,” 「2012년 한국금융학회 정기학술대회 특별 정책심포지엄」(한국금융학회, 2012.6.8)

윤원섭, “PIGS 망하면 獨 · 佛 은행 줄도산,” 매일경제(2011.4.22.)

연합뉴스, “김석동 “외화유동성, 국가 존망의 문제”,” 연합뉴스(2011.8.7) 〈http://www.yonhapnews.co.kr/bulletin/2011/08/05/0200000000AKR20110805167000002.HTML〉

이명준, “스페인과 닮은꼴 한국, 위기대책도 그대로?,” 참세상(2012.6.23.)

이병윤, “금산분리 관련 제도의 현황과 논점,” 「금융연구」 제20권 별책(한국금융학회, 2006.8)

이심기, “인터넷 은행 설립 결국 무산,” 한국경제(2010.4.25.) 〈http://www.hankyung.com/news/app/newsview.php?aid=2010042579671〉

이재명, “[아하 그렇구나] 적기시정조치,” 한겨레(2012.5.13.)

이재연, “직불카드 활성화 필요성 및 방안,” 「주간 금융브리프」 제20권 제5호 (한국금융연구원, 2011.1.29.)

임형준, “은행의 트레이딩 계정에 대한 자본규제 강화 움직임,” 「주간 금융브리프」 제18권 제38호(한국금융연구원, 2009.10.3.)

장정모, “글로벌 금융위기 이후 유럽의 자기자본규제,” 「유럽금융시장포커스」 (자본시장연구원, 2012 가을호)

장재영 · 정준혁, “개정상법상 회사기회유용의 금지,” 「BLF」 제51권(서울대학교 금융법센터, 2012.1)

전용호, “금융위기 한방에 나가떨어진 ‘켈틱의 호랑이’,” 주간 오마이뉴스 (2009.2.27)

정성택, “이탈리아 빚 PIGS보다 많아…“‘세계경제 잃어버린 10년 온다’,” 한국경제(2011.11.11.)

재정경제부 · 한국개발연구원, 「금융기관 적기시정조치의 실효성 제고방안 연구」(재정경제부 · 한국개발연구원, 2004.11)

천경훈, "개정상법상 회사기회유용금지규정의 해석론 연구," 「상사법연구」 제30권 제2호(한국상사법학회, 2011)

한국개발연구원, 「적기시정조치 제도 개선」(한국개발연구원, 2005.11)

한국은행, 「해외경제포커스」 제2010-49호(한국은행, 2010.11.28.~12.4)

American Law Institute, 「Principles of Corporate Governance: Analysis and Recommendations」(1994)

Anna Gelpern, "Bankruptcy, Backwards: the Problem of Quasi-sovereign Debt," 121 Yale L.J. 888 (January 2012)

Banc Ceannais na hÉireann Central Bank of Ireland, 「Banking Licence Application under the Central Bank Act, 1971(as amended); Checklist for completing and submitting bank Licence Applications」(2004)

Banc Ceannais na hÉireann Central Bank of Ireland, 「Code of Practice on Lending to Related Parties」(2010)

Banc Ceannais na hÉireann Central Bank of Ireland, 「Corporate Governance Code for Credit Institutions and Insurance Undertakings」(2010)

Banc Ceannais na hÉireann Central Bank of Ireland, 「Fitness and Probity Standards (Code issued under Section 50 of the Central Bank Reform Act 2010)」(2011)

Banc Ceannais na hÉireann Central Bank of Ireland, 「Home 〉 Financial Regulation 〉 Our Business Processes 〉 Fitness and Probity 〉 Regulated Financial Service Providers: Fitness and Probity for Regulated Financial Service Providers other than credit unions」(2011)

Banc Ceannais na hÉireann Central Bank of Ireland, 「Home 〉 Press Area 〉 Press Releases: New Corporate Governance Rules for Banks and Insurers」, 〈http://www.financialregulator.ie/press-area/press-releases/Pages/NewCorporateGovernanceRulesforBanksandInsurers.aspx〉

Bank of Greece, "Home | The Bank | Legal Framework | Statute: Amendments to the 9th Edition(2000) of the Statute of the Bank of Greece until May 2009," 2008 Bank of Greece 〈http://www.bankofgreece.gr/Pages/en/Bank/LegalF/statute.aspx〉

Bank of Greece, "Home | The Bank | Legal Framework | Statute: Statute of the Bank," 2008 Bank of Greece 〈http://www.bankofgreece.

gr/Pages/en/Bank/LegalF/statute.aspx〉

Bryan A. Garner, 「Black's Law Dictionary」 147(West Group: 2d Pocket ed. 2001)

Carl O'Sullivan, et al., "IRELAND," in The Banking Regulation Review 398 (Jan Putnis ed., 2012)

Christos Staikouras & Geoffrey Wood, COMPETITION AND BANKING STABILITY IN THE EURO AREA: THE CASES FOR GREECE AND SPAIN(Cass Bus. Sch. Research Paper, Oct. 2000)

Cleary Gottlieb, "News: Italy Repeals 15% Cap on Bank Equity Ownership by Non-Financial Companies," Cleary Gottlieb (December 3, 2008)

EFTA, "Home▶ About EFTA▶ The European Free Trade Association," 2012 EFTA 〈http://www.efta.int/about-efta/the-european-free-trade-association.aspx〉

George Alexander Walker, 「International Banking Regulation: Law, Policy and Practice」(Kluwer Law International, 2001)

International Monetary Fund, 「Global Financial Stability Report: Responding to the Financial Crisis and Measuring Systemic Risk」(International Monetary Fund, April 2009)

João A.C. Santos, "Banking and Commerce: How Does the United States Compare to Other Countries?," Econ. Rev. 1997 Q4, 14(1998)

Juan Carlos Machuca, "SPAIN," in The Banking Regulation Review 677 (Jan Putnis ed., 2012)

Juan Sergio Lopez et al., 「ITALIAN MUTUAL BANKS: Performance, Efficiency and Mergers and Acquisitions」 Foreward(Société Universitaire Européenne de Recherches Financières, Vienna 2002)

Leonardo Giani & Riccardo Vannini, "Toward an Evolutionary Theory of Banking Regulation: The United States and Italy in Comparison," 29 Rev. Banking & Fin. L. 405(Spring 2010)

Luca Enriques & Jonathan R. Macey, "Creditors Versus Capital Formation: The Case Against the European Legal Capital Rules," 86 CORNELL L. REV. 1165(2001)

Luigi Guiso, Paola Sapienza & Luigi Zingales, 「The Cost of Banking Regulation」(CRSP Working Paper No. 611, August 2006)

Massimo Libertucci and Francesco Piersante, 「Temi di Discussione: Start-up Banks' Default and Role of Capital」(Banca d'Italia.

Working Paper No. 890, November 2012)
Michael K. O'Neal, "Update on Prompt Corrective Action and Other Regulatory Enforcement Powers," 48 Consumer Fin. L.Q. Rep. 259(Summer, 1994)
Philomila Tsoukala, "Narratives of the European Crisis and the Future of (Social) Europe," 48 Tex. Int'l L.J. 241(Spring 2013)
Roberta S. Karmel, "The Controversy over Systemic Risk Regulation," 35 Brook. J. Int'l L. 823(2010)
The World Bank, 「Gross domestic product 2012」(The World Bank, Sep. 23, 2013)
The World Bank, "World Bank Survey Ⅲ - June 2008(MS Excel file, 768kb)," The World Bank(2012)
Uría Men ndez, 「Bank Finance and Regulation Survey: SPAIN」(2011)
Wikipedia, "S.A.(Corporation)," Wikipedia(2013)
Wikipedia, "PIGS(economics)," Wikipedia(2013)
World Development Indicators database, World Bank, 1 July 2011

〈Abstract〉

The Study on the PIIGS' Financial Regulations and Lessons*

Joeng-Woong Baik**

Since the second half of 2007, so many countries have been difficulty in the financial crisis originated from the United States. In particular, Portugal, Ireland, Italy, Greece and Spain (hereinafter PIIGS) are the center of such a storm. Furthermore, Germany and France as leading countries in the European Union (hereinafter EU) invested in Ireland so much. In 2010, Ireland among the PIIGS triggered the European financial crisis as she came to an agreement for an 8,500,000,000 Euro bailout with the EU and International Monetary Fund (hereinafter IMF). Because of that, Germany and France may not withdraw their loan from her and the entire EU may be dangerous. This may aggravate the world economy again. In this sense, it is very important to find out what the problems are in PIIGS' financial regulations and what their lessons for Korea are. Because both PIIGS and Korea are indirectly infected by the United States, it

---

* This work was supported by the National Research Foundation of Korea Grant funded by the Korean Government(NRF-2011-327-B00756).

** Associate Professor, Department of Law, Pai Chai University; S.J.D., Southern Methodist University(USA).

is also significant to examine PIIGS' s financial regulations and their lessons for Korea.

The author reviews PIIGS's financial regulation and their useful lessons for the Korean legal system as follows:

First (Portugal), (1) There are different authorization systems required for financial institutions to deal with electronic money in Korea. Because of possible regulatory arbitrage, such different authorization systems need to be reviewed. (2) The minimum capital for starting banking business in Korea is about four times more than that in Portugal. Because the Korean minimum capital for beginning banking is excessive, it also needs to be examined. (3) Because there is a preliminary approval process for banking in Korea and such a process may be an overlapping regulation, it needs to be reexamined. (4) For the efficient regulation of a banking regulator, the central bank such as the Bank of Korea who supplies money needs to control banks. (5) - (6) There are different investment limits and limits of holding bank's shares depending on receivers and shareholders in Korea. Because banks will be affected by receivers or shareholders, such different limit systems are more efficient than those of Portugal. However, there is potential regulatory arbitrage in different limit systems, such different limit systems need to be reviewed. (7) Because the internal control mechanism will be introduced with compliance officer, the efficiency of internal control mechanism is far more than that of Portugal. However, can the compliance officer effectively monitor the bank that elected himself? So the compliance officer needs to be reviewed. (8) On the contrary to Portugal, there is a prompt corrective action in Korea, which is very useful for a single bank or a bank belonging to Group such as a holding company. However, the delay clause of such a prompt corrective action needs to be removed or reexamined because the delay of a prompt corrective action hampers its speedy. (9) While both Korea and Portugal have the on-site inspection over banks, only Korea expands its scope into major shareholders of banks. Because major shareholders are being regulated by other provisions, the expansion of the on-site inspection into banks may be an overlapping or excessive regulation and needs to be reviewed. (10) Portugal has lots of provisions regarding cooperation between inside other regulators and outside banking regulators. However, there are only two provisions for cooperation between regulators. Because Korea has to prepare for the Free Trade Agreement, she needs to improve the cooperative system with other regulators.

Second (Ireland), (1) There are unconditional and unspecified prohibited banking businesses of Ireland far more than those of Korea. (2) The minimum capital for starting banking business in Korea is about four times more than that in Portugal and it needs to be reviewed. (3) There is a preliminary approval process for banking in Korea and such a process may be an overlapping regulation. Also, it needs to be reexamined. (4) There are different regulators between the approval and denial of banking business in Ireland while there is the same regulator to approve and deny the banking business in Korea. (5) The Irish banking regulator's staffs will be exempted from their responsibility due to their negligence while the Korean banking regulator's staffs will not be discharged. (6) – (7) The bank's investment limits and limits of holding bank's shares are applied without discrimination in Ireland, regardless of who the receivers and shareholders are. However, because a bank will be affected by its receivers or shareholders, the Irish approach is not efficient as compared to the Korean approach that there is different investment limits and limits of holding bank's shares depending on receivers and shareholders. Instead, because there may be regulatory and supervisory arbitrage in the Korean regulation, such Korean different limits need to be reviewed again. (8) The internal control mechanism is introduced into the Irish banking system without the compliance officer while the compliance officer is also introduced into the Korean banking system. (9) The appointment of members of management board in bank needs to be approved in advance by the Irish banking regulator. On the other hands, there does not need to be preapproved from the Korean banking regulator. (10) The function of a CEO is separated from that of the chairperson of the board of directors in a bank in Ireland while it is not in Korea. (11) There is a prompt corrective action in Korea, not Ireland. However, the suspension of such an action needs to be reexamined to improve the quickness of the action. (12) Even though the Irish on–site inspection applies to only a bank not its significant shareholders, the Korean on–site inspection applies to not only a bank but also its large shareholders. Because there are several regulations over banks' large shareholders, the on–site inspection for banks' large shareholders must be an excessive regulation. It needs to be reexamined. (13) There are many provisions for specified cooperation both other domestic and overseas regulators. However, there are just two provisions for the cooperation that are not specified. Because the Free Trade Agreement (hereinafter FTA) is being implemented, specified provisions for cooperation must be immediately supplemented. (14) The independent state-run agency for the protection of financial consumer is running in Ireland, not Korea. In general, because many financial instruments are so complicated, the protection for financial consumers needs to be strengthened far more than ever. Even though there is currently a debate on the establishment of the state agency dedicated to the protection of financial consumers in Korea, there is still a question of how the independence of the becoming state-run agency for financial consumers is guaranteed.

Third (Italy), (1) there are several financial regulators in Italy while there is a single financial regulator in Korea. (2) the issue of electronic money is not fundraising in Italy. However, such issue is also fundraising like a deposit. Moreover, three different authorizations depending on financial institutions are required to deal electronic money in Korea while only one authorization without financial institutions is needed to treat such money in Italy. (3) the minimum capital requirement for banking business in Korea is ten times as compared with that of Italy. (4) there are diverse and detailed provisions for bank's investment limits and holdings in a bank in Korea. However, there are not in Italy. (5) the Korean legal system has not only the internal control system but also the compliance officers while the Italian legal system has only the internal control system, not the compliance officers. (6) there is a prompt corrective action in Korea while there is not in Italy. (7) the Korean and Italian legal system have the provision for the corporate opportunity doctrine. However, Korea focuses on the directors who belong to a financial institution while Italy includes directors, large stockholders and workers. (8) Italian legal system has some detailed provisions for the internal and international cooperation of financial regulators. However, Korea has few provisions for the cooperation among financial regulators. (9) Italy has the temporary suspension for the administrative and control bodies' power in a bank without suspending its banking business while Korea has not.

Forth (Greece), (1) While the Greek legal system does not treat differently an authorization for doing business on the electronic money in accordance with the types of financial companies, there is a difference between banking and other financial businesses under the Korean legal system on the electronic money. In other words, bank companies needs to get an authorization from the Korean financial regulator, but other financial companies have to receive a license from it. Because such a different authorization between bank companies and other financial companies on electronic money is potential to impair the efficiency of the regulatory supervision, it needs to be reviewed. (2) The minimum capital requirement of the banking companies under the Korean legal system ranges from US $ 22,000,000 to US $ 87,000,000. However, the minimum capital requirement of the banking companies in Greece ranges from US

$ 7,000,000 to US $ 25,000,000. The former is far more than the latter on the minimum capital requirements for the banking companies. In this sense, the Korean legislation needs to be examined as the international trend on the minimum capital requirement for banking business. (3) There is a preliminary license for banking business under the Korean legal system. But there is not in Greece. Because such a preliminary license for banking business is an overlapped regulation against banking companies, the current preliminary license for banking in Korea needs to be examined in the future. (4) There is the investment limit in accordance with investors. However, the Greek legal system does not have such investment limit in accordance with investors and there exists just the investment limit regardless of investors. Because the Korean legal system has concreteness on the investment limit as compared with the Greek legal system, the former is better than the latter. (5) While the limit of holding bank companies' shares ranges from 4% to 33% of total shares with voting rights in accordance with shareholders under the Korean legal system, such limit under the Greek legal system just ranges from 4% to 50% of total shares with voting rights regardless of shareholders. Because Korea is currently working with the EU under the FTA, however, the Korean limit in accordance with shareholders needs to be reviewed. (6) There is the prompt corrective action under the Korean legal system, but is not under the Greek legal system. Because the business type for financial companies is united in several financial companies under one roof, the financial regulation needs to be also linked with the entire group under one roof. However, the suspension of the prompt corrective action under the Korean legal system is potential to impair the quickness of such action. In this sense, such action needs to be examined in order to guarantee the efficiency of the prompt corrective action. (7) While one regulator controls all kinds of financial companies under the Korean legal system, several regulators oversight financial companies in accordance with their financial activities. Because the type of one regulator (mega regulator) can quickly take measures in the situation, the Korean legal system is better than the Greek legal system.

Fifth (Spain), (1) Specialized banks cannot take deposits from the public in Spain, but they can do in Korea. (2) There is not any express provision of the supervisory and regulatory principle in Korea and Spain. However, such an express provision needs to be provided in the legislations for the legal stability. (3) The minimum capital for banking in Korea is about four times more than that in Spain. (4) In Spain, the Minister of Economy and Finance (hereinafter MEF) decides whether the banking is authorized or not, but another regulations excluding the licensing for banking are excised by another financial regulator, the Bank of Spain (hereinafter BS). On the other hand, one financial regulator, Financial Services Commission (hereinafter FSC) excises all sorts of financial regulations in Korea. (5) There is a preliminary approval process in Korea, but not in Spain. (6) - (7) There are discriminated investment limits and limits of holding bank' s shares based on receivers and shareholders in Korea, but not in Spain. (8) An internal control mechanism is provided in both countries, but the compliance officer is introduced to Korea, not Spain. (9) A prompt corrective action is adopted by Korea, not Spain. (10) Even though an on-site inspection is provided in Korea and Spain, its expansion into other subjects including banks needs to be examined. (11) There are many detailed provisions for the cooperation of the supervisory and regulatory approach in Spain, but not in Korea. (12) While any start-up banking company cannot pay dividends to its shareholders without the BS's permission for three years, there is any regulation in Korea. (13) Any start-up banking company cannot give credit to its directors for five years in Spain, not in Korea. (14) The BS may send interim directors to so extremely troubled banks in Spain, not Korea. On the other hand, the Korean banking authority can just recommend that the general meeting of any bank dismiss its director from his or her directorship.

[주제어(Key-words)]

은행업(Banking business), 투자업(Investment business), 보험업(Insurance business), 금융감독당국(Financial regulators), 개념(Definition), 인가(Authorization), 재무건전성(Financial soundness), 지배구조(Corporate governance), 정보공개(Disclosure of information), 공조(Cooperation).

사항 색인

[저자 약력]

SJD (Banking and Financial Law) & LLM (Banking and Financial Law), Southern Methodist University (SMU) Law School, Texas, USA
Research Fellow, SMU Institute of International Financial, Commercial and Technology Law, SMU Law School
법무부 교정위원(現)
예금보험공사 금융안정연구 편집위원(前)
은행법학회 상임연구이사/편집위원(現)
상사법학회 편집위원(現)
상사판례학회 총무이사(現)
충남대학교 법학전문대학원 조교수(前)
배재대학교 법학부 부교수(現)

수상 및 수혜경력

우수논문 선정(2006년), 선정기관: 한국연구재단, 논문제목: 힘의 원천이론, 비교사법(2005)
최우수논문 수상(2009년), 선정기관: 사단법인 은행법학회, 논문제목: 금융지주회사법 개정안의 법적쟁점과 과제(2008)
우수논문 선정(2010년), 선정기관: 한국연구재단, 논문제목: 금융위기 이후 미국 및 EU의 금융규제, 중앙법학(2009)
정부(한국연구재단)지원 연구비 수혜 8회
정부(예금보험공사)지원 연구비 수혜 1회

서남부유럽의 금융규제와 그 시사점에 관한 연구

2014년 4월 10일 초 판 제1쇄인쇄
2014년 4월 20일 초 판 제1쇄발행

저 자 백 정 웅
발행인 이 명 재 · 이 종 은
발행처 **신 조 사**
서울특별시 마포구 독막로 295 삼부골든타워 212호
전 화 (02) 713-0402 FAX (02) 713-0403
등 록 1994. 7. 4, 제17-179호(윤)
E-mail: sinjosa@sinjosa.co.kr http://www.sinjosa.co.kr

저자와 협의하여 인지첩부를 생략함

파본은 바꿔드립니다.

정 가 25,000 원 ISBN 978-89-92841-88-7